2nd edition

社区治理（第二版）

Community Governance

张永理 著

北京大学出版社
PEKING UNIVERSITY PRESS

图书在版编目(CIP)数据

社区治理 / 张永理著. —2版. —北京：北京大学出版社，2022.8
21世纪公共管理学规划教材
ISBN 978-7-301-33525-3

Ⅰ.①社… Ⅱ.①张… Ⅲ.①社区管理—中国—高等学校—教材 Ⅳ.①D669.3

中国版本图书馆CIP数据核字(2022)第195569号

书　　　名	社区治理(第二版) SHEQU ZHILI(DI-ER BAN)
著作责任者	张永理　著
责 任 编 辑	韩月明　陈相宜
标 准 书 号	ISBN 978-7-301-33525-3
出 版 发 行	北京大学出版社
地　　　址	北京市海淀区成府路205号　100871
网　　　址	http://www.pup.cn
新 浪 微 博	@北京大学出版社　@未名社科-北大图书
微信公众号	北京大学出版社　北大出版社社科图书
电 子 邮 箱	编辑部 ss@pup.cn　总编室 zpup@pup.cn
电　　　话	邮购部 010-62752015　发行部 010-62750672 编辑部 010-62765016
印 　刷 　者	北京圣夫亚美印刷有限公司
经 　销 　者	新华书店
	730毫米×980毫米　16开本　21.75印张　402千字 2014年9月第1版 2022年8月第2版　2024年5月第3次印刷
定　　　价	62.00元

未经许可，不得以任何方式复制或抄袭本书之部分或全部内容。
版权所有，侵权必究
举报电话：010-62752024　电子邮箱：fd@pup.cn
图书如有印装质量问题，请与出版部联系，电话：010-62756370

本书资源

读者资源

- 解题思路点拨
- 推荐阅读文献

资源获取方法：

第一步，关注"博雅学与练"微信公众号。

第二步，扫描右侧二维码标签，获取上述资源。

一书一码，相关资源仅供一人使用。

读者在使用过程中如遇到技术问题，可发邮件至 ss@pup.cn。

教辅资源

本书配有教学课件，获取方法：

第一步，扫描右侧二维码，或直接微信搜索公众号"北大出版社社科图书"，进行关注。

第二步，点击菜单栏"教辅资源"—"在线申请"，填写相关信息后点击提交。

目 录

第一章　社区：概念、要素、功能与分类　　　　　　　　　　1
　一、社区概念的起源与变迁　　　　　　　　　　　　　　　2
　二、社区的构成要素与基本特征　　　　　　　　　　　　　17
　三、社区的功能与分类　　　　　　　　　　　　　　　　　20
　四、当前社区概念泛化现象　　　　　　　　　　　　　　　23

第二章　社区相关概念与社区研究方法　　　　　　　　　　　28
　一、社区相关概念辨析　　　　　　　　　　　　　　　　　32
　二、中西方社区的形成路径　　　　　　　　　　　　　　　37
　三、社区研究方法　　　　　　　　　　　　　　　　　　　39

第三章　西方社区研究的主要历程与理论　　　　　　　　　　44
　一、西方社区研究的起源与发展　　　　　　　　　　　　　46
　二、西方学者的社区研究理论　　　　　　　　　　　　　　57
　三、国际组织在社区研究与发展中的作用　　　　　　　　　64

第四章　我国社区研究的起源与发展　　　　　　　　　　　　69
　一、1949 年以前我国的社区研究　　　　　　　　　　　　72
　二、改革开放以来我国的社区研究　　　　　　　　　　　　76

第五章　社区治理：概念、性质与方法　　　　　　　　　　　90
　一、社区治理概念的界定　　　　　　　　　　　　　　　　94
　二、社区治理的性质与理论基础　　　　　　　　　　　　　103
　三、社区治理的方法　　　　　　　　　　　　　　　　　　105

第六章　近现代中国的"类"社区治理　108
一、近现代中国"类"社区治理的背景与动因　109
二、近现代中国"类"社区治理典型事例　115
三、近现代中国"类"社区治理的基本评价　137

第七章　改革开放以来我国的社区治理　141
一、改革开放以来我国社区治理的社会背景　145
二、当今我国社区治理的发展与特点　149
三、当前我国社区治理问题　156
四、当今我国社区治理问题的原因与趋势　162

第八章　城市社区治理政策（1949—2022）　166
一、社区治理政策的界定　168
二、城市社区治理政策　170
三、城市社区治理新环境及其挑战　198
四、城乡社区治理政策　200

第九章　乡村社区治理政策（1949—2022）　204
一、乡村土地政策　206
二、乡村公共经济政策　216
三、乡村权力结构与民主管理政策　219
四、社区公共安全政策　236
五、社区文化与人才培育政策　253
六、新农村建设与乡村振兴政策　259
七、乡村社区政策总体评析　263

第十章　当今我国城乡社区权力结构　267
一、社区权力结构的内涵　271
二、社区权力结构中党的领导　277
三、社区权力结构中政府的指导　280

第十一章　社区风险管理与安全社区建设　285
　　一、风险及其分类　287
　　二、社区风险管理　291
　　三、安全社区建设　299

第十二章　社区突发事件应对　307
　　一、社区突发事件的概念与分类　308
　　二、城市社区突发事件应对　314
　　三、乡村社区突发事件应对　321
　　四、城乡社区突发事件应对比较　327

主要参考文献　331

第二版后记　337

第一章 社区：概念、要素、功能与分类

引导案例

深圳首张二维码门楼牌正式上墙，将分批分阶段安装

1月27日，深圳首张二维码门楼牌在南山区学海路1号海文花园正式上墙。据悉，二维码门楼牌是建筑物房屋标准地址的载体，通过换装二维码门楼牌，明确了每栋建筑物的标准地址，将为企业、市民生产生活提供更多便利。

近年来，随着深圳智慧城市建设不断深入，传统门楼牌功能单一、地址信息展示不全、缺少数据连接入口等缺陷使其难以适应智慧城市发展，且随着城市建设快速更新，部分建筑物门楼牌出现缺失、损坏，一些建筑物门楼牌信息与实际使用地址信息不统一，给市民生活和企业生产造成诸多不便，因此急需对传统门楼牌进行换装升级。

据深圳市公安局人口管理处流管办主任张哲介绍，相比传统门楼牌，二维码门楼牌不仅更加简洁美观，更重要的是牌体上增加了二维码这一数据连接入口，实现了将线下需求与线上应用成功连接。市民使用微信等扫码工具扫一扫牌体上的二维码，就可以访问"二维码门楼牌服务平台"，轻松查看标准地址、行政辖区、辖区民警等信息，还可以通过平台访问政务服务，并根据自身需求下载"i深圳"App，享受更多指尖服务。

"二维码门楼牌依托牌体上的二维码，在数字化方面实现了改革性飞跃：一是由物理性牌体升级为信息化平台。牌体二维码加载的二维码门楼牌服务平台，提供了标准地址及周边公共资源查询等信息，还推送了'i深圳'高频政务服务。二是由简单标识牌升级为智能化接口。综治、公安、工商、水电燃气、快递配送等专业机关、企业，扫码可以直达房屋管理操作页面，极大提升管理和服务的精准性和效率。"张哲还进一步介绍，"二维码门楼牌牌体和加载平台展示的全部内容和服务均不包含任何管理数据和个人信息，市民无须担忧个人信息泄露；同时二维码门楼牌的制作、安装经费统一由各区财政负责，不需居民、企业支付费

用(特殊需求除外)。"

据了解,从2021年1月27日起,深圳市公安局将分批分阶段开展二维码门楼牌安装工作。届时,相关工作人员将佩戴工作证进入小区、楼栋开展数据核实、牌体安装等工作,请广大市民、物业、企业组织主动支持、配合,并给予监督。若遇到相关问题,或对门楼牌地址信息有疑问,可联系所在辖区的社区民警。

(资料来源:王纳:《深圳首张二维码门楼牌上墙》,《广州日报》2021年1月28日,第SZA13版,有修改。)

案例讨论

1. 网络时代的智慧城市和智慧社区建设已经逐步成为日常生活的一个组成部分,如何根据这一社会现实理解"社区"这一概念?

2. 从分类上看,智慧社区是打破(超越)了地域性要素还是融合在地域性要素之中?为什么?

3. 智慧社区建设与传统的社区建设有哪些显著差异?请根据案例资料进行归纳分析。

4. 智慧社区是新科技革命发展的产物,在提供便捷的同时也可能出现运用不当等危害社区居民合法权益的现象。如何应对其可能引发的问题?

一、社区概念的起源与变迁

现在,无论我们走在我国任何一个城市的大街小巷,"××社区"的字牌常常会在不经意之间闯入我们的视线;政府在贯彻某项政策的时候,常常要求"进机关、进学校、进企业、进社区、进农村"等;打开电视,我们也经常看到关于"社区"情况的新闻;翻开报纸,我们会发现有一些还设有"社区专栏"并有相关专门性报道;连接上互联网,一些不停闪烁的"××社区"在某些网站的醒目位置正期待着我们用手中的鼠标去单击登录或浏览;当我们筹划买房时,也会发现一些房地产商也打着"高档社区""绿色社区""新型社区"等广告语招揽买主;如果我们在国外停留一段时间,又适逢那里开展政治选举,就会听到很多竞选者在演说中常常说自己"植根社区";当我们走进书店或者图书馆,也会发现关于社区研究的文献越来越多;稍微留意一下我们自己的生活环境,也许会发现我们现在正居住在某个社区之内。目前,"社区"已经是一个家喻户晓的生活化词语,但社区的确切含义是什么？社区在基层社会中处于一个什么样的角色和地位？在当今我国处于社会转型期、走向现代化和要求社会管理创新的时代背景和社会形势下，社区应该如何发展并且在走向现代化的进程中起到推动作用？首先让我们探讨一下"社区"一词的起源及其含义变化的基本脉络。

(一) 社区概念的起源

1. 在西方的起源

关于"社区"概念的产生，学者一致认为起源于近代西方社会，但究竟是哪位学者创造了这个词却众说纷纭。大致说来，主要有以下几种观点：

一是认为"社区"一词最早源于古希腊，在希腊语中指"友谊"或"团契"(fellowship)之意①，其原意是指一种"基于地理基础上相互利益和情感需要的亲密的伙伴关系"②。

二是认为"社区一词来源于拉丁语，本意为'关系密切的伙伴和共同体'"③，或者说"是共同的东西和亲密伙伴关系"④。

三是认为在"1871 年，英国学者 H. S. 梅因出版《东西方村落社区》一书，首先使用了'社区'这个名称。紧接着德国社会学家斐迪南·滕尼斯(Ferdinand Tönnies)在 1887 年出版了《社区与社会》(*Gemeinschaft und Gesellschaft*，又译为《共同体与社会》)一书，最早从社会学理论研究角度频繁使用了'社区'的概念"⑤。

四是认为"社区"一词是滕尼斯最初在其 1881 年的一篇论文中提出的，更多的学者认为是在 1887 年他的成名与传世之作《社区与社会》一书中提出的。⑥ 该书在他生前多次重印，并且在欧洲的意大利、丹麦等国家和美洲等地都产生了反响。

滕尼斯认为，社区是基于亲族血缘关系而结成的社会联合，是指具有共同价值取向的同质人口组成的、关系亲密、出入相友、守望相助、疾病相扶，富有人情

---

① 叶金生：《社区经济论》，企业管理出版社 1997 年版，第 9 页。
② 马仲良主编：《社区建设简明读本》，中国青年出版社 2003 年版，第 6 页。
③ 王青山主编：《社区建设与发展读本》，中共中央党校出版社 2001 年版，第 214 页。
④ 周建军：《"社区"概念辨析》，《住宅科技》1995 年第 10 期，第 12 页。
⑤ 袁秉达、孟临主编：《社区论》，中国纺织大学出版社 2000 年版，第 1—2 页。
⑥ 参见〔德〕斐迪南·滕尼斯：《共同体与社会——纯粹社会学的基本概念》，林荣远译，商务印书馆 1999 年版。

味的社会团体。当时滕尼斯主要用"社区"这个概念来描述一种以礼俗为特征的社会团体,相当于传统的乡村社会或小农社会。起初,滕尼斯使用"社区"这一概念,主要表示三种类型的共同体:一是指地区社区(即地理的或空间的社区),它以共同的居住区及对周围(或附近)财产的共同所有权为基础。邻里、村庄、城镇等都属于这种社区。二是非地区社区(即精神社区),它只包含为了一个共同目标而进行的合作与协调行动,同地理区位没有关系。这种社区包括宗教团体和某种职业群体等。三是指亲属社区(即血缘社区),即由具有共同血缘关系的成员构成的社区。

社区是传统乡村地域的代表,社区是作为一个与传统、道德相关联,以血缘为纽带,与"契约社会"相对立的概念。因此,在民国时期,我国也有学者根据德文的原意和书中描述的情况,把滕尼斯的这本书译为《礼俗社会和法理社会》。[①]

现在主流观点认为,"社区"这一概念起源于近代西方工业化国家,而不是西方的古希腊或者中世纪时期,它是伴随着西方工业文明和城市化进程的发展而提出来的。滕尼斯的社区研究的目的是探讨传统社会关系如何不断地被现代社会关系所取代的过程,以及由这一转化过程所引发的一系列社会问题。

第一次世界大战前后,"社区"这个概念逐步扩展到德国之外,美国学者查尔斯·罗密斯(Charles P. Loomis)"把滕尼斯的'社区(gemeinschaft)'译成英文'community'。在社会学上,它主要是指在一起生活、工作的人的共同体。这和滕尼斯的'gemeinschaft'一词的含义已有区别"[②]。"community"很快成了美国社会学的主要概念之一,在后来的社会学文献中被广泛使用,但是其含义发生了很大变化,人们常常用这个概念来分析人类社会的空间和地域结构,意指大的社会内部那些以一定地域为依托的小社会。在英语中,"community"具有"共同体""社区"等多重含义。在英文中,它的初始含义是指人们生活的共同体和亲密的伙伴关系。

2. 在中国的起源

严格而又客观地说,"社区"在中国是一个典型的外来词语。中国古代有"社"和"区",但是"社""区"是分开的,相互之间没有联系,且各自均有其含义,没有出现"社区"一词。"社"和"区"之间在古代没有联系,在古汉语中没有"社区"这个词,它与"哲学""经济学""社会学""政治学""社会主义"等词一样,是19

---

① 何肇发主编:《社区概论》,中山大学出版社1991年版,第11、12页。
② 唐忠新:《中国城市社区建设概论》,天津人民出版社2000年版,第2页。

世纪末期以来中西文化交流的产物,所以,"社区"这个词是地地道道的舶来品或者说是洋词。到古代汉语文献里去搜寻"社"加上"区"当作德文"gemeinschaft"的译语并把它们作为"社区"所谓的"词源",很可能是一种缘木求鱼式的考证。

关于"社"的含义比较多。东汉许慎所撰的《说文解字》中说:"社,地主也,从示土。春秋传曰:共工之子句龙为社神,周礼:二十五家为社,各树其土所宜之木。"①首先,在古代,"社"是指土地神和祭祀土地神,谷神的地方、日子与祭礼,如社日、社稷、春社、秋社、社戏等。后来也可以指某一个地方与组织,如诗社、茶社等。钱穆曾经说道:"中国有社,乃土地神。十室之邑乃至三家村皆可有社。推而上之有城隍庙。一国之神则称社稷。稷为五谷神。中国以农立国,故稷亦与社同亲同尊。"②二是指古代地方基层行政单位之一。如《周礼》和《左传·昭公二十五年》中记载:"二十五家为社。"北宋时代的保甲制度中规定"十家为一甲,甲推一人为首。五十家为一社,社推一人通晓者为社首"。到了元代,社的内涵延续下来并且扩大了。《元史·食货志一·农桑》记载:"县邑所属村疃,凡五十家立一社,择高年晓农事者一人为之长。增至百家者,别设长一员。不及五十家者,与近村合为一社。地远人稀,不能相合,各自为社者听。""元代的社制是秦汉以后最完整的农村组织。"③元代创立社制这一官方乡村建制,"在元朝,社成为一个正式成立的农业事务的中心。1270年,忽必烈颁发《农桑制十四条》,要求农村中每50户组成一社,并任命熟悉农业的年长者担任社长,负责'教督农桑',并指导社内居民的一般行为。在明朝,社的规模又一次得到扩大,其控制乡村的功能进一步得到强化。明太祖在1368年(洪武元年)岁末下旨,规定每100户组成一社,每社修建一个祭坛,作为祭祀土地神和谷神的场所。他修正地继承了元朝的里社制度,命令华北地区的居民'以社分里甲'。这种规定的确使社同税收组织体系联系在一起。1375年(洪武八年),他命令对参加社坛(即乡村祭坛)祭祀的农民,宣读'抑强扶弱'誓文;通过大众的宗教,社成为皇家控制人民的工具"④。1640年,陆世仪在其《治乡三约》(即教约、恤约、保约)中的划分是"十家为联,联有首,十联为社,社有师"。清朝时期的社与乡村粮仓是联系在一起的。

根据《现代汉语词典(第7版)》的解释,"社"除作为姓氏外,有三种含义:一

---

① (汉)许慎:《注音版说文解字》,中华书局2015年版,第58页。
② 钱穆:《现代中国学术论衡》,生活·读书·新知三联书店2001年版,第192页。
③ 杨开道:《中国乡约制度》,商务印书馆2015年版,第16页。
④ 萧公权:《中国乡村:19世纪的帝国控制》,张皓、张升译,九州出版社2017年版,第51—52页。

是指某些集体组织,如诗社、报社、通讯社、合作社、集会结社;二是指某些服务性单位,如茶社、旅社、旅行社;三是古代把土神和祭土神的地方、日子和祭礼都叫社,如春社、秋社、社日、社稷。①

比较起来,"区"的含义比"社"要宽一些。一是可以指行政单位,如自治区、区、县。二是可以指量,古代四升为豆,四豆为区。《左传·昭公三年》记载:"齐旧四量:豆、区、釜、钟。"《尔雅·释器第六》中的解释是"玉十谓之区"。"区"在这里的意思是玉的计数单位。"双玉为瑴,五瑴为区。"十块玉相合称为区。② 三是可以指居处,"居处所在为区"。"区"就是指区域、地区或者区别、行政区划。四是隐藏之意。东汉许慎在《说文解字》中说:"踦區,藏匿也。"③

中文语境下的"社区"不是从德文"gemeinschaft"直接翻译而来,而是辗转翻译来的,它经历了从德文的"gemeinschaft"到英文的"community",然后到中文的"社区"的语言旅行过程。④ 关于"社区"一词的译介者,有的认为在20世纪30年代,是"中国社会学家吴文藻先生,最先提出'社区'这个概念,并极力倡导中国本土的社区研究工作。从此,社区研究在中国也发展起来了"⑤。也有的认为,社区是"20世纪30年代,中国学者又从日文转译为'社区',并且认为一个村庄、一个小镇、一个大城市或大城市的一个区等,都是社区"⑥。实际上,这个说法是不确切的,本书至今没找到确切的文献来佐证这个说法。但是,大多数人认为"社区"一词是在20世纪30年代经美国"转口"引进中国的,即1933年燕京大学的学生介绍美国芝加哥学派创始人罗伯特·帕克(Robert E. Park)的社会学论述时首次引进中国,这也是目前可信度和学术界认可度最高的说法。1948年10月16日,费孝通在《二十年来之中国社区研究》的演讲中说:"今天我讲的题目是《二十年来之中国社区研究》,其实,中国的社区研究还没到20年。最初community这个字介绍到中国来的时候,那时的翻译是用'地方社会',而不是'社区'。当我们翻译Park的community和society两个不同的概念时,面对'co'不是'so'成了句自相矛盾的不适之语。因此,我们开始感到'地方社会'一词的不恰当。那

---

① 中国社会科学院语言研究所词典编辑室编:《现代汉语词典(第7版)》,商务印书馆2016年版,第1154页。
② 胡奇光、方环海:《尔雅译注》,上海古籍出版社2012年版,第210页。
③ (汉)许慎:《注音版说文解字》,中华书局2015年版,第268页。
④ 姜振华、胡鸿保:《社区概念发展的历程》,《中国青年政治学院学报》2002年第4期,第121页。
⑤ 何肇发主编:《社区概论》,中山大学出版社1991年版,第1页。
⑥ 肖余:《何谓"社区"》,《四川统一战线》2004年第3期,第17页。

时,我还在燕京大学读书,大家谈到如何找一个贴切的翻法,偶然间,我就想到了'社区'这么两个字样。后来大家采用了,慢慢流行。这是'社区'一词之来由。一个新名词的采用代表一种新的概念和新的研究。"①在此之前,有些人把它译为"共同社会""地方共同社会"或"共同区域社会"等称谓,"其初始含义是指以地区为范围,人们结成互助合作的群体。它是与血缘关系相区别的一种依据地缘发展起来的人与人之间的关系"②。在20世纪30年代,"社区"逐渐成为我国社会学的一个专门概念与通用术语。

值得我们思考的是,近代中国学者为什么没有直接从德文中翻译过来,而是要经过转译。原因可能有三:一是当时大学的社会背景因素与外国的渊源关系;二是受当时德国政治因素的影响;三是经济实力和综合国力在一定程度上决定了一个国家的政治影响力和文化影响力,美国作为当时最强大的国家,其辐射力是显而易见的。

(二) 社区含义的变迁

从滕尼斯提出"gemeinschaft"的概念至今,随着社会变迁和社会学学科的发展,"社区"的内涵有了相当广泛的延展,在不同国家、不同地域、不同文化以及不同的历史发展阶段,学者对社区内涵和外延的界定出现了多元化的趋向。由于内涵多种多样,难以统一认识,社区在现代社会中已发展为功能多样、结构复杂、内涵丰富的社会实体。

1. 在西方的变迁

首先,我们来看滕尼斯关于社区的最初定义。滕尼斯在其《社区与社会》中认为,"社区"这个概念的本义是指人们一种持久的和真正的共同生活的载体,其中的人际关系是一种古老的以自然意志为基础的关系,是一种亲密无间、相互信任、守望相助、默认一致、服从权威并且基于共同信仰和风俗之上的人际关系。这种关系不是社会分工的结果,而是由传统的血缘、地缘和文化等因素长期互动而自然形成的。这种社区的外延主要限于传统的乡村社区。滕尼斯这里所讲的社区是原发社区,即前工业化时代的社区,它主要出现在农业社会和乡镇。在滕尼斯那里,社区就是农村,人们对本社区有强烈的认同感,这里起作用的主要是情感主义、传统主义等社会心理与社会意识。而作为社区对立物的社会是和社

---

① 费孝通:《费孝通文集》第5卷,群言出版社1999年版,第530页。
② 邓敏杰:《创新社区》,中国社会出版社2002年版,第4页。

会分工、法理性的契约关系联系在一起的,社会体现的是一种自私自利、缺乏感情交流和关怀照顾的人际关系,人们没有或者很少有认同感,其外延则是指人口异质性特征鲜明、价值取向多元化的城市社会群体。

滕尼斯提出"社区"与"社会"这两个概念,主要是用它们来表征近代社会的整体变迁趋势。他认为从传统的乡村社会向现代的商业化社会过渡后,人际关系的特征以及社会整合方式发生了很大的变化,因此,他提出"社区"与"社会"这两个概念来分别表征人类共同生活的两种表现形式。"社区"主要存在于传统的乡村社会中,它是人与人之间关系密切、守望相助、富有人情味的社会团体。连接人们的是有共同利益的血缘、感情和伦理团结纽带,人们基于情感动机形成了亲密无间、相互信任的关系。与社区截然不同的是,"社会"是以个人的意志、理性契约和法律为基础形成的缺乏感情交流和关怀照顾的社会团体。在社会这一共同生活的形式里,契约关系、次级关系是人际交往的主导关系。基于怀旧和浪漫主义的理想,滕尼斯对社区那种温情脉脉的人际关系怀有深厚的感情,对社会中基于工具理性形成的人与人之间的机械结合则持有悲观主义的观点。总体说来,滕尼斯在提出与"社会"相对立的"社区"这一概念时,并没有明确提出社区的地域性特征,他更多的是强调人与人之间所形成的亲密关系和对社区强烈的归属感与认同感。因此,在滕尼斯的视角中,社区的含义十分广泛,社区不仅包括地域共同体,还包括血缘共同体和精神共同体;人与人之间形成的共同文化意识以及亲密无间的关系是社区的精髓。[①]

其次,我们再看"社区"概念在美英国家的发展。美国社会学家罗密斯把滕尼斯的《社区与社会》译成英文后,社区的概念传入美国,并且在20世纪20年代成为美国社会学的主要概念之一。此后,社区的概念在20世纪被广泛使用,在不同的时期和不同的国家、地区其含义不尽相同。以20世纪20年代把美国社区问题作为其研究重点并且取得颇为丰富研究成果的芝加哥学派为例,这个学派把社区研究延伸到城市,1925年,帕克说道:"在城市社区这个范畴内有各种力在起作用——其实在人类生存环境的任何自然领域内均如此——这些力会逐渐把人口和社会机构组合成为一种特有秩序。"[②]该学派的学者之间对社区概念的界

[①] 本段内容参见姜振华、胡鸿保:《社区概念发展的历程》,《中国青年政治学院学报》2002年第4期,第121—122页。

[②] 〔美〕R.E.帕克等:《城市社会学——芝加哥学派城市研究文集》,宋俊岭等译,华夏出版社1987年版,第1页。

定也有很大差异。其中,帕克认为社区是占据一块或多或少明确的限定的地域上的人群汇集。1929年,帕克在一次学术演讲中说道:"广义言之,社区含有空间及地理的意义。每个社区都有一定的地点,组成该社区的个人在该社区中亦有一定的居所,不然他们只是莠民而非社区的分子。他们更要在地方经济组织中有一职业。乡镇、都市、村庄以及在现代情形下的全世界,无论种族、文化和个人兴趣的区别——都是社区。"①伯吉斯(E. W. Burgess)强调社区的地区性含义,即强调社区的地理环境。罗古斯(F. M. Rogus)与伯德格(L. J. Berdegger)认为社区是由彼此联系、具有共同利益或纽带和共同地域的一群人所组成的群体。

为什么帕克等芝加哥学派的社会学家把滕尼斯关于"社区"的最初定义从农村转用到城市?1934年1月28日,与帕克有直接联系并且对芝加哥学派颇有研究的吴文藻曾经分析到:第一是该学派受到美国更早时期乡村社会学的影响创立都市社会学;第二也是最主要的原因,即该学派创始人帕克最终"觉得美国社会不是农业社会,而是工商社会,欲明了美国社会的本质与特性,必从研究都市社区起始。他深信都市为文明发源之地;欧美近代文明乃是都市文明,近代社会乃是都市社会,近代人乃是都市人,近代社会问题根本就是个都市问题;故欲明了近代文明、近代社会、近代人以及近代社会问题,必先明了近代都市生活与都市环境。因此,研究社会学的正当对象,便是都市社区的结构与功用,组织与崩溃,以及历程与变迁等。为明了都市生活的整个面目起见,遂决定了以芝加哥都市社区为精密调查的领域。他们的眼光较为深远,并不以社会改造为立时的目标,而在以科学家冷静的头脑,对于围绕我们的社会真相,做极缜密的观察与叙述。他们还制造了地图和表册,以标明各种自然区域的位置。举凡邻里、少年犯罪、帮会生活、家庭解组、贫穷、自杀等现象,都在标明之列"②。

关于"社区"概念界定的复杂性和含义的多样性,有两个广为引用的数据。一是1955年美国社会学家乔治·希勒里(George A. Jr. Hillery)通过对有关文献的研究与统计,发现社区有94种定义,其中69个定义认为,社区有三个本质因素,即社会互助、地区和共同约束。而他认为:"社区是指包含着那些具有一个或

---

① 北京大学社会学人类学研究所编:《社区与功能:派克、布朗社会学文集及学记》,北京大学出版社2002年版,第29页。

② 同上书,第12—13页。

更多共同性要素以及在同一区域保持社会接触的人群。"①二是1981年美籍华人杨庆堃统计发现,有关社区的定义已经增加到140多种。这说明,在不同的历史时期和发展阶段,在不同的国家和地区,在不同的文化背景下,社区是多元的与不断发展的,没有一个单一的模式与一成不变的社区,所以其定义是繁多的,表现为丰富化与复杂化。但是都涉及人口、地域、共同联系和人际互动(社会互动)这四个要素。

如前所述,滕尼斯提出的社区是指有着共同的文化意识、社区成员对社区有着强烈归属感的共同体,它代表的是传统的乡村社会。在后来的发展过程中,滕尼斯提出的社区概念的内涵和外延都发生了很大变化,"有的从社会群体、过程的角度去界定社区,认为社区是具有共同利益和信念的人在共同参与和组织多样性生活的过程中所构成的群体;有的从社会系统、社会功能的角度去界定社区,认为社区是享有共同利益和共同功能的人组成的群体;有的从地理区划(自然的与人文的)的角度去界定社区,认为社区是居住在一定地方的人共同生活、实现自治的共同体;还有人从归属感、认同感及社区参与的角度来界定社区"②。但是,作为一个动态性概念,"社区"的含义仍然可以找到共性的东西。在西方学术界,大多数社会学家基本认同以下四点:一是社区都有一个相对稳定、相对独立的地域界限或聚集场所;二是社区都有以一定的社会关系为纽带组织起来并具有相当数量的人口群体;三是社区都有一个能够维护该地域和人口群体公共利益与秩序的管理机构;四是生活于该地域的人们具有一种地缘上的归属感和心理文化上的认同感。

2. 在中国的变迁

自从1933年费孝通将英文"community"一词翻译成"社区"以来,在整个国民政府时期,"社区"这一概念基本上是指我国的乡村地区,这几乎成为当时社区研究的学者的共同看法。例如,1938年费孝通在他获得很高赞誉的博士论文《江村经济》中频繁使用"社区"一词。③ 1943年费孝通又在他的《禄村农田》中多次使用"农村社区"一词。④ 20世纪30年代至40年代,我国从事社区研究的学者不但在其著作和研究论文中频繁使用"社区"一词,而且还有一部分研究文献本

---

① 〔美〕乔治·希勒里:《社区的定义:一致的地方》,《乡村社会学》1955年6月,第118页。
② 姜振华、胡鸿保:《社区概念发展的历程》,《中国青年政治学院学报》2002年第4期,第122页。
③ 参见费孝通:《江村经济——中国农民的生活》,商务印书馆2001年版。
④ 参见费孝通、张之毅:《云南三村》,社会科学文献出版社2006年版。

身的标题就含有"社区"一词,如1938年燕京大学社会学系黄迪发表的《清河村镇社区——一个初步研究报告》一文、1942年出版的张少微的专著《乡镇社区实地研究法》和1944年出版的蒋旨昂的专著《战时的乡村社区政治》都把"社区"范围限定在乡村和集镇。但是,这一时期仍然有学者把"community"译为"地方共同社会",1937年杨开道在《中国乡约制度》中写道:"他们*认定邻里社会,乡党社会是一个整体,像我们现在的社会科学,认定他们为一种社会,一种共同社会,一种地方共同社会(community)一样。"①

滕尼斯最初使用社区和社会这两个基本概念时,表达了传统乡村社会与现代都市社会的两种截然不同的人际关系和社会整合方式,他非常注重二者精神层面的不同。自从社区概念被引进中国之后,我国学者对社区的理解便含有地域性的因素②,社区被界定为一个相对独立的地域性社会,与滕尼斯提出的"gemeinschaft"在含义上已经发生了一定的偏离。20世纪30年代中国部分社会学家受社会人类学功能学派奠基人布罗尼斯拉夫·马林诺夫斯基(Bronislaw Malinowski)的影响较大。马林诺夫斯基认为,只有在一个边界明晰、自成一体的社会单位里,才能研究整体文化中各个因素的功能。吴文藻把社区理解为有边界的相对封闭的实体。费孝通认为,以全盘社会结构的格式作为研究对象,这对象必须是具体的社区,因为联系着社会的是人民的生活,人民的生活有时空的坐落,这就是社区。③ 也就是说,社会作为全体社会关系的总称,具有抽象性和宏观性,显然社会庞大无边,很难着手对其进行研究,而作为一地人民实际生活具体表现形式的社区则是具体的和可以观察的。所以,我国早期的社区研究学者把社区看作大社会的缩影,倡导和力行对当时中国的现实社会进行本土化的实地调查研究,此时的实地调查研究在地域范围上基本集中在乡村和集镇。

1949年以后,由于种种原因,社区研究被迫中断,"社区"一词在学者的学术研究中和政府的政策法规中均消失了三十多年。1978年以来,随着国家全面开展拨乱反正和改革开放逐步走向深入、市场经济的发展和政府职能的转变、"社区"概念的重新提出和广泛使用,以及社区研究在中国的重新兴起,社区正逐步

---

* "他们"是指北宋创立吕氏乡约的吕大钧等人。——引者注
① 杨开道:《中国乡约制度》,商务印书馆2015年版,第68页。
② 丁元竹:《社区研究的理论与方法》,北京大学出版社1995年版,第24页。
③ 费孝通:《乡土中国 生育制度》,北京大学出版社1998年版,第91页。

取代单位成为居民最重要的生活场所。1986年,民政部成立了基层政权和社区建设司,这是中华人民共和国政府第一次把"社区"概念引入其实际工作中来。1986年12月24日,民政部向国务院请示的《民政部关于探索建立农村基层社会保障制度的报告》中明确提出,"建立我国农村的社会保障制度,要从我国国情出发,以国家、集体、个人承受能力为限度。当前,要以'社区'为单位,以自我保障为主,充分重视家庭的保障作用";"目前只能先建立'社区型'的以乡为单位的社会保障网络"。这是改革开放以来"社区"这一概念较早以肯定意义出现在我国的官方文件中。随着社会的发展,在当今我国的社会转型期,社区建设成为社会改造和社会重建的主张之一。现在,"社区"一词经常出现在报纸杂志、政府文件、城市街头和网络站点,成为许多人耳熟能详的词。

但是,"在社会科学中,我们可以看到,一些最基本、最重要的概念,在含义上往往是最含糊不清的"[①]。在当今我国,对"社区"概念的理解也存在着分歧,不但在学术界与政府文件中存在着一定的区别,而且在学者之间也很不一致。在政府文件中,"社区是指聚居在一定地域范围内的人们所组成的社会生活共同体"[②],具备自治性、地域性、认同感等构成因素。它包括以下几个部分:一是群体性人群;二是地域范围,社区的"区"字就是此含义;三是组织及相关制度;四是必要的生活设施;五是社区内的居民有共同利益,是一个利益共同体。其地域范围在城市一般以居委会辖区为大致范围。政府的政策法规关于"社区"的概念也处于变化之中,在20世纪80年代以来的很长一段时间内,政府政策法规中的"社区"基本上局限于城市的基层社会与基层组织,如我们经常可以看到政府在下发文件中宣传和贯彻施行某一政策时常常有"进机关、进企业、进社区、进农村、进学校"等用语。在这里,"社区"是与"农村"相并列的城市基层社会与组织。根据笔者统计分析:2009年以来,在制定关于社区政策的时候,官方文件也开始把"社区"延伸到乡村,有的官方文件已经出现"农村社区""城乡社区"和"城乡基层社区"等词,这说明我国政府对"社区"一词的理解与使用也在变化之中。当前,根据我国政府在不同时期的具体情况,社区在城市主要指街道与居委会,在农村指乡镇或自然村。

20世纪80年代中期以来,学术界关于社区的研究重新兴起,由于研究角度

[①] 何肇发主编:《社区概论》,中山大学出版社1991年版,第1—2页。
[②] 《中共中央办公厅、国务院办公厅关于转发〈民政部关于在全国推进城市社区建设的意见〉的通知》,中办发〔2000〕23号文件。

的差异,学者对"社区"概念的解释一直众说纷纭,莫衷一是。根据不完全统计,在当今中国,关于"社区"的定义不下 300 种。由于 2003 年以来的学术界关于"社区"的界定存在一定的泛化现象,有的"社区"概念界定甚至有相当大的随意性,这里仅列举自 1978 年改革开放至 2003 年这一时期我国部分学者关于"社区"概念的定义,如表 1-1 所示。

表 1-1 1978—2003 年我国部分学者关于"社区"概念界定统计表

学者	社区概念界定(含公开发表时间)
费孝通	社区是若干社会群体或社会组织聚集在某一地域形成的一个在生活上相互关联的大集体。(1985 年)
王 康	社区是指一定地域内按照一定社会制度和一定社会关系组织起来的、具有共同人口特征的地域生活共同体。(1988 年)
袁 方	社区是由聚集在某一地域中的社会群体、社会组织所形成的生活上相互关联的社会实体。(1990 年)
何肇发	社区就是区域性的社会,换言之,社区就是人们凭感官感觉到的具体化的社会。(1991 年)
郑杭生	社区是指进行一定社会活动、具有某种互动关系和共同文化维系力的人类生活群体及其活动区域。(1991 年)
方 明 等	社区是指聚集在一定地域范围内的社会群体和社会组织,根据一套规范和制度结合而成的社会实体,是一个地域社会生活共同体。(1991 年)
奚从清 等	所谓社区,就是聚居在一定地域中人群的社会生活共同体。(1996 年)
唐忠新	所谓社区是指由居住在某一地方的人们结成多种社会关系和社会群体,从事多种社会活动所构成的社会区域生活共同体。(2000 年)
谢 菊	社区指在一定地域内发生各种社会关系和社会活动,有特定的生活方式,并具有成员归属感的人群所组成的一个相对独立的社会实体。(2000 年)
袁秉达 孟 临	社区就是在一定地域范围内,发生特定的社会关系和社会活动,形成特定的生活方式和文化心理,并具有成员归属感的人群所组成的相对独立、相对稳定的社会实体。(2000 年)
徐永祥	所谓社区,是指一定数量居民造成的、具有内在的互动关系与文化维系力的地域性的生活共同体。(2001 年)
王晓燕	在我国,一般认为,社区是进行一定的社会活动、具有某种互动关系和共同文化维系力的人居群体及其活动区域。(2001 年)

(续表)

学者	社区概念界定(含公开发表时间)
邓敏杰	社区是进行一定社会活动,具有某种互动关系和共同文化维系力的人类群体及其活动区域。(2002年)
徐 勇 陈伟东	社区是指由聚居在一定范围内的人们所组成的社会生活共同体,是由一定的人口、地域、设施、管理机构、文化现象和社区意识等要素构成的小社会。(2002年)
马仲良	社区是指聚居在一定地域内的人们所组成的社会生活共同体。(2003年)

定义分别来自:何肇发主编:《社区概论》,中山大学出版社1991年版,第3页;周建军:《"社区"概念辨析》,《住宅科技》1995年第10期,第13页;唐忠新:《城市社会整合与社区建设》,中国言实出版社2000年版,第3页;谢菊:《中国政府在社区建设中的责任》,《云南行政学院学报》2000年第4期,第45页;袁秉达、孟临主编:《社区论》,中国纺织大学出版社2000年版,第3页;徐永祥:《社区发展论》,华东理工大学出版社2001年版,第33—34页;王晓燕:《"契约型"社区的生成和发展》,《城市问题》2001年第1期,第21页;邓敏杰:《创新社区》,中国社会出版社2002年版,第33、119、248页;徐勇、陈伟东主编:《社区工作实务》,高等教育出版社2003年版,第1页;马仲良主编:《社区建设简明读本》,中国青年出版社2003年版,第3页;刘君德等编著:《中国社区地理》,科学出版社2004年版,第2、3页。

资料来源:根据1978—2003年相关文献统计汇总(按照时间先后排序)。

一般说来,目前我国学术界大多数研究者认为,社区是指居住在一定地域范围内的人群所组成的生活共同体,或者说,社区是指生活在一定地理区域内,具有共同意识和共同利益的社会群体。当今,就其一般意义而言,"社"就是人群,"区"就是地区、空间、环境,社区是指聚住在一定地域的人群生活的共同体。以上学者关于社区的概念界定,大部分是从社会学的角度进行定义的,鲜见从政治学、公共管理学的角度进行探讨。

另外,近年来我国相关中英文词典也收录了"社区"这一词条,并且也对"社区"的概念进行了界定,如表1-2所示。

表1-2 部分中英文词典关于社区概念界定统计表

词典名称	社区(community)概念界定
朗文当代英语词典 (1993年版)	1. A group of people living together and/or united by shared interests, religion, nationality, etc. 2. The public; People in general. 3. Shared possession: community of property.

(续表)

词典名称	社区（community）概念界定
牛津现代高级英汉双解词典（1988年版）	1. The community: the people living in one place, district or country, considered as a whole。（由同住于一地、一地区或一国的人所构成的）社会；社区。 2. Group of persons having the same religion, race, occupation, etc or with common interests：由宗教、同种族、同职业或者其他共同利益的人所构成的团体；团体。 3. Condition of sharing, having things in common, being alike in same way：共享；共有；共同；相同。
辞海（1999年版）	社区：以一定地域为基础的社会群体。
现代汉语词典（2002年版）	社区：社会上以某种特征划分的居住区。
应用汉语词典（2002年版）	社区：一定的地区社会，特指街道办事处或居民委员会活动范围内的地区。

定义分别来自：《朗文当代英语词典（最新修订版）》（英英），英国朗文出版公司、（上海）世界图书出版公司1993年版，第202页；《牛津现代高级英汉双解词典》，商务印书馆、牛津大学出版社1988年版，第230页；中国社会科学院语言研究所词典编辑室编：《现代汉语词典（2002年增补本）》，商务印书馆2002年版，第1116页；商务印书馆辞书研究中心编：《应用汉语词典》，商务印书馆2002年版，第1110页。

资料来源：根据相关词典统计汇总（按照词典出版时间先后排序）。

另外，"根据韦氏词典（Webster Dictionary）和朗文词典（Longman Dictionary）的解释，community主要包括以下几种：（1）指生活在特定区域内（如城市）的所有人，或指他们所生活的区域如城市；（2）指生活在一起、具有共同的兴趣和工作的一群人，他们构成了完整的'大社会'的一个组成部分（一个小型的社会单位），可译作社团、团体、界等；（3）指具有共同的传统，或为了政治、经济利益而松散地或紧密地联合在一起的一些国家；（4）指一般意义上的社会，大众或公众；（5）指所有权共有，如货物共有；（6）指相似性；（7）指与其他人一起生活的状态，或指伙伴关系；（8）群落，生态学术语，指同生一处的植物或同居一处的动物"[①]。可以看出，对英文单词"community"的界定具有多样性和复杂性，比较全面，但是也造成该词对应汉译精确性方面的困难。一些汉文版词典关于"社区"词条的解释或界定都较为模糊，没有抓住社区的本质。

---

① 胡延杰：《社区与社区发展释义》，《林业与社会》2001年第1期，第23页。

(三) 网络时代：社区新内涵

在当今时代，现代计算机技术、通信技术、网络技术、自控技术、智能卡技术等科学技术的飞跃性发展和互联网的逐步普及催生了网络政治、电子政务和智能化社区，社区的智能化、网络化等催生了信息化社区（informatization community），具备数字化、网络化、智能化、可视化的住宅小区、办公楼群和智能大厦构成了人类网络化生存的新形式。关于虚拟社区（virtual communitiy）的产生，"20 世纪 60 年代立克里德（Licklider）就预言了计算机连接的社区的出现，当时他开始调查并导致第一个这样的社区——ARPA 网的产生。1968 年 4 月立克里德在《国际科学与技术》（International Science and Technology）杂志上发表的文章中写道，'在线交互式的社区将会是什么样的呢？在大多数领域中，它们的成员在地域上是分离的，有时会一小群聚在一起，有时又独立工作。这些社区成员的所在地远隔千山万水，却有着共同的兴趣'"[1]。数字家园（e-home）和 e 化社区使得社区的含义进一步演化，"社区"也逐步成为很多网站中的重要板块，是网站建造的一种虚拟的组织结构框架（如分类信息、专项服务、网站特色等），成为网站服务的一种具体方式，以实现社区治理与服务的自动化、网络化。"无线城市""智慧城市"的建立和完善使得网络化生存日益成为人类生活的主导方式之一。数字化时代下与社区紧密相连的词组如"网上社区""虚拟社区""网络社区""聊天社区""智慧社区""人脸识别可视化社区"等成为社区概念在当前演化的最新形式，在目前物联网与大数据时代形成"网上网下""社区内外"紧密互动超越物理空间的新状态，包括社区"工作群""通知群""二手市场群""业主群"等在内的社区微信群和 QQ 群成为社区治理的新组织形式与载体，促进了社区治理的精准化与精细度，提升了社区治理的效率，但也容易引发社区网络舆情及溢出效应。这种全新形式突破了传统社区概念的地域性特征，其社会心理或精神层面的因素日益凸显，在这方面其含义似乎更接近滕尼斯关于社区概念的原意，即滕尼斯认为人与人之间所具有的共同文化心理和归属感是社区的精髓和实质。

(四) 本书关于社区的界定

总体说来，社区的定义众说纷纭的原因主要在于对其界定的视角不同。从学理角度看，这些视角主要分为功能主义和地域主义两大类。当前我国大部分

---

[1] 〔美〕德鲁克基金会主编：《未来的社区》，魏青江等译，中国人民大学出版社 2006 年版，第 104 页。

学者主要从地域主义角度对"社区"进行界定,认为"社区是指由居住在某一地方的人们组成的多种社会关系和社会群体,从事多种社会活动所构成的区域生活共同体"①。而且将社区概念的内涵主要局限于"地域性社会共同体",即社区是一个区域性社会,是人们凭借感官能够感知到的具体化了的微型社会。

"事实上,在社会科学中,一个概念的重要性与它的精确性往往是成反比的;愈是重要的概念,它在含义上愈不精确。因为,所谓重要的、基本的概念,就是那些本学科中每个学者都不可避免地在研究中要加以使用的概念,然而,学者们由于个人的兴趣、研究角度、所要解释的问题和理论背景的不同,必然会对这些概念作出不同的解释。"②在当今,"社区"的含义相当广泛,而且极具争论性。学者各持己见使得"社区"含义的界定缺乏一个统一标准,19世纪西方国家的界定体现在人类学领域对初民社会的研究中,目前大多数学者主要从社会学角度进行界定,把它的意义局限在地域层面上。但同时,"社区"一词也普遍运用于哲学、宗教学、人文地理学、城市规划学、环境科学、政治学和公共管理学等领域。社区治理属于公共管理学科的专业课程,基于我国的社会主义现代化发展趋势和尽快实现社会转型的希冀,根据建立法治社会、和谐社会的要求以及新公共管理理论和当今社会变革所倡导的方向,兼顾普遍性和主体性,本书对社区概念从公共管理学的角度进行界定。本书认为,从公共管理的角度来看,社区是指居住在同一地域内的人群有着共同生存的需要、共同的生活服务设施、共同的文化、共同的利益、共同关心的问题而形成社会互动的地域性的社会共同体。

二、社区的构成要素与基本特征

社区的概念不但含义非常丰富,对其构成要素和基本特征的认识也同样存在多样性,见仁见智。

(一) 社区的构成要素

由于关注的侧重点不同,关于社区的构成要素,主要存在三要素、四要素、五要素、六要素和九要素等划分方式。按照社区要素构成内容划分从少到多排序,如表1-3所示。

---

① 姜振华、胡鸿保:《社区概念发展的历程》,《中国青年政治学院学报》2002年第4期,第123页。
② 何肇发主编:《社区概论》,中山大学出版社1991年版,第2页。

表 1-3　社区构成要素划分表

构成要素	构成要素内容
三要素论	一定的地域是基础；共同生活的居民群体是规模；明确的行政管理区域是单元
四要素论（一）	地域要素：自然地理包括方位、地貌特征、自然资源、空间形态与范围等（如山村、平原、河流）；人文地理包括人文景观、建筑设施等 人口要素：指居住在本区域内的居民 组织结构要素：如家庭、邻里、生产经营部门、商业机构、党政机关、村委会、居委会、社会团体、文化团体、学校、医院、书画社、票友会、舞蹈队、合唱团、读书会、拳操队等 文化要素：如历史传统、风俗习惯、村规民约、生活方式、交际语言、精神状态、社区归属、社区认同感等
四要素论（二）	人口、区域（地域）、心理素质（社会心理）与人际互动关系。其中社区人口包括区域内相对稳定的静态人口和社会变迁中的城乡交流、异地流动以及反映人口增减的动态人口
五要素论（一）	稳定的自然环境和生活居住地域；具有相对稳定的社会关系和生活方式的人群；相对稳定的生活环境和生活设施；具有本地特征的文化积淀；居住人群对居住地的情感沟通和心理认同
五要素论（二）	人群。以一定社会关系为基础组织起来进行共同生活的人群，是构成社区的首要因素，他们以社会群体的形式发挥着社区主体的作用 地域。社区的地域要素是社区各种自然地理条件的综合，包括地理位置以及这一地理位置上的地形、地质、气候、土壤、山林、水系、矿藏、动植物的分布等 生产和生活设施。包括社区成员赖以进行生产经营活动的生产资料，赖以进行日常生活的生活资料，赖以进行精神文化和政治活动的基本设施等 管理机构和行为规范。因为社区存在着许多公共事务需要处理，从而使得管理机构成了社区不可或缺的要素之一。行为规范是人类活动的规则、标准，包括习俗、道德、宗教教规、法律、制度、公约等 社区意识。社区意识主要是指社区居民对自己所属的社区有一种认同、喜爱和依恋的思想及心理感觉。这种思想和心理感觉是社区生活对其成员的思想观念长期影响的结果，也是构成社区的一个重要因素和衡量社区的标准之一
五要素论（三）	地域性、公共联系纽带、持续亲密的首属关系、归属感和一套社区成员公认的行为规范和秩序

(续表)

构成要素	构成要素内容
五要素论(四)	地域、人口、区位、结构和社会心理。其中,地域是对其边界的确定,一般范围较小。人口包括数量、构成、分布和密度等内容。区位是指社区生活的时间和空间因素。社区的结构是指社区内的各种社会群体和组织之间的关系,充满了多样性与复杂性。社会心理因素主要是指社区成员对本社区的归属感
五要素论(五)	居民(社区人群)、地域(社区空间)、文化(社区背景)、组织(社区的社会组织)、认同(社区的归属感)
六要素论	地域要素、人口要素、组织结构要素、社会心理要素、规范体系要素和物质设施要素
九要素论	地域要素、人口要素、区位要素、结构要素、社区心理要素、组织要素、文化要素、物质和保障要素、社区变迁

资料来源:王明浩、高薇:《浅议社区》,《城市》1997年第1期,第43页;唐忠新:《什么是社区》,《中国妇运》2001年第1期,第46—47页;徐勇、陈伟东主编:《社区工作实务》,高等教育出版社2003年版,第2页;袁秉达、孟临主编:《社区论》,中国纺织大学出版社2000年版,第3—4页;于显洋主编:《社区概论》,中国人民大学出版社2006年版,第31—33页;刘君德等编著:《中国社区地理》,科学出版社2004年版,第3页。

从表1-3可以看出,关于社区要素的划分虽然组成不同,但是在本质上基本相同,很容易归纳出其共性的内容,如地域要素、人口要素、组织结构要素等。随着我国社会的发展,社会心理要素和社区意识的重要性日益凸显,逐步成为衡量社区是否健全和成熟的核心标准之一,也是医治工业化和城市化过程中产生的越来越严重的"城市病"的重要措施。

(二)社区的基本特征

关于社区的基本特征,虽然也有不同的概括,但是其核心内容还是基本一致的。1936年,芝加哥学派的帕克认为,"社区的基本特点可以概括为:一是按照区域组织起来的人口;二是这些人口不同程度地与他们赖以生息的土地有着密切联系;三是生活在社区中的每个人都处于一种相互依赖的互动关系"[1]。我国学者唐忠新认为,社区有五个基本特征[2]:(1)社区是一个社会实体,既是

---

[1] 徐永祥:《社区发展论》,华东理工大学出版社2001年版,第30页。
[2] 唐忠新:《什么是社区》,《中国妇运》2001年第1期,第46页。

社会的组成部分,又是宏观社会的缩影。从范围上看,任何一个社区都是社会的组成部分。换句话说,整个社会是由若干不同类型的社区所构成的。从内容上看,社区不同于某一部门、某一行业,是一个相对完整的社会结构体系,具备社会有机体的最基本内容,俨然是一个"小社会"。所以,社会普遍存在的一些现象都可以在社区内反映出来,人们能够透过社区观察到千变万化的社会现象,能够倾听到社会生活浪潮发出的细微呼声。(2)社区具有多重功能,如经济功能、政治功能、文化功能,以及社会管理和社会整合的功能等。社区功能的多重性是由社区内容的多样性和社区居民的多方面需求所决定的,也是社区作为社会实体的一种反映。(3)社区是人们参与社会生活的基本场所,是绝大多数社会成员的生活基地。(4)社区是以聚落作为自己的依托或物质载体。聚落的最基本含义是人们的居住地,主要形式有村落、集镇、县城和城市等,它们都是社区的依托和物质载体。(5)社区是发展变化的,是随着社会的发展而发展的。从历史上看,农业出现以后,人们由流动生活变为定居生活,形成了农村社区。后来,在农村社区的基础上又出现了城市社区。

本书认为,社区中的"社"侧重于社会结构(社会关系),"区"侧重于空间结构(地域性)。社区的本质因素包括社会互动、地域性和共同约束等。地理区域(地域性)、社会互动、共同关系是社区的三个基本特征。

三、 社区的功能与分类

社区的存在就是因为它有其存在的社会基础,即其社会功能的发挥。社区的分类比较复杂,我国当前对其分类较为混乱,在一定程度上扭曲了社区的原意或核心思想,异化了社区的功能,阻碍了社区治理的良性发展。

(一) 社区的功能

人的社会化过程,在很大程度上是在社区内进行的,这是社区功能的重要意义所在。关于社区的功能,在不同的国家或地区和不同的时代存在差异性。理想的社区生活应该是一种共有、共享、共融的生活。社区具有多种功能,如社区最基本的功能是融居住区、生活区、交往区、管理区、服务区于一体的场所,而且乡村社区还是人们生产、谋生的场所。在当今我国,社区的功能从内容上看,主要体现在社会服务、人的再社会化、社会参与和社会民主、社会控制与社会稳定等具体功能上。

（1）社会服务：主要是公益性质的服务，表现为无偿性或者微利、微偿性的服务，最大限度地满足社区居民的有关需求，主要体现在居民生活、文化健康、教育卫生上。这是社区最基础、最重要的功能，也是社区建设与社区治理的基本工作与中心任务。狭义的社区社会服务包括：向困境群体如残障人士、老年人群、遭遇家庭暴力的妇女、受侵害的少年儿童、处于困境的外来人口等提供帮扶；帮助边缘群体如刑释人员、具有不良行为的青少年等回归社会；服务烈士家属、现役军人家属等。广义的社区社会服务还包括：公共卫生、疫情防控、灾害预防与处置、安全事故预防与处置善后、职业培训与就业指导、体育锻炼与文化休闲等。在社区社会服务的划分上，可以分为专业性服务、非专业性服务和非服务性的市场行为。专业性服务主要是康复中心、法律援助中心、敬老院、图书馆、健身房以及社区治理科技支撑体系建设等；非专业性服务主要包括打扫卫生、洗浴、公园观光、购物、宠物管理等；非服务性的市场行为主要是指宽带安装、车位管理、家电维修、家政服务、缝纫理发、小饮食店经营、副食品店经营、杂货店经营等，属于第三产业，是追求利润最大化的市场化行为。

（2）人的再社会化：主要是工读学校、社区帮教、社区矫治等，从"有问题的人"变成再一次正常融入社会的人，这是有关法律制度在社区内的实施以促进其回归社会的过程。

（3）社会参与和社会民主：主要是培养社区居民的社区意识与公益精神，增进居民间的关怀与感情交流，消除现代社会常见的人际冷漠、人际阻隔现象，形成"人人为我，我为人人"的价值观和守望相助的社区精神，通过社区互动、互助提升居民对社区的认同感和归属感。

（4）社会控制与社会稳定：主要包括物业公司聘用的保安队伍、居委会的治安员、志愿者等社区队伍建设和法制宣传、人民调解、治安保卫以及老人、妇女、儿童等的维权工作。在移民社区和城市社区新市民的社区融入方面，通过制度建设与营造宽容、公正的社会氛围，打击社会歧视、社会排斥行为，推动和谐社区建设。

（二）社区的分类

社区形式具有多样性与复杂性，由于社区类型的复杂性和研究的侧重点不同，学术界对社区的分类还没有统一的意见。目前，社区分类的主要标准及其内

容,归纳起来大致如下:

一是根据区位标准或者综合标准,把社区分为城市社区(urban community)和农村社区(rural community)两大类型。我国目前处于社会转型期和走向现代化的进程中,这两大类社区有时有所重叠,并由此衍生出其他细化的类型如城镇社区、集镇社区(town community)等。有人认为城市社区按照其主要功能还可以进一步细分为工业社区、商业服务业社区、政治社区、文化社区等,或者按照类型还可以细分为单位型社区、街坊型社区、新建小区型社区、城乡接合部社区等。农村社区按照地域类型可以细分为山村社区、平原社区、高原社区等。

二是按照社区规模的大小划分,一般分为大型社区、中型社区、小型社区和微型社区等。

三是按照社区的形成方式划分,一般分为自然性社区和法定社区。自然性社区是指人们在长期的共同生活中逐渐扩展而形成的社区,具有自然的边界,常常以河流、湖泊、空地、山林为标志,其最突出的表现形式是农村中的自然村。法定社区主要是根据社会管理的需要而设置的社区,例如城市中的区、街、居委会辖区,以及农村中的行政村等。其边界主要是根据社会管理的需要而划定或设置的,具有明确的边界和法定的组织管理机构。目前我国的法定社区主要是指由市辖区政府、街道办事处和居民委员会三个层次的辖区所构成的社区体系,尤其是指街道办、居委会辖区。

四是按照社区结构及其完整程度划分,可以分为整体性社区和局部性社区。

五是按照社区的功能划分,有人认为可以分为经济型社区、文化型社区、旅游型社区等,或者工业社区、文化社区、生活社区等专能的社区。经济型社区按照经济活动的性质还可以细分为农业型社区、林业型社区、牧业型社区、工业型社区等。文化型社区可以细分为学习型社区、高校社区等。旅游型社区可以细分为人文景观型社区、自然风光型社区等。

六是按照社区的社会变迁划分,有人认为可以分为部落型社区、传统型农业社区、传统型城市社区、新兴社区、现代型社区等。

七是按照人的社会组织和空间分布划分,有人认为可以将社区分为社会性社区和空间性社区。社会性社区主要包括宗族社区、企事业社区、利益社区等。空间性社区主要包括由城市地理要素如道路、河流等划分出来的各种街区。[1]

八是根据民族、种族、宗教和精神等因素划分,有人认为可以分为民族社区、

---

[1] 董卫:《城市族群社区及其现代转型》,《规划师》2000年第6期,第87页。

族群社区、宗教社区、种族社区等。

有人认为,关于社区基本类型的分类方式,各种划分没有优劣之分,只是划分方式不同。而本书认为,社区应该按照符合地缘特点、有利于社区居民自治、具有心理认同感、优化资源配置、提高工作效能的原则进行划分。因此,本书根据区位标准、社会公众的易接受度、社区研究的简洁性要求等综合因素,将社区分为乡村社区和城市社区。"传统上,社区的界限是根据地域的接近度(proximity)来划分的。接近度使社区的成员具有共同的目标、监督程序和管理行为。但现在,基于价值观的划分可能比基于地理位置接近度的划分更普遍。地理位置上的接近仅仅是表面的,而价值观则是内在的。"①

四、 当前社区概念泛化现象

如前所述,社区的概念在当今被广泛应用,但是对社区的含义也存在着相当程度的误解、曲解与误用,本书称之为社区概念使用中的泛化现象。这种泛化现象仍然在蔓延,在一定程度上扭曲了社区概念的本来面目或基本内涵。本书在这里对当前某些泛化现象进行梳理和评析,希望能够引起大家对社区概念及其内涵的进一步探讨,在辨析中希望能够对社区概念的理解更加准确,对社区的定位更加清晰,对社区治理的未来发展促成更多共识。

一是关于社区的范围大小问题。目前,存在"全球社区""世界社区""跨国界社区""巨型社区""大型社区""小社区""微型社区"等概念。有人认为大型社区可指省(自治区/直辖市)、市(县),小型社区可指乡镇、街道甚至村(居)委会或自然村落。虽然确定社区的边界是一个比较复杂的问题,但是社区作为一个微观型的地域性社会甚至一个熟人社会,不宜把社区的范围定得过于宽泛。把全世界、一个国家、一个省、一个大中型城市称作社区显然是不合适的,"地球村"这个概念很可能比"全球社区""世界社区"更科学。确定社区界限的基本原则是:"应限制在居民日常生活能够发生互动的范围之内,或者限定在能够满足居民基本需要的社会服务设施、组织机构可以发挥作用的范围之内。"②我国1936年规定设镇的标准为2 500—3 000人,美国国家统计局则以2 500人作为市镇的

---

① 〔美〕德鲁克基金会主编:《未来的社区》,魏青江等译,中国人民大学出版社2006年版,第149页。
② 徐永祥:《社区发展论》,华东理工大学出版社2001年版,第35页。

标准。当今,我国每个城市社区以管辖 1 000—3 000 户居民较为合适,乡村社区以一个乡镇、一个村庄为宜,这正是社区研究的优点之一。以居民关系比较密切、联系比较频繁的社会群体居住地为依据划分社区,更接近国际标准和更符合当今中国的国情。由于社区本身就是一个微型社会,在"社区"前面再加上一个"小"字,实际上是一种没有意义的重复,同时把社区范围限定在"邻里"的"邻里社区"把社区范围限定得过于狭窄,从而走向另一个极端。

二是我国历史上朝代时期的传统基层社会是社区吗?或者说存在社区吗?有人认为,我国古代不但存在社区,并且考证出"我国古代的城市社区称为'里'或'坊',乡村社区称为'庐'或'村'"①。《尚书》中说:"八家为邻,三邻为朋,三朋为里。"《管子》中说:"百家为里。"《汉书·食货志》中说:"在野为庐,在邑为里。"《旧唐书·食货志》中也说:"在邑者为坊,在田野者为村。"有的历史学者将一些地方或者社会群体也用社区来称呼,如中国封建时代的"蕃坊"社区模式,"所谓'蕃坊'就是中国封建王朝对外侨民所划定的集中居住地"②。有的把明代居乡士大夫与士人看作当时的"社区精英群体",他们居住的江南一带也被称为"江南社区"。③ 还如,有的学者在研究明清时期江南的瘟疫救治时说"地方士绅在瘟疫救治中发挥着相当的作用,尤其在社区内组织较为大型的救治活动时,都离不开士绅的支持"④,还提到"乾隆中期以来慈善机构的'儒生化'和嘉道以降社会慈善和救济事业的社区化"⑤等。严格说来,这些说法都不太确切,在一定程度上是对社区概念的误用,也不符合历史事实。张哲郎认为,虽然"中国历代的地方行政,一般来说,以县为最下级的行政单位",但是"历代君主,都在县以下设有类似地方自治的乡村组织,以补县的不足"⑥。如秦汉的乡亭里制、魏晋南北朝的三长制、隋唐的邻保制、宋代的保甲与乡约、元代的社制、明代的里甲制、清代的里甲与保甲制等,它们"最初都是为了征收赋役而设,后来却负有劝农、教化及

---

① 单菁菁:《社区情感与社区建设》,社会科学文献出版社 2005 年版,第 25 页。
② 卜奇文:《"蕃坊"社区模式与澳门模式》,《萍乡高等专科学校学报》2000 年第 3 期,第 1 页。
③ 吴建华:《"民抄"董宦事件与晚明江南社区的大众心态》,《中国社会经济史研究》2000 年第 1 期,第 83 页。
④ 余新忠等:《瘟疫下的社会拯救——中国近世重大疫情与社会反应研究》,中国书店 2004 年版,第 95 页。
⑤ 同上书,第 388 页。
⑥ 张哲郎:《乡遂遗规——村社的结构》,载姜义华等编:《港台及海外学者论中国文化》(上),上海人民出版社 1988 年版,第 238 页。

维持治安等任务"①。因此,我国古代的基层社会特别是秦汉以来的乡里社会应该称为"绅治社会"或"士绅社会",不能看作"乡村社区"或"街坊社区""乡镇社区"等。还有人认为,中国古代社会不但有社区,还有社区精神,近代以来原有的社区精神被破坏了。本书认为,这是一种牵强附会的说法。另外,滕尼斯定义的社区虽然是指工业革命前乡村的状况,但是这种乡村是处于文明时代的乡村,原始社会是人类处于蒙昧时期的前文明时代,由原始人群与氏族公社两大阶段组成的原始社会也不应该套用"社区"这一概念,本书的这一观点可以从摩尔根的《古代社会》中关于远古时代部落社会情况的描述中得到印证。②

三是由特定地点、特殊行业、特殊职业、特定称谓各自与社区的结合产生的新概念的合适性问题。如由"特定地点+社区"组合成的诸如"农场社区""沿海社区""军营社区""港口社区""街道社区""高校社区""地方社区""地缘社区""单元社区""住宅社区""高新区社区""地域性社区"等概念;由"特殊行业+社区"组合成的"工商社区""邮政社区""农业社区""非农业社区""矿业社区""盐业社区""农垦社区"等概念。其他的还如"政治社区""单位社区""行政社区""军事社区""外侨社区""居民社区""阶层型社区""(城乡)二元社区""心理社区""休闲社区""聚居社区""地域社区""功能社区""综合性社区"等。以上这些提法都值得商榷。"街道社区""行政社区""社区政府""社区干部"等概念在一定程度上可以看作计划经济体制思维模式的遗留与反映。社区的要素同时包括地域、人口等内容,任何一个具备物理属性的现实生活中的社区都同时具备心理与地域因素,用"心理社区""地域社区"将二者人为分开是不科学的,也是不切实际。企业、机构、产业、种族、阶级都不是构成社区的本质内容,不应该以企业、机构、产业等来定位社区,也不能单以居民、住宅区来定位社区。

另外,把"行政区"作为与社区相对应的概念是一种误解。社区是一个社会学概念,行政区是一个政府管理学概念。从历史上看,社区的概念在欧洲最初是指传统乡村,与行政区没有关系。美国的发展史是先有社区后有政府,其社区最初存在的时候根本就没有规范的行政区。在现代社会,政府相对应的是市场和社会。行政区的划分与调整是一种政府行为,属于政府管理的组成部分。乡

---

① 张哲郎:《乡遂遗规——村社的结构》,载姜义华等编:《港台及海外学者论中国文化》(上),上海人民出版社1988年版,第238—264页。

② 参见〔美〕路易斯·亨利·摩尔根:《古代社会》,杨东莼等译,商务印书馆1997年版。

村社区在当前中国主要以自然村和行政村的形式存在。虽然对"社区"这一概念存在多种误解是难免的,但是在当今我国社会转型期,在公共管理方面,需要从促进社会主义现代化角度来界定社区,这也符合深化改革与社会发展的趋势。

本章小结

本章首先介绍了社区概念在西方、中国的起源和最初含义,梳理了社区概念在欧美等西方社会和在中国20世纪30年代至40年代、1978年改革开放以来的含义的变迁及其内涵的复杂性和多样性,进而从公共管理的角度提出了本书关于社区概念的界定。其次阐述了社区的构成要素的三要素论、四要素论、五要素论、六要素论和九要素论并且从中析出其共性内容。在借鉴其他学者关于社区基本特征研究的基础上,本书提出了地理区域(地域性)、社会互动、共同关系是社区的三个基本特征。再次概括了社区功能的基本内容。最后论述了社区分类的不同标准及其内容,提出应该根据区位标准、社会公众的易接受度、社区研究的简洁性要求等综合因素将社区分为乡村社区和城市社区。同时,也对当今普遍存在的社区概念泛化现象及其主要表现进行了评析,澄清了社区概念使用中的误解、曲解与误用问题。

思考题

1. 在学习本书之前你在街头和网站上看到"社区"这个词,是怎么理解的?
2. 我们当前对社区的定义与滕尼斯最初的社区定义有什么不同?主要区别在哪里?
3. 当前有人把社区译为"social community",这种翻译方式是画蛇添足吗?为什么?
4. 你认为社区最重要的特征是什么?请阐明你的理由。
5. 滕尼斯社区概念中的社区意识能否成为现在社会的精神主导?为什么?
6. "网络社区"的出现与滕尼斯关于社区的最初界定有什么共性?网络社区能否在新的层次上复归滕尼斯当初的社区意识?网络社区能否超越血缘、地缘、业缘的范围构筑起现代社区精神?

7. 1848年2月,马克思、恩格斯在《共产党宣言》中把"自由人联合体"作为共产党人的奋斗目标,1867年马克思在《资本论》第一卷中也提出"自由人联合体"是共产党人的社会理想,"自由人联合体"就是在阶级消灭和国家消亡之后整个社会实行高度自治的共产主义社会。未来社会中理想状态的社区是不是"自由人联合体"?为什么?

第二章 社区相关概念与社区研究方法

引导案例

案例1 村主任长期外出打工 公章由七旬父母掌管

2011年9月,一篇题为《村主任不在村里,公章留给父母保管使用》的帖子出现在网上。网帖直指江西上饶市广丰县(今广丰区)横山镇山头村村主任夏剑波长期在外省包工程,将公章交由其父母保管,村民办事需要找其父母,并且需要"意思意思"才能盖章。网友们质疑:这样的村干部是如何选出来的?农民要这样的村干部有何用?

针对网民的质疑,9月26日,"中国网事"记者专程赶到了广丰县横山镇山头村进行核实。记者在山头村看到,村委会的大门门锁锈迹斑斑,院子里一片狼藉。村民们告诉记者,村委会院子里平时没人,大门也不开,只有侧门偶尔会被打开,而村主任夏剑波的办公室里除了一只破旧的投票箱外别无其他,办公室的门把手结上了蜘蛛网。

村民告诉记者,村里的五名干部只有副主任和妇女主任现在在村里。"有钱有权的村干部都出去赚大钱了,没实权的副主任还在村里,自己买了收割机到处收割稻子赚钱,村里的事情也不管,村主任和镇上关系好,现在想办事盖章只能找村主任父母。但想要顺利盖上公章,往往还要给村主任父母意思意思。"村民说。

对山头村"空巢"村委会现象,横山镇知不知情呢?横山镇镇长俞立峰告诉记者,前段时间镇上对山头村进行了检查,山头村的各项工作做得都挺好,土地、计生等各项硬性指标排名都很靠前。当记者问到镇上是否了解这些指标后面具体的工作情况时,镇长表示不清楚。

对于村干部长期外出、村民办事难的问题,俞立峰认为,村干部平时收入低,难以维持生计,只要村里工作搞得好,出去赚点钱是可以理解的。同时他解释道,当地有不少超生妇女去外地生孩子,夏剑波是在外地一边做生意一边做计划生育工作。然而,在随后的采访中,山头村里唯一能找到的村干部妇女主任项少晶告诉记者,村里没有一个妇女到外地生孩子。

村民们向记者反映,村主任在外地做生意期间不愿意把公章交给副主任,而由其年过七旬的父母掌管,是因为这小小的公章决定了村里的大小事务。村民郑大爷告诉记者,村民想在村委会开个证明是一件非常困难的事情,有个年轻人想贷款买辆挖掘机,踩破了村主任父母家的门槛也没有开上证明,最后送了牛奶、香烟才盖了章。

村民王堂门的妻子告诉记者,他和老伴以及女儿家共修建了 200 多平方米的房子,把 18 万元交到了村主任夏剑波手里,村里没有进行过任何公示,也不知道这笔钱的去向和用途。横山镇土管所所长俞小玲的解释是,这是村民自己开村民代表大会讨论通过后收取的,并不是夏剑波本人收取的,这是村民的自治行为。记者随后找到项少晶核实,项少晶说村里没有权力收这笔钱,要交也是交到土管所。

记者在调查中发现,山头村的年轻人基本上都外出打工了,留下的老弱妇孺对村主任一家敢怒不敢言。不少村民全家几口人挤在一间危房里,没有领到过救济款。夏剑波如何能连任两届村主任已经成为一个大大的疑问。

采访期间,记者多次拨打夏剑波的电话,其电话始终关机,并不像俞立峰向记者所说的村民可以随时和夏剑波取得联系。记者在夏剑波父母家门前等候一个早上后,终于见到了夏剑波的父亲,但是夏父拒绝向记者做任何解释,并扬言要砸掉记者的话筒。

(资料来源:《村主任长期外出打工 公章由七旬父母掌管》,2011 年 10 月 5 日,央视网,http://news.cntv.cn/society/20111005/102555.shtml,2022 年 6 月 15 日访问,有修改。)

案例 2 空心村调查:千亩良田难耕种 村民大会没法开

"外面像个村,进村不是村,老屋没人住,荒地杂草生。"一首打油诗,字里行间透着无尽的荒凉,也道出了空心村的尴尬与无奈。随着经济社会的发展,大量青壮年劳动力离土离乡,空置的民居越来越多。专家统计,当前我国村庄空置面积超过 1 亿亩。若干年后,曾经宁静优美的田园,将会变成什么模样?一片片肥沃的土地,还有谁愿意耕种?

村民：响水崖村有 2/3 的人口在昌乐、潍坊城区工作，1/3 的房子常年空置

乔官镇响水崖村，有山有水，风景优美。整洁的柏油路两侧，一座座建成于 20 世纪 80 年代的瓦房看上去并不破旧。但只要往旁边的胡同里走走，看到的就是另一番景象。残砖断瓦、房梁裸露，有的已经全部坍塌，只剩下高出地面的基石。透过朽旧的门板缝隙向院内望去，除了长势正旺的茅草，再也看不到更多的生气。村中一口元代古井的石沿上，三道被绳索磨出的印痕深达几厘米，依稀可以想见过往数百年的人丁兴旺的场景。

"远的不说，30 多年前村里还生活着 800 多人，现在虽然名义上户籍人口 667 人，但实际上常住人口不足 300 名。"52 岁的党支部书记巢贵春笑称，自己在村里绝对算得上是"年轻人"，凡是"上墙爬屋"的活都得干。"40 岁以下的基本上都出去了，剩下的除了老人孩子，就是身体不好走不了的。"村里的百货商店门前，村民王月英和几个乡亲一边乘凉，一边拉着家常。她的两个儿子都在潍坊市内买了房子，一般过年时才回来看看。"不忙的时候，也到城里帮他们带带孩子，家里还有 6 亩地，平时还得种着。"

响水崖村共有 247 户，其中 2/3 的户都在昌乐、潍坊城区工作。村里常年空置的房子占到 1/3，还有 1/3 的房子平时没人住，但逢年过节，还会有人回来看看。最近这四五年间，村里从来没盖过新房子，最多的工程就是修修补补。2011 年，全村的新生儿仅有 8 个，而且还都是第一胎。

"20 岁到 30 岁的年轻人，大部分都在昌乐、潍坊买了房子，有考了大学留下的，有在企业上班的，还有做生意的。"巢贵春的女儿已经在城里定居，小儿子还没有毕业，不过"估摸着就算上完学，也不会再回到村里"。拥有 12.6 万亩耕地的乔官镇，这两年流转的耕地面积已达 3.2 万亩。党委副书记李永金说，这也可以从一个侧面反映空心村问题。"年轻一代不愿再过面朝黄土背朝天的日子，吃不了那个苦，他们对城市的生活很向往。"

困境：1000 余亩耕地主要靠老人、妇女耕种，全体村民大会基本开不起来

"要是村里来个小偷，看见了都撵不上。"巢贵春的一句玩笑话，语气虽然轻松，却难掩内心的忧虑。其实，治安上的隐患，只是空心村面临的众多问题之一。大量农房空置，造成了土地的浪费、环境的脏乱差。不过，在村民们看来，就算是能把这些宅基地都腾出来,可谁又能来耕作?

响水崖村的1000余亩耕地,没有撂荒的主要靠老弱妇残打理。虽然机械化耕作已经非常普遍,但生产方式和产业结构依然落后。就在前两天,还有个别老人要牵牛套犁去耕地,被恰好碰上的巢贵春劝了回去。"都是些老头老太太,老旧思想哪能转变得过来,更别说调整产业结构了。"年龄偏大,成为响水崖村发展的最大制约因素。全村18名党员中,有16名是50岁以上的老年人。也正因为这样的年龄结构,平时的党员会倒是未受到多大影响。但全体村民大会基本开不起来,除非遇到选举和重大事项才有些人。去年,潍坊市的一家企业在周边搞起了生态园,流转了响水崖村600亩山地和100亩耕地。但村里还能到生态园里打工的,只有几个上了年纪的村民。

在马路边树下乘凉的老人们,时不时地还会想起曾经热闹的场景。20世纪80年代末,响水崖村家家户户搞养殖,一时间非常红火。许多村民在自家的院子里都能养上500只鸭子。到1994年前后,在田间架棚养殖的村民多达90余户,规模动辄上千只。时至今日,全村的养殖户已不足30户。70岁的刘桂香有3个女儿,其中最小的一个嫁给了同村人,这两年还在坚持搞养殖。今年入春以来,禽流感肆虐,养鸭子的效益越来越差。"一年挣不了几个钱,还赶上这些灾,不知道还能养多久。"

(资料来源:卞民德:《空心村,落寞中的守望》,《人民日报》2013年6月2日,第11版,有修改。)

案例讨论

1. 社区在不同的历史时期有不同的表现形式,因此社区治理的形式也必须随之变化。针对案例中的现象与问题,社区研究方法需要有哪些变化?

2. 本案例中"空巢"村委会(江西上饶市广丰县横山镇山头村)、"空心村"(山东省潍坊市昌乐县乔官镇响水崖村)等现象对社区研究方法提出了哪些新要求,社区研究如何适应这些新变化?

3. 上述两个案例中的情况反映了当今我国社区治理中出现了哪些新问题?

4. 如何从现代化进程的角度和历史发展趋势的视野来分析上述两个案例中的社会现象?如何解决当前我国村庄空心化和"空巢"村委会现象背后的制度性难题?

一、社区相关概念辨析

从第一章中我们知道,"社区"这一概念分类繁多,不但在当前存在着严重的概念泛化的现象,而且存在着与之联系密切的相关概念相互混同或者混用的现象。在剖析社区概念泛化现象的同时,也必须对容易与之混淆的常见性或常用性概念进行辨析,以便更清晰地理解"社区"概念及其内涵。

(一) 社区与社会

"社区"与"社会"在滕尼斯最初提出"社区"这一概念时就进行了区分,用来分析工业社会前后两种不同的社会生活类型。滕尼斯认为,社区是自然意志结合的共同利益与初级关系,基本上是以血缘、亲属关系为基础的一种地域界限与心理一致的共同关系,是一种自然性的存在的力量;社会是经由理性意志而结合的自我利益与次级关系,是以契约为基础的抽象性的人与人的关系。在我国学术界和实际生活中,"'社会'一词具有多重含义。我国古籍中的'社'是指用来祭神的一块地方,'会'是指集会。两个字合起来,就表示在一定的地方,于民间节日举行的演艺集会或祭神的庆祝活动。后来引申为以和睦为宗旨的各种团体"①。另外,乾隆二年(1737)出现了一种名为"社会"的乡村教育组织(小学),因学立社,每县五社,每社约80人。

在当今,"社会"作为"人类社会"的简称,从一般意义和抽象的角度来讲,"这一概念被用来描述一个大规模人类共同体的内部社会关系结构和制度安排,共同体不能被化约为个体的一个简单集合或汇总"②,没有地域性界限要求。在我国,社会一般是指"由一定的经济基础和上层建筑构成的整体。也叫社会形态",有时候"泛指由于共同物质条件而相互联系起来的人群"③。社区是人类聚居的有效载体和主要形式,也是社会活动特别是居民生活的基本场所。与"社会"相比,"社区"是地域性的社会生活共同体,是一个非静态的实体性地域概念,强调的是以社区认同感和归属感为核心的社区意识这种人际关系模式与

---

① 唐忠新:《城市社会整合与社区建设》,中国言实出版社 2000 年版,第 1 页。
② 〔英〕安东尼·吉登斯、菲利普·萨顿:《社会学基本概念(第二版)》,王修晓译,北京大学出版社 2019 年版,第 28 页。
③ 中国社会科学院语言研究所词典编辑室编:《现代汉语词典(第 7 版)》,商务印书馆 2016 年版,第 1154 页。

观念形态。

关于二者的联系:从范围上看,社区是社会的组成部分,是社会的细胞,二者之间是部分与整体的关系;从内容上看,社区是社会的缩影,是社会具体而微观的体现,是具有相对完整意义的社会实体,是一个"小社会"①,这是我们现在惯常使用的概念。社区是社会的基础与载体,社区在社会与个人之间起着联系和纽带作用。所以,本书赞同这一看法,即"我们仍旧在'地域共同体'这个意义上使用'社区'这个概念,意指地域性的、具有某些共同价值标准和相互认同心理的自治社会单位"②。

(二) 社区与街道办事处、居委会

从其最初纯文字本义上来讲,街道是一个经济地理或者说与交通直接相关的地域性概念,是指旁边有房屋的比较宽阔的道路,与之对应的是"巷"。在当今我国现实生活中,"街道"一词有特定含义,其特定含义在20世纪50年代就已经确立了,街道是基层社会的行政区划,是政府的派出机关,是一个行政性的概念。1953年,彭真向中央递交了《关于城市街道办事处组织、居委会组织和经费问题的报告》,该报告建议:"城市街道不属于一级政权,但为了把很多不属于工厂、企业、机关、学校的无组织的街道居民组织起来,为了减轻区政府和公安派出所的负担,还需要设立市或区政府的派出机关——街道办事处。"1954年12月31日,第一届全国人民代表大会常务委员会第四次会议通过的《中华人民共和国城市街道办事处组织条例》第一条规定:"为了加强城市的居民工作,密切政府和居民的联系,市辖区、不设区的市的人民委员会可以按照工作需要设立街道办事处,作为它的派出机关。"第二条还规定:"十万人口以上的市辖区和不设区的市,应当设立街道办事处;十万人口以下五万人口以上的市辖区和不设区的市,如果工作确实需要,也可以设立街道办事处;五万人口以下的市辖区和不设区的市,一般地不设立街道办事处。街道办事处的设立,须经上一级人民委员会批准。"第七条规定:"街道办事处的办公费及工作人员的工资,由省、直辖市的人民委员会统一拨发。"受1958年人民公社化运动的影响,全国各地的街道办事处曾经纷纷改为城市人民公社,市、区也将部分职能下放到街道。

在当前,我国的"街道"概念是相对于"乡村"概念而言的,它是社会分工与

---

① 参见唐忠新:《城市社会整合与社区建设》,中国言实出版社2000年版,第5—6页。
② 折晓叶、陈婴婴:《社区的实践:"超级村庄"的发展历程》,浙江人民出版社2000年版,第23页。

商品经济发展的结果。"社区作为一个社会生活共同体,其形成有一个自然的历史过程,具有很强的人文区位特点,属于社会性的概念。"①街道办事处在很长一段时间以来一直是我国城市基层管理模式,当前我国有的城市基层管理体制改革把社区定位在街道一级的做法及其可持续性问题非常值得探讨,"街道社区"这一概念的使用也很值得商榷。因为行政区是按照指令、政策或者法规而划分的,而社区强调人们对共同体的认同、归属意识和自治性。从长远来看,街道办事处有取消的趋势,我国安徽省铜陵市、广东省的部分城市撤销街道办的改革是一个积极尝试。

一般说来,居委会属于法律用语,是"城市居民委员会"的口语化简称,它从城市传统的街居制基础上发展而来,目前已经扩展成为一个日常生活用语。按照目前我国相关法律规定,对其定位是在某些城市基层没有行政权力的自我管理、自我教育、自我服务的基层群众性自治组织,它本身不属于行政序列。彭真在《关于城市街道办事处组织、居委会组织和经费问题的报告》中建议:"街道的居民委员会必须建立,他是群众自治组织,不是政权组织,也不是政权组织在下面的腿。"《城市居民委员会组织条例》第一条规定:在某些城市"可以按照居住地区成立居民委员会。居民委员会是群众自治性的居民组织"。第三条规定,居民委员会"一般地以一百户至六百户居民为范围"。1989年12月26日,第七届全国人民代表大会常务委员会第十一次会议通过的《中华人民共和国城市居民委员会组织法》第二条规定:"居民委员会是居民自我管理、自我教育、自我服务的基层群众性自治组织。"第六条规定:"居民委员会根据居民居住状况,按照便于居民自治的原则,一般在一百户至七百户的范围内设立。"居委会一般设在城市,在人群构成上,其居民构成主要以户口在本地并且没有工作单位归属的自然人。但是,在当今我国实际生活中,一个较为普遍的现象就是居委会基本上异化为街道办事处的下属机构。改革开放至今,居委会对基层政府依然是全面依附的关系,成为行政化、官方化的居民组织与准政府机构,甚至因为缺乏居民利益的主体性而可能异化为政府的行政附庸,也就是我们通常所说的成了政府的一条腿。而且有的地方居委会设置过于密集,范围太小,管理范围重叠,造成管理成本过高和资源浪费。

社区属于社会学范畴,它是地域特色鲜明的居民的生活共同体,它表达的是居住在同一社群、地域居民之间的人际关系与交往模式。社区既可以坐落在乡

---

① 林尚立主编:《社区民主与治理:案例研究》,社会科学文献出版社2003年版,第202页。

村,也可以坐落在城市。社区在人群构成上,管辖包括有本地户口的居民和户口不在本地的居民。社区的范围定位在城市应该是居于街道办事处与居委会之间,具有完整地域性与基本服务功能的生活小区。

构成社区的首要条件是地域范围与社区成员的认同感。但是由于受到行政化、单位化体制的约束,造成社区的社会功能极度萎缩,"人们居住在社区,但利益却在单位;人们生活在一个区域,但却分属不同的利益团体(单位);人们生活起居于社区,但这里既无政治参与的舞台,也无市场搏击的战场以及社会活动的结构和空间。人存在于这样的社区,没有依存感、归属感、休戚与共感,感情上疏远、漠然、实用主义,这都是很自然的。这样的社区只是一个地方,没有社群性,没有团体感,没有同胞爱和情感纽带,是 place,而不是 community"①。我国目前"实际所存在的社区,其基本框架是来自于原有的制度安排,如居委会、街道办事处、村委会等"②,所以,要通过社会管理体制改革和创新,使居委会本身从行政性任务中脱离出来,其工作只能根据社区居民的实际需要来确定,从而成为真正意义上的居民自治组织。科学、成熟的社区治理应该是社区居民自治行为而不是社区行政行为,避免社区基层组织政权化或行政化,超越原来的单位制与街居制等管理方式。同时,还要大力发展业主委员会这种新型的社区居民自治组织。业主委员会是指在物业管理区域内代表全体业主对物业实施管理的自治组织,这种社会自治组织是市场经济和住房体制改革发展的必然产物。

(三)社区与单位

单位是我国计划经济体制的特殊产物,主要是指"机关、团体或者属于一个机关、团体的各个部门"③。在改革开放前,单位是我国各种社会组织所普遍采取的一种特殊的组织形式,是我国政治、经济和社会体制的基础,是国家对社会进行直接行政管理的组织手段和基本环节,具有政治、经济与社会三位一体的功能。从社会角度看,单位是我国城乡二元社会格局下城市居民的基本组织形式,也是标志城乡区别的社会集团,与城市单位制度相对应的是农村的人民公社制度。单位不仅是社会整合的基本机制,也是国家实施社会控制和社会管理的重

---

① 林炳秋主编:《社区发展的理论与实践——上海市社区研究优秀成果汇编》,上海交通大学出版社1999年版,第37页。
② 林尚立主编:《社区民主与治理:案例研究》,社会科学文献出版社2003年版,第313页。
③ 中国社会科学院语言研究所词典编辑室编:《现代汉语词典(第7版)》,商务印书馆2016年版,第254页。

要手段。单位制度决定了人们的职业、身份、消费能力、价值观念、人生经历、行为方式乃至社会地位的高低。

单位体制是一种封闭式的组织体制,其特征是行政主导与条块分割,单位管理体制造成单位之间疆界痕迹明显,身份等级固化,培育出的是单位人身份和人的单位意识,单位成为职工与农民的身份、地位及人身依附关系最重要的识别载体。单位对于个人来说是限制与保护的结合体,户籍制度、人事档案制度、用工工资制度等制度的约束使单位成员的发展长期限制在单位内部,人际交往局限在狭窄的范围内和孤立的时点上。单位内部成员主要的社会关系以及成员在单位内部的角色与地位,主要由其所在单位的性质决定。单位不仅是他们工作谋生的基本场所,也是他们获取社会支持和社会保护最基本的场所。正因为此,单位成员对于自己所属的单位有着高度的依附性与依赖性、强烈的认同感与安全感。单位制是建立在"大政府、小社会"基础之上的,是一定条件下和特定发展阶段上的产物,有悖于现代社会组织的运行原则。单位功能的混杂性,单位体制中的单位人封闭性、依附性以及单位资源的不可流动性极大地阻碍了现代社会体系的正常发育。

改革开放以来,随着市场经济的发展和现代企业制度的建立,单位制度逐渐失去了存在的可能性和发展的基础,确立以社区成员为主体的社区模式是必然趋势。社区是一种新型的以社会互助为基础的公民自治组织,即是一种非行政化设置,它试图以对等的身份、以合约形式建构社会关系秩序。社区作为一个社会生活共同体和基层微型社会,主要是为了满足人的生活适宜、心理健康、生存发展、衣食住行、医娱文体安全等社会生活需求。以社区成员为主体的社区模式,其特征是以利益为导向,以法理精神为基础,以契约关系为手段。社区具有开放性,社区成员的择业自主性增强,与原有单位的利益关系淡化,社区内部关系主要通过法律法规来调整,培育的是社区居民的社区意识。

社区与单位之间是可以说一种此消彼长的关系。在单位全面化的时代,社区基本处于消失状态,单位制的逐步解体过程也就是社区不断发展的过程。社区"平等人"逐步取代单位"等级人",公民的合理、有序流动成为社会流动的主要形式和内生力量。由"单位人"变为"社区人",由"居民"变为"业主"是社会结构变化的必然结果。因此,"单位社区""单位制社区"的提法是错误的,把单位看作一种封闭性的单位型社区主体模式的观点更是混淆了单位与社区之间的本质区别。

(四) 社区与居住区、居民小区

居住区(residential district)是指人们日常生活居住的地方,它是具有一定的人口规模和用地范围,并为城市干道或自然界限所包围的相对独立的地区,并具备一定规模的公共服务设施。居住区具有地域性,但是其成员之间不一定具有共同的东西和亲密的伙伴关系。居住区的邻里关系常常比较淡漠,这与社区所内涵的邻里关系密切、守望相助、富有人情味等的社会关系是极不相符的。

20世纪60年代,我国城市居住区或工厂居住区大多数采用的规划形式和生活场所就是居民小区。有学者认为居民小区是1956年由苏联学者最先在城市规划中提出,认为城市居住区应该以交通干道及其他天然(如河流)或人工(如铁路)的界限来划分,希望以它作为人们社会生活的基本单位。这不同于西方的街区(block)模式。

居住区、居民小区与社区具有一定的共性内容,如都具有极为明显的地域性特征,都侧重于该地域内公民的日常生活,在心理归属感上三者也许存在一定的重合性。但是,一般说来,居住区管理和小区管理较少具备社区治理应该具备的自治性特征与要求。因此,不能把居民小区与社区混同,同时也不能把小区与社区之间的关系看作"点"(小区)和"块"(社区)的关系。

另外,社区也不同于国家、地区。国家是一个政治概念,是阶级统治的暴力组织或一个国家的整个区域。地区侧重于解释区域范围,其范围具有很大的弹性,一般是指范围较大的地方。一般说来,它仅仅具有地域或者行政区划的含义,而社区是一个地域性共同体,一个社会单元。社区还具有明显的人文含义。因为社区作为一个相对独立的整体,具有一套维护自身形象的价值标准与行为规范,拥有公共资源与财富。

二、中西方社区的形成路径

造成当前我国社区概念的泛化及其与相关概念的混淆的原因是多方面的,其中社区在中外形成过程中的不同路径是一个基本原因。我国社区研究一度被迫中断的曲折性更是加剧了社区概念界定的不规范性和混乱状态。

(一) 在西方的形成路径

在近代西方社会,社区大多是自然形成的,具有自治性特征,政府起的作用极为有限,志愿组织与自治体系发达,社区治理也处于较为成熟的状态。最初的社区是历史形成的,是一个民间性与地域性社群,不是通过行政区划、政治架构与法律规范确立的,如加拿大。在美国的形成史上,移民浪潮、工业化、城市化对社区的形成具有巨大的推动作用。社区在西方社会的形成路径在滕尼斯的《社区与社会》和美国学者林德夫妇(Robert S. Lynd and Helen M. Lynd)在20世纪20年代对美国中部小镇的综合研究成果《中镇:当代美国文化研究》(*Middletown: A Study in Modern American Culture*)[①]等研究文献中有较为详细的描述和分析。工业化、城市化带来的城市社区病主要表现为失业、功利主义、个人主义、漠然、关系疏远等,这在很大程度上需要民间力量通过开展"睦邻运动""社区福利中心运动"来加强社区联系。

(二) 在中国的形成路径

在我国,社区是改革开放以来在政府的主导和推动下进行的,是为了深化改革和适应社会主义市场经济发展的需要而产生的,"社区"这一概念也经历了从"非法"到"合法"的过程。1986年我国政府在相关政策法规中第一次从肯定的意义上使用"社区"概念,并且把"社区"概念引入政府的实际工作。其根本原因在于,改革开放是一场全方位的持续性改革进程,逐步推动经济转轨和社会转型。在当前的社会转型过程中,社会管理方式正由经济主导型向社会主导型转变,基层社会组织开始从政府管理型向社区居民自治和服务管理型转变。随着改革的深化,政府将不再深陷于具体的经济活动和人们的日常生活琐事,而是将自己界定在政策的制定者和监督执行者的位置上,人们社会生活中的需要和存在的问题则交给社会组织或专业机构去解决。这些社会组织或专业机构我们常称为非政府组织或非营利组织,是对应于第一部门的国家体系和第二部门的市场体系而言的第三部门,而社区是第三部门中的一种社会组织形式。

社区在当前是我国自上而下改革的产物和国家政策推动的结果,自治性与发育程度很低。西方国家19世纪社区形成的基本原因就是行政力量弱小、覆盖面有限,使社区不得不依靠自己的力量解决社区中的问题。这种现象与我国的情况是完全不同的,计划经济时期形成的行政体制架构,部分保留至今。当今,除了少数一些地方有较为成功的实验成果以外,大部分地方的社区治理缺乏内

---

① 参见〔美〕R. S. 林德、H. M. 林德:《米德尔敦:当代美国文化研究》,盛学文等译,商务印书馆1999年版;"Middletown"音译为"米德尔敦",意译为"中镇"。

在动力,居民的参与意识、自治意识都很薄弱,还不能算是真正意义上的社区。当前,我国社区的地位在法律上比较模糊,不利于社区的长远自主发展,也不符合法治的要求。社区在今后和整个社会体系中需要积极发动民间力量,聚集各种资源投入社会,以解决社会问题,缓和社会矛盾,促进社会发展,起到政府和企业难以发挥的作用。

三、社区研究方法

一般说来,"所谓社区研究方法是描述、解释特定社区生活现象的途径和手段的总和,亦称'社区探究法'。它包括三个方面的内容:(1)一般方法,即方法论;(2)实证方法,即具体方法;(3)基本程序,即社区研究的步骤和程序。一般方法是社区研究的基本理念,是研究的指导思想和基本原则,统率整个社区研究过程;具体方法则是一般方法在研究中的具体运用,是收集和分析、解释资料的具体工具和手段;基本程序则是研究的一般步骤,是研究过程应遵循的科学模式。这三个组成部分相互联系,构成了社区研究的方法体系"①。或者说,社区研究法包括方法论(methodology)、实证方法(methods)和具体技巧(technology)等。社区基本上定位在一个地域性的微型社会,因此,关于社区研究方法,相比较而言还是很具体的,社区研究一般侧重于实证性研究,其方法与特点强调整体的眼光、参与观察方法、相对较小的地域范围。但是必须注意社区研究与一般社会调查的区别,"社区研究与一般社会调查都是实证研究,都强调从实际存在的社会生活中得出结论,有别于书斋式研究,这是它们的共同点。但社区研究与一般社会调查也有很大的差别:(1)研究的侧重点不同。一般社会调查侧重于了解情况,解决现实问题,比较强调实用性与功用性,属实用性研究;而社区研究主要为了理解现实,侧重于对社会生活、文化现象以及社会变迁规律的理解,更倾向于学术性。(2)分析的角度不同。社会调查较多的是单项调查或概况调查;而社区研究则是整体研究,倾向于把社会生活看成一个整体,即使在考察局部与个别性问题时,也往往把它放在整个社会生活的背景上去考察,理解其与总体及其他部分的关系。(3)研究方法不同。社会调查一般采用邮寄问卷、访谈等调查方法;而社区研究方法的最大特色是词语观察。研究者亲身沉浸在该文化氛围中,受到

---

① 蔡禾主编:《社区概论》,高等教育出版社 2005 年版,第 69 页。

该文化的熏陶,然后再从整体上把握这一文化"①。

社区研究必须遵循的基本原则主要有:(1)客观性原则,即在整个社区研究过程中必须保持价值中立和以事实为依据;(2)实践性原则,即通过身临其境,亲自到社区进行实地调查,收集第一手资料为素材基础;(3)整体性原则,即按照"解剖麻雀"的思路,系统收集有关资料进行全面分析;(4)综合性原则,即结合当今科学的最新发展,从多学科合作和多视角、多层次、多个具体方法等进行全方位的综合研究,准确把握社区的状况。

社区研究的基本程序是研究社区的基本顺序和步骤,是研究者根据收集、分析资料的需要而做出的逻辑安排,这种基本程序一般包括研究准备阶段、资料收集阶段和资料分析与解释阶段。社区研究的具体方法比较多,一般说来,传统的并且较为常用的社区研究方法主要有文献分析方法、社区调查法、实地研究法、个案研究方法等。

(1)文献分析方法(documentary analysis method),是通过科学方法收集分析各种相关研究文献,并且进行分类统计与整理,从中梳理和引证对研究对象的看法或找出其真相的一种研究方法。作为一种传统的与被研究对象不直接接触的间接性研究方法,这种研究方法具有便捷性、适应性强和成本低的优势,适合研究的历史过程分析和趋势分析,有利于从总体上客观、全面、系统把握相关研究状况,它是开展社区研究的资料搜集与分析方面的基本准备工作,在一定程度上也是开展实证研究的前提与基础。但是这种研究方法难以保证资料搜集的全面性,并且对研究者的学术功底要求较高。

(2)"社区调查法(community survey),是一种在自然情境下,有系统地收集研究有关社区事务的数量性资料的方法。"②这种研究方法是一种对社区进行的定量化研究方法,是按照社区研究基本程序进行的对一定规模的样本进行调查分析的方法,它可以是普查即全面调查(complete survey),但由于某些研究条件的限制,在实际研究中更多采用的是抽样调查(sampling survey),即在全部样本中按照一定的科学方法抽取一定数量的样本进行调查,通过样本的状况去推测和把握总体的情况。社区调查的程序主要包括选定研究题目—进行初步探索—成立假设(hypothesis)—理论解释与概念澄清—制定研究战略(research strategy)—设计问卷(questionnaire)或访谈调查表—试点研究(pilot study)—收集

---

① 张雄:《论社区研究的三大特点》,《华东理工大学学报(社会科学版)》1999年第1期,第49页。
② 何肇发主编:《社区概论》,中山大学出版社1991年版,第298页。

样本资料—整理资料—统计分析—撰写研究报告等。社会调查方法主要采取访谈法(interview method)和问卷法(questionnaire method)。访谈法是调查者通过与被访问者面对面交谈的途径获取资料的方法,具有一定的灵活性和较高的可信度,但是也存在难以排除访谈偏见和入户访谈难度大等缺点。问卷法是通过研究者设计的问题表格即问卷来收集资料的方法,即"是研究者在一定的理论框架指导下,根据一定的研究目的而设计调查问卷,并用来对被调查者进行调查的资料收集和资料分析的方法"①。这种方法具有标准化、匿名性等优点,但是也存在回答率可能很低、缺乏灵活性等不足,同时,问卷法对设计者的专业知识、专业技能和调查者的文化素质都有较高的要求,如果问卷设计遗漏了许多重要内容会严重影响研究效果。

(3)"实地研究法(field study method)也称为田野研究法,是一种在自然情境下,通过耳闻目睹的方式,实地研究收集有关价值、行为或社会过程的定性资料的方法。"②它是一种研究者在一段时间内进入研究的具体社区,通过直接感知搜集资料并且进行定性分析的研究方法,费孝通在20世纪30年代至40年代对乡村社区如江苏开弦弓村等进行的研究就属于此类方法,功能学派也强调这一研究方法。这种研究方法需要对研究对象进行长期深入的观察,通过观察收集资料,描述和解释研究对象。实地研究法根据研究者介入研究对象的程度可以分为参与观察法(participant observation)和非参与观察法(non-participant observation)两种类型。参与观察法是研究者不暴露观察者的身份以保持被观察者的自然状态,进入社区的被观察者中间参与其活动,以便了解其真实情况。这种方法使研究者可以看到很多真实情况,但是需要研究者在社区中生活时间较长。非参与(即局外)观察法是研究者不参与被观察者的活动进行社区观察。这种研究方法的优点是研究者主观上不易受被观察者的影响,不足之处主要是可能难以了解到真实情况。

(4)个案研究方法主要是选择一个具体的社区作为研究对象,对之进行系统研究的方法。由于社区是一个具体的小社会,作为"解剖麻雀"的个案研究方法是社区研究最常用的研究方法之一。在社区研究中,个案研究的方法经常被运用于社会现象比较复杂、有关的理论又不十分完善的场合,而且"个案研究方

---

① 于显洋主编:《社区概论》,中国人民大学出版社2006年版,第56页。
② 何肇发主编:《社区概论》,中山大学出版社1991年版,第314页。

法有它自身的局限性,其中被说得最多的是代表性问题和有没有一般的理论抽象价值"[①]。

需要注意的是,在当前,社区研究的时代背景与20世纪30年代至40年代的差别非常显著,当今信息社会的知识爆炸和社会研究的科技支撑体系日益完善,社区研究在具体研究方法上,必须紧密结合研究工具的科学化和智能化进程。在当今我国一些学者的研究意识中,只有公开出版的学术专著和公开发表的学术研究论文才有资格成为社区研究的文献,而把每天在新型媒体上出现的关于社区建设、社区发展变化的最新信息与创新性实践排除在外。这是一种错误的做法,也是一种危险的研究倾向。社区研究的应用性很强,如果不紧密跟踪社区治理实践中的最新进展及其产生的突出问题,如何能够发挥学术理论研究的前瞻性和前沿性?还有的学者由于对现代科学研究的科技支撑工具缺乏基本认识和了解,对社会科学研究的现代科技支撑工具的功能先验地表示出极度的不信任甚至没有理由地指责,偏离了学术研究的客观性、公正性和开放性要求。

总而言之,每一种研究方法都有其优点和局限性,因此,在社区具体研究中,一般是以一种或者两种研究方法为主,其他研究方法为辅的多种研究方法并用,这有助于发挥每一种研究方法的优点,促进研究过程的规范性和研究结论的科学性。

本章小结

本章在第一章关于社区概念界定和当前我国社区概念泛化现象分析的基础上,首先对与社区概念紧密联系并且容易与社区混淆的社会、街道办事处、居委会、单位、居住区、居民小区等进行了分析,厘清了这些概念与社区的区别与联系。其次,简要探讨了社区在中西方形成的不同路径:社区在西方大多是自发地、历史地形成的,政府的作用较小,它们的社区治理的自主性较强;改革开放以来我国社区的发展主要是在政府的主导和推动下进行的,是自上而下改革的产物和国家政策推动的结果,社区居民的自治性与发育程度有待提高。最后简要介绍了社区研究较为常用的具体方法,主要有文献分析方法、社区调查法、实地研究法、个案研究方法等。

[①] 折晓叶、陈婴婴:《社区的实践:"超级村庄"的发展历程》,浙江人民出版社2000年版,第34页。

思考题

1. 社区与街道有什么区别？在我国二者之间为什么常常出现混同现象？
2. "单位社区""单位制社区"的说法为什么是错误的？社区与单位之间是一种什么关系？
3. 中西方社区形成的路径为什么有本质上的差异？目前我国社区发展路径需要怎样走向完善化？
4. 田野研究法在20世纪30年代至40年代一直是我国学者社区研究最主要和最常用的研究方法，为什么？
5. 在当今，我们的社区研究方法应该如何做到与时俱进？

第三章　西方社区研究的主要历程与理论

引导案例

纽约重罚故意高空抛物者:追刑责和民事赔偿

作为摩天大楼发源地的美国纽约,20世纪40年代到60年代前后,高空抛物现象曾一度高发。司法界也曾束手无策,处理如何避免高空坠物伤人案件成为让法官们大伤脑筋的事。同时,这也是政府管理者、大楼管理者、设计者与建设者都不得不面对的一大难题。然而,近些年该现象在纽约几乎销声匿迹。是什么手段让纽约治理好了高空抛物?

建筑设计　高层住宅大多没阳台

在纽约,从高楼的设计,到建成后的装饰,都尽可能降低发生高空抛物的风险。

纽约很多高楼的窗户不能打开,只供采光。有些高楼,虽然窗户能够打开,但只能打开较小的缝隙,小得甚至连一只胳膊都不能伸过。

此外,纽约的住宅大楼,阳台不属于标配。在纽约,不仅写字楼不含阳台,且住宅楼也大都没有阳台,对于含有简易阳台的住宅楼,也不允许在阳台摆放任何物品。

纽约专门从事意外伤害赔偿诉讼的律师戴禹告诉记者,纽约摩天大楼从设计者到建设者直至管理者,在大楼的结构设计及管理方面都采取了有针对性的措施,大大降低了发生高空抛物的隐患。

如记者所住的曼哈顿高层住宅公寓,在租赁合同上就有严格的规定,不允许私自登上楼顶露台,大楼公共区域不允许放置任何私人物品,也不允许在大楼公共区域和自家阳台晾晒衣物等。此外,在合同条目中还专门规定,对于拥有阳台的公寓,必须保持阳台的清洁,不允许阳台上发现积雪、结冰、落叶、垃圾等杂物,不允许在阳台进行烧烤等活动,保持阳台的墙面、排水等设施处于正常状态等。另外还在房屋租赁合同中专门设置一份内置合同,如果有 10 岁以下的儿童,必须无条件安装窗户安全保护装置。

此外,许多建筑商在建住宅时,通常不在临街一边设计阳台,高层建筑的窗户下边一般也留有一块空地,与街道保持一段距离,即使某些物件不慎落下,如果不是有人有意掷向某个目标,通常不会伤害到人。

重罚措施 未造成伤害也是犯罪

纽约在经历了 20 世纪 40 年代至 60 年代的高空抛物潮之后,很快就有效扼制了这一现象。那么,纽约是如何制止这类"抛客"的行为呢?很重要的一个方面是,纽约的司法界对高空抛物秉持一贯的态度:重罚。

在美国的很多州,高空抛物被视为危害公共安全,即使未造成危害,也被视为一种犯罪。在民事赔偿时,法官对高空抛物的重罚、重赔,远超公众想象。美国法官有一个共识:如不对高空抛物施加重罚,就不足以阻止那些随意高空抛物的"抛客"。

对于高空坠物伤人案件的法律责任,曾任纽约市警察局副局长、有着多年律师从业经历的莫虎在接受记者采访时称,对于高空坠物伤人事件,首先要分清事件性质,如果非人为故意为之,则由房屋所有人承担赔偿责任,一般是由该房屋所投保的保险公司进行赔偿;如果是人为故意抛物伤人,则由警方查清责任人,再进行刑事和民事方面的追究。他还表示,对于故意高空抛物伤人,与持凶器故意伤人没什么两样,都属于刑事追究处罚的范围。20 世纪中叶美国确实处于此类案件的高发期,但经过长期的治理,近几十年来,此类高空抛物案件几乎销声匿迹,"在我从事律师工作近四十年的时间里,从未遇到过故意高空抛物伤人的案件"。

莫虎律师还表示,高空抛物伤人案销声匿迹的原因主要是美国社会治理高空抛物的若干原则产生了一定的作用:先刑事后民事,穷尽刑事侦查权,对于证据充分、加害人明确的高空抛物案惩罚重、赔偿高。此外,社会防范的技术安排处于优先地位,再加上合理的社会救济。

此外,在美国如果没有尽到"注意义务"也要受罚。在高空坠物案件中,美国法官经常使用的一个词叫"注意义务"。法官认为,如果一个人由于过失或疏忽而没有尽到"注意义务"导致人员伤亡或财产损失,他应承担相应的责任。

按照纽约州的法律,业主对某些由于自然或天气等情况导致的侵权事故是免责的,如业主不需要为建筑物旁人行道上自然结成的冰导致行人滑倒而承担责任。但是,如因过失或疏忽而使得从其屋顶流下的水在人行道上结成冰而造成人员伤亡,那么就可能要承担相关责任了。

另悉,20世纪五六十年代,美国法官相继判决了几起重要案件,对公众产生了较大的影响。比如,美国迈阿密曾判决了一起高空抛物案,当时,原告在街上行走时被附近楼房扔出的一个瓶子砸中,原告受伤并不重,但是,秉持重罚重赔的原则,法官后来判决被告赔偿了很大一笔钱。更重要的是,这起案件并没有被警察侦破,也就是说,并没有明确的加害者。

(资料来源:袁博:《纽约:故意"高抛者"追刑责、民事赔偿》,2015年9月16日,豫都网,http://news.yuduxx.com/hqsy/245044.html,2022年6月15日访问,有修改。)

案例讨论

1. 纽约针对高空抛物的做法有哪些值得借鉴?
2. 遏制高空抛物行为,除了刑罚措施,在社区治理中,应该从哪些方面进行分析并提出有针对性和可操作性的应对措施?
3. 西方的社区研究历程与理论对于促进其社区治理的完善有哪些作用?

一、西方社区研究的起源与发展

社区研究也叫社区分析,主要是对社区内外各种社会现象之间的相互关系进行实证性研究。"社区"一词起源于德国。社区研究起源于西欧,兴起于20世纪初,从欧洲传到美国,并且在美国获得很大发展。现代化与城市化使得社会结构与功能急剧变迁,社区研究正是这种社会变迁的产物,社区研究在西方经历了一个兴起—发展—衰落—复兴的过程。在西方,社区研究在一定程度上与"社区发展运动"相伴而生。1915年,美国社会学家法林顿(F. Farrington)在《社区发展:将小城镇建成更加适宜生活和经营的地方》一书中首先提出了"社区发展"(community development)这一术语。其后,社区研究逐渐被人们广为沿用。下面主要介绍美国社区研究的基本历程。

(一)西方社区研究的主要历程

1. 欧洲社区研究的主要历程

自滕尼斯首创"社区"一词以来,他就开始了社区研究,与滕尼斯同时代及稍后的学者,也对社区进行了研究。因为,在西方,自19世纪50年代以来,随着机器大生产等一系列新技术的广泛应用,工业化、都市化、商业化与工业革命的发展,欧美等许多国家向工业社会转型,使得农业社会的结构、人际关系、文化传统等遭到冲击甚至瓦解,社区由熟人社会转向陌生人社会,以理性契约、国家法律为基础的金钱关系、契约关系、个人主义取代传统的人情关系。大批农民涌入城市寻求生计,在城市中,富人区与穷人区泾渭分明,包括犯罪问题在内的各种社会问题大量产生,与社区紧密相关的一系列问题开始产生。因此,有必要开展社区研究来解决社会问题。在滕尼斯之后,20世纪20年代的德国还有普勒斯纳尔(Plessner)的《共同体的界限》、皮希勒尔(Pichler)的《论共同体的逻辑》、格尔达·瓦尔特(Gerda Walther)的《社会的共同体的本体论》、卡尔·敦克曼(Karl Dunkmann)的《社会的理智的批判——共同体的哲学》等重要研究文献。

在20世纪20年代,英、法等西方国家曾经出现了"睦邻运动""社区福利中心"运动等,通过培养居民的自治和互助精神以应对日益严重的城市病。20世纪30年代,欧洲一些社区研究学者主要侧重于对太平洋地区等原始部落社会人类学方面的研究,如马林诺夫斯基的《西太平洋上的航海者》《野蛮社会中的性和压抑》、拉德克利夫-布朗(A. R. Radcliffe-Brown)的《安达曼岛民》、玛格丽特·米德的《三个原始部落的性别与气质》等。人类学一般是将社区界定为人们的一种生活方式。20世纪末,英国的安东尼·吉登斯(Anthony Giddens)指出,随着全球一体化进程的加速,发达资本主义国家的社会问题日益严重,他主张以社区为基础预防犯罪和通过激发地方的主动性而实现社区复兴。因为以前解决社会问题的第一条道路(依靠国家)和第二条道路(依靠市场)都走不通,只能依靠他提出的第三条道路——只有社区建设才能解决社会问题。显而易见,吉登斯希望由社区治理培育出公民的参与精神和社区团结,解决城市的"社会病"和公民的"政治参与冷漠症"。吉登斯的社区建设政治观在西方理论界有一定的影响,成为英国前首相布莱尔的治国方略,这在西方政治史上是较为罕见的从政治发展方面重视社区作用的理论观点。

2. 美国社区研究的主要历程

从历史发展角度来看,在美国的形成史上,先有社区,后有政府;先有大学,后有国家。托克维尔(Charles Alexis de Tocqueville)笔下的美国乡镇自治政权,实际上是美国社区自治体,其制度基础起源于17世纪初,赫德森河以东的包括康涅狄格州、罗得岛州、马萨诸塞州、佛蒙特州、新罕布什尔州、缅因州等在内的新英格兰地区。在经过实地考察和深入思考之后,1835年他在《论美国的民主》上卷中认为,美国的民主的民情扎根于历史上形成的新英格兰乡镇自治制度。新英格兰地区的移民都是根据乡镇自主的原则,独立自主地行使自治权,"他们自己任命行政官员,自行缔结和约和宣战,自己制定公安条例,自己立法,好像他们只臣服上帝"①。"在那里,社会是由自己管理,并为自己而管理。……可以说是人民自己管理自己,……人民是一切事物的原因和结果,凡事皆出自人民,并用于人民。"②这些一代又一代的移民基于个人主义、人民主权、身份平等、权利观念、真正自由的原则逐步确立了美国现代宪法基础的一些普遍原则,"这些原则是:人民参与公务,自由投票决定赋税,为行政官员规定责任,个人自由,陪审团参加审判"③。移民浪潮、工业化、城市化对社区的形成具有巨大的推动作用,通过社区研究,促进社区通过开展"睦邻运动"对"城市病"如失业、功利主义、个人主义、漠然、关系疏远等社会问题进行有效治理。总的来看,美国的社区研究经历了兴盛—衰落—复兴等几个主要阶段。

第一阶段是20世纪20年代至50年代的兴盛时期,这一时期主要成就是芝加哥学派、林德夫妇和弗洛伊德·亨特(Floyd Hunter)等人的社区研究。

首先是芝加哥学派(城市社会学)的社区研究。在20世纪初,美国的都市化及其人口已经占据社会生活的主导地位,都市作为人类改造自身的社会实验室,工业化和都市化也为其带来了一系列社会问题。从20世纪初到20世纪中叶,芝加哥学派非常注重对都市生活和城市社区(富人社区、穷人社区)问题的实地社会调查研究,其领军人物帕克、伯吉斯等人对都市化进程中芝加哥不同类型的社区及其变迁进行了研究。芝加哥学派借用生物学概念,对大城市的复杂社会构成和以往城市研究有关文献进行调查分析,认为城市是一个有机体,是生态、经济和文化三种基本过程的综合产物,是文明人类的自然生息地,进而提出了都市

---

① 〔法〕托克维尔:《论美国的民主》,董果良译,商务印书馆2017年版,第48页。
② 同上书,第73页。
③ 同上书,第51页。

社区增长的"区位学"(ecology)理论,20年代对都市化过程的社区研究成就非常显著,主要集中在对城市社区(芝加哥、匹兹堡、纽约等)贫民的生活状况和社会问题方面。其著名代表人物及其著作主要有帕克在1915年发表的《城市》一文,开始了从改善贫民的社会状况转向城市社区生活的分析。"城市生活使得各种人类个性与特征充分地展示出来,并将其放大,这些个性与特征在小型社区环境中原是模糊的、潜藏着的。总之,城市把人性中过度的善与恶都展示出来。也许正是由于这个缘故,我们才宜把城市当作一个实验室或诊疗所,从中对人类特性和社会过程好好地进行研究。"①芝加哥学派有关社区研究主要的早期成果还包括:安德逊(Anderson)的《游民》(1923);施莱舍(Thrasher)的《帮伙》(1927);左保(Zorbaugh)的《黄金海岸与贫民区》(1929);肖(Shaw)的《杰克罗勒:一个犯法少年自己的故事》(1930);克莱西(Cressey)的《出租汽车舞厅》(1932);麦肯齐(Mckenzie)的《大都市社区》(1933);沃思(Wirth)的《作为一种生活方式的都市》(1938)、怀特(Whyte)的《街角社会》(1943)等。芝加哥学派关于都市社区发展较有影响的理论模型主要是城市区位的理论模式,如伯吉斯的同心圆理论;霍依特(Hoyt)的扇形理论;哈里斯(Harris)、伍曼(Ullman)的多核心理论。

其次是美国社会学家林德夫妇对中镇的综合研究。1924年林德夫妇选择对美国印第安纳州的一个小城镇居民的现代生活进行考察,参与当地生活并且在那里生活了两年,考察科技发展及其广泛运用和工业化对传统社区的冲击。他们按照综合研究的方法进行实证研究,1929年林德夫妇发表了社区研究成果《中镇:当代美国文化研究》,他们采用参与观察法、档案分析法(搜集整理当地文献资料)、访谈法和问卷法,详细地描述了小镇社区不同居民群体的谋生情况、成家立室、宗教信仰、性别角色、父母对子女的期望、人们对空闲时间的利用,以及政治倾向、阶级分化等问题。该书先是描述社区生活的各个部分,然后解释它们之间的相互关系。"总而言之,本书的主旨是要从过去35年间*可见的行为变化趋势的角度,来对这个特定的美国社区的现代生活,做一个动态的、功能的研究。"②该书详细描述和分析了美国小镇走向现代化进程中的社会生活等方面的

---

① 参见〔美〕R. E. 帕克等:《城市社会学——芝加哥学派城市研究文集》,宋俊岭等译,华夏出版社1987年版,第47页。
* 此处是指1890—1925年。——引者注
② 〔美〕R. S. 林德、H. M. 林德:《米德尔敦:当代美国文化研究》,盛学文等译,商务印书馆1999年版,第13页。

全方位变化,很多方面与当今我国改革开放以来社会转型期的一系列变化有相似之处。它一出版就深受欢迎,十分畅销,成为学术界公认的关于社区研究的经典著作。后来林德夫妇重返中镇进行调查,1937年又出版《转变中的中镇》,凸显了社区权力研究的重要性。

与芝加哥学派相比,林德夫妇注重综合性社区研究和以理论为基础的科学分析,他们在《中镇:当代美国文化研究》中认为,工业化进程使得传统社区发生了翻天覆地的变化,社区里的各种事务实际上是由一些社会名流和经济显贵在管理,尽管他们也为传统社区中原来的价值观、生活方式的消失感到无奈。这是社区治理中的精英论观点。1958年,亚瑟·维迪奇(Arthur Vidich)和约瑟夫·本斯曼(Joseph Bensman)出版的《大众社会中的小城镇》,也是一本有影响的关于社区综合性研究的著作。

再次是美国社会学家弗洛伊德·亨特关于社区权力的研究。弗洛伊德·亨特原先在亚特兰大从事社区计划和发展工作,当他在从事亚特兰大社区计划和发展工作遇到严重困难和障碍时,就去研究当地的权力分配情况,找出社区真正的领导者,以便与他们进行沟通或给其施加压力,克服社区变迁中的障碍和困难。亨特经过调查研究,于1953年出版了《社区权力结构——决策者研究》一书,该书认为,在这一社区内,决定整个亚特兰大社区命运的是最有影响力的36位大商人,由选举产生的社区官员对本社区的一些重要决定没有多少影响力,民主形同虚设。这同样是社区治理中的精英论观点。然而,罗伯特·达尔(Robert A. Dahl)在对纽黑文社区进行研究以后,得出了与亨特完全不同的结论,他在1961年出版的《谁统治——一个美国城市的民主和权力》一书中认为,纽黑文社区中存在着一种多元化的民主影响社区决策,由选举产生的纽黑文市市长在社区决策中起着核心作用。这是与精英论不同的多元论观点。此后,有关社区权力的研究文献汗牛充栋,但基本上围绕亨特的精英论和达尔的多元论展开。20世纪50年代以后,美国社区研究注重应用性以及对政府、社会团体和居民的指引作用,呈现出对社区跨学科的综合研究与专业化的趋势。

第二阶段是20世纪50年代至60年代的衰落阶段。社区研究在美国20世纪50年代开始减弱,到60年代末到达低谷。在20世纪50年代的美国,从事社区研究的学者逐步减少。1957年以后,美国社会学协会的年会中已不再包括社区方面的专题。这时,社区研究失去了它在社会学中的中心地位,只保留在诸如地区性研究、农村社会学和宗教社会学等少数几个社会学的分支中。在20世纪50年代和60年代,西方社会学家把主要精力放在研究社会结构和动力等方面,不太重视社区结构和动力的研究。这一时期社区研究走向衰落的主要原因有二。一是社区概念泛化和越来越含混不清的消极影响。从乡村的村落范围到跨国家的大洲这种规模差异极为悬殊的地域范围都可以称为"社区",但是它们的结构功能与变迁的性质是不同的。因此,有的学者甚至建议取消"社区"这样一个含糊不清的概念,而以诸如"地方""邻里范围"等更明确、更具体的概念取而代之。二是大众社会(mass society)在欧美的兴起产生了"社区消亡论"的观点。20世纪美国的城市化使得他们对"社区"一词变得越来越陌生,守望相助的事情极为罕见。一些学者认为,现代城市社会是由目的和价值取向各不相同的人群组成,是由社会分工和契约联系起来的缺乏感情、关系疏远的组织和团体。在一种标准化、同质化、种族和阶级分野不明显,生活方式和价值观念区别不大的大众社会中,大众传播媒介、标准化的公共教育和居住地的高度流动性使得地域的概念已经没有多大意义。随着城市化的发展,社区将会消失。大城市里没有社区,竞争的都市生活环境不鼓励社区意识(认同感)。因为"在大众社会中,有上千万人的大都市的居民与只有几百人的小村镇的居民已经没有多少差别,他们看同样的电影和电视节目,阅读同样的报纸杂志,同一年级的学生使用同样的教科书。他们能够很容易地从一个地方旅游到另一个地方。大众社会中的决策的影响远远超出了社区权力的影响。因此,许多人认为,在这种情况下,社会学研究应该着眼于整个大社会,而不是地方社区"[①]。

城市化发展的结果,社区究竟是不是仍然存在?滕尼斯笔下的"传统社区"是不是已经消失?早在1937年,美国的沃思出版的《作为一种生活方式的城市化》中提出,城市化之所以造成社区消失,因为城市的本质是异质性的,认为社区的传统作用正在下降。直到现在,我们仍然能够听到、读到许许多多关于社区崩溃的东西。但是,本书认为,社区并没有成为历史,而且仍然有学者认为城市化后社区依然存在,如20世纪60年代美国学者赫伯特·甘斯(Herbert Gans)认为,美国城市族裔社区依然存在着强有力的纽带关系,城市化为社区发展提供了更大的社会空间和基础。美国学者桑德斯(T. T. Sanders)也批评沃思等人关于"社区消亡"的观点。一个曾经在美国生活过多年的中国人认为,"通过我在美国居

[①] 何肇发主编:《社区概论》,中山大学出版社1991年版,第18页。

住几年的经历和个人的观察,我以为社区在美国城市中不但存在,而且确确实实地在发挥作用"[1]。"在美国社会,社区不是虚构,而是实际的存在。"[2]

第三阶段是20世纪70年代的复兴阶段。20世纪70年代社区研究开始走向复兴,1971年,珍妮特·阿布-鲁格霍德(Janet L. Abu-Lughod)提出社区结构模型。1972年美国社会学协会重组社区研究分会。1975年迈克尔·格林伍德(Michael. J. Greenwood)提出社区增长模型。1982年社区研究会规模大幅度增加。1982年西奥多·卡普洛(Theodore Caplow)等人对中镇进行了第三次调查,电子计算机与网络分析方法也开始应用于社区研究。

特别是20世纪80年代以来,随着"后工业社会"的来临,社区价值被重新拾起,非营利的社区服务组织与社区发展公司成为美国城市社区发展的重要参与者。同时,由社区居民自愿发起的互助运动,即"社区运动"也逐步展开,倡导社区服务,强调友善的睦邻关系和促进本社区的同舟共济。在当今美国社会,"'社区'(community)这个词在美国报纸的国内消息版上出现频率非常之高,尤其是在阅读《纽约时报》大都会版的时候"[3]。一个重要原因在于:在美国这个大熔炉(melting pot)中,有大量的族裔社区存在,不同民族与种族之间在价值观念、行为方式方面仍然存在很大差别。因为族裔社区是一个个具体化的社会,是很多美国人生活的基本区域,这些族裔社区也是构成美国社会的重要基础。

目前,美国的社区研究已经超越社会学的范围,呈现出多学科综合化与相互融合的趋势。2000年罗伯特·D. 帕特南(Robert D. Putnam)出版的《独自打保龄——美国社区的衰落与复兴》跨越了政治学、社会学、公共管理和社区治理等领域,该书通过广泛搜集相关数据和案例,运用严谨科学的统计技术和丰富的数据进行研究后发现:在20世纪的前2/3时期,一股强大的力量促使美国人更加深入地参与到社区生活里;在20世纪的后1/3时期,美国人渐渐疏离了亲友和有组织的社区生活。在20世纪末,当初托克维尔描述的美国社区生活正在逐步衰落,"独自打保龄"(bowling alone)的现象意味着美国社会资本(social capital)的流失,其后果就是公民参与的衰落。因为社会资本是社区前进车轮的润滑剂。帕特南认为,"考察整个历史,我不认为美国的社区关系正在一步一步走下坡路,即使在最近的200年里也没有。相反,仔细看看美国的历史,可以发现公民参与

---

[1] 谢芳:《美国社区》,中国社会出版社2004年版,第11页。
[2] 同上书,第12页。
[3] 同上书,第54页。

有起有落,而不是在一路下降。这是一个衰落与崛起的故事。当我们进入 21 世纪时,我们的社区生活真的就远远不如 20 世纪 50 年代和 60 年代吗?现在的陌生人就不能信任吗?新一代的年轻人真的不热心社区生活了吗?毕竟,他们的父辈也曾被社会误解为沉默的一代。可能现在的年轻人没有父辈那样投入,但却是以新的方式维系着他们的社区生活"①。

在研究方法上,"帕特南对大量的来自美国政府部门的统计数据和来自私人部门的民意调查数据精心筛选,并用科学的统计方法,比他之前的作品更为细致入微地展现美国社会生活主要方面的公民参与和社会资本的变化趋势。在方法论上,他避免采用单一数据来源,对几个全国性抽样调查数据进行了统计学上的加权处理,互相印证比照,使得因果分析更加科学严谨,避免了行为主义政治学为人诟病的诸多缺陷。在因果分析上,帕特南采用控制变量的做法,对各个自变量对因变量的影响程度进行了统计技术上的处理,对社会变迁进行了较为科学的测量。在具体技术上,他采用了逻辑斯蒂模型、多元回归分析等定量分析方法,运用计算机对变量之间的回归系数进行了计算。同时,他还运用大量简洁易懂的图表,将公民社会发生的变化和趋势进行了形象化的表达,统计出了美国社会资本的分布图,并对不同地区社会资本和社会联系的差异进行了讨论,避免了美国公民社会变迁的泛泛而论"②。

工业革命以来,科技的进步把我们带入了一个独特的历史时期,历史本身也加快了步伐,朝着一个不可避免但又界限不清的未来冲刺。21 世纪是全球化的时代,全球化既能够让人更容易与他人交流,同时也很容易让人们陷入孤立。未来通信、贸易和文化会更加全球化,全球的通信革命已经使我们的距离缩短了,新技术、新组织形式对社区产生了深远影响,信息技术和知识社会使得未来社区是一个高科技和全球化的社区,未来的社区是影响我们生活的主要社会力量之一。在许多人看来,全球化对人类的社区生活似乎是一种威胁,而不是一种恩惠。但是,全球化并不会破坏自由和文明人的生活信仰。以前,"我们运用社区本能来彼此隔离、自我保护,而不是创建一个丰富多样又互相交融的世界社区文化。显而易见,这条隔离之路不会带领我们走向一个值得生活的未来。我们面临的重要任务,是重新思考社区观念,从目前封闭的保护主义走向开放,迎接全

---

① 〔美〕罗伯特·帕特南:《独自打保龄——美国社区的衰落与复兴》,刘波等译,北京大学出版社 2011 年版,第 15 页。
② 同上书,译者前言,第 6 页。

球化社区的到来"①。而且,彼得·德鲁克在《城市文明化》中说:"在已经结束的20世纪,政府和企业都蓬勃发展,发达国家尤其如此。在已经到来的21世纪,最需要的是非营利性社会部门组织的蓬勃发展,在城市这一新兴的社会主导环境中进行社区建设。"②因为,"城市文明化(civilizing the city)将日益成为所有国家要优先考虑的问题,特别是在发达国家,如美国、英国和日本等。现在世界各大城市均已陷入一团混乱之中,当务之急就是建设新的社区,而这是政府或商业组织都力不能及的。这是非政府、非商业和非营利性组织的责任"③。还有人认为,"构建21世纪成功社区需要五大基石:决策机制(mechanisms of deciding),社区工作组织(organization of community work),和谐的社区生活(accessible community life),创建公众领导力的广泛途径(creation of broad avenues for civic leadership),以及培养下一代的策略(action for the generation)。这五大因素贯穿机构、政府部门,还有邻里关系的各个方面。总体上讲,这五点相互关联,彼此促进"④。这些见解也许可以为21世纪我国的社区研究提供一种新思路。

(二)西方关于城乡社区的研究

1. 西方关于农村社区的研究

美国的国民性是在17初世纪以来欧洲移民的广大乡村通过乡镇自治的形式逐步形成的。美国的乡镇自由、乡镇自治精神是在半野蛮的社会中自己发展起来的,个人是本身利益的最好的和唯一的裁判者,乡镇是人们的利益和依恋的集合中心,也是美国人民的力量所在。同时,"在美国,乡镇不仅有自己的制度,而且有支持和鼓励这种制度的乡镇精神"⑤。因此,新英格兰的乡镇是独立的,不受任何上级机关的监护,它们可以自行处理本乡镇的事务。在马萨诸塞州,行政权几乎全为乡镇所掌握,并且分散在许多人(如各数名财产估价员、收税员、校董、道路管理员、教区管理员、消防、森林测量等工作方面的视察员和治安员、乡镇文书、司库、济贫工作视察员)的手中,县的行政官员无权指挥乡镇官员的行动。这些都构成了美国乡村社区研究的社会基础,因此,"农村社区研究起源于

---

① 〔美〕德鲁克基金会主编:《未来的社区》,魏青江等译,中国人民大学出版社2006年版,第4页。
② 同上书,第Ⅶ页。
③ 同上书,第Ⅱ页。
④ 同上书,第158—159页。
⑤ 〔法〕托克维尔:《论美国的民主》,董果良译,商务印书馆2017年版,第84页。

美国。1894年,亨德森(C. R. Henderson)在美国芝加哥大学讲授'美国乡村生活的社会环境',一般认为,这是农村社会学研究的开端,从此以后,芝加哥大学每年暑期都开设'乡村社区'的课程,对农村社区的研究也从这里开始"①。随后,"1915年,威斯康星大学的查尔斯·盖尔平(Charles T. Galpin)教授发表了一个农村社区研究报告:'一个农业社区的社会解剖'。这是美国第一次对农村社区所进行的科学的、系统的社会学分析。1935年《农村社会学》杂志的创刊和1937年美国农村社会学学会的建立,成为农村社会学发展史上的里程碑。进入70年代以后,美国农村社会学走向衰落"②。可以说,"在芝大都市社区研究尚未开始以前,美国中部乡村社区研究已极发达"③。虽然很多人对农村社区有一种不切实际的怀旧眷恋,但是传统农村社区的弊端也是显而易见的。美国最早获得诺贝尔文学奖的作家辛克莱·刘易斯(Sinclair Lewis)在其1920年出版的小说《大街》中抨击了传统乡村社区生活的沉闷。他认为,生活在乡村社区中的人们在思想观念上常常是固执己见、抱残守缺、愚昧落后和狭隘的地方主义等的。美国人类学家埃里克·沃尔夫(Eric R. Wolf)在其名著《乡民社会》中也认为,乡民社会是介于十分落后的原始部落与工业文明之间的社会。

第二次世界大战后,随着经济的增长、城市的发展、工业技术的扩散、资本主义经营方式和现代化的发展,使得法国农村迅速演变,农村人口大量流失,在法国以村庄为单位的社区研究非常突出,具有代表性的主要有"孟德拉斯(Henri Mendras)和若利威主编的《法国农村社区》(两卷本,1971年和1974年),对农业经营和农民家庭的转变,农业在国民经济中的地位、农民家庭的转变、农业在法国社会和政治中的地位以及农村社会的转变进行了比较分析"④。1967年法国社会学家孟德拉斯在他的《农民的终结》一书中认为,在发达工业社会中传统农民的角色已在改变,传统农民的概念在法国已逐渐消失。"农民的终结"不是"农业的终结"或"乡村生活的终结",而是"小农的终结"。西方国家的乡村田园风光和生活情调还会存在,农民社会是在一个更大范围内的总体社会中相对自治的整体。农业社区亦逐步转变为地方社区,农民社会可以细分成地方社区,这种

---

① 何肇发主编:《社区概论》,中山大学出版社1991年版,第146页。
② 同上。
③ 北京大学社会学人类学研究所编:《社区与功能:派克、布朗社会学文集及学记》,北京大学出版社2002年版,第12页。
④ 何肇发主编:《社区概论》,中山大学出版社1991年版,第147页。

社区在人口、经济和文化诸方面相对来说自成一体。每个社区都是一个社会整体,所有社区都属于同一类别,但每个社区又都有自己的独特性。在地方社区,"每个社区都是一个互识的群体,其中每个人都认识所有的人和他人的所有特点,社会关系是人格化的、非功能性的和分割成部分的"①。

2010年,"据美国人口普查局预计,全美国大约有19 000个建制居民点——这一数字在过去50年里有所上升。其中,由18 000多个建制居民点——占总建制居民点的93%——的人口不足25 000人。按这个标准测算,大约有5300万美国人生活在小镇上。"②这是学术研究不能忽视的一个领域。2013年罗伯特·伍斯诺(Robert Wuthnow)在其著作《小镇美国:现代生活的另一种启示》中对全美43个州、300座小镇的700多位居民进行半结构化定性深度访谈后发现,虽然互联网、农业的转移正在重新打造小镇的经济基础,但是当今的美国小镇仍然保有自治权和独特的身份认同,社区精神或社区意识仍然浓烈,社区上层精英在帮助小镇适应不断变化的社会和经济环境中起着关键作用,宗教团体在社区关爱行动的集体行为上发挥着重要作用,小镇社区在政治上存在草根民粹主义运动的可能性。在未来的美国社会,乡村仍然是美国部分居民的居住之所、社交网络,甚至是其居民世界观的构成部分,作为社区的一部分——生活在小镇上意味着社区都是自我认同的组成部分,"在小型社区里,直觉与情感、个人故事与小镇传说、日常街边闲谈和年度节庆与小镇居民的家族历史、邻里关系相互交织,汇聚、融合而成一股难以名状的强大的联结纽带"③。

2. 西方关于城市社区的研究

格奥尔格·齐美尔(Georg Simmel)于1908年出版的《社会学:关于社会化形式的研究》,从城市生活方式的角度探讨了城市社区居民的心理状态和性格特征。他的学生帕克和沃思发展其理论,形成区位学理论。同时期还有伯吉斯、麦肯齐等一批以研究城市区位系统著称的社区社会学家。

20世纪50年代,欧蒂斯·邓肯(Otis D. Duncan)提出了新城市区位系统理论,阐述了都市社区的基本要素为人口、组织、环境和技术。同时还有刘易斯(O. Lewis)和甘斯(H. Gans)的人口组成论,他们提出都市社区出现的问题根

---

① 〔法〕H. 孟德拉斯:《农民的终结》,李培林译,社会科学文献出版社2005年版,第8页。
② 〔美〕罗伯特·伍斯诺:《小镇美国:现代生活的另一种启示》,邵庆华译,文汇出版社2019年版,第18、481页。
③ 同上书,第27页。

源在于社区的人口构成及其文化背景。20世纪70年代,费雪尔(C. Fisher)提出"亚文化理论",认为社会问题的产生与否,与居民群体的亚文化性质有直接关系。

在社区发展的实践中,美国逐步形成了关于社区的标准,主要有两条:一是位于严格自治区镇的辖区内,二是实施规模控制。在社区发展中,美国还总结出一套经验:"(1)政府高度重视社区建设,计划性、规范性强。(2)大量具体工作主要由民间团体承担,工作机制、组织体系健全。(3)非政府非营利性组织发达,专职人员都是受过正规化的专业训练。(4)社区参与规范,自治和自助能力不断提高。"[①]为了促进社区发展,西方国家在19世纪末至20世纪初就设立了职业化和专业化的社会工作者(social worker),在当前有许多大学和专业学院设有"社会工作系"或"社会工作学院",对社区工作进行系统的理论研究和指导社区工作的开展,积累了较为丰富的实践经验。20世纪80年代以来,美国等发达国家又提出社区主义(communitarianism)的思想,其直接目标是加强社区居民之间的交往以实现相互关怀。

二、西方学者的社区研究理论

社区理论,简言之,就是关于社区研究的观点、理论和学说。西方学者关于社区研究的流派繁多,理论纷呈。目前我国对西方学者关于社区研究的流派梳理和理论分类比较混乱,本章基于公共管理的视角,兼顾社会学对其研究的传统归类,除了目前我国较为流行的"国家—社会"理论、治理理论以外,主要介绍常见并有较大影响力的社区研究理论,也便于初学者以后从公共管理的角度运用这些理论进行研究分析。

(一)类型学理论

类型学(typology)理论,就是对现实的社会关系进行高度抽象,确定两个极端的类型(如农村—城市),再进行对照与比较。这是社区研究中最基本的理论,反映了社会变迁。从其发展的历史脉络来看,类型学理论又可以分为古典类型学理论和新类型学理论。

---

① 王青山主编:《社区建设与发展读本》,中共中央党校出版社2001年版,第232—236页。

1. 古典类型学理论

古典类型学理论的代表人物主要有：斐迪南·滕尼斯、马克斯·韦伯(Max Weber)、迪尔凯姆(Emile Durkheim)、齐美尔、沃思、莱德菲尔德(Robert Redfield)等。① 其中滕尼斯奠定了类型学理论的基础,他提出的"社区"与"社会"概念体现了从传统社会(农业社区)向现代社会发展的思想。韦伯在其《新教伦理与资本主义精神》《经济与社会》《宗教社会学》等著作中把人类社会分为两种类型：一类是社区,在社区中人们的关系是非理性的；另一类是社会,在社会中人与人之间的关系是法理性的。由于理性化的提高,传统社会向现代社会转变。法国社会学家迪尔凯姆在其1893年出版的《社会分工论》等著作中提出基于传统社区的机械团结和基于现代社会的有机团结(mechanical solidarity and organic solidarity)这两个概念,并且认为,中世纪的欧洲是一个同质性的社会,随着政治革命与工业革命,出现了复杂劳动分工的多样化生活方式。德国学者齐美尔注重研究大都市社区,他认为社区是社会和社会制度的最小单位,是社会结构中的原子和原始因素；社会可以被分解到社区的层次上,从而在社区的各种关系上探索社会存在的基础。1902年齐美尔在其《大都会与精神生活》中,从分析都市生活的角度,阐述了现代社会(理智性、时间观念、因果关系、个性化、漠然的人际关系等)与传统社会之间存在巨大区别的原因。

以滕尼斯、齐美尔、韦伯等为代表的社会类型学社区理论学派,开创了从社会学角度研究社区的先河。其理论学说传播到美国以后,成为美国社会学界社区研究的基础理论,并获得了巨大的发展。芝加哥学派的沃思从人口的数量、居住密度、异质性这三个变量来解释传统社会与现代社会以及不同类型的都市社区之间的区别。芝加哥学派的莱德菲尔德在《民俗社会》用实证研究证实了沃思的观点。

2. 新类型学理论

20世纪50年代,新类型学理论的代表人物主要有贝克(Howard Becker)、帕森斯(Talcott Parsons)等。贝克提出的神圣—世俗(sacred-secular)连续统(con-

---

① 由于目前我国学术规范还不太完善,存在同一外文名字多样化翻译的混乱现象,关于Emile Durkheim,在20世纪30年代和当前也有部分学者翻译为涂尔干、杜尔干、杜尔凯姆、杜尔克姆等；Georg Simmel也有的学者翻译为席美尔、西美尔、席墨尔、齐穆尔等。除了一些约定俗成的人名翻译外,其他外国人的名字,本书主要采用音译和符合汉语表达习惯并且易为读者接受的通行译法。

tinuum)(即神圣社会—世俗社会)仍然以滕尼斯的社区—社会(community-society)连续统为基础,二者之间可以跳跃式发展,也可以逆向运动。1951年,帕森斯的《关于一般行动的理论》一书出版,它以滕尼斯的传统与现代连续统为基础,提出了感情与感情无涉、扩散与专一、特殊与普通、先赋与自致四对解释人类行为的模式变量。

(二)区位学理论

所谓区位,是指人类全体及其活动的空间,即人类聚合的区域位置。区位学理论是一种以空间方位为基础的分析人类行为与社会关系的理论。它又可以细分为古典人文区位学理论、社会文化区位学理论和新正统区位学理论。

1. 古典人文区位学理论

古典区位学理论产生于20世纪20年代,在30年代处于兴盛期,其主要代表人物有社会学芝加哥学派的帕克、伯吉斯、麦肯齐、安德逊、施莱舍、左保等人。帕克是芝加哥学派的创始人,这一学派是通过对美国大城市芝加哥都市化过程的研究而确立起来的。1921年帕克首创立了"人文区位学"(human ecology)一词和理论,芝加哥学派的人文区位学理论也称为古典人文区位学理论。他们借用生物学中的竞争(struggle)、自然区域(natural areas)、共生关系(symbiotic relationships)、继替(succession)、进化(evolution)等区位学概念,来解释美国都市的区位结构和发展动力。他们在研究芝加哥城市的过程中,以芝加哥市内的犹太人聚居区、波兰移民区、上层阶级居住区、贫民窟等作为单个研究对象,主张从社区整体研究城市的结构和动态,由此创立起人文区位学理论。帕克认为,人类组织可以分为社区与社会两个部分:社区的形成体现了人的竞争本性,是人类生物因素的表现,产生的是一种社区内各个群体之间相互依赖的共生关系,社区是社会的基础;而社会是一种集体现象,体现了人类的共同目标,是人类文化与共识(consensus)的反映。帕克关于生物社区和文化社会的划分遭到了一些批评,如沃尔特·费雷(Walter Firey)批评帕克忽视了社区文化因素。古典人文区位学理论强调竞争是解决城市空间结构过程的观点也受到质疑。

2. 社会文化区位学理论

社会文化区位学理论的主要代表人物有费雷、阿尔伯特·西曼(Albert Seeman)、安塞尔姆·施特劳斯(Anselm Strauss)、奥古斯特·赫克歇尔(August

Heckscher)等人。这种理论认为文化与价值观是区位学理论的核心。1938年西曼通过研究发现,摩门教对盐湖城及其他一些犹他州城市的空间布局有重大影响。施特劳斯在1961年写的《美国城市图像》中,探讨了文化与生产发展的互动关系。后来,赫克歇尔通过研究发现,美国城市的空间布局在很大程度上反映了美国人在自由、个人主义、发展和事业成就等方面的价值观。社会文化区位学理论的主要缺陷是它在研究社区的空间分布中过于强调文化的变量。

3. 新正统区位学理论

新正统区位学理论(new orthodox ecology)的主要代表人物有阿莫斯·豪利(Amos Hawley)、邓肯等。1950年,豪利出版的《人文区位学:一个关于社区结构的理论》一书标志着新正统区位学理论的正式提出。他认为,传统区位学研究的空间分别与其说是区位学问题,不如说是地理学问题,其注意力是如何通过功能分化去适应环境。他认为,技术、文化和社会组织是人类三个主要的适应手段。豪利不同意帕克关于生物社区—文化社会的划分。他认为,社区是大社会的缩影,社区成员在适应环境的过程中会形成一种相互依赖的关系,是集体的适应和社区的平衡。邓肯提出区位复合体(ecological complex)理论,涉及四个互相关联的变量:人口(population,是指对社区人口数量和异质性等的测量)、组织(organization,是指为了生存适应而产生的组织类型)、环境(environment,是指社区外部的各种变量)和技术(technology,是指有助于适应的各种技巧和工具的发展),简称POET或POET架构。这个架构是目前西方相当多社区研究的指导性理论。

区位学理论以城市人口的空间布局—人文生态为研究对象,分析社区的形成和变迁—人口与城市空间之间的相互影响,对美国的社区发展和城市规划产生了较大影响。

(三) 社会互动理论

社会互动理论的主要代表人物是美国社区理论专家桑德斯。桑德斯的社会体系互动理论将社区视为在某一特定地域上的一系列社会互动过程和互动系统。桑德斯对社区互动关系的研究,从以下三个层面展开:一是研究社区的群体组织、主次体系等结构与功能,以及社区成员和社区组织之间的相互作用;二是研究社区内人与人、人与群体、群体与群体的互动关系,包括沟通、合作、竞争、冲突、调适和同化等;三是从人们活动的社会范围和社会互动的场域,考察和研究人们的社区互动。[①] 社会互动理论关注的是社区中的竞争、合作、冲突、解体等互动过程,及其与家庭、宗教、政治、教育、经济等制度的关系。它有助于人们从动态中把握社区的变化和发展,尤其在解决社区内的矛盾和问题时,具有很强的现实指导意义。

(四)结构功能理论

所谓功能,就是作用,即各个组成部分对整体的作用。功能的观点就是具体考察社会生活各部分对整体的贡献。功能主义认为,孤立地考察某一文化现象的历史形态与因果关系不能使我们真正认识文化现象,只有通过考察这种文化现象在整体中的作用与价值才能对其作出真正的解释。它强调社会系统的现存结构是其系统内部各部分在维持系统生存中所发挥的社会效果。功能主义要求把社会文化看成一个整体,考察各个组成部分之间的关系以及它们与整体之间的关系。文化整体观是功能学派的一个基本理论假设与基本特征,全貌性的研究取向是功能主义的精华所在。奥古斯特·孔德(Auguste Comte)的社会有机体理论认为,社会是如生物一样的有机整体,其内部各社会现象之间具有共生规律。研究社会应该从各个组成部分对有机体的作用去考察,即研究部分对整体的功能,而不是单独地研究各个部分。迪尔凯姆认为,要了解一组社会现象,必须把它放在一个规范的社会框架中才能看得清楚,社会是一个动态的体系,各部分的命运及意义取决于它们对整个社会体系生存下去的贡献。

对于社区研究,结构功能理论认为,应该采取整体性的眼光进行系统地研究。社区功能主义理论的主要代表人物有马林诺夫斯基和拉德克利夫-布朗。受美国社区研究和社区理论的影响和推动,英国著名社会学家马林诺夫斯基和拉德克利夫-布朗,在社区研究领域提出了功能主义理论和分析方法。在20世纪20年代至40年代,他们两人在研究太平洋岛屿土著居民的社会生活时发现,文化是一个整合系统,在一个特定共同体的生活中,文化的每一个因素都扮演着特定的角色,具有一定的功能。他们通过大量的社区研究逐渐形成了功能主义的社区研究理论和方法,将社区看作由各种相互联系、彼此依赖的部分所组成的

---

① 张玉枝:《转型中的社区发展——政府与社会分析视角》,上海社会科学院出版社2003年版,第57—58页。

整体,各个部分对整体起着一定的作用,发挥其特定的功能。拉德克利夫-布朗等人把文化整体论的观点作为其学派的主要特征之一(以区别于民族学理论),马林诺夫斯基主张对人类学事实进行全面的功能分析,即确定所观察的事实在完整的文化体系中所占的位置,注重文化体系内各个部分之间的相互联系以及文化体系与周围环境相互联系的方式。这一理论在对社会整合文化现象做整体研究时具有优势,但在解释现代社会的矛盾、冲突等非均衡状态时有其局限性。

(五)社区冲突理论

社会问题扩展到社区之内会造成社会问题社区化,社区冲突是社会冲突在社区领域的延伸。1908年齐美尔在他的《社会学:关于社会化形式的研究》中对社会冲突进行了研究,他认为,社会冲突存在具有必然性,合作与冲突是人们社会交往的主要形式。由于冲突是建立在人们相互作用的基础之上的,通过冲突的表现和解决,人们会建立一种新的相互作用关系,从而促进社会的变革和发展。社区冲突就是指社区内的个人或者团体为各自的利益和目标而产生的相互对抗。社区冲突理论认为,社区是一些人聚集在一起,追求各自利益的地方,有社区存在就必然会产生社区冲突。1957年,美国学者詹姆斯·科尔曼(James S. Coleman)在《社区冲突》一书中认为,经济争端、政治争端、价值观的冲突是社区冲突的根源,导致社区冲突的各种事件会相互强化,因此在冲突的开始就应该制止这种恶性循环。20世纪60年代美国学者研究了新英格兰18个社区的54起争端,进而把它们分为积怨的冲突和常规的冲突。积怨的冲突的特点是不择手段,积怨的冲突与政治上的不稳定密切相关。常规的冲突是公认的政治表达手段。1975年,美国学者桑德斯出版了《社区》一书,把社区权力结构置于社区冲突的范围内,认为社区冲突包括对立的关系、不同的权力分配、社区居民某种激烈的情绪三个要素,而且社区冲突与社区变迁密切相关。

(六)社区权力理论

社区权力理论主要分为精英控制模式论、多元权力模式论。如前所述,20世纪20年代中期和30年代中期,美国的林德夫妇通过对中镇的研究,发现经济大萧条使社区中的某个家族垄断了全社区的经济命脉,从而控制了整个社区,进而提出了单一权力结构控制的精英控制模式观点。1953年亨特出版了《社区的权力结构——决策者研究》一书,亨特通过对亚特兰大社区权力结构的研究发现,社区的权力结构是一个多层次的权力结构,少数权力控制者掌握着社区最重要的决策权,公众只是政策的接受者,政策的制定过程和有关社区重大事务的决定过程很少公布于众。1961年,罗伯特·达尔出版了《谁统治——一个美国城市的民主和权力》一书,他通过对康涅狄格州纽黑文社区进行长时间研究发现,社区存在一个多中心、分散的权力体系,社区政治权力分散在多个团体或个人的集合体中,各个群体都有自己的权力中心。多元权力结构论认为,在多元权力结构中,权力明显被分割给相互分化的个人群体。1970年,巴克拉克(P. Bachrach)和巴拉茨(M. Baratz)在《权力与贫穷》一书中提出了社区"权力的两面性"这一观点,认为多元论者只关注政府的正式决策过程,而忽略了非政府领袖和社会精英的影响。但是,权力不但能决定某一事务或提案成为政府公共决策的东西,也可以阻碍社会某一重要事件进入政府公共决策的讨论。因此,在研究社区权力结构的时候,必须同时注意这两方面的决策过程,才能更完整地勾勒出社区的权力结构图景。

(七) 社会资本理论

资本是一个经济学概念,社会资本是相对于经济资本、文化资本等概念而言的,这一概念起源于20世纪70年代法国社会学家皮埃尔·布迪厄(Pierre Bourdieu),他认为"社会资本是指某个个人或群体凭借拥有一个比较稳定,又在一定程度上制度化的相互交往、彼此熟悉的关系网"[①]。社会资本存在于人际关系及其组织之中,并且为组织内的个人行动提供便利;集体行动中人与人之间相互信任,形成自发合作。从个体层面来看,社会资本是一种个人通过自己拥有的社会关系网络而获得可以利用的资源。从社会层面来看,特定的社会群体为维持社会运行的行为规范和相互期望,通过促进合作行为来有利于群体或社会的生存与发展。作为一个共同体的社区内部,社区居民的相互交往需求、相互信任需求、相互支持需求等形成的社会关系和公共空间,有助于塑造和强化社区认同感和归属感。社会资本是一种互动关系、互动网络和互惠规范,政府、市场、非政府组织等构成了社区社会资本的正式组织网络,与社区存在的各种形式的非正式

---

① 吴志华等:《大都市社区治理研究:以上海为例》,复旦大学出版社2008年版,第165页。

网络一起,构成了社区公共空间纵横交错的关系结构与互动博弈过程。诚信、互惠的社会资本有助于激活社区和社会的活力,促进社区成员之间的交往,增强社区各主体之间的交流与合作,推动社区和谐。

(八) 现代化理论

现代化一般是指一个社会从传统农业社会向现代工业社会转变的综合性、革命性历史变迁过程,亦即人类社会在科学技术发展的推动下,包括劳动分工、经济发展、政治变革、社会生活、民众心理、思维方式、信息传播方式和国际关系在内的全方位变迁的社会变革过程,工业化、城市化、市场化、民主化、全球化、信息化、社会流动性等是现代化的基本要素。现代化主要是工业革命以来的科技、政治、经济和社会的综合性、世界性急剧变化过程,它导致某些传统社会关系的瓦解,使人类文明进入一个新的阶段。科技革命的不断更新是现代化最深层次的动力,现代化本身也是一个不断深化的长期过程,目前正由工业社会向信息社会、风险社会转化。作为一种理论或思潮,现代化主要是二战以后形势变化的产物,其实现形式在不同的国家和地区由于历史传统、科技水平、政治制度、经济结构、国家领导人的政策等因素呈现出不同的路径和模式。

从社区治理理论发展历史的角度来看,无论是滕尼斯的社区(共同体)与社会还是芝加哥学派的都市社区研究、林德夫妇的中镇分析,都对应于人类社会走向现代化进程中的不同阶段。世界上不同国家和地区的现代化进程是高度不平衡和不同步的。总体看来,截至目前已经实现现代化的国家数量在全世界 200 多个国家和地区中的占比仍然较低,大部分发达国家集中在欧美地区。现代化作为一种世界运动对整个世界、不同区域甚至基层社区都有巨大影响。当今社区治理中的许多问题从深层次来看,就是现代化发展的必然结果,因此,现代化理论既是社区治理发展的动因,也是社区治理走向完善的时代背景和现实要求。

三、 国际组织在社区研究与发展中的作用

二战结束后,西方发达国家除美国之外,英国、法国、德国、日本、意大利等均因受到战争的重创而面临恢复和重建的任务,许多发展中国家也普遍面临着贫困、疾病、失业、经济发展缓慢和社会矛盾突出等一系列问题。仅依靠政府的力

量或仅通过市场经济的途径有效地解决这些问题是不现实的。于是,很多学者、联合国有关组织和机构开始探索发达国家和发展中国家出现的社区发展问题,社会学家和社区工作者运用社区民间资源、发展社区自助力量来解决上述问题的思路和设想应运而生。

二战后,国际组织对社区研究的发展起着重要的促进作用,这种促进作用主要是通过社区发展运动来推动的。社区发展运动在西方国家兴起,二战后由联合国倡导而成为一项世界性运动。二战后许多亚非拉新兴的发展中国家面临着经济发展缓慢、失业、贫困、疾病等一系列问题,解决这些问题单靠政府的力量是远远不够的,社区发展作为一种解决途径被提出来。联合国成立初期,就提出了"以社区为基础的社会发展"这一倡议,它指出依靠政府不是主要的,主要的是加强社区的自助力量。同时,联合国开始以社区为单位对不发达国家和地区进行援助,促进其经济发展与社会发展同步进行。

在社区发展过程中,联合国多次以倡议、文件和机构的形式推动社区发展运动。在20世纪50年代初期,联合国开始在不发达国家和地区倡导社区发展运动。1951年,联合国经济社会理事会通过390D号议案,倡议开展"社区发展运动",打算先通过在各个基层地方建立社区福利中心来推动发展中国家的经济发展和社会进步。后来修改该议案,以"社区发展计划"代替原来的"社区福利中心计划",更明确地提出以乡村社区为单位,由政府有关机构同社区内的民间团体和组织通力合作,发动全体居民自发地投身于社区建设事业。1952年,联合国成立"社区组织与社区发展小组",具体负责实行推动落后地区的社区发展运动。1954年,"社区组织与社区发展小组"更名为"联合国社会局社会发展组"。当社区发展活动开展起来之后,联合国又及时地给予必要的原则指导和战略规划。

1955年,联合国在《通过社区发展促进社会进步》文件中提出社区发展的十条基本原则,从总体到具体,多层次、多角度地对社区发展给予指导。该文件的中心内容是:在一个社区里,组织和教育群众,从社区的共同利益和共同需要出发,有计划地引导社区居民和组织共同参与,以自身的努力和政府联合一致,合理地利用社区的资源和外来的援助,以改善社区的经济、社会和文化状况。联合国对"社区发展"的定义是:"社区发展是一种有组织的努力,将当地人民自助合作的力量与政府或志愿机构协助的技术相互配合,以改善社区的生活条件。"总体说来,联合国在亚非、南美等地推行农村社区发展运动,成效明显。

1957年,联合国秘书长在联合国大会上发表了题为《社区发展的原理与概念》的演讲。此后,联合国在世界各地举行多次研讨会,探讨社区发展理论与方法,并且先后发表《社区发展与国家发展》《都市地区中的社区发展与社会福利》等报告。1957年,联合国社区发展工作重点开始由发展中国家向发达国家转移,试图通过社区发展解决工业化与城市化带来的如财富分配不公、贫富两极分化、青少年犯罪增加等一系列社会问题。1959年联合国在英国举办了"欧洲社区发展和都市社会福利"研讨会,使社区发展计划从先期实践的农村地区向城市地区扩展和推广,在发达国家通过社区发展来促进社会进步。

1960年,联合国在其发表的《社区发展与有关服务》报告中拓展了"社区发展"的内容,进一步认识到"社区发展是一个过程,通过这一过程,社区居民共同努力并与政府权威人士合作,以促进社区的经济、社会和文化的发展,并进一步协调和整合各社区,使它们成为全国人民生活的一部分,进而使社区发展成果为全国的繁荣和进步作出积极贡献"①。1961年,联合国秘书长提出的《都市地区社区发展报告书》极大地推动了各国城市社区发展的进程。

由于联合国的推广,社区发展在20世纪60年代成为一种国际性的社会运动,在发展中国家取得显著成效。这一时期,西方发达国家纷纷把社区发展作为本国社会发展战略的重要组成部分。1960年,美国率先制定了社区发展战略,把"社区行动方案"纳入"反贫穷作战计划"之中。随后,英国、法国、联邦德国及北欧各国都普遍推进了社区发展运动。在20世纪70年代初,全世界有70多个国家和地区推行社区发展工作,80年代社区发展工作在全球100多个国家与地区展开。

社区发展以启动和动员居民共同参与社区建设为重点,是一种有效的社会发展运动,也是政府投入最少、收益最大的一种建设方式。近年来,随着世界性民主化浪潮的推进,在基层锻炼和发展民主,经由社区而实现社会参与成为一时之风气。现在,在全球范围内,人们对社区和社区发展的关注呈上升趋势。

20世纪80年代以来,随着极端天气气候事件频发、全球风险社会的到来和各种事故灾难的增加,社区安全方面的研究逐步引起关注。世界卫生组织提出了"安全社区"的概念并且通过社区安全建设促进社区安全。"1989年世界卫生组织(WHO)第一届事故与伤害预防大会上首次提出了'安全社区'的概念,要求

---

① 马仲良主编:《社区建设简明读本》,中国青年出版社2003年版,第9页。

社区制订针对所有居民及环境、条件的安全预防方案,同时建立包括政府、卫生服务机构、志愿者组织、企业和个人共同参与的工作网络,并保证各个组织紧密联系,以充分运用各自的资源为社区公共安全服务。"①"安全社区"建设也称"社区安全促进"(safe community promotion),是一个由个人、社区、政府、企业、非政府组织等个人和组织在地方、全国乃至国际层面上追求和保持社区安全的行动。它既依赖于社区内与安全相关的所有组织和人员的协同一致,同时也依赖于共同的社区安全文化的建设,并以此为基础将安全促进变成社区成员的自觉行动。"自从1997年联合国日内瓦战略明确了21世纪全球减灾重点在社区后,2005年世界减灾大会通过的《2005—2015兵库行动纲领》又特别提出了加强社区的抗灾能力建设。"②

总之,西方社会的社区研究经历了从单一社区的个案研究到多个社区的比较研究,从农村社区研究延伸到城市社区研究,从农村和街道的专项调查到区域综合分析研究,从社区分析到社区发展研究,从发展中国家社区发展研究向发达国家社区发展研究扩展等多样化的过程。社区研究是与经济发展、社会发展和社区发展的进程与阶段紧密联系在一起的。社区研究的现代化是一种必然趋势,社区研究在未来社区发展中的地位和作用越来越重要,社区研究的方法在全球化时代和科技主导社会生活日益显著的情形下也会产生新的变化。社区研究中的多学科相互融合既是一种趋势,也是一种必然。

本章小结

本章首先主要介绍了社区研究在西方的起源、主要历程,以及关于农村社区、城市社区的研究,其中重点梳理了美国社区研究的兴盛—衰落—复兴三个阶段、主要代表人物的著作及其理论观点。其次简要介绍了西方学者关于社区研究的主要理论,如类型学理论、区位学理论、社会互动理论、结构功能理论、社区冲突理论、社区权力理论、社会资本理论和现代化理论等,这些都是我们从事社会研究最基本的理论指导和理论工具。最后介绍了联合国和世界卫生组织等国际组织在社区研究中起到的推动作用。

---

① 滕五晓:《社区安全治理:理论与实务》,上海三联书店2012年版,第29页。
② 同上书,第41页。

思考题

1. 在20世纪末,安东尼·吉登斯为什么提出"社区(共同体)是新型政治的根本所在"这一看法?

2. 社区研究中的区位学理论借用生物学术语来建立自己的社区研究理论。你如何看待社区研究理论中的借用现象?

3. 你赞同"社区消亡论"这一观点吗?为什么?

4. 罗伯特·D.帕特南的《独自打保龄——美国社区的衰落与复兴》一书对我们今后的社区研究有哪些借鉴意义?

5. 21世纪是全球化和高科技主宰社会生活的时代,如何根据这一时代背景思考未来的社区生活和社区治理?

6. 你是如何看待西方学者社区研究理论流派的,其中有哪些流派的理论使你深受启发?

7. 二战后,联合国等国际组织在推进社区建设、社区发展和社区研究中的作用显著,对中国的社区研究和社区建设有什么启发?如何主动吸收其先进理念和有益经验并积极融入社区治理的全球化进程?

第四章 我国社区研究的起源与发展

引导案例

案例1 调查区域的界定

为了对人们的生活进行深入细致的研究,研究人员有必要把自己的调查限定在一个小的社会单位内来进行。这是出于实际的考虑。调查者必须容易接近被调查者以便能够亲自进行密切的观察。另一方面,被研究的社会单位也不宜太小,应能提供人们社会生活的较完整的切片。

A. 拉德克利夫-布朗教授、吴文藻博士和雷蒙德·弗思博士曾经讨论过这个基本问题。他们一致认为,在这种研究的最初阶段,把一个村子作为单位最为合适。弗思博士说,应当"以一个村作研究中心来考察这村居民相互间的关系,如亲属的词汇、权力的分配、经济的组织、宗教的皈依以及其他种种社会联系,并进而观察这种种社会关系如何相互影响,如何综合以决定这社区的合作生活。从这研究中心循着亲属系统、经济往来、社会合作等路线,推广我们的研究范围到邻近村落以及市镇"。

村庄是一个社区,其特征是,农户聚集在一个紧凑的居住区,与其他相似的单位隔开相当一段距离(在中国有些地区,农户散居,情况并非如此),它是一个由各种形式的社会活动组成的群体,具有其特定的名称,而且是一个为人们所公认的事实上的社会单位。

这样一个村庄并没有正式进入保甲制。保甲制是中国的一种新的行政体制,是为了某种特殊目的而人为地设置的。开弦弓村在1935年才有这种制度,因此很难说得清,这种法律上的保甲单位,究竟到什么时候才能以其不断增长的行政职能取代现存的事实上的群体。但目前,在实施过程中,保甲制仍然大多流于形式。因此,我们所研究的单位必须是实际存在的职能单位——村庄。我们研究的目的在于了解人民的生活。

在目前阶段的调查中,把村庄作为一个研究单位,这并不是说村庄就是一个自给自足的单位。在中国,地方群体之间的相互依存,是非常密切的,在经济生活中尤为如此。甚至可以说,在上半个世纪中,中国人民已经进入了世界的共同体中。西方的货物和思想已经到达了非常边远的村庄。西方列强的政治、经济压力是目前中国文化变迁的重要因素。在这一点上有人可能会问,既然如此,那么在这样一个小的地区,在一个村庄里搞实地调查,对于这种外来力量及其所引起的变迁会取得什么进一步的了解呢?

显然,身处村庄的调查者不可能用宏观的眼光来观察和分析外来势力的各种影响。例如,由于世界经济萧条及丝绸工业中广泛的技术改革引起了国际市场上土产生丝价格的下跌,进而引起农村家庭收入不足、口粮短缺、婚期推迟以及家庭工业的部分破产。在这种情况下,实地调查者必须尽可能全面地记录外来势力对村庄生活的影响,但他当然应该把对这些势力本身的进一步分析留给其他学科去完成。调查者应承认这些事实,并且尽力约束自己去跟踪那些可以从村庄生活中直接观察到的影响。

对这样一个小的社会单位进行深入研究而得出的结论并不一定适用于其他单位。但是,这样的结论却可以用作假设,也可以作为在其他地方进行调查时的比较材料。这就是获得真正科学结论的最好方法。

(资料来源:费孝通:《江村经济》,北京大学出版社2012年版,第二章"调查区域",第9—11页。)

案例讨论

1. 费孝通先生在《江村经济》中运用了哪种社区研究方法?

2.《江村经济》的社区研究方法与二战前西方学者的社区研究方法有什么不同?

3.《江村经济》出版以后我国的社区研究方法有哪些变化?产生变化的原因是什么?

4. 费孝通先生社区研究的样本选择对我们当前的社区研究有哪些启示?

案例2　安徽铜陵全面撤销街道办　实行居民自我管理

经过一年多时间的试行和摸索,安徽省铜陵市上月底将在我国存在50多年的街道办这一行政机构彻底"收纳"于该市市民生活之外,取而代之的是居民自我管理的大社区模式。铜陵市也因此成为我国目前第一个在全市全面撤销"街道"的地级市。

"从去年7月试行到现在,我们可谓经历颇多,从人员到职能机构的建设,都费了很多功夫,也顶了很多压力。"铜陵市铜官山区螺蛳山社区副主任汪成志对《第一财经日报》记者表示。据他所说,问题主要是人员安排,因为街道办事处的人员除了聘用的,其余都是公务员或是有事业编制的。解决的办法是待遇不变、级别待遇不变。原街道办事处下来的一部分人、原小社区的工作人员合在了一起,是现在大社区工作人员的基本构成。

一年前,铜陵市主城区铜官山区率全国之先,试点撤销街道办事处,社区事务实行居民自我管理。今年1月,铜陵市在总结铜官山区的经验后,开始推广铜官山区经验,在全市大规模撤销街道办,至今年8月底,改革工作已基本完成。而今年7月底,铜官山区已被民政部列为"全国社区管理和服务创新实验区",其改革模式也被总结为"铜陵模式"。随着铜陵改革被认可,"铜陵模式"也即将在安徽省全省范围内推广开来。

据汪成志介绍,整合后的新社区组织架构为"两委一中心",即社区党工委、社区居委会和社区公共服务中心。社区党工委主要承担社区范围内总揽全局、协调各方的职责,社区公共服务中心负责对居民的事项实行"一厅式"审批和"一站式"集中办理,而居民自治方面的事务则主要由社区居委会承担。

对于新成立的社区日常工作,汪成志对本报记者表示:"三块牌子,一套人马。相对原来来说,服务的层级少了一个街道办事处,办事要快捷些,管理的成本也要降低一些。服务的质量要求高些了,相应地,服务的能力也随之强化了,推动人财物向社区倾斜。"改革后,街道原有的经济发展、城管执法等主体职能收归区级职能部门,而社会管理、服务事务等职能全部下放到了社区,居民在社区就可直接办理民政社保、计划生育、综合治理等事务。一名生活在铜陵市铜官山区螺蛳山社区的居民对本报记者表示,撤销街道办事处后,对他的生活还是有影响的,以前办件事情要等好多天,现在则快多了,"可能是因为办事层级减少了的缘故吧"。

对于目前铜陵市的大社区管理模式,汪成志对本报记者总结说:"'铜陵模式'的实行,首先从改革者的自身来说,需要一种勇气,同时也是一种智慧的体现。当前社会管理创新,创新的立足点应该在基层,基层才是社会矛盾的积聚、交汇的地方,而我们社会管理薄弱的地方正是基层,尤其是在社会变革的深入时期,不但没有加强,可能还弱化了。"

(资料来源:钱平广:《安徽铜陵全面撤销"街道"试水居民自治》,2011年9月6日,第一财经,https://www.yicai.com/news/1066351.html,2022年6月15日访问,有修改。)

案例讨论

1. 2011年被称为"铜陵模式"的大社区模式改革对我国的社区研究提出了哪些要求?

2. 撤销街道办是否一定会促进和强化社区居民自治?为什么?

3. 如何预防"铜陵模式"后的社区异化为原来街道办的翻版?

4. "铜陵模式"在北京市、上海市这样的大城市能否推广?为什么?

一、 1949年以前我国的社区研究

20世纪30年代初期,社区理论与实证研究方法被引进中国,最早的研究者是吴文藻、吴景超,随后在中国慢慢发展起来。"1914年,中国向西方派遣留学生学习社会学。在早期留洋的中国社会学者中,最出色的当属吴文藻,他是中国社区研究的倡导者,并为中国的社区研究奠定了理论基础和方法论原则。吴文藻早年留学美国攻读社会学,回国后在燕京大学社会学系任教,并培养出费孝通、李安宅、林耀华等一批专门从事社区研究的人才。吴文藻力图探索一条'彻底的中国化'的社会学研究的新路子,倡导具有中国特色的社区研究。他主张把社会学的理论和方法与文化人类学或社会人类学结合起来,对中国进行社区研究。这种社区研究是用同一区位的或文化的观点和方法,分头进行各种不同地域的社区研究。比如,民族学家考察边疆的部落民情或殖民社区,农学家考察内地的农村社区或移民社区,都市社会学家考察沿海或沿江的都市社区。"[①]他们大多数人在一开始就基本上越过了西方人类学家热衷于初民社会的研究,直接对自身当时社会生活的社区进行系统研究,希望找到社会问题的根本原因,为改良社会奠定基础。

在我国早期的社区研究方面,吴文藻发表了《现代社区研究的意义与功能》

[①] 袁秉达、孟临主编:《社区论》,中国纺织大学出版社2000年版,第22页。

《中国社区研究的西洋影响与国内现状》等有影响的社区研究文献。在进行社区理论研究的同时,吴文藻还派出燕京大学社会学系的一些研究生和助教到国内一些地区进行实际的社区研究。如徐雍舜到北平附近的淳县进行乡村领袖冲突的调查,林耀华到福州附近的义序进行宗族组织的调查,黄华节到河北定县进行礼俗与社会组织的调查,李有义到山西徐沟县进行农村社会组织的调查,等等。在吴文藻的影响和指导下,林耀华等人发表了《义序的宗族研究》(1935)、《金翼:中国家族制度的社会学研究》(1944)等一系列著名的社区研究成果。社区研究的主要成果还有1933年杨庆堃的《华北地方市场经济》,1937年黄迪的《清河:一个乡镇村落社区》等。1937年1月,中国社会学社举行第六届年会,赵承信发表《社区研究与社会学之建设》一文,主张以社区实地研究作为中国社会学建设的道路。该届年会还一致通过陈达提出的"国内各大学积极推行社区研究"的提案。1938年春季费孝通在英国完成并于1939年出版的社区研究名著《江村经济——中国农民的生活》一书,被英国著名学者马林诺夫斯基誉为"人类学实地调查和理论工作发展中的一个里程碑"。还有一些成果,如1938—1942年费孝通在云南内地农村的调查报告《禄村农田》(对云南禄丰县的大白厂村实地调查的结果)、《易村手工业》和《玉村农业和商业》,1942年张少微的《乡村社区实地研究》,1943年燕京大学社会学系主任林耀华等研究四川、西康一些少数民族部落生活的《凉山彝家》,1944年蒋旨昂的《战时的乡村社区政治》,1944年清华大学国情普查研究所陈达等学者在对昆明附近四县调研后写成包括户口普查、户籍登记与人事登记三项内容在内的《云南省户籍示范工作报告》,等等。此外,金陵大学(成都)的社会学系主任柯象峰、华西大学的李安宅、金陵女子文理学院的徐益棠等学者的社区调查研究也有一定的影响。在解放战争时期,主要有岭南大学的杨庆堃、何肇发对广州近郊鹭江村社区和美国洛杉矶华侨社区进行的研究。

吴文藻、费孝通等作为留洋学者,深受马林诺夫斯基功能主义的影响,他们在社区研究中所采用的主要方法是选择某一特定社区中的某一问题作专项调查研究或作较长时期的实地观察;其他学者如梁漱溟、李景汉等人在20世纪30年代也有社区研究,如梁漱溟在山东邹平县进行的乡村实验,李景汉在河北定县的调查等,他们在社区研究中开始采用较为系统和完整的大规模调查或采用实验性的研究。梁漱溟的乡村实验和李景汉的《定县调查报告》,在当时都产生了一定的影响。

另外，还有以马克思主义为指导的社会调查和社区研究。以毛泽东为代表的中国共产党人，在新民主主义革命时期非常注重研究中国革命与中国社会中的一系列实际问题，并产生了一批具有较高素质和较大影响的调查报告和著作，如毛泽东的《中国社会各阶级的分析》(1925)、《湖南农民运动考察报告》(1927)、《兴国调查》(1930)、《长冈乡调查》(1933)、《才溪乡调查》(1933)；1941—1942年张闻天领导的陕北《米脂县杨家沟调查》；陈翰笙的《中国的地主和农民》(1936)、《工业资本和中国农民》(1940)；等等。他们反对脱离中国实际情况的"本本主义"，强调"没有调查，没有发言权"①。在土地革命战争时期，江西的中华苏维埃共和国就有"豆选"（即选举时用豆子当选票）的做法；在抗日战争时期的陕甘宁边区、晋察冀、晋冀鲁豫边区和其他抗日民主根据地和解放战争时期的山东、四川、河北等新解放区，共产党还在基层农村很多地方广泛实行了"豆选"，这种做法让包括妇女在内的不识字的农民借用投豆来代替填写选票，通过秘密投票的方式选举民众认可的人来作为乡村领导，将乡村的治理权从士绅、地主的掌控中转移到农民手中。豆选成功地给予人民冲破文化局限和政治局限的机会，体现了真民主的精神，让人民有了投票权和当家作主的机会，是共产党群众路线在广大乡村的有效实施，是抗日战争时期挽救民族危亡的"中心一环"，并且被总结为革命胜利的"三大法宝"之一。"'人民程度不够，不能实行民主'，古今中外多少的执政者总是用这样那样的借口来抗拒民主。中国共产党推动的豆选揭穿了这个政治谎言，让占人口大多数的不识字的人也能参与民主选举，表达自己的意愿。"②豆选在边区政府和解放区大范围实施的效果说明，民主程度的高低不取决于识字率、文化程度的高低，而是取决于选举人对自己选举意愿的表达程度。豆选这种基于普遍、平等、直接和无记名投票的选举方法的生命力在于它是在中国封建文明和帝制专制传统几乎没有留给民主文明生存空间的氛围中，为了克服投票者不识字（当时有80%以上的选民不识字）的局限性而创造的，"豆选虽然只是实现人们民主愿望的一种方式，但它在暴力、强权、愚昧之外，为人们整合群体内部不同意见提供了一种文明的方式"③。虽然他们的著作中很少出现"社区"这一概念，但是实际上他们已经把社区调查和社区研究纳入新民主主义革命范畴，并从救国救民的高度来考察，力求深刻认识当时中国社会的性质

---

① 毛泽东：《毛泽东选集》第一卷，人民出版社1991年版，第17页。
② 牛铭实、米有录：《豆选》，中国人民大学出版社2014年版，第64页。
③ 同上书，第180页。

和特点,努力探索中国革命的正确道路,认为"农村中须有一个大的革命热潮,才能鼓动成千成万的群众,形成一个大的力量"①,他们强调的社会调查研究与费孝通等学者的社区研究在指导思想和本质上是一致的。

综观20世纪30年代至40年代,我国的社区研究主要有以下几个突出特点:

一是这一时期我国的"社区"概念基本上定位在乡村,社区研究基本上属于或者侧重于乡村社区研究,城市社区研究较少。黄迪在《清河:一个乡镇村落社区》中还创造性地提出了"村镇社区"的概念,这一概念在当前仍然非常契合我国农村社会的某些特点。这一时期我国社会学家对社区的研究集中在乡村,这也许与1932年帕克应邀到中国讲学对中国学者的建议有关,帕克看到中国的情况后主张中国学者应该集中精力研究中国乡村。关于帕克对当时中国学者的建议,1934年1月28日,吴文藻写道:"派氏*住在工业先进的美国,固然主张都市社区的研究。但是他一走进以农为本的中国,他就立刻觉得中国社会学者除了都市生活、殖民社会、边疆民族以及海外华侨等问题以外,还应该集中精力,来研究乡村社区。他以为都市是西方社会学的实验室,乡村是东方社会学的实验室;现代西方的社会问题是都市社会问题,而东方的社会问题是乡村社会问题。"②

二是对乡村社区的研究大多是建立在实际调查基础之上,具有非常明显的实践性特征。这时的社区研究都认为和强调实地调查具体社区的实际情况是认识社会的入门之道。社会学家的实地调查研究最初从美国介绍过来,我国"最早的农村调查是1918—1919年由上海沪江大学社会学教授葛学溥(Daniel H. Kulp)指导的广东潮州凤凰村调查。调查结果于1925年用英文在美国出版,书名为《华南乡村生活:广东凤凰村的家族主义的社会学研究》(*Country Life in South China: The Sociology of Familism*)。最早用中文出版的农村社区调查则是《沈家行实况》。1923年,在白克令教授指导下,沪江大学社会调查班的学生调查了离上海不远的沈家行农村。调查结果由张镜哥主编,于1924年由商务印书馆出版"③。这就是早期较为著名的华南乡村调查和沈家行调查。20世纪30年代,在社会调查方面我国比较著名的社区研究有燕京大学的清河调查、费孝通对江苏省吴江县(今吴江区)开弦弓村的调查、李景汉的河北定县调查、毛泽东在江

---

① 毛泽东:《毛泽东选集》第一卷,人民出版社1991年版,第109页。
＊ 罗伯特·帕克在当时被翻译为"派克"。——引者注
② 北京大学社会学人类学研究所编:《社区与功能:派克、布朗社会学文集及学记》,北京大学出版社2002年版,第13页。
③ 何肇发主编:《社区概论》,中山大学出版社1991年版,第148页。

西省兴国县的调查等。

三是这一时期的社区研究者,无论是留学海外的归国学者还是我国的本土学者,都具有极为强烈的改造当时中国社会的使命感和救国救民的政治情怀。正是这些因素促使他们通过调查研究寻找适合我国国情的民族独立和国家富强之路。正如费孝通在《江村经济》的"前言"中所说:"中国越来越迫切地需要这种知识,因为这个国家再也承担不起因失误而损耗任何财富和能量。"①

四是社区研究的视角众多,有的是从社会学的角度,有的是从文化学的角度,有的是从政治革命的角度,等等。其当时的目的都是改造中国社会,但鲜见从公共管理的角度进行社区研究的。虽然这时候的一些社区研究文献中有部分章节涉及公共管理方面的内容,但都是其中分量很小的一部分或者只是简单提及,都不是当时社区研究文献探讨的核心内容,在整个社区研究文献中处于极度边缘化的地位。

总体看来,20世纪30年代至40年代我国的社区研究有一些突出成就,特别是在社会学领域涌现了一批知名学者和社区研究精英,部分社区研究成果具有前瞻性和前沿性,其中一些社区研究文献甚至成为中外相关学术研究的经典之作,有的社区研究文献在公开出版以后长期被国外一些大学列为相关专业学生学习的必读书目。有一部分社区研究文献对中国社会的分析对我国当前的社区研究仍然具有非常重要的指导作用和启示意义。但是,由于受当时我国落后的经济、政治、文化等诸多条件的限制和恶劣战争环境的影响,难以形成燎原之势。同时还应该看到,"思想与学术,有时是一种少数精英知识分子操练的场地,它常常是悬浮在社会与生活的上面的,真正的思想,也许要说是真正在生活与社会支配人们对宇宙的解释的那些知识与思想,它并不在精英和经典中"②。这种看法在一定程度上也适用于当时我国一些学者的社区研究实况。

二、改革开放以来我国的社区研究

1952年,中国高校进行了院系调整,社会学、政治学等学科被撤销。在这种时代背景之下,作为社会学核心概念之一的"社区"一词在我国的学术研究中基本消失了。1958年至1978年这二十年间,在高度集中的管理体制下,城市的单

---

① 费孝通:《江村经济——中国农民的生活》,商务印书馆2001年版,第22页。
② 葛兆光:《中国思想史导论:思想史的写法》,复旦大学出版社2001年版,第11—12页。

位制度、街居制度和农村的人民公社制度是这一时期我国社会结构的主要形式。社区在我国失去了存在的制度空间与社会空间,我国的社区研究基本中断,在这一历史时期我国的各类学术著作、报纸杂志和会议文献中鲜见"社区"一词。改革开放以来,我国通过深化改革逐步确立了社会主义市场经济体制,取代计划经济体制并积极融入经济全球化进程。在党和政府的领导和主导下开展了体制转轨和结构转型等一系列改革,人民公社制度被取消,单位制度逐步瓦解,"单位办社会"的状况逐步弱化,社区开始有了生长发育的空间。社区研究在20世纪80年代开始复兴,经过改革开放以来的不断发展,目前正成为我国学术研究的一个热点领域。

(一) 当今我国开展社区研究的意义

在当今我国,开展社区研究具有很重要的理论意义和现实意义,在理论上通过对社区概念及其发展变化轨迹的梳理,有助于结合我国实际对其准确定位。在实践上有助于结合当今我国的工业化和城市化进程促进我国从传统社会向现代社会转型,城市社区研究有助于从计划经济体制下的街道模式向市场经济体制下的社区模式转变,农村社区研究可以赋予新农村建设以新内容,促进和谐社会的持续发展。大致说来,在当今我国,开展社区研究的意义主要是[①]:

一是社区研究有利于全面准确地了解和把握中国的国情。社区研究是全面准确地把握国情的首选目标和根本途径。社区是社会的缩影,人们的各项社会活动在社区中展开,社区无论是从静态上还是动态上都能够真实地记载和反映出社会的变迁。历来人们关于社会的调查,几乎都是从社区实证调查入手的。社区研究,就是运用现代科学理论和方法,通过对一个个具体的城乡社区的调查,在提供第一手的数据、信息和资料的基础上进行综合研究和分析,帮助人们清晰地通晓和把握中国国情。

二是社区研究可为政府部门提供决策参考,为社区工作者提供理论指导。社区研究的现实意义主要表现为,能够为社区有效解决各种社会问题提供思路、方案和决策咨询。社区是社会的载体,在当前我国的一些社区内,不可避免地存在着住房紧张、交通拥挤、环境污染、犯罪率高、邻里矛盾和老龄化等各种社会问题,社区研究的任务就是要在理论与实际、历史与现实、现状与未来结合的基础上,阐明产生这些社会问题的根源和背景,提出解决问题的方案、途径和方法,总

---

① 袁秉达、孟临主编:《社区论》,中国纺织大学出版社2000年版,第9—11页。

结解决问题的经验和规律,更好地指导社区建设和社区发展的实践。

三是社区研究有利于创建具有中国特色的社区理论体系和社区发展模式。社区研究的核心内容是理论体系的创新,社区研究的最终意义在于实践模式的创新。在我国,社区研究的基本内容包括社区体制、社区行政、社区管理、社区经济、社区政治、社区文化、社区教育、社区服务、社区法制、社区人口、社区环境、社区精神、社区党建、社区发展等。社区研究的任务就是把上述研究内容融会贯通,形成相互紧密联系,富有内在逻辑的科学理论体系,并在学术研究中创造出中国特色的社区研究学派和理论模式。

当前,我国的社区体制正面临着深层次的改革困境,也存在着巨大的发展空间,持续深入地进行社区研究有助于创造出更好的中国社区发展模式。

(二) 1978年以来我国的社区研究

改革开放以来,随着市场经济的发展,我国社区研究不但走向复兴,而且发展迅猛。1979年,《全球教育展望》第2期发表了《高等学校对于社区发展的实际贡献》《苏丹的高等学校和社区发展(摘译)》两篇文章,标志着"社区"一词在我国开始从正面肯定意义上恢复使用。当今我国的社区研究始终伴随着从农村改革到城市改革,从经济体制改革到各方面体制改革的历史进程。在当前我国社区发展的过程中,社区研究的理论工作者和社区实际工作者,都力求改革创新并取得了相当大的成就。

关于我国改革开放以来的社区研究,本书运用文献分析方法,通过比较之后选择国家图书馆关于社区的馆藏文献和中国知网(CNKI)关于社区的网络文献为样本进行分析。需要说明的是:一是这里所说的著作类文献主要包括独著、合著、研讨会论文集、主编、编著、教材、资料汇编、博士论文、博士后报告、电子资源、调查报告、研究报告、词典、手册等。论文类文献主要包括:期刊论文、硕士博士学位论文、学术会议论文和报纸文章等。在著作类文献中,本书主要从公共管理角度来分析,因此,国家图书馆关于社区馆藏文献中属于文学性质的社区小说和包括社区保健、社区康复、社区健康、社区护理、社区饮食、社区营养、社区养生、社区医学、社区全科医生、社区中医、社区照顾、社区精神卫生、社区卫生服务等在内的社区医疗卫生类文献以及社区丛书、单行本社区法规均没有列入,还由于部分硕士论文质量不高,本书没有把它们纳入分析文献之中,而中国知网中的社区文献没有这方面的限制。二是社区文献都按照时间序列、研究内容等指标进行宏观分类,在数量统计上可能有少许误差,但是基本上可以反映当今中国社区研究的现状。

根据 2004 年至 2022 年的持续追踪研究,本章主要从以下几个方面来分析我国改革开放以来社区研究的大致状况。

一是按照上述检索限定的范围,从时间序列上看,改革开放以来我国社区研究起步较晚,几乎与改革开放进程同步开始,其发展呈现出总体上升的变化趋势,在进入 21 世纪以来呈现出迅猛发展的态势。2004 年以来国家图书馆和中国知网部分年份的社区文献数量统计基本情况,如表 4-1 和表 4-2 所示。

表 4-1 2004 年以来国家图书馆社区馆藏文献数量比统计表　　　（单位:本）

检索日期	文献数量	检索日期	文献数量
2004 年 8 月 10 日	528	2009 年 9 月 20 日	1 193
2005 年 8 月 30 日	748	2012 年 9 月 18 日	1 670
2006 年 9 月 11 日	845	2022 年 4 月 6 日	7 592
2008 年 9 月 16 日	1 003		

资料来源:根据国家图书馆馆藏文献检索整理而成(截至 2022 年 4 月 6 日)。

表 4-2 2004 年以来 CNKI 社区文献数量比统计表　　　（单位:篇）

检索日期	文献数量	检索日期	文献数量
2004 年 8 月 10 日	11 661	2009 年 9 月 20 日	89 928
2005 年 8 月 20 日	30 079	2012 年 9 月 25 日	150 008
2006 年 9 月 15 日	54 023	2022 年 4 月 6 日	270 811
2008 年 9 月 16 日	73 472		

资料来源:根据 CNKI 网络文献检索整理而成(截至 2022 年 4 月 6 日)。

由于在研究过程中出现了数据传输流失问题,因此部分年份的数据不太精确而没有列入。表 4-1 和表 4-2 中的数据显示,著作类文献基本上每年以百本以上的速度递增,越到后来增加的数量和上升的幅度越明显,表明社区研究开始趋热。论文类文献在 2012 年之前基本上每年以万篇左右的幅度快速增加,倍增性特点较为突出,表明当前我国学界对社区的关注度仍很高。

关于社区研究著作类文献的历史发展脉络,本章对国家图书馆社区文献的出版年份与数量之间的关系进行统计,其基本情况如表 4-3 所示。

表 4-3　国家图书馆社区著作类文献年份与数量比统计表　　　（单位:本）

年份	数量	年份	数量	年份	数量	年份	数量
1938	1	1996	27	2006	310	2016	510
1942	1	1997	35	2007	285	2017	550
1944	1	1998	39	2008	340	2018	530
1989	9	1999	54	2009	390	2019	440
1990	11	2000	110	2010	350	2020	390
1991	12	2001	132	2011	410	2021	270
1992	8	2002	160	2012	490	合计	7946
1993	15	2003	270	2013	460		
1994	16	2004	193	2014	450		
1995	17	2005	220	2015	440		

资料来源:根据国家图书馆馆藏文献检索整理而成(截至2022年4月6日)。

表 4-3 显示,1938—1949 年我国的社区研究文献只有三本①,而且这三本都是我国抗日战争时期出版的文献,其篇幅比较小。在整个 7646 本文献中,1938—1999 年我国的社区研究文献约有 246 本,也就是说,在整个 20 世纪,我国的社区研究文献约占总数的 3.09%,还不如 2006 年这一年新出版的社区研究文献。从表 4-3 还可以看出,改革开放以来我国的社区研究起步非常晚,开始于 20 世纪 80 年代末,并且呈现出明显的阶段性特征,即在 20 世纪 90 年代在起步阶段徘徊,进入 21 世纪以来开始快速发展,并且呈现出阶段性的平台期。

二是从国家图书馆社区研究文献的写作形式来看,属于主编性质的文献比例最高,占整个文献数量近 1/3,再加上编著、编撰、编写而成的文献,合计超过整个文献的 60%。专著、合著、博士论文等大体上可以在一定程度上代表社区学术研究水平的文献约占文献总数的 30%,译著类文献偏少,不足文献总数的 2%。由此可以判断,我国目前的社区研究总体水平还不高,尤其是对国外社区研究的了解不足,这也说明我国社区研究在未来还有很大的提升空间。

三是从国家图书馆社区研究文献的主要内容来看,在数量分布上,关于社区

---

① 这三本社区研究文献是:(1)黄迪编:《清河村镇社区》,燕京大学社会学系 1938 年版。(2)张少微:《乡镇社区实地研究法》,文通书局 1942 年版。(3)蒋旨昂:《战时的乡村社区政治》,商务印书馆 1944 年版。

建设、社区文化、社区教育、社区公共安全(含社区警务、社区矫正、社区安全与社区治安)、社区发展等方面的研究相对较多,其次是社区管理与社区治理、社区与政治、社区与经济、社区党团建设、社区工作、社区规划(社区设计与社区营造)、社区服务等方面的研究,再次是社区精神文明、虚拟社区(网络社区)、社区学院与社区大学、社区研究、社区组织等方面的研究。从社区类型角度看,在文献数量上从多到少的顺序是城市社区、乡村社区(村落社区与农村社区)、民族社区、国外社区和城镇社区(乡镇社区和集镇社区)的研究。在这些社区研究文献中,从社区管理与社区治理角度进行社区研究的约占总数的7%,从社区与政治方面进行研究的约占4%,这表明从公共管理角度进行社区研究的文献非常少。

  在整个社区文献中,各类社区方面的教材占总数近13%。从时间上看,2000年以前的社区方面的教材不到10本,绝大多数是2000年以后出版的教材。从教材编写的教学对象上看,高职教材、高等教育自学考试教材、部门培训教材、中专教材等占据的比例超过80%,从公共管理角度编写社区方面的高等学校专业教材很少。从文献统计情况看,改革开放以来中国最早的社区方面的高校教材是1991年何肇发主编的《社区概论》。从少数与管理有关的社区方面的教材来看,有的教材全书体系单一,内容过于简单,远远不能够适应当代社区治理发展的需要;有的教材甚至出现了一些明显的常识性错误。有相当一部分教材无论从内容还是理念上看,都不适合作为目前公共管理类的高校专业教材。从管理学的角度看,在2006年以前出版的教材名称多采用"社区管理"的说法①;2006年以来,以"社区治理"为名称的教材不断出现,这也反映了社区的发展应该侧重于社区居民自治和多元主体参与。当今中国社区类型多样化、社区利益主体多元化、社区观念社会化、社区非正式组织成长迅速等社会结构变化的要求,因此用"社区治理"名称更为合适。但是,"计划经济时期形成的行政体制架构,即使在市场经济发展到一定阶段的今天,仍然未发生根本性的动摇,各个行政部门仍然直接管理着社会和社区的一切事务"②。现在全国有很多大学设有公共管理学院,从公共管理专业的角度,从我国走向现代化的进程和促进社会转型的视角,从政治发展的长时段和促进社区发展的立场,编写一本适合高等学校公共管理专业要

---

① 这一时期这方面具有代表教材性的主要有:张堃、何云峰编著:《社区管理概论》,上海三联书店2000年版;王立坤主编:《社区管理概论》,东北大学出版社2003年版;娄成武、孙萍主编:《社区管理》,高等教育出版社2003年版;韦克难:《社区管理》,四川人民出版社2003年版。

② 张志浩:《关于社区建设若干问题的认识和研究》,《上海社会科学院学术季刊》2000年第4期,第103页。

求的社区治理教材是促使笔者写作本书的基本动因。

就境内外的社区研究而言,我国台湾地区的社区文献收录较多,有几百本,约占文献总数的8%,我国香港、澳门地区的相对较少,澳门的社区文献只有零星的几本。另外,还有少数关于海外社区研究的文献,主要集中在美国、英国、日本、韩国等国家和联合国等国际组织,呈现出明显的偏向性和选择性,这表明我国关于境外社区的研究存在一定滞后性。对比境内外社区研究,可以发现:一是在研究的时间跨度上,境外较早。二是在研究的具体内容上,境外的社区研究侧重于社区中的环境规划与设计、社区教育(社区大学、社区学院)、社区照顾、社区发展、社区建设、社区卫生等非常具体的内容,这与社区居民生活质量的提高、居住环境的改善、人际关系的和谐等息息相关,直观性、参与性、操作性、互动性强。其中,社区大学、社区学院对境内社区教育的发展具有重要启示意义。境内的社区研究在社区党团建设、精神文明建设等方面占有一定比例,社区治理应有的自治性、生活性不足,这是当今社区参与普遍不足的根本原因之一。此外,学理性比较强的社区研究侧重于人类学、民族学方面,如民族社区(基本上是少数民族社区)的历史与文化的研究,这种研究偏离了大多数民众的社会生活,与社会生活的联系方面有相当大的距离。特别是在20世纪80年代至90年代,关于社区研究的文献有相当多的内容还停留在社区概念的内涵、社区研究的重要性、紧迫性等概论式和低水平重复的层次上。三是在社区研究的地域选择上,境外侧重于城市社区的研究与分析。境内的社区研究除了城市社区外,农村社区、民族社区的探讨也占有相当大的比例,其中集镇社区是向现代化过渡进程中的变体。

从社区研究涉及的主要地域来看,随着20世纪80年代以来社区研究的持续发展,从社会学、民族学、人类学角度进行社区研究的文献相对较多。虽然从社区治理的实践方面进行研究文献在数量上不多,但是具有显著的地域性、实践性特点,部分地方的城市社区研究与社区建设颇有建树。例如,北京市早在2003年12月就在全市尤其是西城区、东城区等推进社区管理数字化,有些地方还总结出了社区管理或者社区治理的实践模式,如上海模式、青岛模式、江汉模式、沈阳模式等。从地域分布来看,产生这些模式的地点大多处于我国东南沿海地区或者长江流域等经济发达的地区,其他地方社区治理实践尤其是在我国西部地区在一定程度上还处于空白状态,这反映了社区治理在我国地域分布上极不均衡。而且,还应该看到,"我们的社区研究,以实证调查的客观描述和实际操作研究为多数,深层次的学术研究和理论模式创新较为少见。新的具有权威性、代表性并在国内外富有影响享有盛誉力的学术流派更少见,同时,也缺乏带有预测性、系统性和规律性的超前研究大项目"①。农村社区的研究虽然有很大的进展,但是明显存在着实地调查多,理论概括少;描述性的多,论述性的少。换句话说,在理论研究上还存在不够深入和系统性不足的缺陷,还没有形成有影响力和代表性的社区研究学术流派,我国社区研究的海外影响力目前还难以确定。

关于CNKI社区研究文献,从时间发展轨迹来看,1949—2021年我国社区论文研究文献的年份与数量分布比情况,如表4-4所示。

表4-4　CNKI社区论文文献年份与数量比统计表　　（单位:篇）

年份	数量	年份	数量	年份	数量	年份	数量
1955	1	1987	41	1999	1 464	2011	14 683
1957	2	1988	51	2000	2 464	2012	12 699
1960	1	1989	68	2001	3 519	2013	14 695
1961	1	1990	108	2002	4 323	2014	14 760
1979	2	1991	111	2003	5 229	2015	15 705
1980	2	1992	178	2004	5 592	2016	14 962
1981	4	1993	161	2005	7 118	2017	15 256
1982	1	1994	309	2006	12 313	2018	15 012
1983	9	1995	337	2007	14 229	2019	15 260
1984	17	1996	540	2008	14 290	2020	13 924
1985	15	1997	726	2009	15 273	2021	13 621
1986	26	1998	967	2010	17 657		

资料来源:根据CNKI网络文献检索整理而成(截至2022年4月6日)。

根据2022年4月6日的统计,在1949年至2021年这一检索的时间范围内,查询范围涵盖从理工类到经济类总目录的全部选择,在数据库范围上包括中国期刊全文数据库、中国博士论文全文数据库、中国硕士论文全文数据库、中国重要会议论文数据库、中国重要报纸全文数据库、中国期刊全文数据库(世纪期刊)共六个子数据库的跨库检索结果。其中,世纪期刊论文数据库(1949—1978)和学术期刊论文数据库(1979—2021)中含有"社区"题名并且精确匹配的CNKI

---

① 袁秉达、孟临主编:《社区论》,中国纺织大学出版社2000年版,第29页。

社区论文文献约占总数的 63.34%;报纸全文数据库(2000—2021)中约占总数的 14.86%;会议论文数据库(1999—2021)中约占总数的 3.47%;硕士论文数据库(2000—2021)中约占总数的 9.92%;博士论文数据库(2000—2021)中约占总数的 0.32%。由于各个数据库的起始年代具有一定的差异,实际上最能够代表 CNKI 发展历史变化过程的是期刊论文数据库(1979—2021),对比期刊论文数据库(1979—2021)与表 4-4 的情况来看,它们的总体历史变化与发展趋势是一致的。

表 4-4 中的数据显示,改革开放以来我国社区研究具有以下几个突出特点:一是具有明显的阶段性特征,其中 1984 年、1990 年、1999 年、2006 年是几个非常突出的阶段性时间节点。1999 年以前是处于缓慢发展的阶段,21 世纪以来是处于迅速发展的时期,特别是 2006 年以来处于一个高原平台期。二是从发展历程来看,改革开放以来我国的社区研究的整体态势处于阶段性上升的趋势,当前逐步成为学术研究的一个热点领域。可以推断,我国今后社区研究的发展速度很可能会保持在 2006 年至 2021 年之间的一个微起伏的弹性波动期,社区研究成果在数量上会保持在年均 1.2 万篇以上,在学术质量和分布的学科领域上也许还会有较大幅度的变化。

从期刊论文数据库(1979—2021)总体情况来看,在数量上呈逐年递增的态势,这从一个侧面反映出,当前我国对社区的探讨与实践开始成为包括社会学界、政治学界、管理学界、卫生学界等在内学术界探讨的一个热点领域,凸显了网络政治的兴起,出现这种情况应该得益于当前我国社会转型期中改革继续深化的趋势、新公共管理理论的引入、西方社会发展的启示、我国学术界的推动等一系列有助于促进社会变革的整体氛围。从硕士学位论文数据库的基本情况来看,在专业分布上涉及几十个学科,主要分布在社会学、教育学、政治学、公共管理、管理科学与工程、民族学、医学与卫生学、建筑学、计算机、人口学、地理学、经济学、护理学、法学、历史学、音乐学、文学、体育学、传播学、机械设计与理论、社会保障等学科。具体而言以社会学、行政管理学、政治学、教育学、医学与卫生学、建筑学、工商管理等为最多。从博士论文数据库文献来看,其学校与专业的分布情况主要有北京大学的社会学与政治学,中国人民大学的人口学、社会学与行政管理学,清华大学的建筑学、管理学与政治学,中国社会科学院的社会学,中央民族大学的民族学与人类学等,复旦大学的政治经济学、政治学与卫生学,华东师范大学的地理学,同济大学的建筑学等,华中师范大学的科学社会主义,中山大学的政治学、地理学与民族学等。这些地点主要集中在北京、上海、武汉、广州等城市。在内容上,一是城市社区、农村社区与民族社区的实证分析较多,二是从民族学、社会学、文化人类学、建筑学、卫生学、政治学、管理学、地理学、教育学等学科领域进行研究的较多。

从报纸文章数据库来看,中国报刊几乎都能够找到有关社区方面的报道,内容非常庞杂,涉及卫生与医药类、建筑类、食品与生活类、教育、文化与体育类、科技与法制类等,各个省市的日报也大量刊载有关社区方面的报道。其中以《中国社会报》刊载得最多,《健康报》《中国劳动保障报》次之,再次如《中国质量报》《环境导报》《中国教育报》《中国青年报》《中国体育报》《组织人事报》《中国老年报》《中华建筑报》《中国妇女报》《中国消费者报》《新华日报》《人民日报》《光明日报》《中国人口报》《中国医学论坛报》《中国红十字报》《中国中医药报》《中国计算机报》等也相对较多。从会议论文数据库方面的文献来看,举行或者召开会议的领域主要是医学(包括优生学、护理学、康复医学、医学伦理学、预防医学、精神病学、心理卫生学等)、管理学(主要是公共管理)、社会学、人类学、城市规划学、老年学、图书馆学、民俗学、教育学、档案学、博物馆学、营养学、地理学等,涉及社区服务、社区发展、社区建设、城市社区等内容。其中以护理学、康复医学、图书馆学、社会学、城市规划学最为突出。

从 CNKI 数据库文献社区研究的内容来看,文献数量相对较多的内容如表 4-5 所示。

表4-5　CNKI 社区论文类文献相对较多的名称与数量比表　　（单位:篇）

名称	数量	名称	数量	名称	数量	名称	数量
社区卫生	17 769	社区服务	3 919	社区医院	1 651	社区党建	1 299
乡村社区	6 105	社区护理	3 787	社区参与	1 632	社区图书馆	1 198
社区居民	5 531	社区建设	3 398	社区文化	1 489	街道社区	1 196
社区教育	5 326	社区体育	3 032	智慧社区	1 480	社区警务	1 133
社区矫正	5 215	农村社区	2 879	社区养老	1 461	虚拟社区	1 133
社区治理	4 977	和谐社区	2 127	社区康复	1 459	社区学院	1 103
城市社区	4 659	社区管理	1 886	社区医学	1 384		

资料来源:根据 CNKI 网络文献检索整理而成(截至 2022 年 4 月 6 日)。

前面的内容和表4-5中的社区文献在数量上呈现出巨大的差异,反映了目前社区研究分类领域上的不均衡状态。如果对CNKI社区研究全部文献的主要内容进行宏观归纳之后再进行细分,大致可以分为以下八个方面。

一是关于社区卫生与医学方面的内容最多,主要包括社区卫生、社区护理、社区康复、社区医院、社区干预、治疗社区、社区医生、社区防治、社区医学、社区心理、社区保健、社区照顾、社区支持、社区诊断、社区急救、社区全科医生、社区诊所、社区关怀等方面。这反映出当今社区民众对医疗保健的需求,与当今持续多年的看病难、看病贵等社会问题有密切的联系,其背后也折射出医疗卫生体制需要进一步深化改革的要求,尤其是卫生医疗资源配置向基层倾斜的社会要求以实现公共服务资源的均等化,老龄化社会的加剧在一定程度上也需要强化社区卫生与加快社区医疗建设进程。

二是在社区服务、社区发展与社区建设方面,主要包括社区建设、社区服务、社区发展、社区工作、社区工作者、社区养老、社区公共服务、社区志愿者等方面。这在一定程度上反映了目前政府对社区建设、社区服务和社区发展问题的重视,也是未来强化社区职能的重要内容。

三是在社区治理研究方面,主要包括社区管理、社区参与、社区居委会、社区党建、社区党组织、社区居民自治、社区干部、社区党支部、社区规划、社区组织、社区统战、社区民主、社区工会、社区共管、社区主任、社区模式、社区结构、社区意识、社区改革、社区体制、社区直选、社区与共青团少先队、社区归属感、社区认同感、社区精神、社区行政、社区论坛、社区问题、社区思想政治工作、社区选举、示范社区、社区非营利组织、社区政府等方面。另外,还有极少数内容涉及社区物业管理、社区政治、社区机制、社区动员、社区社团、社区听证会、社区议事会、社区公共管理、社区议会、社区制度、社区价值观、社区性格等内容,这些内容在总量上占比偏低,也许是未来我国社区进一步改革和促进社区治理逐步完善的核心内容。

四是在社区文化与社区教育方面,主要包括社区教育、社区文化、社区体育、社区学院、社区图书馆、文明社区、社区档案、社区思想、社区科普、学生社区、社区大学、社区公园、社区学校、文化社区、学校社区、社区建档、教育社区、社区图书室、社区成人教育、知识社区、学习化社区、科普社区等内容,还有极少数涉及艺术社区、社区书店、泛教育社区、科技社区、运动社区、知识型社区等内容。社区文化与社区教育是将来社区建设与社区发展中日益重要的内容,这与我国倡导的建设终身学习型社区的目标是一致的,也是完善幼儿园教育、小学教育的基本路径。

五是在社区劳动、经济与社会保障方面,主要包括社区商业、社区就业、社区银行、充分就业社区、社区资源、社区经济、社区林业、社区金融、社区福利、商务社区、社区市场、社区再就业、社区保障、贫困社区等方面,还有极少数涉及社区救济、社区救助、企业社区、社区股份合作制、社区营销、社区统计、工业社区、社区基金、农业社区、金融社区、消费社区等内容。社区经济在目前不是社区研究的重点,也不是社区矛盾的焦点,从公共管理学角度来看也不是研究的重点,这方面的数量比例较低是一种正常现象。

六是在社区安全与治安方面,主要包括社区矫正、社区警务、社区消防、社区治安、社区安全、无毒社区、社区减灾、社区稳定、社区维稳、法治社区、社区服务刑、社区综合治理、社区风险管理、社区应急管理、社区疫情防控、社区突发事件应对等,还有极少数涉及社区控制、社区保护、社区服务令、零家庭暴力社区、零案社区、社区救灾、戒毒社区、无案件社区、社区援助等内容。在我国,社区是很多社会矛盾的集中地和突发事件的首发地,安全性要求是社区建设的首要任务。加强平安社区、和谐社区建设以促进社区的祥和,是我国当前一个非常迫切的社会问题,有赖于社区居民的积极参与和共同努力。

七是在社区分类方面,可以按照五种方式进行粗略划分。第一是按照地域类型进行分类,主要包括乡村社区、城市社区、农村社区、街道社区、城镇社区、住宅社区、村落社区、自然保护区社区、移民社区、山区社区、村庄社区、城郊社区、集镇社区等,此外还有极少数涉及周边社区、旅游社区、小镇社区、乡镇社区、城中村社区、混合型社区、山地社区、族群社区、客家社区、村域社区、街居社区、街乡社区、侨民社区等内容。在当前我国社会转型期,随着城市化进程的加快,"村改居"已经是一种相对普遍的现象,其中既有制度性变化,也有生活方式的再适应。"村改居"社区的增加反映了我国走向现代化进程中社区类型的具体转化。第二是按照信息化分类,主要包括虚拟社区、网络社区、智慧社区、数字社区、数字化社区、智能社区等方面,此外还有极少数涉及宽带社区、智能化社区、网上社区、IT社区、电子社区、电子化社区、E化社区、数字型社区等内容。第三是按照民族进行分类,主要包括民族社区、族裔社区等内容。第四是按照功能分类,主要包括老年社区、国际化社区、防灾救灾示范社区、充分就业示范社区、平安社区、环境友好型社区等内容。第五是按照传统与现代的关系进行分类,主要包括新社区、新型社区、现代社区、传统社区等内容。这些社区分类有的是常规性的分类,也有随着时代的发展出现的新型分类方式,以后还可能会出现更新的社区存在形式,科技的发展对社区新形式的产生可以说具有决定性的作用。在境外社区的研究方面,主要是集中在美国社区、加拿大社区、日本社区、英国社区、华人社区、新加坡社区、德国社区等,在中国主要有涉外社区、国际社区、国际移民社区等。今后在进一步对加强发达国家和地区社区研究的同时,还要尽快弥补和加强对发展中国家社区的研究,这有助于从另一个角度总结其经验教训为我国的社区建设和社区研究提供有益借鉴。

八是在社区的发展趋势与理想化状态方面,主要包括和谐社区、社区和谐、示范社区、绿色社区、特色社区、生态社区、幸福社区、阳光社区、文明社区、人文社区、一流社区、满意社区、温馨社区、成熟社区、环保社区等方面,此外还有极少数涉及亲情社区、高尚社区、可持续发展社区、零距离社区、小康(型)社区、爱心社区、魅力社区、康乐社区、美好社区、完美社区、安居型社区等内容。"幸福社区"等这些美好愿景是今后社区研究的指导思想,也是社区建设与发展的总体目标。要实现这些目标,还需要建立精细化的相关指标体系,从制度建设着手逐步推进,在潜移默化之中实现社区的持续性变革。

另外,目前我国学术界关于社区与社区治理方面的研究,侧重于学术专著、学术论文等范围内的分析,这种研究的涉及面较狭窄,而基于文艺作品描述并且以此为研究对象的社区及其治理研究基本缺失。因为,无论是以前社会学方面关于社区研究的专著,还是基于互联网技术的信息社会以来的纪录片、媒体深度报道、电影电视剧与有一定影响力的文学作品中都有专门关于社区治理方面的研究资源,这些日益丰富的社会资源至今很少被纳入社区治理研究之内。以文学作品为例,美国早期的社区研究著作如《中镇》(1929)、《街角社会》(1943)等,我国民国时期的《江村经济——中国农民的生活》(1939)、《金翼:中国家族制度的社会学研究》(1944)、《云南三村》(1945)等都有一定的文学化色彩,很多学术名著语言优美、文风简洁,《金翼:中国家族制度的社会学研究》甚至是一本小说体裁的著作。今后的社区治理学术研究应该跳出纯学术专著式的书斋研究内循环,把生活化与学术化有机结合,有效拓展社区治理方面学术研究的创新空间。

总体说来,改革开放以来我国的社区研究可以简要归纳为以下几个特点:从时间顺序角度看,具有明显的阶段性、上升性;从内容上看,具有覆盖内容的广泛性和研究领域的极端不均衡性,也折射出社区研究与当今民众生活之间的高度关联性。从对社区概念的分类来看,社区概念的混用、误用和泛化现象非常普遍,在报刊的有关社区新闻报道方面尤其明显。改革开放以来我国社区研究的历程在一定程度上可以看作是我国社会发展的一个缩影,在今后也可以作为我国走向现代化过程中的一个风向标。

本章小结

本章以历史发展脉络为主线,首先对我国20世纪30年代到40年代的社区研究进行粗略梳理的基础上,归纳了这一历史阶段社区研究的主要特点,进而进行了简要评析。其次,论述了当今我国进行社区研究的意义。最后,运用文献分析方法,以国家图书馆的社区馆藏文献和中国知网(CNKI)收录的社区文献为分析样本,分别从时间顺序、主要内容等方面进行了系统分析,总结出改革开放以来我国社区研究的主要特点。

思考题

1. 1949年以前我国的社区研究有哪些主要特点?为什么?
2. 在当今我国开展社区研究有什么理论意义和现实意义?
3. 改革开放以来我国社区研究有哪些主要成就?存在哪些不足?如何弥补不足?
4. 在今后社区治理的体制改革研究方面,今后应该着重从哪些方面进行努力?
5. 安全问题是目前我国很多社区存在的突出问题,如何通过社区研究促进社区安全?
6. 如何通过细化研究,逐步达到未来理想社区的目标?

第五章 社区治理：概念、性质与方法

> **引导案例**

全国首个"村级市"：西辛庄"建市"记

昨天，河南濮阳县西辛庄村村支书李连成，兴奋地揭开了村委会门前的新牌子——"濮阳县庆祖镇西辛庄市（筹）"。大门另一侧，"村委会"的铭牌，依旧保留着。虽然，有人开玩笑地开始叫"李市长"，但李连成还是一个村支书，"西辛庄市"在行政区划上，还是一个村子。照李连成的说法，"全中国第一个村级市"是他的创新。挂上"市"的牌子，农村就成为城市了？曾有学者指责这是"瞎胡闹"。对此，李连成却不恼。这位难得穿西装的 62 岁农村老支书，有自己执着的逻辑，"只要村民同意，只要村民日子过得好，村子改啥名都无所谓"。

"村级市"有无违规 打了法规的"擦边球"？

"村"更名为"市"，李连成构想了半年多，每次见到上级领导，他都会提出来。这半年多里，还先后有 20 多个附近的村子听说后，主动向李连成要求加入"西辛庄市"，有些村子的"联名书"上，密密麻麻地按满了全村人的手印。

但问题是，"××市"是想叫就叫的吗？记者得到河南省某部门的一份文件，上面明确认定"挂牌建西辛庄市"不符合政策规定——按照规定，行政区划受宪法保护，不能随意更换；普通社区的更名，同样需要逐级上报进行审批。其中还列举了《国务院关于行政区划管理的规定》《国务院地名管理条例》《河南省地名管理办法》等法规。

对此，李连成哈哈一笑："我绝对不会干违法的事。"为了表述这个"村级市"的名称，他琢磨了两个多月，想过不少名字，比如"西辛庄农村市""西辛庄市（村级）"等，最后，他用了"西辛庄市（筹）"，西辛庄村的牌子，还在。

这样真的行吗？记者查阅相关法规，问了好几位研究行政区划的学者，发现这个问题，还真难回答。

第五章　社区治理：概念、性质与方法

按照地名管理条例规定，对于"自然村"的名称更改，要"由所在市、县地名管理机构提出意见，报市、县人民政府批准"——但西辛庄并没有改名。

按照1982年《宪法》规定，中国的行政区划体系为三级制，局部实行四级制，最低一级为乡（镇）。而按照《国务院关于行政区划管理的规定》，行政区划应保持稳定。必须变更时，要"制订变更方案，逐级上报审批"，其中，"市、市辖区的设立、撤销、更名和隶属关系的变更"，需要由国务院审批——但西辛庄虽然自称"市（筹）"，还是村一级的行政区划或行政级别，也就不存在所谓的"变更"。

实际上，对于更名，李连成很谨慎。在制作展板的时候吩咐村民不要写"建市"，也不要写"成立"，所以，昨日村中的展板和条幅上，能发现不完整的句子——"祝贺西辛庄市"。

"你可以看成西辛庄要成立一个叫'西辛庄市'的机构，他打了一个法律的'擦边球'。"据认识李连成十多年的一位当地记者介绍，李书记是有"智囊团"的，"西辛庄市（筹）"的提法，背后有高人指点。

"李连成提出了建设全国第一个村级市的构想，这是个挑战性命题。"河南省社科院副院长喻新安则说。

记者在村中两日，听李连成多次强调，"我绝不是为了当市长、市委书记，我永远是一个村支书，西辛庄市没有城市的行政区划，也没有公务员"。

缘何"村改市"要圆农民"城市梦"

李连成是个能人，当过生产队长，1982年搞蔬菜大棚，盖起全濮阳第一座农村小洋房，1991年被推选为村支书，带领全村搞蔬菜大棚。到了1994年，全市推广蔬菜大棚时，李连成跟村民说："利润要低啦，不搞大棚，我们村办企业。"在村里建宾馆、疗养院、医院，都是李连成的创意。

李连成已经当了21年的村支书，十年前，就是全市学习的"典型"。在附近的村中，甚至在濮阳市都有相当的威望，他对农村问题"先知先觉"，自发地"先行先试"，曾多次得到过省市领导的赞赏。

李连成没上过学，开始识字是在当村支书之后，但他喜爱"创词"，在濮阳很是有名。不少濮阳人，都知道李连成创造的那些不符合语法规范的口头语："非常很好""猛烈欢迎"。

不少村干部怕记者，但他说"宣传就是生产力""批评也是生产力"。记者参加李连成召集的要"合并"到"西辛庄市"的15个村村干部会议，他不断强调：

"要积极宣传自己……"

李连成爱创新,他认为,"有人不理解就是创新"。但把"村"改成"市",这个创新跨度实在有点大。记者之前也揣测过,这难道是一个农民的炒作?为的是提高知名度,招商引资、租地赚钱?在记者反复追问下,李连成说了"村改市"的三条理由:一是要圆农民的"城市梦",让农民当"市民",过上城市生活;二是因为15个村组成的"西辛庄市",规划后能节约、整合出2000亩地,引资建厂,再谋发展;三是发展"西辛庄市",可以减少城市的压力,西辛庄有学校、医院和工厂,附近农民不必去城市也能方便地就业、生活。

农民生活"城市化"不就行了,为何一定要改称"市"呢?

"成了西辛庄市市民,出门在外,就会更注意自己的行为谈吐,穿衣服要整洁,不好随便吐痰。"李连成说,一个字的差别,在农民内心深处,潜在的差距很大:"早就不种地了,在城里打工十几年,为啥还叫我农民。"

确实,挂牌的时候,有当地李姓村民神气地告诉记者——以后出门,我就和城里人身份一样了。另外,李连成也表示,更名成"市",对他未来的工作,是一种激励。

更名"取得了99%村民的同意"。1%的反对,来自家庭困难的村民,他们认为以后"西辛庄市"的房屋要像城里一样"有规划",售价大约每平方米2000元,比县城只便宜1000元,生怕"买不起房"。

怎样建"城市"学校医院疗养院一个不能少

如今的"西辛庄",更像一个城市化的农村大社区。

全村总共600多人,家家户户都住上了村里统一盖的小别墅,屋檐上仙人走兽,颇为雅致。

村里有规模不大的宾馆和超市,所有的街道都是两车道的水泥路,路灯规整,"没有一根电线杆,都是地下线缆,有线电视、天然气直接到户"。李连成向记者提起西辛庄的"市容",很是骄傲。

西辛庄"市中心",是耗资9000万元建成的"濮阳县民生医院",动用了全村的集体积蓄,李连成先用草灰在地上画出草图,再叫来建筑队建造。

这医院,是西辛庄的骄傲。濮阳县城地理位置偏北,县域南部和东部人口密集,来西辛庄看病,可比去县城少跑几十里路。李连成如今身兼民生医院院长,和城里的医院合作,请专家医生来坐诊,发一些辛苦费。村民来这里看病,按新农合的标准,能报销90%的医药费。

如今,周围十里八乡的乡亲,显然已经把西辛庄当成了看病的第一选择。附近魏榆林头村的魏纪森,带着自己的小女儿来看发烧,告诉记者:"离家近,服务好,还便宜。"家住庆祖镇上的何树林很羡慕"西辛庄市":"村里能盖起这么好的医院,真是从来没听说过的好事,做这里的'市民',生活有保障。"

李连成向记者描述他的设想,以西辛庄村为"市中心",这里有医院、学校、超市、宾馆,再修一条"大街",将15个同属于庆祖镇管辖的村子"串起来",路旁建小区,将散住的村民集中起来。他指着村委会门前的空地:这里要建一个广场,更远处,规划建两排小高层,将以约2000元每平方米的价格,卖给在西辛庄20余家企业中打工的外来工人。

15个村,将仍由当地村干部管理。涉及"西辛庄市"的工作,由村干部之间协商,为此,已经成立了"西辛庄市筹备小组"。

李连成强调,目前的近期规划,是先修好路,给各村改下水道,"搭好框架"。而远期的目标是,"十年内,发展成十万人口的西辛庄"。

他前天下午还赴县政府开会,听取上海规划专家的意见——企业建在哪里,住宅区建在哪里。

接下来,"西辛庄市筹备小组"的工作重点,应该是搬迁农民,整合节约出来的土地。

李连成很清楚——成为城市,并非挂牌即可,而是需要一个长期的过程。但他坚信,"世界上的城市,都是人造的,为何我就不能造一个西辛庄市?"

(资料来源:孔令君、朱晨:《全国首个"村级市":西辛庄"建市"记》,2012年5月9日,凤凰网,https://news.ifeng.com/c/7fc5MrpHnJW,2022年6月15日访问,有修改。)

案例讨论

1. 如何从社区政策和有关法律方面看待西辛庄"村级市"这一现象?

2. 西辛庄村"建市"是社区治理的创新还是在瞎胡闹?你赞成哪一方,理由是什么?

3. 从现代化的视角来看,工业化、城市化和村民市民化是社会发展的趋势与要求,西辛庄"村级市"是顺应和推动了乡村现代化建设,还只是李连成等当地村民的梦想?

4. 西辛庄"村级市"有无复制的可能性?为什么?

一、社区治理概念的界定

(一) 社区管理的概念及其缺陷

当前,使用"社区治理"这一概念的学者越来越多,但是在 2002 年以前,无论是政府部门还是社区研究学者在专著中使用的基本上都是"社区管理"这一概念,2002 年后,在社区研究专著中逐渐使用"社区治理"这一概念,随着时间的推移,"社区治理"的使用频率比"社区管理"明显增加。无论是"社区管理"还是"社区治理"的概念,目前学术界对它们还没有形成相对一致的界定,而且二者之间混用的现象非常普遍。例如,有学者认为,"社区管理又称为社区治理。它是指在基层政府的引导和支持下,由社区居民自治组织主导,并在社区中各种社会组织以及居民的共同参与下,为实现社区生活的有效运行和推进社区发展而开展的各种社区公共事务管理活动的总称"①。"社区治理"与"社区管理"都是内涵相当丰富、外延相当复杂的范畴,也是随着时代变化而不断发展的历史性范畴。我国学者关于"社区管理"概念的界定多种多样,甚至存在非常大的差异,总体上呈现出社会转型的过渡性特征,本书罗列了 20 世纪 90 年代以来我国部分学者对"社区管理"概念的界定,如表 5-1 所示。

表 5-1　1990—2008 年以来我国部分社区文献中关于"社区管理"概念的界定

年份	作者	概念界定
1991	方　明 王　颖	社区管理,即通过一定的方法、手段,有目的地影响社区各系统,实现有效的控制,使之适应社区发展的方向,并且按社区规划发展
1998	孟　临 韩狄明	城市社区管理是指以促进社区的经济发展,满足社区居民的物质和精神文化生活需要,全面提高生活质量和人的素质为宗旨,围绕社区规划和社区发展目标对社区内的社会公共事务所展开的各项管理工作
2000	张志浩	社区管理从狭义的角度而言,一般指对社区建设中的具体行为的监督、约束、规范,或称微观管理,而从广义的角度理解,它还包括社区的规划、组织、协调等宏观管理内容

---

① 王建军等主编:《社区管理的理论与方法》,四川大学出版社 2008 年版,第 10 页。

第五章 社区治理：概念、性质与方法

(续表)

年份	作者	概念界定
2000	唐晓阳	所谓城市社区管理，是指在政府及其职能部门的指导和帮助下，动员和依靠社区各方面的力量，对社区的各项公共事务和公益事业进行规划、组织、指挥、控制和协调的这样一个过程
2000	张堃 何云峰	社区管理是指在街道范围内，由街道党工委、街道办事处主导的，社区职能部门、社区单位和社区居民积极参与的区域性、全方位的自我服务和自我管理
2001	徐永祥	社区管理就是对人们所赖以居住和生活的地域共同体的管理行为
2001	于燕燕	社区管理是指社区权力机构运用一定的原理和方法，为达到社区管理的目标而进行的协调活动
2003	娄成武 孙萍	所谓社区管理，就是在一定的社会环境下，社区基层政权组织与社区居民、驻区单位等，为维护社区整体利益、推进社区全方位发展，采取一定的方式，对社区的各项事务进行有效控制的过程
2003	陈万灵	社区管理是指在一个社区范围内，比如乡镇及其村庄、街道及其居民点社区，由社区组织及其职能部门引导的，社区内组织、社区居民积极参与的区域性、居民自治式的管理
2003	韦克难	社区管理也可称为社区行政，主要是指一定的社区内各部各种组织，为了维护社区的正常秩序，满足社区居民物质生活、精神生活等特定需要而进行的一系列的自我管理或行政管理的活动
2005	汪大海	社区管理是指在政府的指导下，社区职能部门、社区单位、社区居民对社区的各项公共事务和公益事业进行的自我管理
2006	于显洋	所谓社区管理是指政府和社区组织依据相关的法律对社区居民的公共行为和社区中的公共事务实施管理。社区管理包含了两个层次的含义。从广义上看，社区管理是整个社会公共管理体系的一部分，它既包括社区组织和居民对自身事务的管理，也包括政府对社区的管理。从这个层面上看，作为社会公共管理主体的政府在社区管理上承担责任，并且会对社区管理实施干预，有时候甚至是直接介入社区中的管理事项。从狭义上看，社区管理是指社区组织对其社区居民的公共行为和社区内部公共事务的管理。从这个层面上看，社区管理主要是指社区居民的自治管理

(续表)

年份	作者	概念界定
2006	张宝峰	社区管理是指在党和政府的领导下，政府相关职能部门、社区居民自治组织、社区内外非政府组织、市场组织、辖区单位、社区居民等利益相关者对社区各项公共事务和公益事业进行的自我管理
2008	吴新叶	社区管理是指一定社区内部的各种机构、团体或组织（包括社区党工委、政府职能部门或派出机构、社区单位、社区居民自治组织、社区居民等），为了维持社区的正常秩序、促进社区的繁荣和发展、满足社区居民不断增长的物质生活和精神生活需求而进行的区域性的、全方位的自我管理和行政管理活动

资料来源：方明、王颖：《观察社会的视角——社区新论》，知识出版社1991年版，第190页；孟临、韩狄明主编：《中国城市社区建设与管理概论》，上海教育出版社1998年版，第144页；张志浩：《关于社区建设若干问题的认识和研究》，《上海社会科学院学术季刊》2000年第4期，第108页；唐晓阳：《城市社区管理导论》，广东经济出版社2000年版，第10—11页；张堃、何云峰编著：《社区管理概论》，上海三联书店2000年版，第24页；徐永祥：《社区发展论》，华东理工大学出版社2001年版，第135页；于燕燕：《社区建设基础知识》，中国劳动社会保障出版社2001年版，第70页；娄成武、孙萍主编：《社区管理》，高等教育出版社2003年版，第13页；陈万灵：《社区管理对公共管理的理论和实践贡献》，《暨南学报（哲学社会科学版）》2003年第3期，第58页；韦克难：《社区管理》，四川人民出版社2003年版，第163页；汪大海等主编：《社区管理》，中国人民大学出版社2005年版，第9页；于显洋主编：《社区概论》，中国人民大学出版社2006年版，第210—211页；张宝锋主编：《社区管理》，郑州大学出版社2006年版，第10页；吴新叶主编：《社区管理学》，北京大学出版社2008年版，第51页。

根据表5-1中关于"社区管理"概念的界定情况可以看出，关于"社区管理"的概念界定既有共性，也有差别。仔细推敲，一些概念本身也存在逻辑问题或自相矛盾的地方，无论是从理念还是内容上都需要重新审视和进一步改进。从社区管理的主体角度看，有的概念中没有明确主体，有的概念非常明显地强调政府（如街道党工委、街道办事处等社区基层政权组织与政府相关职能部门或派出机关）的领导、指导和主导作用，这在我国社区建设和社区发展的初期和逐步走向成熟期是非常重要的。但是从长远来看，成熟的社区管理应该以社区内的公民和社区内的组织主体为主导，社区管理各类主体之间的作用应该是随着时代的发展而变化的，不可能是某一类非社区居民主体始终起着主导作用。同时，还应

第五章 社区治理：概念、性质与方法

该看到，在理论上存在"市场失灵"和"政府失灵"的可能。假设出现"政府失灵"的情况，社区管理该如何延续？有的概念一方面强调政府主导，另一方面还突出自我服务和自我管理，这在逻辑上是否存在矛盾？有的还列举包括社区单位、驻区单位、社区居民自治组织、非政府组织、市场组织、辖区单位等组织，实际上，以罗列的方式界定社区主体是不科学的，因为这种方式难以穷尽社区主体，特别是在我国社会不断发展的情况下难以包括不断涌现的新型主体。关于社区居民，在我国目前的情况下，有些城乡社区中的外来人口远远超过本地户籍人口，人口结构倒置的现象极为明显，有的社区还有外国人长期居住和生活，而且在一些社区中还有外来的为社区提供公益服务的社区志愿者。近年来，农村社区中还有政府部门派驻的第一书记、驻村工作队，还有在新冠病毒肺炎疫情防控时期党政部门派到城乡社区工作的下沉干部等。一般说来，外来的社区志愿者不是社区的直接利益相关者，但是社区居民是否包括志愿者、外来流动人口呢？而且，2010年以来我国中央政府的有关文件已经明确使用"城乡社区""城乡基层社区"等概念，说明党和国家的政策以及党政部门及其工作人员对社区的认识也在变化，不但有城市社区，还有农村社区。以上部分"社区管理"概念的界定局限于城市社区，已经落后于时代发展和国家政策的变化。所以，本书认为，社区管理的主体应该是概括式的，以"涉及社区的各类主体"来概括很可能更为合适。从社区管理涉及的内容来看，有的涉及社区经济发展、社区居民物质生活和精神文化生活、社区规划、社区发展目标、社区正常秩序、社区公共事务和公益事业、社区居民公共行为等方面，比较庞杂。一般说来，社区基本上定位于居民的生活共同体，所以，应该明确社区生活中公、私方面的基本界限，主要限定在社区公共生活和公共事务方面并且从这一方面进行探讨。从社区管理的过程来看，有的从监督、约束、规范方面，有的从规划、组织、协调方面，有的从规划、组织、指挥、控制和协调方面进行概括，最终实现社区全方位的自我服务和自我管理。上述管理过程属于一般性的管理过程，社区管理的过程与手段，难道与我们日常的行政管理过程没有本质上的区别吗？或者说，社区管理是政府的日常行政管理过程在社区方面的直接延伸吗？参与社区管理主体之间的关系属于行政隶属关系还是基于各主体地位平等的合作关系？在管理手段上，有的强调依据相关的法律对社区公共事务实施管理，但是在社会生活中，依旧保留浓厚传统习惯与生活方式的农村社区，家族族规、村规民约以及非正式制度形式的习俗等传统的力量及

其影响远远超过很多政府正式颁布的法律。从目前我国颁布的一些有关社区政策法规来看，有相当多的政策法规在内容上定位在城市社区及其管理方面，与农村社区及其实际生活有相当大的距离，有的甚至根本不适合传统的农村社区。这也是近年来我国有关社区方面政策法规不断修订的重要原因。所以，在社区管理的方式和手段上，法律手段只是主要组成部分之一，不能以偏概全。上述有的"社区管理"概念政府依赖色彩较浓，同时也具有社会转型期的过渡性和阶段性这两个显著特征，缺乏从社区发展长时段的历史视角和社区可持续发展的国际视野进行界定，对社区发展和社区治理的终极目标考虑不足。

关于"社区管理"概念的缺陷，既可以从近年来学者对其使用的比例持续降低这一情况进行分析，也可以从当今社区治理面临的突出问题来进一步印证。从学术研究角度看，截至2022年4月8日，本书对国家图书馆馆藏文献正标题中分别含有"社区管理"和"社区治理"题名的文献进行对比发现，在数量上，"社区管理"文献355份，其中硕士论文244份、专著和博士论文文献111份。"社区治理"文献1495份，其中硕士论文1173份，专著和博士论文文献322份。虽然二者在专著和博士论文文献方面有较大的差别，但是在硕士论文数量方面的差距更大。

在20世纪90年代使用的基本上是"社区管理"的概念，"社区治理"这一概念进入21世纪后才逐渐使用，这反映了我国学者对社区研究认识的深化和社区理论研究的发展。从21世纪的变化及其趋势来看，"社区治理"在今后的使用很可能会更加频繁，也许会促进整个社会对社区未来发展在观念上的转变。从内容上看，"社区管理"大多是以读本、实务、手册、指南等形式出现的普及型读物以及高职高专教材、高等教育教材等，学术性不强。"社区治理"文献中博士论文、学术专著的数量占比相对较高，对社区治理的个案研究也很突出，理论性和学术性都比较强，社区学术研究新的倾向性既是对以前社区研究局限性或缺陷的一种反省和突破，也在一定程度上预示了社区治理的未来走向和发展目标，这与更加科学地划分政府与社会的边界以及20世纪90年代末以来学术界日益流行的"治理""善治""社会治理""官民共治""协商民主"等基本概念和研究风潮有直接关系。

从当今我国社区治理面临的突出问题来看，自20世纪90年代中后期以来，我国一些大中城市经过初步探索形成了上海模式、沈阳模式、江汉模式等社区治理模式。但是,"从我国的社区治理的实践来看,没有完全自治型模式,上海模式属于行政型,沈阳模式、江汉模式倾向于自治型,江汉模式还具有混合型的特征"①。而且社区治理主体中的社区工作人员还普遍存在文化水平与学历偏低,人员老龄化现象严重,管理专业知识匮乏,服务意识差等问题,这与社区工作人员应该具备的基本素质不相匹配,特别是在管理学知识、专业技术知识与技术能力、人际关系能力、相关经验以及为居民服务的热情、强烈的事业心、高度的责任感、合作意识等方面的要求差距巨大,使他们不能成为社区利益的真正代言人,并且容易造成社区空壳化,这不但消减了社区治理的发展动力,对当今的社区治理体制改革和机制完善也是一种现实性障碍。造成我国社区工作人员素质普遍偏低的基本原因,既有我国在历史上缺乏基层民主与民间自治的传统因素,又有社区治理的自治化取向与政府行为的错位或越位等问题。"第一,要建构'小政府、大社会',可'社会'目前还'大'不起来。在社区中,除了成熟的政府组织以及居委会外,其他社会组织缺乏足够的资源和权威,它们还没有足够的能力代替政府部门组织居民管理公共事务,居民也缺乏自我组织的意识,社区参与程度低。第二,政府部门仍旧掌握着过多的资源,仍然是社区管理最主要的主体,在没有约束的情况下,要让政府自己退出、将权力主动向社会分化是非常困难的。由于利益驱动,政府很容易看到它与社会之间的张力,而容易忽视两者之间的合力。"②

(二)社区治理的概念与内涵

随着改革开放以来我国社会转型的推动和公共管理在理论上的反思与创新,治理(governance)理论已经应用到社区研究与社区实践领域,"社区治理"这一概念的使用在近年来逐步增多,并且有取代"社区管理"这一概念的趋势。高鉴国认为,"广义的'社区治理',是指社区与国家和市场相结合而形成的一种社会互动方式"③。有学者认为,"社区治理就是国家和社会组织对社区公共事务的管理活动"④。还有学者认为,"社区治理是指在一定区域范围内,政府与社区组

---

① 何海兵:《关于社区制的几点思考》,《广西社会科学》2003年第11期,第164页。
② 同上文,第165页。
③ 田玉荣主编:《非政府组织与社区发展》,社会科学文献出版社2008年版,第10页。
④ 王巍:《社区治理结构变迁中的国家与社会:以盐田区为研究个案》,中国社会科学出版社2009年版,第17页。

织、社区公民共同管理社区公共事务的活动"①。作为一个非制度性和非行政性的社会概念,治理是相对于传统的统治(government)而言的一种新的公共权力配置模式。"治理是各种公共的或私人的机构和个人管理其共同事务的诸多方式总和。"②治理是当今政治学、管理学、社会学、经济学等学科领域研究的话语体系,在20世纪90年代以来,"治理"一词被广泛运用,"治理"与"管理"有显著不同,主要表现在:在主体上,管理的主体一般是政府。治理的主体可以是公共机构,也可以是私人机构,或者二者合作等。"社区治理所包含的最基本的价值观念是社区居民利益的主体性和本位性。"③在内容与方式上,管理一般是以控制为主的执行政策,是政府对社会公共事务实行自上而下行政指令型的单一向度的管理。治理一般是通过合作协商、建立伙伴关系、确立共同目标等方式实施对公共事务的管理,其权力格局是多元的、平等的,而不是单一的和自上而下的。在治理中,尽管政府机构可能发挥关键性作用,地方政府的职能主要是协调、指导而不是主导。治理的基本机制是服务机制、协调机制、回应机制,以互动性为基本特征,以服务代替控制。在理念上,治理"就是通过构建政治国家与市民社会合作,政府与非政府合作、公共机构与私人机构合作、强制与自愿合作的社会治理机制,来弥补国家能力不足和市场机制缺陷,解决政府失灵和市场失灵,进而达到和促成官民合作为特征的'善治'"④。而且,"治理结构的组织网络是一种互动的组织网络结构,是指所有参与者的自主性网络,而管理体系则是一种按照责任进行层次划分的分工网络。由于这种互动性和自主性,使得治理决策和实施的全过程拥有了充分的民意基础,所以治理更能体现公开、公平和公正,同样也能对国家公共权力进行有效的限制和制约"⑤。治理强调各类主体的互动合作,使治理保持中性色彩,可以说,"社区治理是社区居民自治制度框架内社区参与向更深程度和广度的发展与更新"⑥。社区治理非常有助于改进我国"大政府、小社会"格局、社区居民参与行为被动化和参与动力不足的状况,促进社会的发

---

① 赵小平、陶传进:《社区治理:模式转变中的困境与出路》,社会科学文献出版社2012年版,第4—5页。
② 马西恒、刘中起主编:《都市社区治理:以上海建设国际化城市为背景》,学林出版社2011年版,第10页。
③ 田玉荣主编:《非政府组织与社区发展》,社会科学文献出版社2008年版,第12页。
④ 王振海主编:《社区政治论》,山西人民出版社2003年版,第174—175页。
⑤ 同上书,第175页。
⑥ 田玉荣主编:《非政府组织与社区发展》,社会科学文献出版社2008年版,第14页。

展。"'社区治理'理念和政策的提出与发展,标志着民主化和现代化进程正在迈向更高的水平。"①

目前,我国社区治理的发展过程在一定程度上既是社区增权的过程,也是完善民主制度的民主试验与积累过程,更是社会发展的一个有机组成部分。我国社区居民自治的阻力主要来自体制和文化环境,社区治理的进步性和合理性还在于它强调的是对社区而不是对其他社区主体的认同感和归属感。所以,本书的名称不是"社区管理"而是"社区治理"。从公共管理的角度,本书认为,社区治理是指涉及社区的多元主体之间通过合作互动,共同提供公共产品和实施对社区公共事务的管理,完善社区居民自治,实现社区公共生活整体利益最大化和可持续发展的过程。

从社区治理的概念界定可以推知社区治理的基本内涵,主要是:

(1)社区治理的主体主要是政府、居民自治组织,介入社区事务的专业机构等,是多元化的主体。当前我国社区治理的主体主要是社区居民、业主委员会、物业公司、社区基层政权组织、居委会、村委会、合作社、基金会、志愿者组织等。如果对社区组织进行分类,目前我国的社区组织大致可以分为社区党组织、社区居民自治组织(如居委会、村委会等)、社区中介组织(业主委员会、志愿者协会、联谊会、文体协会等)、社区专业服务组织(如物业管理组织、社区保安队、社区环卫站等)等类型。

(2)社区治理的客体主要是社区内的公共事务。

(3)社区治理的目的主要是服务社区,维护社区公共利益,目前在我国还需要培育社区意识和社区文化,完善自我管理、自我服务。

(4)社区治理的要素主要包括治理主体(谁去管)、治理客体(管什么)、治理环境(为什么管)、治理目标、治理手段、治理方法(如何管)等。

(三)社区治理的原则与特征

社区治理注重社会性、民间性、自主性和互动性,它以社会权力为基础。因此,社区治理的基本原则主要是:

(1)立足于社区服务的人本原则,即对社区各类服务机构实行行业化管理,以社区居民的各种生活需求为中心,为社区服务向产业化发展创造条件;以社区

---

① 田玉荣主编:《非政府组织与社区发展》,社会科学文献出版社2008年版,第9页。

服务为中心,建立起相应的社区治理制度;建立完善社区服务体系,开展便民利民的居民服务,不断推出新的服务项目。按照社区发展的要求,对社区服务业实行监管,通过行业自律等措施使管理和协调到位;建立社区新的财力机制,为社区发展提供资金保障和物质支持。

(2)公民参与和民主自治原则,即通过各类社区主体的互惠互动,创造各种条件和方式,促进公民积极参与社区工作,促成良性的民主自治并逐步走向完善。

(3)循序渐进与全面协调发展原则,即以我国社会转型期不同历史时段的变化情况和暴露出来有关问题为重点,逐步推进社区治理发展,以循序渐进的策略促进社区的全面协调和可持续发展。

社区治理的基本特征主要是:

(1)直接性。因为社区治理是最贴近基层、最靠近民众的管理,各类社区主体之间都能够以面对面的方式进行互动,这也是社区治理的优势所在。

(2)服务性。社区各主体之间通过互动合作,营造"我为人人,人人为我"的良好社区氛围,可以有效克服思维惯性。

(3)综合性。社区是一个小社会,社区内外的社会关系有时候也是错综复杂的,在盘根错节的社会关系中完善社区治理,具有综合性特点。

(4)地域性。居民生活的社区是一个非常具体的物理空间,社区治理的重点始终围绕某一个固定地域上居民生活的共同利益进行互动。

当今我国的社区治理实践与上述社区治理特征和要求还有一定差距,主要表现为:一是社区治理水平普遍低下,在总体上没有摆脱粗放状态,特别是管理无序、缺乏资金和人才等情况突显。由于体制机制等衔接不畅导致一些地方的社区出现了公民合法权益受损现象。这固然与整个社会应急准备不足有直接关联,但也与社区自身存在问题有关。新冠病毒肺炎疫情以来防控的重中之重,一个是医院,另一个是社区。但是在疫情防控的初期,缺人、缺物资的状况尤为突出,"口罩荒"说明很多地方连最基本的防护物资储存都没有保障。二是我国目前的社区治理比发达国家和地区的情况要复杂得多。在当前我国很多城乡社区呈现出旧账未还又欠新账,历史遗留问题加上体制、人员、方法等原因杂糅在一起,使社区治理呈现出复杂的局面。但是,这也为我国社区治理实践与理论研究创造了一个发展契机,即在我国社会转型期间避免或减少剧烈的社区冲突和社会震荡,进而探索出适合中国国情的社区治理模式,需要一种创新精神,这种现实国情决定了我国社区治理的内在创新性要求比发达国家和地区强烈得多,也为学者的研究提供了巨大空间。

二、社区治理的性质与理论基础

(一) 社区治理的性质

社区治理在性质上属于社会公共管理,公共管理中的"公共"是指"公共领域",而社区共同利益具有较强的公共性与共享性,社区是一个利益共同体,社区治理属于社区公共事务的管理。公共利益是现代公共管理关注的本质问题,增进和分配公共利益是公共管理的根本目的。社区如何增进和分配公共利益是社区治理的关键问题。社区治理的基本方式是社区民主自治管理,居民自治的核心就是由社区居民处理社区公共事务。社区治理的本质属性和最本质的特征是社区居民自治,即社区居民的"自我管理、自我教育、自我建设、自我服务"。它适应了新公共管理社会化与市场化的趋势,代表了公共管理的发展方向。它能够采取市场方法、社会契约、社区机制等途径来提高管理效率,保证公共利益的公平分配。

社区治理的本质是自治性,社区居民充分自治是社区治理的前提和保证。社区居民自治是指行政权力之外的居民自治。社区中的行政管理是客观存在的,社区行政是指社区成员的自治与自主行政,即自治行政、自主行政,它应该定位于服务行政;社区行政的主体包括政府机构、社区居民自治组织与社会性团体等;其内容主要是建立和完善具有福利性、服务性的社区生活与文化娱乐服务等,以实现社区服务更加便民利民;在治理方式上主要是非强制性的服务行政。社区是居民的生活基地,社区治理是基层社会运行与发展的内在支柱与基础保障,也是解决当前我国社会矛盾与社会问题的前沿阵地和维护社会稳定的第一道安全防线。完善社区治理不但有助于社会主义改革的深入推进,通过社区规范来调解与整合社区中的利益纠葛和矛盾冲突,而且有利于维护社会稳定、促进社区发展以及培育社区成员民主自治的主体意识和能力,提高社区治理水平。当前我国的社区治理与社区建设还处在初始启动时期,需要行政力量的组织和推动,但是社区居民的自我推动这种自治动力更为重要。从长远看,社区治理的真正持久生命力主要来源于社区居民内生的自治力,而不是行政组织力和行政推动力。当前我国社区治理与社区建设实践中的普遍现象是行政推动力远远大于自治动力,二者之间没有形成良性的共生关系,"政府提出的'社区居民自治'口号停留在邻里层面的志愿组织和民间活动上,而不是对地方公共事务的正式参与;地方治理的民主理念和原则远远没有形成有前景的实践模式"①。

(二) 社区治理的理论基础

中西方社区治理的兴起与发展和社区研究的历程极为相似。在西方,自19世纪50年代以来,随着机器大生产等新技术的广泛应用,工业化、都市化、商业化促进了资本主义的极大发展,欧美等西方国家纷纷向工业社会转型,使得农业社会的政治经济结构、人际关系、文化传统等遭到冲击并逐步瓦解,整个社会也渐渐由熟人社会转向陌生人社会,以理性契约、国家法律为基础的金钱关系、契约关系、个人主义取代了传统的社会习俗和人情关系。在城市中,富人区与穷人区泾渭分明,包括犯罪问题在内的各种社会问题大量产生,为解决这些社会问题,社区治理应运而生。20世纪80年代中期以来,随着我国经济、政治、社会管理体制改革的逐步推进,原先由政府与企事业单位包揽的社会管理与社会职能不断分化出来,转由社区来承担,填补了改革中出现的管理缺位。我国的社区治理是国家经济、政治体制改革的产物,并且始终与改革开放的进程直接关联。

当今社区治理的理论基础主要来自20世纪70年代至80年代的新公共管理理论和市民社会理论。新公共管理理论兴起于西方社会,其主要特征是普遍采取商业管理的理论、方法与技术,变统治为治理,变官僚为服务者,旨在提高公共管理水平。"新公共管理的精髓就是要改革政府管理体制,通过公共管理主体的多元化和公共管理手段的企业化,使政府发挥新的、不同的作用,政府不再作为唯一的公共产品和服务的提供者,而是作为促进者和管理者,从而达到提高政府公共管理有效性和社会公共福利最大化的根本目标,实现社会的可持续发展。"②市民社会理论缘于西方市场经济与社会的发展,由国家和政府强制管理的"公域"日趋缩小,而由公民和社会通过非强制的市场手段加以调节与管理的"私域"越来越大。伴随着后工业社会的来临以及社会的发展与成熟,西方发达国家已经实现了政府职能结构重心由社会管理职能向社会服务职能的转换,政府的管

---

① 田玉荣主编:《非政府组织与社区发展》,社会科学文献出版社2008年版,第17页。
② 徐雪梅:《老工业基地改造中的社区建设研究:以辽宁为个案》,中国社会科学出版社2008年版,第42页。

理职能应是掌舵而不是划桨。

许多西方学者认为,在"政府失灵""市场失灵"的情况下,具有民间自治性、志愿参与性、行为公益性的民间组织(如社区发展合作组织、慈善组织、基金会、志愿者组织等)介入社会生活,是现代社会发展的必然趋势,也是一种日益增强的社会力量。政府、市场、社会共同构成现代社会最为重要的三极。市民社会的公民本位、自治精神、公益观念、社团主义、法制原则等基本精神在现实社会中产生了积极作用。在当今时代,社区治理作为基层公共管理是伴随着西方政府改革运动("重塑政府""再造公共部门"运动)而产生的,伴随着"政府失灵"的危机和社会层面"小政府大社会""社区居民自治化"等社会思潮的推动,建立起市场、政府与社会(含社区)三足鼎立的社会架构在一定程度上成为社会共识。社区治理是在政治学、社会学、市政学、管理学等多门学科交叉融合的条件下发展起来的。目前我国的社区治理还处于初期发展阶段,社会力量比较薄弱,政府的角色定位与功能发挥对社会的发展起着非常大的作用,建立和完善政府与社会之间的良性互动关系对于社区治理的健康发展至关重要。在目前我国特定的社会管理背景下,采取政府推动下的纵向社区治理组织体系与横向的社区居民自治管理组织同步与协调发展的纵横相接的网络式社区组织模式,符合现代政府职能转换与市民组织发展关系理论的基本原则。

三、社区治理的方法

目前,有的社区治理教材存在着把社区研究方法与社区治理方法相互混淆的现象,虽然二者之间有一定的共性,但是二者之间的区别是非常显著的。社区研究是指研究者在一定的理论指导下对社区内外各种社会现象之间的相互关系进行的实证性研究。社区研究方法是社区研究者对社区开展研究所运用的个案分析、社区调查等方法。社区治理方法是指社区主体在合作治理社区公共事务的运行过程中,发现社区问题、分析社区问题和解决社区问题以促进社区共同利益和实现社区持续、健康发展的方式、措施与手段。科学的社区治理方法既是推进社区治理实践的中介和桥梁,也是提高社区组织工作效率的关键。一般说来,社区治理的方法主要有行政改革推进方法、社区问题分析方法、社区民主协商方法等。

(1)行政改革推进方法。在目前我国社区治理中政府仍然居于主导地位的情况下,进一步深化社会管理体制改革,通过行政改革理顺基层社会体制,逐步变行政主体为社会主体,完善社区居民自治,既是社区治理走向成熟的基本步骤,也是我国社会主义市场经济条件下改进党和政府工作方式的重要内容。在基层社会管理的运作方式上,传统的自上而下的管理模式不仅会遏制居民参与的积极性,而且难以适应各种差异和变化的局面,造成管理的效率低下,逐渐演化为社区发展的绊脚石。在成熟的社区治理运作方式上,居民是社区治理最主要的主体,社区居民的参与取代行政推动,社区治理的常态是自治型而不是行政主导型,社区各类主体所展开的生动活泼的管理活动应成为社区治理的主流。通过深化行政管理体制改革,将涉及社区的各类主体重新进行功能定位,合理分工,各司其职,避免职能交叉重复和使管理陷入混乱局面。行政改革推进方法是我国社会转型期中推进社区治理的关键步骤和基本方法,也是我国推进社会改革的特色路径和最常用的改革手段。

（2）社区问题分析方法。有人的地方就有不同的利益和需求,利益和需求不一致就容易造成矛盾和冲突。在社区内外,矛盾和冲突积累到一定程度就会产生社区问题。社区问题的存在是一种正常的社会现象,如果处理不好会引发社区突发事件,对社会秩序造成破坏,进而危害社会稳定。通过调查、观察、访谈、信访等常规方式和社区风险识别、评估和控制等科学方法预测社区问题、发现社区问题和解决社区问题,有助于改进社区治理方式,促进和谐社区建设。

（3）社区民主协商方法。社区民主协商或者磋商制是一种非常有效的社区治理方法,这种方法的主要精神在于:"凡是涉及民众切身利益的公共决策,须由公民进行讨论和争辩,通过不同意见的对话和协商,最后达成妥协和共识。"[1]社区民主协商机制和过程的表现形式主要有民主听证会等,它通过主体各方平等对话,在充分阐明自己立场的基础上,根据他人的意见来调整自己的立场,通过妥协来达成共识,体现了社区决策的民主化和科学化,在充分尊重民意基础上增强社区决策的可接受性,降低决策后的执行阻力,从而实现共赢的局面。这种方法能够让社区居民有机会和有渠道发表意见和提出建议,真正参与到决策过程中来,也充分展现了民主精神和集体决策的精神,是构成全体参与管理的程序和方法,也是形成社区整合力和凝聚力的一个积极因素。

---

[1]　王建军等主编:《社区管理的理论与方法》,四川大学出版社 2008 年版,第 217 页。

第五章 社区治理：概念、性质与方法

本章小结

本章首先在罗列了当今我国部分学者关于"社区管理"概念界定的基础上，对其存在的主要缺陷和问题进行了评析，并且从文献分析、实践印证的角度进行了分析。其次在改革开放以来我国社会转型和公共管理理论创新的基础上，从公共管理的角度提出了本书关于"社区治理"的概念及其内涵、原则和特征。再次论述了社区治理在性质上属于社会公共管理，其理论基础主要来自20世纪70年代至80年代的新公共管理理论、市民社会理论。最后简要介绍了社区治理方法的概念和包括行政改革推进方法、社区问题分析方法、社区民主协商方法在内的社区治理方法。

思考题

1. 为什么"社区治理"的概念有取代"社区管理"概念的趋势？
2. 为什么说社区治理的性质属于社会公共管理？
3. 社区治理的主要理论基础是什么？
4. 为什么会出现社区研究方法与社区治理方法混淆的现象？
5. 你认为治理社区还应该有哪些切实可行的好方法？

第六章　近现代中国的"类"社区治理

引导案例

案例1　阎锡山论村本政治

村本政治,乃根本人类有政治性之天然团体而实施者也。家、国、省、县,皆人类之团体。家以情系,政性较微,国、省、县、区,范围綦广,独村,为人类第一具有政治性之天然团体。以之为施政本位,既无过泛之病,又不虑其无由措施。加以善良公平之组织,由村民组织、村民会议实行选举、罢免、创制、复决各种应有之民权,创决全村规约,以订村民共由之轨道,选举各项职员,分管全村之行政,以谋村民之福利,一面却选举村监察委员,组织监察委员会,以监察其活动出轨,并有罢免权为其最后之监督,如此直接、间接监察,横的、竖的调剂,自然利兴弊除,根本修明,然后推之县、区、省、国,任何政治,无不顺利。譬如纶事,底子打好,上红色,上蓝色,均可任便。譬如建筑,基地做好,盖砖房,盖瓦房,均可自由。诚以村为最切近人民本身利害之天然团体,无论独裁、君宪、共和、劳农何种政治,均应以此为先施之本位也。

（资料来源:山西省地方志办公室编:《民国山西村政建设》,山西人民出版社2014年版,第446页。）

案例讨论

1. 阎锡山是如何论述村本政治的?
2. 阎锡山的村本政治思想与成熟的社区治理形式存在哪些差别?
3. 阎锡山的村本政治思想受日本町村治影响的时代背景是什么?
4. 阎锡山的山西村治一度成为南京国民政府地方自治的张本,却没有成为民众推崇的模范。产生官与民之间评价巨大差异的主要原因是什么?

案例2　卢作孚论乡村建设的最终目的

北碚、夏溪口以至于矿山北川铁路沿线——试作一种乡村运动。目的不只是乡村教育方面,如何去改善或推进这乡村里的教育事业;也不只是在救济方面,如何去救济这乡村里的穷困或灾变。中华民国根本的要求是要赶快将这一个国家现代化起来。所以我们的要求是要赶快将这一个乡村现代化起来……供中华民国里小至于乡村,大至于国家的经营的参考。

(资料来源:卢作孚:《四川嘉陵江三峡的乡村运动》,1934年10月,载凌耀伦、熊甫主编:《卢作孚文集》,北京大学出版社1999年版,第353页。)

案例讨论

1. 卢作孚的乡村建设思想与梁漱溟、晏阳初等学者的思想有哪些主要区别?造成他们思想之间区别的主要原因是什么?

2. 卢作孚的乡村建设为什么能够成为民国时期众多乡村建设运动中时间最长并且成就巨大的一个?

3. 卢作孚的乡村建设在当时最具有前瞻性或超前性的思想是什么?

4. 卢作孚的乡村建设思想与实践有哪些可以为当今我国的社区治理提供借鉴?

一、近现代中国"类"社区治理的背景与动因

在中国古代的基层治理,秦汉为乡亭里制度,宋朝以来的基层自治基本上是以乡约(意即"乡里公约")制度的形式出现的民间组织。乡约最初有别于君政官治的乡民自治,而与族约、家规等紧密联系在一起,与里甲、保甲、社学、社仓等共同形成地方治理制度,在明清时期逐步演变成一种制度性文化和协助官府的准官方乡村组织。乡约组织的负责人的职责主要是帮助官府完成各种任务,几乎沦为政府的基层差役,甚至充当政府的眼线。有的地方甚至是乡约与保甲二者合一,用乡约劝善惩恶,用保甲缉奸弭盗。"由于乡约重精神,保甲重组织,合在一起就是把乡约的教化放在保甲的严密组织里。"[1]这样,作为在解决乡村生活实际问题的过程中形成的具有约束力的乡约,在清代初期就异化成为教化人民

---

[1] 牛铭实:《中国历代乡约》,中国社会出版社2005年版,第35页。

的御用工具,变成了脱离实际的专门宣讲圣谕的"讲政"载体,失去了原来的民意传统和民约民治的精神,村民自发的参与性、互动性变成了被动的接受性、服从性。这样,村民自治组织的组织资源、运作能力和严格依照自治的规则办理事务的能力就难以培养和持续,"绅治""族治"作为威权政治的乡村代表压制了乡约的生存土壤和空间发展。因此,"地方自治的概念同乡村政治统治体系是不相干的。对于乡村中任何形式的自发或社区性的生活,政府在一定程度上能够包容的,要么认为可以用来加强对基层的控制,要么认为没有必要加以干涉"①。这样就使得中国乡村实质上处于停滞不前的状态,在智慧上和经济上都不能适应环境变化的挑战。鸦片战争以来大清王朝统治下的闭关自守的中国开始逐步被动卷入世界经济全球化的进程,外来思想的进入伴随着急剧变化的社会环境,我国在辛亥革命以来由君国时代进入民国时代。在民主共和的影响下,近代中国的乡村治理也出现了一些新的变化和新的特点。

每一种社会运动的产生背后都有一个宏大的时代背景和其所面临的日益严重的社会问题,甚至还有民族文化的历史渊源。鸦片战争使中国被动地卷入全球化进程,并逐步陷入半殖民地状态。在西方制度及其文化东渐的影响和冲击下,当时的中国面临着"千年未有之大变局"。清朝末期,特别是甲午中日战争失败对中国社会的极大刺激,一些忧国忧民的爱国人士谋求变革之道希望改变当时中国腐败落后的状况,各种主义相互碰撞,留学浪潮迅速兴起,寻求变革之道的内容包括地方自治思潮与诉求,在义和团运动以后地方自治思潮在当时社会蔓延开来,割据纷争取代大一统的政治局面在一定程度上为地方自治实践提供了契机。一般说来,中国近现代地方自治肇始于清末,历民国而不辍,地方自治经历了晚清"新政"(预备立宪)、北洋军阀(山西村治)和南京国民政府三个时期。农村经济凋敝和贫穷落后的境况引起了社会各界的关注,他们迫切希望改造乡村社会,伴随着地方自治政治诉求产生了近现代中国乡村自治与乡村建设的实践。很多学者把乡村自治在内的地方自治看作当时中国走向民族独立和政治发展的根基,梁启超曾经说道:"地方自治,实人民参政最好之练习场,而宪政基础之第一级也。"②纵观近现代我国乡村治理与建设的基本情况,基本上是爱国知识分子和地方政治精英主导的乡村政治与社会改革,在形式上有的类似于当

---

① 萧公权:《中国乡村:19世纪的帝国控制》,张皓、张升译,九州出版社2017年版,第7页。
② 梁启超:《饮冰室合集·专集(第32卷)》,中华书局1989年版,第7页。

今的社区治理,或者部分涉及社区治理的内容,但都不是现代和当代意义上成熟形态的社区治理,本书因此把它们称为"类"社区治理。

(一)晚清政府的地方自治立法与推行

在甲午战争失败与义和团运动的沉重打击之下,清政府的政治基础产生动摇,呈现出内外交困的局面。随着西方政治理论与法律制度等新的社会理念与制度在中国的传播,清末一些人士认为地方自治会给中国带来生机,地方自治思潮在舆论的大力鼓动下形成了对清政府的强大压力。为了应对这种社会压力,清政府着手预备立宪。清末的筹备立宪虽然是清政府的一种权宜之策,但却是我国地方自治制度的发端,并且开创了地方自治立法的先河。"在推行地方自治之前,清廷拟定了一个七年的地方自治规划:第一年(1908),颁布《城镇乡地方自治章程》;第二年,筹办城镇乡地方自治,设立自治研究所,颁布《厅州县地方自治章程》;第三年,续办城镇乡地方自治,筹办厅州县地方自治;第四年,续办城镇乡地方自治,续办厅州县地方自治;第五年,城镇乡地方自治,限年内初具规模,续办厅州县地方自治;第六年,城镇乡地方自治一律成立,厅州县地方自治,限年内初具规模;第七年,厅州县地方自治一律成立。其推行步骤是:先各地成立地方自治筹备处,各级逐级成立地方自治研究所,讲习地方自治章程,造就自治职员;先后颁布《城镇乡地方自治章程》等法律法规,各地按计划进行户口调查、选民确定、举办选举,成立地方自治团体。清廷于1908年12月27日颁布《城镇乡地方自治章程》和《城镇乡地方自治选举章程》,开我国近代地方自治立法之先河,亦为吾国采用近代地方自治制度之始。此后颁布《厅州县地方自治章程》(1910)、《府厅州县议事会议员选举章程》(1910)等法律法规,初步形成地方自治的法律体系。"[1]在新政的内容上,"清末新政包括:建立新式学校、实行财政革新、创建警察和新军、划分行政区域以及建立各级'自治'组织"[2]。

清政府的地方自治立法及其实施奠定了乡村社区治理的法律基础,为地方自治与乡村自治提供了制度平台与发展空间,在地方政治的现代转型、民主政治思想的传播、公民意识的培育、政治参与的拓展等方面具有进步意义。光绪末年

---

[1] 曾邵东:《南京国民政府地方自治研究》,中国社会科学出版社2012年版,第53页。
[2] 〔美〕杜赞奇:《文化、权力与国家:1900—1942年的华北农村》,王福明译,江苏人民出版社2003年版,前言,第3页。

的河北定县翟城村的村治和江苏南通张謇在"预备立宪"浪潮推动下在其家乡试行的地方自治最为典型,是当时全国地方自治的重要范例。

(二)孙中山地方自治思想的指导

孙中山提出的三民主义、五权宪法、建国方略、建国大纲,是当时国民政府推行的国策,也是民众的一种公共理想。在孙中山的政治思想中,地方自治占据着相当重要的位置。孙中山关于地方自治特别是县自治理论主要散见于其三民主义学说、《建国方略》《建国大纲》《地方自治开始实行法》和中国国民党第一次全国代表大会宣言的对内政策中。他多次强调地方自治在政治发展中的重要作用。早在1906年秋冬,孙中山在《军政府宣言》中预想在第二期约法之治时期提出地方自治。他认为:"第二期为约法之治。每一县既解军法之后,军政府以地方自治权归之其地之人民,地方议会议员及地方行政官皆由人民选举。"[①]1918年7月,孙中山向即将赴日本考察的老同盟会会员李宗黄建议,希望他仔细考察一下日本的地方自治状况,他认为日本政治的基础在于地方自治。日本的市、町、村组织都很健全。日本之强,非强于其坚甲利兵,乃强于其地方组织之健全。1919年10月8日,孙中山在《改造中国之第一步》的演说中认为,只有在革命的基础上才能开展自治。对当时地方自治的异化,他批评道:"又有人说,立国根本在人民先有自治能力,所以地方自治为最重要之一事,现应从一乡一区推而至于一县一省一国,国家才有希望。但现在官僚,何尝愿意人民有自治的能力?大家只须看各地方自治经费统被他们挥霍尽净,致自治不能举办。"[②]他强调,地方自治应该是"民治"而不是"官治"。1919年12月20日,孙中山发表了《在上海民治学会的演说》,说道:"我们中国人不是不能自治的,也不是没有自治的,……但是,要把我们中国的旧社会的自治拿来和西洋文明国比较,那的确比不上。我们中国人的自治,是敷衍的,是没有研究的。因此,社会也就不能进步。"[③]

1920年3月1日,孙中山在《地方自治开始实行法》中认为,在自治范围上,"地方自治之范围,当以一县为充分之区域。如不得一县,则联合数乡村,而附有纵横二三十里之田野者,亦可为一试办区域。其志向当以实行民权、民生两主义

---

① 孙中山:《孙中山选集》(上),人民出版社2011年版,第83页。
② 同上书,第492页。
③ 广东省社科院历史研究室等合编:《孙中山全集》(第五卷),中华书局2011年版,第173页。

之目的。故其他之能否试办,则全视该地人民之思想智识以为断"①。在自治基本步骤上,"地方自治草创之始,当先施行选举权,由人民选举职员,以组织立法机关,并执行机关"②。在自治进程上,"惟民国人民当为自计,速从地方自治,以立民国万年有道之基,宜取法乎上,顺应世界之潮流,采择最新之理想,以成一高尚进化之自治团体,以谋全数人民之幸福。若一县办有成效,他县必争先仿行。如是,由一县而推之各县,以至一省一国,而民国之基于是乎立"③。

1923 年,孙中山反思辛亥革命以来民国政治实践的失败,认为没有做好"地方自治"是一个重要原因。1924 年 1 月 23 日,孙中山在《中国国民党第一次全国代表大会宣言》之"国民党之政纲"的"对内政策"中要求"确定县为自治单位。自治之县,其人民有直接选举及罢免官吏之权,有直接创制反复决法律之权"④。同日,他又在《国民政府建国大纲》中说,在训政时期推行县自治,并且强调"一完全自治之县,其国民有直接选举官员之权,有直接罢免官员之权,有直接创制法律之权,有直接复决法律之权"⑤。这四大直接民权的实质就是全方位地监督官权,变"官治"为"民治"。

总之,孙中山以"三民主义"为宗旨,实行民主政治,将地方自治喻为民主政治之础石并作为建国第一方略。他说:"地方自治者,国之础石也,础不坚,则国不固。"⑥并且把训政时期作为推行地方自治以训导民众行使《国民政府建国大纲》中的"四权"时期,这一时期以地方自治为核心,以养成国民的自治能力,其立足点是以县为自治单位行使直接民权的地方自治方案。他设计的推行地方自治具体做法在《国民政府建国大纲》中有详细描述,即"在训政时期,政府当派曾经训练考试合格之员,到各县协助人民筹备自治。其程度以全县人口调查清楚,全县土地测量完后,全县警卫办理妥善,四境纵横之道路修筑成功;而其人民曾受四权使用之训练,而完成其国民之义务,誓行革命之主义者,得选举县官以执行一县之政事,得选举议员以议立一县之法律,始成为完全自治之县"。孙中山逝世以后,他的县自治思想作为"总理遗教"被南京国民政府贯彻执行,国民政府推行的地方自治实际上就是以县为基础的乡村自治。

---

① 广东省社科院历史研究室等合编:《孙中山全集》(第五卷),中华书局 2011 年版,第 220 页。
② 同上书,第 221 页。
③ 同上书,第 225 页。
④ 同上书,第 123 页。
⑤ 同上书,第 127 页。
⑥ 广东省社科院历史研究室等合编:《孙中山全集》(第三卷),中华书局 2006 年版,第 327 页。

（三）民国时期政府的政策导向与推动

辛亥革命后,地方自治思潮经过持续发酵成为一种极为普及化的政治思潮,无论是立宪派还是革命派、进步党还是国民党都非常推崇"地方自治"。改良派梁启超说:"以地方自治为立国之本,可谓深通政术之大原,最切中国当今之急务。"但在 1914 年 2 月,袁世凯以地方自治妨碍行政等理由下令停止地方自治。然而,由于停止地方自治危及其政权的合法性,袁氏北洋政府先后颁布了《地方自治试行条例》(1914 年 12 月)和《地方自治试行条例施行细则》(1915 年 4 月)。因为其内容遭到袁世凯的篡改而无自治价值,地方自治也因此步入消极甚至停顿。相对于清末地方自治立法,这是一种倒退。袁世凯之后,1919 年民国北京政府颁布了《地方自治条例》。北京政府的国会先后颁布了《县自治法》(1919 年 9 月 8 日)、《县自治法实施细则》(1921 年 6 月)等。1923 年 4 月颁布的《中华民国宪法》首次明确省、县均为地方自治团体。该宪法规定,县设议会,为地方自治的立法机关,县长为执行机关。县议会议员、县长由选民直选。

如前所述,孙中山认为,国民党革命的最终目的就是实现全民民主,其路径是军政时期—训政时期—宪政时期;而训政时期"唯一之要政"就是推行"地方自治",其操作模式以县为基本单位"分县自治",《建国方略》中设想的训政时期是"军政府授地方自治权于人民,而自总揽国事之时代",在此期间"地方自治权归之其地之人民,地方议会议员及地方官皆由人民选举"。1928 年国民党北伐成功,在形式上重新完成了国家的统一,标志着"军政"阶段的结束。在定都南京之后,国民政府以孙中山的《建国大纲》和《地方自治开始实行法》为指导思想,立即进入"训政"模式,通过立法启动"县自治",在全国范围内展开了一场规模宏大的地方自治运动,以兑现其"全民民主"的承诺。南京国民政府先后颁布《市组织法》(1928 年 7 月 3 日)、《县组织法》(1928 年 9 月 15 日)、《乡镇自治施行法》(1929 年 9 月 18 日),正式启动"县自治"。1929 年国民党召开第三次全国代表大会,会议确认以地方自治作为政治建设的基础,并规定训政期限为 6 年,地方自治完成期限为 1934 年。稍后,一系列与"县自治"有关的法规相继出台。南京国民政府推行的地方自治,无论是孙中山先生设计的《建国大纲》,还是以《县组织法》和《县各级组织纲要》为核心的地方自治法制建构,都以县为基本单位。县为地方自治单位,县以下分乡、村。县自治以乡村自治为基础,乡村自治以县统制和指导。

南京国民政府推行的地方自治,是中国乡村治理由传统向近代转型的重要组成部分。乡村为地方自治的基础,无论是地方自治事业的开展,还是民主政治能力和自治精神的培育,无不从一村一落开始。对于我国政府主导推进型地方自治来说,中央政府通过制定政策和法律推动是关键步骤。南京国民政府遵照孙中山先生的遗训,地方自治亦成为一项国策得到大力推行,一些著名学者、地方精英和政府官员为乡村社会的破败凋敝所触动,同时在南京国民政府的推动下深入乡村,兴起了改造乡村的建设运动,形成了政府与民间双向互动的局面。这一时期典型的地方自治事例(侧重于乡村治理)主要有阎锡山在山西进一步推行的村本政治、梁漱溟在山东开展的乡村建设运动、晏阳初等人在河北定县的乡村建设实验、彭禹廷与别廷芳在河南南阳推行的宛西自治、卢作孚在嘉陵江三峡地区实施的乡村建设运动等。

二、 近现代中国"类"社区治理典型事例

近现代以来,由于帝国主义的侵略、封建统治者的掠夺以及天灾人祸的多重打击,我国农村经济出现严重衰落,农民生活贫困,大量农民流离和死亡,农村社会更加动荡不安,农村危机是当时社会相当普遍的看法,复兴农村、建设乡村成为一种政治主张和社会改良措施。在20世纪前半期,乡村社区建设从寥若晨星的试点逐步发展到全国性的乡村建设运动,30年代中期在山东、山西、河北、河南、江苏、四川等十多个省份、几十个县和成千个乡村展开,横贯中国东部、中部和西部地区。"据统计,到了1934年,全国乡村建设的团体达600余个,这些团体在全国各地建立的乡村建设实验区、实验点达1000余处。"①除了上述著名实验以外,还有以陶行知领导的晓庄师范学校在南京晓庄,高践四领导的江苏省立教育学院在无锡黄巷,黄炎培领导的中华职业教育会在江苏昆山徐公桥,江苏农矿厅在镇江黄墟,国民政府内政部在上海俞塘,苏州青年会在苏州唯亭,学者顾君义在秦县顾高庄,福建教育厅在福建闽侯五里亭,章元善领导的华洋义赈会在河北等乡村建设实验,这些也有较大影响。南京国民政府时期,最具有代表性的是河北定县(晏阳初)、山东邹平(梁漱溟)和四川北碚(今属重庆)(卢作孚)等地的乡村建设运动。以下按照近现代中国乡村的"类"社区治理实践发生的时间先后顺序简要进行概述和评析。

---

① 刘重来:《卢作孚与民国乡村建设研究》,人民出版社2007年版,第52页。

（一）米鉴三父子的河北省定县翟城村治

定县在民国时期因其乡村治理与建设成效显著而闻名全国，其声名甚至远播海外。产生于民间乡村的河北（清朝时期为直隶省）定县翟城村的村治，是中国近现代乡村自治之肇端。早在光绪二十八年（1902）的时候，当地人米鉴三便设计了村治规划。米氏家族在翟城村是一个名门望族。受到当时清政府推行"新政"的影响，米鉴三在本人乡试不中的情况下，也不要其子米迪刚参加科举考试，两人决定在家乡致力于经世之学，开始推行"村治"。河北定县"翟城的自治实为我国村治的最早者"①。米氏认为加强乡村机构是全国复兴的基础，米鉴三的儿子米迪刚从日本留学回国后，仿效日本村治，组成翟城村治，以此来改造中国。米迪刚受日本农村新建设、新改造的启示，更根据学理上村治一级应占的重要位置，组成翟城村治，以求达到他所说的"一般村治，在家与省县之间，取得显然平列之对等地位"的目的。可以说，"定县翟城村是清末以来以日本为楷模的地方自治运动的产物"②。米迪刚认为，想改造中国，必得由村治起，因为唯有如此，才能把国家之间，联络一起。他一方面提倡内地旧有农村的整理，另一方面提倡边荒新农村的创建。第一，他想把旧有农村整理一番，使其组织划一，适用新农村的井田法，创办种种合作社，力谋村民享受的平等。第二，他想酌采古代井田成法，至少可免去资本家出面包领大段荒地造成地主佃户贫富失均的恶现象。这两种思想就是翟城村改造的基础。③他们"开始在家乡兴办新式教育，发展乡村经济，进行乡村建设，改良村风民俗，取得了良好的效果，并获得极高的社会声望。但由于其合法性原因，'清末，翟城村始终没有揭橥自治'"④。中华民国成立以后，他们在本村兴办教育，创办高小学校、女子国民学校、女子高等小学校、自备所，不费公款。1914年夏，孙发绪出任定县县长，得悉翟城学务发达，风俗良善，便呈请河北省和民政部立为模范村，为定县全境各村的模范。孙发绪还两次为翟城捐款，添设教室，还呈准办理模范县，在县内各区设立筹办模范事务所。在县长孙发绪的支持和援助下，翟城村确立起具有近代地方自治意义的自治制度。孙发绪在该村"先后创设自治公所、自治讲习所、通俗讲演社、图书馆、

---

① 冷隽：《地方自治述要》，正中书局1935年版，第79页。
② 李德芳：《民国乡村自治问题研究》，人民出版社2001年版，第32页。
③ 李景汉编著：《定县社会概况调查》，上海人民出版社2005年版，第115页。
④ 李德芳：《民国乡村自治问题研究》，人民出版社2001年版，第22页。

第六章 近现代中国的"类"社区治理

爱国会等"①。

在民国北京政府时期,"翟城村于1915年分别制定了《河北省定县翟城村村治组织大纲》《河北省定县翟城村村公所办事规则》《河北省定县翟城村村会议事规则》以及1925年制定的《河北省定县翟城村村治大纲》。这些村治章程开中国乡村自治章程之先河。其主要内容有:(1)全村人民公举村长一人、村佐二人;全村划分为八自治区,各区公举区长一人。后在1925年的村治大纲中规定村长、村佐、校董等直接由县署遴委,或由本村甲牌长加倍推举,呈请县遴委,从而大大增强了县对村治的控制力,反映了由民治向官治的蜕变。(2)村会为议决机关,以村公所组织之。村会以村长为议长,以村佐、各股股员及各区区长为会员。凡关于村治重要事件及村民之一切建议等项,均须由本会开会议决,后改为村长集办公人员及村中公正绅士会议,不违背公道良俗范围,议决村规。村会每月开例会一次,凡本会议决事件,由村公所执行。这明显不是实质意义上的议事机关,而属行政会议性质,也有一定的绅治色彩。(3)村公所为执行机关,办理本村一切事务。村公所除雇用书记外,一切职员均为名誉职。(4)一切自治基本经费,由本村人民担负。自治经费之预算决算,由村会议决,呈县备案核查"②。在自治制度建设方面,翟城村还根据需要成立了几十个自治组织,制定《查禁赌博规约》《看守禾稼规约》《保护森林规约》《提倡凿井条规》《保护公有井泉规约》《学生贷费规约》《教育规约十二条》《卫生所规约》《教育费贷用储金会简章》等村规民约和章程,对村庄进行综合治理,这些制度实施的效果都很好,其中教育贷款制度、凿井制度等制度与经验还在定县被上级在全县推广。

以上可以看出,翟城村的村公所与村会在乡村治理中的地位与作用。村公所是翟城村的最高执行机关。翟城村自筹备村治,组织大纲规定以后,就着手建筑自治机关。所有一切重要规约,也都相继订妥备案,议举的村长,村佐与各区区长,在十月六日推举就职,各股员均议定专人,村自治公所才得成立。③ 村会是由村长村佐及各股股员各区区长组织的。会长由村长兼充,总理会务,遇有事故,村佐代理。凡关于自治重要事件,及村民的一切建议事项,均须由村会讨论裁决。在自治公所没成立以前,就有自治讲习所的设办。自治讲习所的目的在

---

① 李景汉编著:《定县社会概况调查》,上海人民出版社2005年版,第115页。
② 曾邵东:《南京国民政府地方自治研究》,中国社会科学出版社2012年版,第58页。
③ 李景汉编著:《定县社会概况调查》,上海人民出版社2005年版,第117页。

补助官治不足,研究自治,造成公民,筹办模范。职教员由村长与高小校长教员分担,义务讲习,不支薪水。除择讲县立公民讲习所讲义外,兼授《日本地方自治模范》一书。① 关于自治经费的来源,在起初基本经费全凭村内领袖热心劝导,善为筹拨,把无用变为有用,把不生产的变为生产的,更按照因利而利,协作互助的意思,使生产事业发达起来,因此翟城自治经费的基础,才得稳固。② 此外,还有其他各种自治组织,早期的主要是农会、商会、息讼会、天足会等,后来主要是国民党县党部及其领导下的各种民众组织如农民协会、商民协会、工会、学生会和妇女协会等。③ 同时,该村为谋求公共治安起见,制定《共同保卫章程》,特仿照古代保甲法,编全村为五组。实行保卫。每组公推组长一人,商承村长管理本组一切事宜。除团体保卫外,并雇用更夫二名,由组长轮流督查,分街巡夜以备不虞。关于保卫经费,由村中人民负担。④

通过观察翟城村治的全过程,我们可以看出,翟城村治真正体现了"一地方人,用一地方钱,办一地方事"的自主、自动、自发精神,更体现了政府诱导、奖掖、扶助精神。自翟城村的村治创办以来,定县其他村也受其影响。为使定县的自治组织整齐划一,1920年,县长何其璋制定全县村治大纲,当时登载在定县公报上。对村的组织、村中领袖的职责、村公产登记的办法、村财政的收入与支出以至村教育及其他活动,都作出了详细规定。⑤ 1921年以来,翟城村的村治效果突出,该村风习敦厚,鸦片及赌博等不良习惯早已绝迹,即连纸烟亦少有用者。庙宇完全改为学校。他种迷信亦渐革除。自息讼会成立以来,从无至县公署诉讼者。⑥ 相对于当时我国广大乡村普遍存在的贫困无序状况来说,翟城村的"全村人民都能生产,都有饭吃,教育更见普及,很少有不识字的。尤其值得关注的是,在整个地方自治实践中,地方政府只提供了合法性与一定的财政支持,地方精英则是村治的提倡者和操作者。翟城村亦成为地方精英主导地方自治的范例,被时人誉为'模范村'。正如杨天竟所说:'真正出于地方人民自动,克举自治之实,而影响所被,足以动人耳目,辗转仿效者,亦

---

① 李景汉编著:《定县社会概况调查》,上海人民出版社2005年版,第118页。
② 同上书,第119页。
③ 同上书,第108—109页。
④ 同上书,第133页。
⑤ 同上书,第134页。
⑥ 同上书,第117页。

唯河北定县翟城村耳'"①。

重视和发展教育是翟城村治取得成功的重要原因之一。翟城村之所以能建设村治,实在因为翟城村的教育发达。翟城村的教育可以分为两种,一种是学校教育,一种是社会教育。教育会除了创办学校外,还负责教育普及和办理教育费贷用储金会等事情。② 育才学校的目的在于培养村中领袖人才,办理村中的自治事务。凡高等小学毕业及中途辍学有相当学历,愿为本村服务的男女学生,不拘年龄,都有入学的资格。③ 社会教育有爱国宣讲社、阅报所与图书馆、德业实践会、改良风俗会、辑睦会、爱国会、勤俭储蓄会、乐贤会等。④ 相对于翟城村本地人(富有地方权威的翟城村乡绅)的自治,其他地方均是外来发起者在某一地方推行的具有实验性质的乡村建设运动,基于本地人内生性力量的乡村建设是翟城村治能够取得实效的一个基本原因。

翟城村治是近现代中国第一个村自治的实例,持续推行了30多年。从现有资料来看,民国北京政府时期,中国地方自治最合自治真意、最具特色、最具影响、最真实的地方自治当属河北省定县翟城村的自治,作为典型的"模范村",它在当时的影响非常大。在实践上,"翟城村不但在华北出名,就是在全国也很出名。山西之所以有村制,也是因为翟城村的影响。孙发绪县长升任山西省省长以后,就急欲要把翟城村的一套村治,搬到山西施行,后因去职未能办到。幸赖继任的阎锡山省长,竭力经营,以终其事。现在山西村治,在全国十几省中,居然有模范的名称,推其根源,实在起于翟城"⑤。翟城村的村治还影响了云南省的自治。受翟城村治的影响,云南省1917年以后曾经颁布《云南村治条例》与《云南全省暂行村民会规则》,在全省推行村治。在理论发展上,"米氏的'村治'主张,对以后全国乡村建设运动的兴起,有一定的影响,并形成了以王鸿一、米迪刚、米阶平、彭禹廷、梁仲华、伊仲材、王怡柯为代表的'村治派'"⑥。

后来,教育家晏阳初等人于1923年8月26日在北京成立中华平民教育促进会(简称平教会)总会,1924年在河北保定道20县开始提出乡村平民教育。1926年10月平教会选定河北时有40万人的定县为"华北实验区",并且在定

---

① 杨天竞:《乡村自治》,大东书局1931年版,第202页。
② 李景汉编著:《定县社会概况调查》,上海人民出版社2005年版,第122页。
③ 同上书,第124页。
④ 同上书,第125—128页。
⑤ 同上书,第116页。
⑥ 刘重来:《卢作孚与民国乡村建设研究》,人民出版社2007年版,第51页。

县设立办事处,划东亭镇为中心的62村首先开展乡村建设实验,以翟城村为中心,从事各种工作。1929年7月,总会机关和晏阳初全家由北京迁到河北定县,其他工作人员及其家属也随之迁入,"开始集中全会力量做彻底的、集中的整个的县单位实验"。1933年晏阳初担任新成立的县政建设研究院院长,以定县为实验区,实验县政建设。在理论上,他通过对当时中国社会情况的分析,认为中国农民普遍存在"愚、贫、弱、私"四大病害,这既是人民生活上的基本缺点,也是中国农村贫困落后和衰败的原因。在实践上,他创立中华平民教育促进会,以"民为邦本,本固邦宁"为第一信条,致力于平民教育和乡村建设事业。他坚定地认为,"今日我国民必不可少的要素,分为四大类:(一)文艺教育,以培养知识力;(二)生计教育,以增进生产力;(三)公民教育,以训练团结力;(四)卫生教育,以发育强健力"①。在河北定县,他们在进行社会调查的基础上,开展以学校、社会、家庭三位一体的连环教育,以四大教育来医治"愚、贫、弱、私"四大病害,即以文艺教育治愚,以生计教育治穷,以卫生教育治弱,以公民教育治私,②推广合作组织,以提高农民的智识力、生产力、团结力和强健力。在乡村治理的方法、起点上,晏阳初等人强调,"农村社会的调查工作,在与农民共同生活之下,才能了解农民生活的真相,才能得到正确数字,才能亲切地了解数字背后的所含有的意义,才能做规划实际建设的方案"③。本为社会调查,非为调查而调查,为的是要知道农村生活的究竟,寻出生活上的问题,进而解决此项问题。即整个工作要以社会调查为指南针,先求知道生活底依归,然后再事规定教育实施的方案,通过识字教育、公民教育、生计教育开发"脑矿"、开启民智,采取实验地改造民族生活的教育,进而培养公民的参政意识、公德心以及合作精神、民治精神,实现民族再造。如此乃可以谈得上"教育和生活打成一片"④。同时,也批评以前的知识阶级(即"士"的阶级)的局限性,"就我国的新文化运动来说,所谓新文化运动,都是少数学者的笔墨运动,和多数平民真是风马牛不相及"⑤。经过大约十余年的持续性推动,晏阳初等人的平民教育与乡村建设取得了某些切实的成效,甚至在海外也产生了一定的影响。抗日战争全面爆发后,1937年9月29日定县沦陷,导致晏阳初等人在此开展

---

① 晏阳初:《平民教育与乡村建设运动》,商务印书馆2014年版,第78页。
② 李景汉编著:《定县社会概况调查》,上海人民出版社2005年版,第13页。
③ 同上书,第2页。
④ 同上书,第3页。
⑤ 晏阳初:《平民教育与乡村建设运动》,商务印书馆2014年版,第50页。

的乡村建设实验区被迫中断。日本侵略军占领华北之后,在占领区通过日伪政权强力推行大乡制,以1000户为一大乡的编乡制将权力集中起来取代自然村落制中乡村组织的管理职能,所有村庄政务都集中在乡一级,原先的自然村成为乡下一个单位,由乡副负责。大乡制加上其"新民会"、保甲制和经济统制,肆意搜刮乡村资源。

(二)阎锡山的山西村本政治

民国北京政府时期,阎锡山在山西领导和实施村治,是山西村治的开创者。1911年阎锡山执掌山西政权,较早注意和从事乡村建设,他认为"吾国向来行政疏阔,不从村中彻底实施,以造成良好稳固的社会,故有人存政举,人亡政息之叹"。于是,"设施村政,无处不以村为本位"①。1917年9月,阎锡山任山西都督兼山西省省长之职,思考建设山西的突破点,决心以村为治理的基点推行村治,开始实施以编村为基础的"村本政治",对农村实行"编村治理"。阎锡山的村治理论可以归纳为两个主要方面:一是村本政治(以村为基,以政为本)。他说:"什么叫村本政治呢?就是村中公共事务,由村人自己办理的意思。"②他认为,村为人民聚集之所,"为政不达诸村,则政乃粉饰;自治不达于村,则治无根蒂,舍村而言政治,终非彻底之论也"③。村是一切政治的实行者,"村是政治效用的表现处,政治文化的胚胎地,政治收获的储藏室,政治机能的培植所"。村治是"国民革命的基础,也是全民革命最简单的方法"。行政之本在村,村是政治根基,村长副及闾邻长是政治之重心。二是用民政治。"用民"就是"取之于民而用之于民",用民政治就是借助民力的集合与发动,切实推进各项建设。用官不如用民,用民不如民自用,要使民众参加政治不容易,但将政治放在民间则容易。也就是将地方上的事务交由人民自己去办理,以树立民主政治的基础,进而奠定工业化的基础,完成自治经济。这要靠建立乡村组织机关。

阎锡山的山西村治推进过程大致包括两个阶段:第一阶段从1917年至1921年,是村行政制度阶段,主要着眼于纵向组织结构的建立,即建立村—闾—邻—农户的四级组织单位,这是山西村治的萌芽期。第二阶段是从1922年3月起,开始从村行政制度向"民主主义的村本政治"转化,以"做好人有饭

---

① 山西村政处编印:《山西村政汇编》,1928年,序言,第1页。
② 阎伯川先生纪念会编:《民国阎伯川先生锡山年谱长编初稿》,商务印书馆1988年版,第300页。
③ 山西村政处编印:《山西村政汇编》,1928年,第16页。

吃"为宗旨,先在太原、阳曲、榆次试办,试之而效焉,乃于 6 月间推行至平定、寿阳、太谷、忻县、定襄五县。建设重点放在横向的组织结构上,成立了村民会议、村公所、息讼会、保卫团及村监察委员会等机构,目的是实现村民自办村政。需要提及的是,1904—1909 年阎锡山留学日本,他注意到日本的村治制度,这对他的村治思想有一定的影响,山西村治带有非常明显的日本町村治的痕迹。

在第一阶段中,阎锡山在山西 1918 年 10 月 30 日颁布了《修正各县村治简章》,据此实行村治。主要内容有:(1)实行行政编村。每编村人口不少于 100 户,少于 100 户者,即联合邻村编为一村。(2)村行政编制。凡足 100 户者,应设村长 1 人,村副 1 人,其居民尤多者,得酌增村副,但至多不得过 4 人。村内居民,以 25 家为闾,设闾长 1 人,满 50 家者,设闾长 2 人。闾长受村长、村副指挥,执行职务。(3)村长、村副资格及选任。村民年龄在 30 岁以上,确无嗜好,朴实公正,粗通文义者以及有不动产价值在 1000 元以上者,得选为村长;朴实公正,能识文字者以及有不动产价值在 500 元以上者,得选为村副。村长、村副由村民按规定原额加倍选出,送由县知事选任之。(4)村长、村副职务。承办行政官之委托,办理传布及进行事项;办理自治事项,报告职务内办理情形,及特别发生事项;本村民之公意,陈述利弊事项。村长、村副违抗要务,或借端阻挠者,得由县知事呈报撤换,其营私舞弊,查有确据者,准其立时撤换,并呈请惩处。①

在第二阶段中,1927 年先后颁布了《改进村治条例》《修订乡村编制简章》《修订村间邻长选任简章》《村公所简章》《村民会议简章》《村监察委员会简章》《修订息讼会简章》等地方自治章程,继续实行地方自治的村本政治。② 这些章程的内容主要有:(1)编村内设置村民会议、村公所、息讼会和村监察委员会。(2)村民会议为乡村自治的决议机关。村内居民年满 20 岁以上者均得参与村民会议,如村中习惯以每户出 1 人亦可。村民会议议办事项为:选举村长、村副及村监察员、村息讼会公断员;省县法令规定应议事项;行政官厅交议事项;村监察委员会提交事项;议订及修改村禁约及一切村规事项;村长、村副请议事项;本村兴利除弊事项;村民 20 人以上提议事项。会议每年举行一次,开会时须有应当到会之村民过半数之到场,始得开议。(3)成立村公所,为乡村自治之执行机关。村民年在 25 岁以上,现未充当教员及在外别有职业,朴实公正,粗通文义,参与

---

① 曾邵东:《南京国民政府地方自治研究》,中国社会科学出版社 2012 年版,第 59 页。
② 同上书,第 60 页。

村民会议者,得选为村长、村副。村长、村副应由村民会议加倍选出,由区报县择委,委定后报总司令部备案。村公所由村长、闾长等至少7人组成,如不足7人,由村民补选之。村公所应办事项委:行政官厅委办事项;村民会议议决事项;其他一切应执行之村务;报告职务内办理情形及特别发生事件。(4)设置村监察委员会,由村民会议在村民中选举5人或7人组成。职务为清查村财政和举发执行村务人员之弊端。(5)成立息讼会。每编村设立息讼会一处,由村民会议在村民中选举公断员5人或7人组织之。息讼会调解讼事,除命案外,凡两造争执事件请求调处者,均得公断之。公断后如有不服者,听其自由起诉。① 1927年以来修订的各项村制简章,都采用合议制和分权制,强化村级民主决策、村务监察、乡村财务公开和闾邻体制。

  关于村本政治的组织结构,阎锡山认为,"村民会议,为民权发展之根基,此会议办不好,则自治精神,不能实现"②。他还认为,"村民会议章程由村自定,暂依习惯法行之,村禁约与村范相辅而行,以村范开其先,以禁约善其后,乃能持久而不敝。禁约由村民会议而来,乃全村共守之信条,非少数代表之专断,民间讼事之苦,费钱失时,与仇结怨,流毒无穷。息讼会为便民厚俗以救争讼之凶,且令人民有练习评判之机会,有主张公道之事权"③。整理村规、定村禁约、实行村务公开、立息讼会、设保卫团和村公所、开村民会议是实施村治的大事,应该互相配合,共同治理。阎锡山把村治的组织结构分为横竖两个方面。横是指设立村禁约、息讼会、保卫团、村监察委员会等,竖就是指编制层级组织,村长及村副既是为人民服务的也是管理人民的,闾邻长是村长与村副的指臂和帮手。归纳起来,阎锡山的村治组织结构图式,如图6-1所示。

  阎锡山从统治的全局着眼,将行政管理的制度性规定实施至乡村,同时还非常注重民众的政治参与,其政治参与的主要方式是投票和选举。阎锡山推行村本政治有着一整套制度规定,这套村治制度细密、实用且行之有效。为了推行村本政治,阎锡山不但自己经常巡回演讲,还官办宣讲所,分发免费书、印刷品等,还令手下村长(副)、学校教师和在校学生宣传《人民须知》《村长副须知》《家庭须知》《诉讼程序浅释》《读人民须知条例》等有关法令规章,鼓励民众参与政治。经过十多年的持续推进,阎锡山的村治取得一定成效,在国民教育、社会治安、植

---

① 曾邵东:《南京国民政府地方自治研究》,中国社会科学出版社2012年版,第60—61页。
② 山西村政处编印:《山西村政汇编》,1928年版,第29页。
③ 阎伯川先生纪念会编:《民国阎伯川先生锡山年谱长编初稿》,商务印书馆1988年版,第529页。

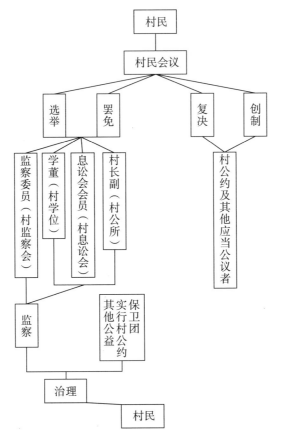

图 6-1 阎锡山的村治组织结构图

树造林、禁赌、禁毒、禁缠足、改良社会风俗方面发挥了较好的作用,特别是村民会议的成立与召开,对村民民主意识的启蒙、自治精神的培育、政治能力的提升有比较积极的推动作用。南京国民政府成立以后推行县自治,1928 年 6 月,阎锡山向中央政治会议建议将山西村治推向全国。"山西村治在当时的国民政府领导层引起了不小的轰动,为国民政府寻求治理农村方案和形成政策提供了借鉴。"[1]中央政治会议对阎锡山的建议表示肯定。中央政治会议在致阎锡山的复电中称其自治规划精细,并认为"晋省行之,已著成效,良可钦佩"[2]。阎锡山的村治经验成为当时全国的榜样和南京国民政府初期推行全国乡村自治制度的仿行

---

[1] 韩玲梅:《阎锡山实用政治理念与村治思想研究》,人民出版社 2006 年版,第 299 页。
[2] 白贵一:《20 世纪 30 年代南京国民政府县自治研究》,知识产权出版社 2009 年版,第 101 页。

样本。1928年南京国民政府颁布的《县组织法》第五章和第六章中关于乡村自治的规定,很多地方借鉴了山西村制的经验。

总体看来,阎锡山的山西村治杂糅了清末从日本间接引进的地方自治、西方民主宪政的代议制和孙中山的三民主义,在一定程度上适合了当时中国的国情,使山西成为当时中国比较安定的省份之一,让人民更多地有了参与政治的机会,具有村民自治的雏形。村本政治留下的不少制度遗产对当今的村级治理仍然具有启迪意义。山西村治建设中的村民会议制度、村务公开制度、村务监察制度等制度建设,以及在推行"村本政治"的同时,注重发展民生、教育事业和民众民主意识的培育等做法,对当今我国走向现代化的农村治理具有一定的借鉴意义。但是,山西村治具有极为强烈的行政主导推进色彩,加上经济的困顿、时局的动荡、时间的短暂和民众对政治参与的冷漠等,其效果并不像当时政府宣传的那样理想。因为"阎锡山当时把自清末以来立宪与独裁两种对立的思想硬接起来,也就是把官的渗透和民的参与二者用中国独特的方式相结合,成就了一种变了质的自治"①。因此,阎锡山的村本政治本质上重于禁令控制和治民,村本政治在积极推行的过程中,也出现民众对村本政治的纷纷趋避甚至害怕"民主"的现象。从最终结果来看,山西的村自治没有把村民推上民主的轨道,而仅仅是成就了几十万在编村里飞扬跋扈的村长。美国学者孔飞力也对此评价说"这实际上是一种被扭曲了的'自治'"②。1929年春,梁漱溟到山西考察村政后评论道:"照现在这样子的地方自治法规,虽名为地方自治,实在是让地方自乱。现在地方自治也是如此,也是让乡村内部自乱。"③国民政府以阎锡山的"村本政治"为样本在全国范围内推行的"县自治",也没有将民众推向民主政治的前台,仅仅是成就了一批土豪劣绅们对基层政权的把控。土豪劣绅对基层社会的把持造就了革命的土壤,打倒土豪劣绅也因此成为革命的口号和目标。对此,阎锡山也曾经喟叹道:"我辈从前终日喊劳,真可谓白费力三字。"④

(三)梁漱溟的山东乡村建设运动

由于近代以来西方列强的侵略和国内持续不断的天灾人祸,当时中国广大

---

① 牛铭实:《中国历代乡约》,中国社会出版社2005年版,第92页。
② 〔美〕杜赞奇:《文化、权力与国家:1900—1942年的华北农村》,王福明译,江苏人民出版社2003年版,第43页。
③ 梁漱溟:《乡村建设理论》,上海人民出版社2011年版,第179页。
④ 山西村政处编印:《山西村政汇编·文令》,1928年,第29—30页。

乡村到了崩溃的边缘。"中国近百年史,也可以说是一部乡村破坏史。"①欲拯救中国,必先拯救中国的乡村,在此认识的基础上,思想家、教育家梁漱溟(1893—1988)等乡村建设派在南京国民政府把地方自治定为国策的推动下,在翟城村治和山西村治等示范的引领下,掀起乡村建设运动。梁漱溟认为,以前的中国是一个"伦理本位""职业分立"的传统社会和农业大国,乡村建设运动缘于乡村破坏,要改造中国,必须从乡村着手,主张复兴农村,以教育为手段来改造社会,通过振兴农业以引发工业,并且提出了一整套社会改造的构想,即"乡村建设的路",并以"出家"的精神努力加以实践。乡村建设运动不但是救济乡村运动和乡村自救运动,而且其真正意义是为我国社会重建一新组织构造之运动。

1928年,梁漱溟认为改造中国要从乡村着手,他针对当时的农村问题并结合中国社会历史传统提出了"乡治"主张,并拟定了"建乡治讲习所,加强新乡村建设"的计划,同时在广东试办乡治讲习所。1929年2月参与考察山西等地村政实验,经中央政治会议批准,同年秋天他在河南省辉县百泉村开办了中国第一个乡治讲习所——河南村治学院,开始招收培训乡村基层工作人员,得到时任河南省政府主席韩复榘的支持,后因蒋冯阎中原大战而停止。1929年,他和几位同志道合者创办了中国第一家宣传乡村建设的刊物——《村治》月刊。1930年9月,国民党山东省政府改组,韩复榘任山东省政府主席。在他此后主政山东七年的时间内,韩复榘作为地方实力派,聘请梁漱溟为省政府高级政治顾问,积极支持邹平及菏泽、济宁等地的乡村建设实验。韩复榘早年听过梁漱溟宣讲《东西文化及其哲学》,对梁甚为崇敬,后支持梁创办河南村治学院。韩复榘任山东省政府主席后,建议梁漱溟将他在河南遭到查封的村治学院移师山东,继续其村治事业。1931年初,梁漱溟应邀离京赴鲁,开始指导山东乡村建设运动。并在当年6月在山东邹平创办直属于山东省政府的山东乡村建设研究院,其主要职责一是具体研究本省各地的乡村建设方案,二是指导乡村建设的实施。通过乡村建设研究院组织大纲及学则课程。根据大纲要求,邹平县由于位置适中、交通便利、基本为中等偏下的农业经济、人口数量为16万的三等县份等原因,遂被划为乡建实验区。1932年12月,南京国民政府内政部召开第二次内政会议,通过了县政改革案、地方自治改革案等。1933年7月经国民党中央政治会议批准,下发各省遵照执行。改革案要求每省选择设立一至四个社会政治改进实验区,这些区域可

---

① 梁漱溟:《乡村建设理论》,商务印书馆2015年版,第11页。

不受中央和省政府法规约束,自由地进行各种形式的乡村改革实验。1933年山东省政府据此制定了山东省县政建设研究院实验区条例11条和实验区条例实施办法20条,实验区由原来的"乡村建设实验区"改称"县政建设实验区",改邹平乡村建设实验区为县政建设第一实验区,同时划定菏泽为县政建设第二实验区,进行县以下地方自治的实验以及社会改进实验。1934年4月,山东乡村建设研究院在菏泽设立分院,用以指导乡建实验。1935年7月,山东省政府第四百三十一次政务会议决定,划济宁、菏泽、郓城、曹县、巨野、单县、鱼台、东平、汶上、金乡、嘉祥、鄄城、定陶、成武等14个县为县政建设实验县。实验县设县长一人,由研究院推举,省政府同意任命,受省政府和研究院指导监督,具体领导本县乡村建设实验。1936年2月,山东乡村建设研究院与山东省地方行政人员训练所合并,改名山东省县政建设研究院。

根据山东省县政建设研究院实验区条例及实施办法,实验区隶属于研究院并赋予研究院下述权限:(1)实验区内县政府以及各行政组织,该院有权对本研究实验态度酌量改组或扩充之;地方自治制度亦同此例。(2)实验区县长由研究院呈请省政府任用之。县长以下各行政人员由该院或县政府委任之。(3)实验区拟具实验计划呈由该院审定后,转呈省政府核准备案,即根据计划进行。从此,山东乡村建设研究院"以教育机关、学术机关兼为行政机关"。随着实验自主权的扩大,研究院实验计划也得以扩大,主要内容包括:(1)自县以下之地方行政改革实验,包括行政制度的改革,及各项行政的讲求刷新,未举办的如何次第举办等;(2)自县以下之地方自治推行实验,包括各级地方自治的推行、以讫县治的完成;(3)县境内之社会改进实验,包括产业振兴、经济进展、民智开发、风俗改善等。

梁漱溟所主持的山东乡村建设实验区由邹平一个实验县继而扩大到菏泽、济宁等鲁西南14个县,一度成为全国乡村建设运动的中心之一。在研究院存在的数年时间内,为山东乡村建设运动培养了大批人才,这些人才成为山东乡村建设的骨干。尤其是邹平的乡建实验引起了国内外人士的广泛关注,邹平实验县主要进行了以下几方面的工作:一是县政改革,内容包括县政机构改革、会议制度、区划变更和"政教合一"。二是乡村教育,主要是实施成人教育和社会教育,通过由乡农学校发展而来的乡学村学完成。三是发展合作组织,成立"邹平实验县合作事业指导委员会",制订"五年计划"。各类合作社的建立和活动的开展,在一定程度上增加了农民的收入,提高了农民的生活水平。四是农业改良,主要包括棉业、蚕业、畜牧业、林业和兴办水利,主要通过农产品展览会、农场实验推广,以及通过乡学、村学组织各种合作社推广。五是开展乡村自卫,通过乡学村学组织18岁至25岁的乡村青年进行自卫训练,扩大乡村自卫组织,并成立民团干部训练所,设立干部队及征训队,组织联庄会训练,建立乡村自卫体系。六是文化卫生建设,通过乡学村学宣传,并运用自治及行政手段提倡新风俗、新习惯,对恶习加以取缔禁止。建立乡村卫生实验基地,提升乡村公共卫生和医疗卫生水平。山东乡村建设运动对乡村经济、教育、文化、公共事业的发展和乡民公民意识、政治能力的培育都有推动作用,也为南京国民政府地方自治提供了样板和经验支持。

梁漱溟不但指导山东乡村建设实验,而且还撰写和出版了《乡村建设论文集》(1934)、《乡村建设大意》(1936)、《乡村建设理论》(1937,又名《中国民族之前途》)等一系列著作阐明其主张,他说:"所谓乡村建设,事项虽多,也可类归为三大方面:经济一面,政治一面,教育或文化一面。"①大致说来:经济方面,主要是谋求农业各门类的发达,谋求技术改进和经济改进,其组织方式就是各类形式的合作自治体,进而以农业发展促进工业开展,逐步走机械化道路;政治方面,主要是在经济普遍合作提高的基础上建立自治组织,由经济合作引入政治自治;文化方面,主要是进行全民教育,包括学校教育、乡间礼俗兴革、禁除积弊、树立文明风尚等。关于乡村建设的起因,他在1937年出版的《乡村建设理论》中给出了四个方面的原因:一是由于近些年来天灾人祸的乡村破坏而激起来的救济乡村运动,中国的近百年历史就是一部乡村破坏史。二是起于乡村自救运动,中国乡村在遭到无限止的破坏的同时却寻不出一个超于乡村而能够救顾它的力量,迫使乡村不能不自救。三是起于中国社会积极建设之要求,乡村建设运动实是图谋中国社会之经济建设的运动,走振兴农业以引发工业的道路,从复兴农村入手达到新社会建设的成功。四是起于重建一新社会构造的要求。乡村建设运动实际上是中华民族重建一新组织构造之运动,这是乡村建设真意义之所在。中国问题是极其严重的文化失调问题,表现为社会构造的崩溃和政治上的无办法。乡村建设运动如果不在重建中国社会构造上有其意义,即等于毫无疑义!② 因此,"中国新社会组织的苗芽一定要生长于乡村"③。

---

① 梁漱溟:《梁漱溟全集》第五卷,山东人民出版社1992年版,第227页。
② 参见梁漱溟:《乡村建设理论》,上海人民出版社2011年版,第9—24页。
③ 同上书,第165页。

第六章 近现代中国的"类"社区治理

为什么改造中国必须从乡村入手?梁漱溟认为,"社会建设工作或解决中国问题的工作,必从乡村入手;必赖乡村人自身的力量为主;社会建设工作或解决中国问题的工作的完成,在实现政治重心经济重心都植在乡村的一个全新组织构造的社会。乡村建设之所求,就在培起乡村力量。更无其他。力量一在人的知能,二在物资;而作用显现要在组织"[①]。而且"许多事情乡村皆有办法,许多问题乡村皆自能解决,如乡约、保甲、社会、社学之类,时或出于执政者之倡导,固地方人自己去作"[②]。同时,他还多次强调知识分子在乡村建设运动中的倡导、指导和领导作用,"乡村建设天然是中国社会的一种社会运动,要靠知识分子来引导,要靠乡村自身为主力。政府最贤明的政策,是间接地与这种运动以种种的方便,而助成其事;却不是政府包揽负责来作。政府如果真这样负责直接来作,便增添政治的纷扰并且扰乱社会。我们祝望政府当局有此自觉,而善用他的力量"[③]。梁漱溟还认为,他们这些知识分子的任务首先是启发乡村人的自觉,"乡村问题的解决,一定要靠乡村里的人;如果乡村里的人自己不动,等待人家来替他解决,是没有这回事情的。乡村问题的解决,天然要靠乡村人为主力。乡村问题的解决,第一固然要靠乡村人为主力;第二亦必须靠有知识、有眼光、有新的办法、新的技术(这些都是乡村人所没有的)的人与他人合起来,方能解决问题"[④]。因为"中国此刻不是一个平常的时期,乃是一个文化转变、社会改造的时期,我们此刻的社会,须要赶快进步,并且须要是一个有方向的进步,尤其是内地乡村。中国此刻顶要紧的就是有意识地、自觉地、有计划地往前推进社会;我们要有眼光地看准方向去推进社会;不能等着内地乡村没有眼光、没有方向的农民去瞎碰瞎摸"[⑤]。而且"地方自治的难于成功,现在再从中国人的心理习惯及物质经济加以分析说明。从中国人的心理习惯去观察,有两个大缺乏点:第一缺乏'纪律习惯'。第二缺乏'组织能力',就是会做团体中分子的能力"[⑥]。所以,"中国问题之解决,其发动主动以至于完成,全在其社会中知识分子与乡村居民打并在一起,所构成之一力量"[⑦]。

---

① 梁漱溟:《乡村建设论文集》,山东乡村建设研究院 1934 年版,第 74 页。
② 同上书,第 91 页。
③ 同上书,第 75 页。
④ 梁漱溟:《乡村建设理论》,上海人民出版社 2011 年版,第 199 页。
⑤ 同上书,第 210 页。
⑥ 参见梁漱溟:《乡村建设论文集》,山东乡村建设研究院 1934 年版,第 168—170 页。
⑦ 梁漱溟:《乡村建设理论》,上海人民出版社 2011 年版,第 289 页。

归纳起来,梁漱溟的乡村建设理论主要是:乡村建设的指导原则是拯救中国,恢复伦理本位社会;一点一滴的教育就是一点一滴的建设。因为,中国问题不是对谁革命,而是要走乡村建设的道路,作广义的教育功夫,使政治伦理化,救济合作化;务必以乡村"团结自救"的方式,建立"情谊化"的乡村组织,确保"乡村文明"目标的最终实现。乡村建设任务是以中国沿袭农村社会多年的"乡规民约"与传统道德伦理为基础,结合现代法治精神,培养培训乡村组织工作人员,用现代文化知识、科学知识和卫生健康常识把旧私塾中及不读书的少年儿童请进实验学校,免费就学接受教育。在乡村建设理论上,应该在尊重中国乡村文化和国情的基础上,吸收西方的先进文明,实现中西文化的"沟通调和"。在乡村建设途径上,主张教育、经济、政治、文化并举。面对中国当时广大乡村经济贫困、文盲众多、政治冷漠等实态,单靠政治意图是无济于事的,以最初的教育为主逐步转到经济建设、教育改善、政治改良及文化发展的系统工程上来。在乡村建设的主体上,突出乡民的主体地位,培育乡民的主动精神,达到农民自觉和乡村自救。

总体说来,梁漱溟领导的山东乡村建设运动(1931—1937)作为一场乡村改良运动,其一些举措如办学活动、合作运动、农业改良、礼俗改革等,对于促进实验地经济建设,提高实验地农民文化素质非常有益,但是他依赖军阀的支持,也高估了知识分子和学者政治的作用,其思想认识没有达到从如何积极适应世界经济全球化进程和中国如何走向现代化的高度来思考中国的未来,其理论没有触及当时中国社会问题、农村问题的根本,其实践当然也不可能解决当时中国社会面临的根本问题,也难以从根本上改变山东的政治、社会、经济、文化教育的落后面貌,最终走向失败。正如1935年10月25日他在《我们的两大难处》的演讲中说:"所谓'我们的两大难处'是什么呢?头一点是高谈社会改造而依附政权;第二点是号称乡村运动而乡村不动。"①1937年7月抗日战争全面爆发后,日本帝国主义入侵并占领山东,梁漱溟在山东的乡村建设运动被迫于1937年12月停止,梁在山东的乡村建设实验由此结束,成为历史长河中昙花一现的小浪花。

(四)彭禹廷与别廷芳的宛西自治

20世纪30年代的河南省由于天灾人祸而民不聊生。包括河南南阳的镇平、内乡、邓县、淅川四县在内的宛西民间自发的"地方自治",发端于整个宛西的无

---

① 梁漱溟:《乡村建设理论》,上海人民出版社2011年版,第402页。

第六章　近现代中国的"类"社区治理

政府状态,内乡县地方强人别廷芳(1883—1940)就是在这种情况下通过武力统一内乡县,1927年,独揽全县军、政、财、教大权,正式成为内乡的"土皇帝"。1928年,南京国民政府全面推行"县自治",别廷芳与淅川县武装强人陈重华联合搞"内乡、淅川地方自治委员会",虽有章程,却既无自治目标,也无指导思想,更没有可行的操作模式。1929年,镇平乡绅彭禹廷(1893—1933)辞去西北军要职回镇平做区长,一边办理民团剿匪,一边推行自治。经过两年多时间肃清了镇平匪患。彭禹廷在剿匪过程中开始思考解决乡土民生问题的根本办法,其思路也逐渐转向乡村自治。1929年,彭禹廷商请韩复榘出资设立了一所"河南村治学院",并亲自担任校长;民国致力于乡村建设的学者如梁仲华、梁漱溟等都集中在这里。1930年中原大战爆发,镇平匪患再起,民团无人领导,几至溃灭。彭禹廷应家乡父老请求,辞去村治学院院长之职,再度回乡。1930年9月,彭禹廷联络淅川陈重华、内乡别廷芳与邓县宁洗古,经过三天商议之后,达成了一个宛西四县联防剿匪的协议,成立"宛西地方自卫团",并正式联合提出"宛西地方自治"口号,订立《十条公约》与《五不办法》。随后,上述会议内容被制成檄文进行颁布。

彭禹廷的加入为宛西四县的"自治"带来了实质性内容,既有目标,还有指导思想和实践途径。在自治的目标上,1931年元旦,彭禹廷在镇平县全县区村长大会上发表演讲,将自治的目标总结为十六个字:"夜不闭户,路不拾遗,村村无讼,家家有余。……孙总理所说的地方自治,就是期望得到这十六个字。"①在自治的指导思想上,他提出了"自卫、自治、自富"的"三自主义",并且将其与孙中山的"三民主义"一一对应,作为宛西自治的合法理论基础。彭禹廷为此说道:"什么是我们的主义呢?简单言之,即'地方主义'是也。什么是'地方主义'呢?即自卫主义、自治主义、自富主义是也。……吾所谓'地方主义',即孙总理之三民主义,范围上虽有大小之分,实质上初无二致也。……我们的自卫主义,即是民族主义;我们的自治主义,即是民权主义;我们的自富主义,即是民生主义;合而言之,我们的地方主义,即总理的三民主义也。"②在自治实践的基本途径上,彭禹廷为宛西自治制定了一个"五步走"的基本程序:(1)自卫。会后要切实整训民团

---

① 郭丽、徐娜编:《乡村建设派》,长春出版社2013年版,第126页。
② 参见《年度事件:宛西自治》,2012年3月12日,腾讯新闻,https://baike.baidu.com/reference/7181437/9221ybM2mdkxs73NmAu2xuAfEfiYSdLHVawE-3BoLPXEB2UVNuDOPEquK1U-E8IM2IIVHnxat6Xqamaoeb1ZXpcuTo,2022年6月15日访问。

编查保甲,推行五证,防止匪徒。(2)教育。筹办宛西乡村师范,培养师资及地方自治人材。(3)经济建设。治河改地,植树造林,修道路,兴水利,发展农业,振兴工矿业。(4)建教合一。以教育完成建设,以建设充实教育。(5)教养卫合一。集中事权,以民团、保甲为中心,动员人力、财力,促进建设发展。以农田、水利、蚕丝、畜牧所得利益,充实自卫、教育的经费。用教育熏陶和组训保甲、民团,改进生产技术,以提高建设和自卫的效率,务求自卫力雄厚,自养力充裕,自教力切实,以达民有、民治、民享的目的。

彭禹廷的"自治"的关键在于"自",他重视启发民众觉悟。他曾经说道:"自治这件事,万无官民合作之理。我们想推行'自治',就得推倒'官治'。推倒'官治'之后,豪劣才没有护符;进行自治,才没有障碍。"彭氏曾告诫镇平的民众,地方自治的实质,是一场"自救",只有民众实现了"自救",才能"救地方,救国家"。他还在《镇平自治宣言》说:"总理所说的'民族主义',全要靠我们人民自身的团结;'民权主义',全要靠我们人民自身的组织;'民生主义',全要靠我们人民自身的发展;《建国大纲》尤其是要以我们的'地方自治'做基础。缩小而具体地说:我们地方上的痛苦,一定要我们人民自身来解除;我们地方上的福利,一定要我们人民自身来谋求。"[①]

为了宣传和促进"自治",彭禹廷将镇平县里大小所有乡镇的名字都赋予"自治"的含义,让民众无时无刻不生活在"自治"这一概念当中。同时,他还注重通过实践培养民众的自治能力。首先,搞真正民主的选举,让民众切身体会到民主的好处。1931年,在镇平自治委员会的主持下,镇平全县范围内开始搞邻间乡镇长的民主选举,制定的选举办法是:乡镇长的选举,自治委员会不提出候选人,由民众无记名投票直选,凡公民皆有选举权与被选举权,没有任何限制;区长的人选则由自治委员会提两个名额,加上前任区长,由乡镇长大会无记名投票选出。虽然民众对民主选举所知有限,但因为自治委员会下派的工作组的努力,此次选举基本上保证了民主和公平。其次,是厉行法制,以此为民主自治保驾护航。彭禹廷依据孙中山的"五权宪法",提出在镇平实践"司法独立",其首要手段,就是废除了国民政府以行政包办司法的"县政审判"制度,改行独立的"息讼会"制度:县设"息讼总会",区、乡则设二级、三级"息讼分会";每级息讼会有成员五

---

① 参见《年度事件:宛西自治》,2012年3月12日,腾讯新闻,https://baike.baidu.com/reference/7181437/9221ybM2mdkxs73NmAu2xuAfQEfiYSdLHVawE-3BoLPXEB2UVNuDOPEquK1U-E8IM2IIVHnxat6Xqamaoeb1ZXpcuTo,2022年6月15日访问。

第六章 近现代中国的"类"社区治理

人,须具备一定文化素养,品行端正,口碑良好,三人由自治委员会从公职人员中提名,两人由民间推举,最后由全民公决,方可宣誓就职。自治委员会并且立法规定:息讼会独立于政府之外,只忠于法律。有胆敢幕后活动,对息讼会办理的案件打招呼、下指示者,无论案件是否受到影响,均视作已构成犯罪,按重罪惩处。再次,是办学校培养自治人才。自 1930 年 10 月到 1932 年 10 月,彭禹廷在镇平县内总计办了 274 所学校。他关心教育,一则是认为"自治"必须民众觉悟之后才能完成;二则是希望教育系统负担起监督"自治"的作用。乡村小学是乡村推进自治的中心。1933 年,彭氏联合别廷芳等人,创办"宛西乡村师范学校",作为培育自治干部的大本营,彭氏自任校长。宛西乡村师范学校是其以教育促自治的巅峰。

1933 年彭禹廷被暗杀,他在镇平推行的自治运动夭折,宛西自治的"彭禹廷时代"结束,内乡的别廷芳成为"宛西自治"的领袖人物,开始了宛西自治的"别廷芳时代",自治的重心从镇平县转移到了内乡县,自治的性质也从彭禹廷的"自"变为别廷芳的"治"。1934 年宛西奉上峰命令,取消自治委员会等一切自治组织,改编保甲,还进而将互相监督、互相告密、彼此连坐等恐怖内容也引入其中。同时还验证设卡,即别廷芳在宛西所搞的"五证制度",包括"出门证""迁移证""通行证""乞丐证"和"小贩营业证"。若无上述证件,境外之人进不了县,境内之人也寸步难行。当时宛西境内四处张贴"白天查路条,夜间查住客"的大标语,来历不明、面目可疑之人,动辄遭遇逮捕刑讯,虽然达到了"夜不闭户,道不拾遗"的"自治"目标,但是缺乏最基本的民主和法制,其实质是一种打着"宛西自治"旗号极为野蛮的土围子政治,最终必然走向失败。当时的国民党人李宗璜给宛西自治提出的三条建议是:(1)由人治走向法治。地方自治是一种人人有份的政治、不能全靠英雄。要做到人人能治的地步,就不能只靠人治,要靠法治。(2)由绅治走向民主。宛西自治由开始到现在,还是停留在地方绅治阶段,由自治领袖到各级干部都是地方的正绅。但是绅士的地位不是经过人民选举的,事实上是没有人民为其后盾的。(3)由自养到互养。自富是宛西自治的三大政策之一,实施结果已经有了相当的成效;但详加检讨,乃完全以家庭为本位。现在科学发达,社会进步,无论农业、工业,都应由各人顾各人的经济制度,变为互相协助、集体发展的经济制度。

(五)卢作孚的嘉陵江三峡地区乡村建设

卢作孚不但是现代中国著名的实业家,而且是社会改革家和中国西部乡村建设的先驱者。早在1925年,卢作孚就合川县及嘉陵江三峡地区的社会状况、资源状况和农业状况进行了实地调查研究,并且在实地调研的基础上撰写了《两市村之建设》,认为中国是一个农业社会,提出中国"政治上最后的问题是全国的问题,他的基础却在乡村",进而提出了他的乡村建设初步构想。1927年2月,卢作孚出任北碚峡防局局长,在全国当时轰轰烈烈的乡村建设运动大潮中,他提出"打破苟安局面,创造理想社会"的口号,开始以北碚为中心推行和领导嘉陵江三峡地区30多个乡镇的乡村建设运动。这里所说的嘉陵江三峡地区,是指嘉陵江由合川至重庆间的小三峡(沥鼻峡、温塘峡、观音峡)地带,处在江北、巴县、璧山、合川四县交接处,辖39个乡镇,面积约100平方公里,属于"四不管"之地。这里地势险峻、交通闭塞、贫穷落后,匪盗猖獗,民众深受其害。1930年1月,卢作孚撰写了《乡村建设》一文,论述了乡村建设的意义、乡村地位的重要性以及关于乡村的教育、经济、交通、治安、卫生、自治等建设的意见。通过对两年来嘉陵江三峡地区乡村建设实践的总结,认为"乡村第一重要的建设是教育",随后又确立乡村建设"应建其基础于生产事业"上。1934年10月,卢作孚发表了理论著作《四川嘉陵江三峡的乡村运动》,强调峡区乡村建设的目的是实现乡村现代化,并且以此作为"国家现代化"的基础。他在西南地区开展乡村建设过程中提出了"乡村现代化"目标,以经济建设为中心、乡村都市化、以工辅农等思想和举措。"卢作孚在峡区乡村建设的最大特点就是以经济建设为中心,以交通建设为先行,以乡村城市化为辐射带动,以文化教育为重点的'乡村现代化'建设模式。"①

卢作孚在乡村建设中,十分重视乡村民主化建设,他倡导并积极支持成立"北碚里(市)民代表大会",市民代表由市民直接选举产生,反映市民意愿和利益,让民众集思广益参与北碚建设。"1930年2月27日,《嘉陵江日报》刊登了《北碚里民代表大会告诉民众的八句话》:1.地方上的公事应该怎么办?你们有一定的主张么?2.成立里民大会,是用来实现你们的主张的。3.地方上的公事,人人直接主张,叫作'全民政治',这要等训政过后。4.现在训政开始,地方上的公事,大家选举代表来间接主张。5.与其事后不满意代表,不如首先选举满意的代表。6.直接(选举)的代表才满我们的意呢!又公正,又能干。7.会议是团体,各代表是分子,分子好到哪里,团体好到哪里。8.明洁有为的团体,即便是分子

---

① 刘重来:《卢作孚与民国乡村建设研究》,人民出版社2007年版,第15页。

的结晶。"①这八句话体现了强烈的民主精神,并且在实践中得到真正的执行,这在20世纪二三十年代的中国西部乡村难能可贵。

卢作孚领导的嘉陵江三峡乡村建设运动(1927—1949),是民国时期众多乡村建设运动中持续时间最长的一个,取得了巨大成就。其最突出的成就是将北碚这个荒僻的小乡村建设成为一个完美的现代化市镇。20世纪20年代,北碚还是一个贫穷落后、交通闭塞、匪盗横行的偏僻乡村。经过20年的建设,变成了一个"具有现代化雏形"的城市,北碚在抗日战争时期被称为"陪都的陪都",卢作孚被誉为"北碚开拓者""北碚的奠基人"。

晏阳初、梁漱溟、黄炎培等人注重教育和乡村自治的乡建模式,卢作孚创造了以经济建设为中心的"乡村现代化"模式。"卢作孚的乡村建设与晏阳初、梁漱溟等人最大的区别,就是他不是把乡村教育作为乡村建设的宗旨,而是把'国家现代化''乡村现代化'作为乡村建设宗旨。为此,他在乡村建设中始终坚持把经济建设放在首位。这实际上是他由'教育救国'思想转变为'实业救国'思想的体现。"②他在1934年明确把经济建设(由第三位升为第一位)而不是教育(由第一位降为第二位)作为乡村建设的首位,并且以此实现"乡村现代化"。以工业企业(资金、技术、人才)辅助乡村建设以实现乡村现代化的目标,这种思想具有前瞻性、先进性和可行性。同时,卢作孚有一定的权力可以把乡村建设付诸实行,这是晏阳初、梁漱溟等学者无法企及的。"总的说来,卢作孚作为一个实业家来主持一地的乡村建设,他的思维、视野、举措都与以单纯教育家、学者身份主持一地乡村建设的晏阳初、梁漱溟等人大有不同。他更有经济头脑、科学意识,更具有务实和开拓进取精神。"③卢作孚认为,仰赖他人进行乡村建设是没有持续性可言的。因此,从1927年春到1949年底的嘉陵江三峡地区乡村建设运动,民生公司对它一直从各个方面进行大力支持,包括对峡区的经济建设、交通建设、农业建设、城市化建设、文化教育建设等,支持的形式多种多样,其中主要是以投资形式直接参与或主持,也有文化技术服务、人才和物资支援等,实现了互利共赢的效果。

民国时期由于政局不稳、内战频仍、日本入侵等原因,地方自治都不长久。当时中国北部、中部和东部的乡村建设运动均因为日本的侵略而被迫中止,而当

---

① 刘重来:《卢作孚与民国乡村建设研究》,人民出版社2007年版,第191页。
② 同上书,第404—405页。
③ 同上书,第107页。

时峡区处在抗战的大后方,未遭到日本侵略者的侵占与破坏,这使得嘉陵江三峡地区的乡村建设运动成为持续最久和记录完整的民国时期中国的乡村建设运动。卢作孚的北碚乡村建设实验,类似于西方的现代社区建设。乡村现代化是其乡村建设思想的核心,体现了卢作孚超前的思维与眼光,具有引领和促进作用,对今天我国城市化进程中的"村改居"制度变迁中的衔接、促进城乡统筹和社会主义新农村建设均具有启示意义。

另外,在城市与乡村结合的层面,在20世纪初政局动荡、制度缺失的中国大环境下,张謇几乎完全凭借自己和家族的力量在其家乡江苏南通建设了中国近代史上一个极为重要的城市范本——南通模式。辛亥革命后,张謇回到南通经营企业大生集团和南通城,力行地方自治。经过多年经营,他在南通建立了一个相当完善的城市系统,建成了相当完备的经济、文化、医疗和慈善体系,许多学者被南通模式吸引而前往南通考察,南通因此被誉为"中国近代第一城"。他个人在南通承担了一种秩序制定者和维护者的角色,并且在晚年提出了属于一种地方自治的"村落主义"。张謇在南通的开拓带有强烈的个人奋斗和理想主义色彩,所谓"上不依赖政府,下不依赖社会,全凭自己良心做去"。当时的南通是一个围绕着张謇转的"村落",缺乏现代意义上的市民社会和效率机制。随着张謇的逝去,完全以他个人为核心的体系也就随之坍塌。

在国际层面,鸦片战争以来,开放通商口岸之后,西方有一些有热情的人逐步在中国一些省份的乡村和城市设立育婴堂和学校、参与赈灾救荒等,在社会、经济、政治和道德方面发挥作用,甚至还零星出现了外国人主导和推动的在中国的社区建设实验。例如,1905年英国人柏格理将现代教育带入贵州省威宁彝族回族苗族自治县最西部山区的石门坎这个小村庄,开始在石门坎兴建学校,并于第二年开始招生,开启了让当地人耳目一新的教育。这座最初只有一个"初小班"的学校,逐步发展扩大。到1912年,学校已经发展成一个完善的小学,设有高级、初级班以及男女两部,并取名为"光华小学"。柏格理还在学校后面建造了宿舍、礼堂、游泳池、运动场。1915年9月,光华小学流行斑疹伤寒,这名51岁的英国校长因护理患伤寒症的学生染病去世。柏格理事业的继任者苗族人朱焕章等人继续开拓,积极发展教育、文化、技术、经济和体育,经过几十年的经营,光华学校变成了一座拥有小学和中学的现代学校。而且这所艰苦创办起来的学校创造了多个第一。这里兴建了威宁县第一所中学,创办了中国第一个双语教学学校,开创了男女学生同校的先河,修起了贵州有史以来的第一个球场。这里还有过中国最早的麻风病院和中国第一所苗民医院。这里是中国境内首次发现和报告地氟病的地点。1943年,朱焕章在石门坎与本族精英分子一起在原小学的基础上,创办了石门坎私立边疆民族初级中学,一度成为邻近三省近20个县市的最高学府,共管理着96所小学、5所中学、1所神学院和一些医疗机构。柏格理为石门坎带来了西式的现代文化教育,他和他的继任者除了教授现代知识,还重视在当地开展乡土教育和实业教育。柏格理开启的现代教育和其继任者推行的"以苗教苗"的人才循环,逐步让石门坎使这个极端贫穷落和名不见经传的小山村成为苗族的文化中心、科学技术传播中心、人才中心,石门坎从偏远落后的状态一跃变成"西南苗族文化最高区"和"中国西南经济文化最发达的地区之一"。到20世纪40年代,在这个山村中,有医院、游泳池、麻风病院、孤儿院,人们开辟了果园,建起了手工业和农业实业推广部,甚至有邮政代办所。石门坎已经变成了一个完整的现代化社区。①

三、近现代中国"类"社区治理的基本评价

地方自治肇始于清末,在民国以前,除了河北定县的翟城村治有所成效外,"鉴于清末经济困顿,民众忙于生计及对政治的冷漠;经费短缺,地方自治不但不能解决民众最迫切的生存问题,反而因增加了机构而徒增负担;政府面临合法性危机,整合地方社会的能力不强;加上时局动荡,时间短促,'地方之治之名著,地方自治之实亡'的评价,还是符合客观实际的"②。

在民国时期,特别是在20世纪30年代,"自治"是当时中国重要的政治词汇之一。从"地方自治"整个过程来看,按南京国民政府预计的进度,"县自治"应该在1934年完成,然后训政结束,进入宪政阶段。但是在30年代某些地方一度轰轰烈烈的乡村建设运动后又迅速分化、瓦解和破产。因为,虽然当时实验点遍布全国十多个省,但是有的因为经费短缺而难以为继,有的因为遭到地方实力派的破坏而无法立足,有的虎头蛇尾而很快销声匿迹,有的性质转向而从事其他工作。所以,真正能够给农民带来实惠和促进农村发展的并不多。日本侵略使得中国东部、中部几乎所有的乡村建设实验被迫中止。唯有中国西部卢作孚的乡

---

① 参见雷宇:《石门坎往昔》,2010年9月15日,中青在线,http://zqb.cyol.com/content/2010-09/15/content_3413266.htm,2022年6月15日访问。

② 曾邵东:《南京国民政府地方自治研究》,中国社会科学出版社2012年版,第55页。

村建设成为民国时期最完整的记录,并且取得了较大成就。

从自治推行的主体来看,既有南京国民政府推行"县政自治"和地方军阀热衷于"村(乡)政自治",也有学者的乡村建设运动和地方强人的"民间自治"。从政府方面来看,南京国民政府在1928年全国范围内启动地方自治的结果并没有将民众推向民主政治的前台,而是成就了一批土豪劣绅们对基层政权的把控。其主要原因是,南京国民政府主导的自治运动,在底层民众中没有内生出"自治诉求",是一种缺乏底层民众呼应和监督的"包办民主",导致自治从启蒙民众转向压迫民众。历史学者黄仁宇对南京国民政府的这一缺陷看得很透彻并且有过充分论述,他根据其"大历史观"提出的"潜水艇加肉面包"理论,论述了上层统治集团与底层亿万民众之间的脱节,处于中间的"面包"即地方政府和地方官员的行为恶化了这一脱节现象。中国共产党创立的"群众路线"才是消除这一脱节现象真正的解药。因为,乡村民主政治的主体是乡民而不是政府,政府引导并不等于代替,导民做主而不是替民做主,应该激发乡民的积极性和主体意识,使乡民成为真正的地方自治主体。从民间方面来看,主要是乡村建设团体,这些乡村建设团体,根据其背景、性质、成分等因素,大致可以分为西方影响型、本土型、教育型、军事型、平民型和官府型六大类。这些乡村建设团体的共性是它们都与当时的政治密切关联,即都取得了当局的支持和保护。梁漱溟在山东邹平的乡村建设实验得到了当时山东省政府主席韩复榘的支持,卢作孚在嘉陵江三峡的乡村建设实验先后得到四川军阀刘湘、杨森和南京国民政府的支持。中国东部和中部的乡村建设团体,其实践方式大多注重平民教育或职业教育方面,以此启发民智,推进整个乡村建设。他们虽然在发展教育,培养农业人才,传授和推广农业技术,发展农村合作以及公益事业等方面有一定的成绩,但其真正作用十分有限,没有达到梁漱溟设想的"重建中国社会构造"和晏阳初期待的"民族再造"之目标。

从最终结果来看,虽然他们都想以自己的乡村建设实验来寻求一条改变中国农村贫穷落后状况的途径,但是除了卢作孚的乡村建设一直持续到1949年以外,其他的不是因为日本侵略被迫停止,就是因国民政府后期推行的"溶保甲于自治中"政策使自治落入了官治的窠臼,从而背离了自治的初衷。可以说,民国时期的乡村建设在总体上是失败的。1931年梁漱溟在评论国民政府的"县自治"时说:"过去经验告诉我们,地方自治经多次提倡统统失败!他所办的事情,只不过筹经费,定章程,立机关,振人员,人员虚掷经费即完了!"1933年3月,陈立夫在国民党四届三中全会上说:"吾国连年天灾人祸,民不聊生,而人民之不识字者占百分之七八十左右,于此而设立机关,空谈自治,是无异南辕北辙,背道而驰,结果自治之组织愈大,豪强之把持愈加,自治之耗费愈多,人民之负担愈重,名为自治,实乃自乱。"1935年11月,国民党第五次全国代表大会总结道:"回顾过去成绩,全国1900县中,在训政将告结束之际,欲求一达到建国大纲之自治程度,能成为一完全自治之县者,犹杳不可得,更遑言完成整个地方自治工作。"其失败的根源正如梁漱溟所说是"根本说不上自治而强要举办自治"。关于解决的路径,国民党第五次全国代表大会中提道:"必须将官办自治改为民办自治;将土劣自治改为革命自治,而后真正地方自治,始有彻底实现之可能。"但是,若没有国家主权的独立和土地制度的变革,土豪劣绅和地方军阀的压迫与剥削会一直延续下去,传统的有声望、有地位的乡村精英与村庄领袖不是逃离村庄就是逃避乡村公职,形成"德者不为,为者不德"的困境,广大农民仍然是贫穷、疾病、无知和奴役的牺牲品,劳苦大众生活条件的改善、人格尊严的保障和社会建设的推动都是不可能实现的。

乡村是中国社会的基础和主体,也是地方自治的根本和基石。今天,"农民苦""农村穷""农业弱"的状况仍然存在,民国时期乡村自治实验在某些具体实践中取得了一定的成效,晏阳初基于国际视野与中国国情调查分析相结合而推行的平民教育与乡村建设、卢作孚主导的在综合实践基础上的乡村现代化等,对振兴广大乡村和整个国家仍然有借鉴意义。本书认为,从本质上说,上述这些典型的例子背后的核心思想与深层价值理念都是民本的,而不是民主的。在近代中国,广大乡村的经济基础在本质上仍然是小农经济,国家政权虽然在快速更替,但是也一直在扩张并且企图加强对乡村社会的控制,这种状况也决定了不可能产生现代性的乡村社区治理。现代民主政治能力和自治精神的培育应该从城乡社区开始,缺乏内生性自我利益诉求的"包办民主"和仰赖他人指导、动员进行乡村建设是不具备可持续性和稳定性的,其应当为当今中国社区治理的前车之鉴。其中留给当今我们最重要的教训就是,社区治理必须建立在社区民众内生性自我利益诉求的基础上,并且通过制度建构、基层重组和协商民主等方面逐步开展,才有可能真正避免违背初衷的异化形态的"类"社区治理。这一经验教训也是晏阳初对国内外数十年乡村建设运动进行反思后的最大感悟,1988年4月他在《乡村改造运动十大信条》的演讲中说道:"我们乡村改造的目的不单是使人们摆脱困境,而主要的是在摆脱困境的过程中真正开发出个人和社会的发展与创造能力,通过自己的能力和社会的生命机制,开拓新世界前景,使个人和社会都得到良好的全面发展。"①

本章小结

本章首先从晚清政治局势的压力及清朝"新政"的地方自治立法、孙中山的地方自治思想以及南京国民政府以孙中山地方自治思想为国策的政策推动三个主要方面阐述了近现行代中国"类"社区治理的背景。其次,重点介绍了近现代中国"类"社区治理的典型代表,如米鉴三父子的河北定县翟城村治、阎锡山的山西村本政治、梁漱溟的山东乡村建设运动、彭禹廷与别廷芳的宛西自治、卢作孚的嘉陵江三峡地区乡村建设等。最后,对这些"类"社区治理的共性、特点与问题进行了简要评析,本书认为,社区治理必须建立在社区民众内生性自我利益诉求的基础上,并且以此通过制度建构、基层重组和协商民主等方面逐步开展,外来的实验者或推动者也只有把自己的理论与行为内化为当地村民本身的观念、思维和行动,才有可能真正避免违背初衷的异化形态的"类"社区治理。

思考题

1. 近现代中国推行地方自治的被动性因素和主动性因素分别有哪些?
2. 孙中山的"县自治"思想为什么在后来的推行中基本上走向失败?
3. 米鉴三父子的翟城村治、卢作孚的乡村建设与梁漱溟的乡村建设存在哪些显著不同?这些不同对当今我国的社区治理有哪些借鉴意义?
4. 近现代中国的"类"社区治理为什么都是立足于农村而不是城市?
5. 近现代中国的"类"社区治理为当今我国的社区治理提供了哪些可吸取的教训?

---

① 晏阳初:《平民教育与乡村建设运动》,商务印书馆2014年版,第513页。

第七章　改革开放以来我国的社区治理

引导案例

案例1　湖南衡阳一小组使用"四瓣章"三人被免

衡阳县西渡镇联胜村合睦组群众为防止组长在征地过程中滥用权力,将该组的公章分成四瓣由四人共同掌管,村民对民主的渴望与尝试被村干部与镇领导错误解读。由于"毁坏公章",合睦组组长、出纳、保管员三人同时被罢免。

村民集体表决分开公章

合睦组共有60户人家200余人,坐落在西渡镇东南面。随着西渡高新技术产业园落户联胜村,征地拆迁与土方项目争夺前夕的喧嚣打破了合睦组的宁静。

2013年底,西渡高新技术产业园一期工程准备启动,联胜村合睦组林地66.17亩,旱土16.54亩被征用,还有大部分住房需要拆迁安置。为防止组干部在征地与拆迁安置过程中拿集体利益送人情,该组集体开会举手表决同意,将本组的公章切开分成四份,由四位村民代表分开管理,组上大小事情需要盖章时,四人必须到齐,缺一不可。

今年3月21日,西渡镇党委委员聂照平率项目部人员与合睦组就征地事项进行协商。由于在被征用土地面积和安置等问题上存在分歧意见,合睦组拒绝在协议书上加盖公章。此后,镇、村多次派人做工作,并对组长黄永亚施加压力,让其尽快盖章协助配合征地拆迁。分管公章的群众未全部同意,导致该协议至今未盖章生效。

村委研究决定罢免组长

合睦组的这一做法让村、镇领导非常恼火,他们决定采取强硬措施。5月27日,联胜村召开合睦组组民大会,聂照平在会上宣布,经村支两委研究决定,免除黄永亚组长、黄华彪出纳、万孝五会计职务,合睦组以前的公章宣布作废,由村里重新雕刻一枚公章,同时指派村干部黄永航、罗小燕代理合睦组组长,主持日常工作。

村、镇领导的这一举动让合睦组群众无法理解,他们认为镇领导如此兴师动众是别有用心,合睦组组民自治的权力不能被剥夺,组长的任免应该由他们自己举手表决。

村、镇领导对群众呼声置若罔闻,合睦组数十名群众联名在网上发帖求助,希望通过舆论的呼声让镇、村领导停止对合睦组组民自治的干涉。合睦组群众说,所谓的毁坏公章只是借口,实际上是黄永亚等人代表群众说话,没有迎合村、镇领导。更主要的原因是黄永亚不与村里某些干部同流合污,让这样的人担任组长,以后很多事情想暗箱操作会有困难,所以必须罢免他换上村干部自己的亲信。

国内早有先例遭遇不同

在中国的政治体制中,村民小组长是不套行政级别的,黄永亚等人为何会遭行政式集体罢免呢?记者日前赴衡阳县对此进行了采访。

联胜村党支部书记罗润八在接受采访时告诉当代商报记者,黄永亚以前担任合睦组组长是他亲自推荐的,现在要罢免黄永亚等三人的职务是因为他们在一些工作上不与村领导保持一致,什么事情都要与群众去商量,缺乏工作魄力。

西渡镇一名领导则认为,黄永亚身为组长,不但不按照西渡镇党委、政府及联胜村支两委的要求支持开发建设,还故意毁坏公章,导致一些工作无法顺利进行,罢免他是工作的需要。

对此,合睦组的群众进行了反驳。他们说,将公章分开管理,国内早有先例不是合睦组首创,也不是故意毁坏,而是他们对民主管理的诉求。

几年前,贵州省锦屏县平秋镇圭叶村一个公章分五瓣五人掌管引起广泛关注,《人民日报》《北京青年报》《南方都市报》、CCTV1、湖南电视台、陕西电视台等近百余家新闻媒体先后报道或转载转播。媒体高度评价,"五合章"充分反映了中国农村民主的进展,其实质是农民对民主参与权利的渴望。同样是为了参与民主管理,为什么在衡阳县西渡镇会出现如此强烈的反差?这一问题值得深思。

(资料来源:徐浩程:《湖南衡阳一小组使用"四瓣章"三人被罢免》,2014年6月27日,中国经济网,http://district.ce.cn/newarea/roll/201406/27/t20140627_3056935.shtml,2022年6月15日访问,有修改。)

案例讨论

1. 2007年贵州省锦屏县平秋镇圭叶村创造的"史上最牛公章"曾经引发热议,有的认为很有借鉴意义,有的认为是一种悲哀。你如何评析这两种不同的看法?

2. 关于2014年的湖南省衡阳县西渡镇联胜村合睦组的"四瓣公章"与"史上最牛公章"现象,有的认为暗合了"分权制衡"的原理,有的认为不是真正的村民自治。你是如何评价的?

3. 对于"史上最牛公章"与"四瓣公章"二者之间的反差,你的看法及理由是什么?

4. 如何从时代发展和法治的角度评析"史上最牛公章"与"四瓣公章"现象?

案例2 小区投票推选业主大会筹备组代表 验票唱票时物业抢票箱

业主们好不容易投了票,到了开票箱时,没想到物业公司的人直接把票箱给抱走了。"这种事我以前从来没见过。"西安浐灞生态区商贸园区管理办社会事务科工作人员王先生说。

投票推选筹备组业主代表受到物业人员干扰

紫郡观澜小区位于米秦路,属于罗马花园社区,属地管理部门是西安浐灞生态区商贸园区管理办。

12月19日,业主们告诉华商报记者,小区共780户。今年9月,业主们向西安浐灞生态区管委会房屋管理部门递交了联名申请资料,要求成立业主大会。获批复后,具体安排由西安浐灞生态区商贸园区管理办社会事务科工作人员负责,罗马花园社区安排人员协助。报名参加筹备组的业主约30人。按照规定,只能推选出四名业主代表,商贸园区管理办社会事务科工作人员决定让业主集体投票。

11月23日,一些业主为投票,专门请假回到小区。当天上午,商贸园区管理办社会事务科一名工作人员和罗马花园社区两名女工作人员来到小区。"但物业公司两名女工作人员在投票现场大闹,称有业主在微信群里骂她们。另有多名物业人员围在投票现场,还有人发小纸条,让业主按照他们提供的名单投票。"业主们说。

"在这样的干扰下,还是有将近200户业主参与。本来约定投票到下午4时结束,然后唱票。但园办工作人员有事提前离开,现场就只有社区两名女工作人员,物业人员的干扰开始进一步加剧。"业主们说。

"如果还是让继续投票并当场验票,很可能会出问题。"王先生说,后来社区工作人员给他打电话说明情况后,他决定提前终止投票,让把票箱送到园办保存。"由于票箱是向物业公司借用的,我多次和物业公司联系,让他们开锁验票唱票,但物业公司一直不给开,就这样一直耽误到了12月中旬。"

通知在社区会议室开箱 票箱却被物业人员抱走

"后来,我通知业主们12月17日到罗马花园社区会议室开箱验票唱票,并未通知物业,但没想到物业的人也来了。"王先生说。

据业主们介绍,"12月17日,业主加园办和社区工作人员,总共才去了八九个人,而物业公司一下子去了十几个人。"

看到物业人员也到了现场,王先生一再说成立业主大会和物业没关系,要求他们离开。但从业主拍摄的现场视频看,物业工作人员称:"业主来找我了,我就有发言权。"为打开票箱,现场叫来了专业开锁人员,但开票箱时,物业人员称这么做是违法的。

王先生说:"无奈之下我打了110,辛家庙派出所两名民警到了现场。"从园办工作人员拍的视频来看,物业一名女工作人员把票箱推到地上,另一名女工作人员直接把票箱抱走,两名民警没能拦住。

对此,12月19日,物业公司一名工作人员表示,业主在群里骂他们,让他们感到很委屈。记者问:"票箱在哪里?你们是不是把票箱拿到你们物业公司了?"另一名物业公司工作人员说:"这个我们不知道。我们领导已经到相关部门去反映情况了。对于投票过程,我们没有什么可说的,能说的就这些了。我们也是在从事一份工作,他们没有权利对我们进行人身攻击。"

王先生表示,由于这两天票箱在物业公司那里,这次推选结果就只能作废。"我们只能把情况报给浐灞生态区国土局的房管部门,由他们对物业公司的做法进行惩处。接下来,我们将尽快寻找更合适的办法来推选该小区的四名业主大会筹备组业主代表。"

(资料来源:石铮:《业主要验票唱票 物业抱走票箱》,《华商报》2018年12月20日,第A1版,有修改。)

案例讨论

1. 罗马花园社区紫郡观澜小区的业主大会筹备组业主代表选举中有哪些主体参加？物业管理人员是否有资格参加，为什么？

2. 罗马花园社区紫郡观澜小区的业主大会筹备组业主代表选举在程序上和准备环节存在哪些不足？

3. 关于这次业主代表选举，如何从社区治理的公共政策与法律角度进行分析？

4. 如果你是此地基层政府有关部门的工作人员或社区居委会主任，你会如何应对这种现象？

一、改革开放以来我国社区治理的社会背景

与西方社会社区治理的自发形成过程相比，20世纪80年代以来我国的社区治理是国家经济、政治体制改革逐步推进和现代化建设进程不断深化的产物。作为弥补改革中出现的社会管理缺位的角色，其从诞生之日起，就受到政府、理论界以及广大民众的高度关注。

（一）全方位改革与社会转型的推动

在改革开放以前的计划体制时期，我国的社会管理呈现出高度单一的行政化特征，遵循的是政府统一计划、集中管理的原则，各级政府直接控制和管理着社会生活的方方面面，政府集投资者、建设者和管理者于一体，整个社会表现为一种典型的"大政府、小社会"现象。在我国的城市基层实行的是以街道办事处为中心、以居委会为基点的管理模式。在农村，长期实行的是人民公社制度及其所属的生产队模式。这些模式导致城乡基层群众性自治组织难以产生，即便是一些名义上的自治组织其自治性也基本缺失。我国的对内改革最初从农村开始，逐步扩大到全方位的改革。随着改革的不断深化，政府不再深陷于具体的经济活动和人们的日常生活琐事之中，而是将自己界定在政策的制定和监督执行者上，人们在社会生活中的需要和存在的问题则交给社会组织或专业机构去解决。这些社会组织或专业机构我们通常称为非政府组织或非营利组织，它们是对应于第一部门的国家体系和第二部门的市场体系的第三部门，社区在一定程度上是第三部门中的一种社会组织形式。社区在整个社会体系中可以发动民间

力量,聚积各种资源投入社会,以解决社会问题,缓和社会矛盾,促进社会发展,起到政府和企业难以发挥的作用。

20世纪80年代以来不断推进的改革开放把中国带入了社会转型期,在当今我国,社会转型就是社会整体从传统型向现代型的转变或者说社会现代化过程。"一般而言,社会转型是指社会的动力体制、结构形态、发展模式与体制由传统向现代的转变,不过社会转型有广义与狭义之分。广义的社会转型包括经济、政治、文化、科学技术、教育及社会等'大众社会'意义上的全面转型。狭义的社会转型则是指社会福利、社会保障、社会管理、社会控制等狭义社会概念层面上的变革或形态变化。"①有学者对社会转型概念依次递进地给出了三级规定:"(1)社会转型是指中国社会从传统社会向现代社会、从农业社会向工业社会、从封闭型社会向开放型社会的社会变迁和发展。这是事实性规定。(2)社会转型是在传统与现代(性)的张力作用下实现的社会变迁和发展。这是实质性规定。(3)社会转型是从中国的传统社会结构向现代社会结构的转换,是在社会形态层次之下的社会生活具体结构形式和发展形式的转变。这是结构性、层次性的规定。"②在当前我国的社会转型过程中,社会管理方式正由经济主导型向社会主导型模式转变,基层社会组织开始从政府管理型向社会自治和服务管理型转变。当今我国的社会转型不但是社会机体各个方面变革的一场整体社会变迁,而且和历史上的其他时代相比是一场速度更快的社会变迁。在社会转型期,大量的社会问题需要在社区内解决或预防,大量的政府职能将逐步转移到社区,社区的地位与功能日益显著。

(二) 单位体制瓦解需要功能替代

在我国计划体制下的很长一段时期内,农村实行的是人民公社制度,城市不但有街居制度,更为普遍的是融合政治、经济与社会三位一体的单位制度。在组织结构上,单位是管理公有体制内人员的组织形式,它的组织元素以公职人员为主体,按照一定的宏观结构,形成国家权力均衡机制的基本细胞。从经济层面看,单位是控制国家经济命脉,保障和容纳文化与物质生产力的重要实体。从社会层面来看,单位是我国城市居民的基本组织形式和城市生活的核心,它决定了人们的职业、身份、消费能力、价值观念、人生经历、行为方式乃至社会地位的高

---

① 徐永祥:《社区发展论》,华东理工大学出版社2001年版,第146页。
② 陆学艺、景天魁等主编:《转型中的中国社会》,黑龙江人民出版社1994年版,第23页。

低。有的学者认为,"单位是我国各种社会组织所普遍采取的一种特殊的组织形式,是我国政治、经济和社会体制的基础,是国家对社会进行直接行政管理的组织手段和基本环节,尤其在城市更是如此"①。单位体制是封闭、功能多元化和以行政手段为主导的纵向超强整合体制,是行政组织体制的延伸和由高度制度化的庇护者与受庇护者之间的庇护关系所构成的基本社会单元。单位不仅是社会整合的基本机制,也是国家实施社会控制和社会管理的重要手段。大多数社会成员被组织到一个个具体的单位中,由单位赋予他们权利、身份和合法性,满足他们的各种需求,代表和维护他们的利益,控制他们的行为。单位管理体制的特征是行政主导与条块分割,单位体制的长期存在及其功能使人们普遍形成"单位人"身份和单位意识。因为单位是其成员的身份、地位及人身依附关系最重要的载体,对单位成员来说,"单位不仅是他们工作谋生的基本场所,也是他们获取社会支持和社会保护最基本的场所。也正因为此,他们对于自己所属的单位有着高度的依附性与依赖性、强烈的认同感与安全感,而对于自己的居住地则始终无法生成社区归属感、社区认同感和社区意识,当然也谈不上居民意识"②。

20世纪80年代中期以来,随着我国经济、政治、社会管理体制改革的发展,原先由政府与企事业单位包揽的社会管理与社会职能分化出来,转由社区来承担。随着改革的深入,单位体制的运行条件如城乡二元社会格局、高度集中的计划经济体制、单一公有制的经济基础等不断弱化或消失,单位体制的主要弊端也日益显现,与现代社会的发展趋势格格不入。在经济上,单位的多元功能和平均主义有悖于现代社会组织的运行原则,影响了经济效率和工作效率。此外,单位体制还存在政事不分、政企不分的情况;单位体制的封闭性和资源的不可流动性阻碍了现代社会体系的正常发育。改革的深化和社会的发展使单位体制逐步瓦解,越来越多的人逐步摆脱单位体制的束缚,从"单位等级人"转变为"社区平等人",由"单位人"转向"社会人"。同时,社区结构的变迁导致社区非正式组织迅速成长和社区类型多样化、社区利益主体多元化、社区观念社会化。

(三)城乡发展一体化的要求

人民公社体制时期的农村以农业生产为主,社会分工简单,人口流动性低,社会交往狭窄,社会角色单一,人际关系大多属于熟人社会。在城市,单位体制

---

① 唐忠新:《城市社会整合与社区建设》,中国言实出版社2000年版,第20页。
② 徐永祥:《社区发展论》,华东理工大学出版社2001年版,第145页。

居于绝对优势地位,城市社会呈现出高度计划性、行政化、单位化的特征。改革开放以来,我国的工业化、城镇化进程逐步加快,城市化水平不断提高,近年来的人口流动更加频繁,每年的进城务工人员数量都破亿。从我国城镇化进程来看,我国城市化水平 1985 年为 23.7%,2001 年上升到 37.2%。2008 年 8 月 19 日,"中国住房和城乡建设部官员就中国城镇化与城市发展的机遇和挑战接受采访时说,截至 2007 年底,中国的城镇化水平为 44.9%,过去 25 年年均增长 0.95 个百分点"①。2012 年 1 月,"国家统计局公布数据显示,到 2011 年末我国城镇人口占总人口比重达到了 51.27%,首次超过 50%"②。比 2002 年提高 12.2 个百分点,城乡结构发生历史性变化。2002 年至 2011 年,我国城镇化率以平均每年增加 1.35 个百分点的速度推进,城镇人口平均每年增长 2096 万人。从区域分布来看,2011 年,东部地区城镇人口比重为 61.0%,中部和西部城镇人口比重分别为 47.0% 和 43.0%,与 2010 年相比,东中西分别上升 1.1、1.7 和 1.6 个百分点。这标志着我国从此进入以城市社会为主的新成长阶段。从 1978 年至 2011 年这三十多年,中国城市化率每年提高 1 个百分点,达到世界上最快的城市化速度。这种变化意味着人们的生产方式、职业结构、消费行为、生活方式和价值观念等都会发生极其深刻的变化。

城市化是现代化的重要标志之一,继工业化之后,城市化成为推动我国经济社会发展的巨大引擎。工业化、城市化和市场化,已成为拉动中国社会变迁的"三驾马车"。长期以来形成的我国城乡二元管理的体制和机制,已不适应城镇化快速发展的要求,需要统筹城镇化建设。全国各地城乡统筹和打破城乡二元结构成为发展的新主题,改变城乡二元结构,构建新型工农、城乡关系,统筹城乡发展需要一场深刻的社会变革。城市化的推进会带来很多新情况、新问题。适应城市化发展的需要,进行社会管理体制的改革和创新,是继经济体制改革之后又一项深刻的社会变革。在这种情况下,党的十六大以来,我国已经确立统筹城乡发展的基本方略,基本构建起统筹城乡发展的政策体系,初步搭建起统筹城乡发展的制度框架。城乡界限不断淡化,进城务工人员的市民化门槛逐步降低,由"乡村中国"向"城镇中国"快速迈进,由城乡二元向城乡一体稳步推进,由传统

---

① 蒋韡薇:《我国每年一千万农村人口转移到城镇》,《中国青年报》2008 年 8 月 20 日,第 2 版。
② 朱隽:《我国城镇人口占总人口的比重首次超过 50%——推进城市化,亟需破"两难"》,《人民日报》2012 年 1 月 30 日,第 17 版。

生活向现代生活逐步演进的城乡经济社会发展一体化新格局逐步形成。① 2012年11月8日,党的十八大报告提到,我国已经"实行城乡按相同人口比例选举人大代表",并且要求在今后进一步推动城乡发展一体化。报告明确提出"要加大统筹城乡发展力度,增强农村发展活力,逐步缩小城乡差距,促进城乡共同繁荣";"加快完善城乡发展一体化体制机制,着力在城乡规划、基础设施、公共服务等方面推进一体化,促进城乡要素平等交换和公共资源均衡配置,形成以工促农、以城带乡、工农互惠、城乡一体的新型工农、城乡关系"②。总之,改革开放以来我国城乡发展水平的持续提升和城乡统筹步伐的加快为我国的社区治理提供了越来越广阔的发展空间和社会平台,也对社区治理提出了新要求,社区治理同时面临着一系列新的挑战。

二、当今我国社区治理的发展与特点

按照类型学的划分方式,社区大致可以分为城市社区和乡村社区两个大的方面,这种划分既是最具普遍性的分类方式,也是适合我国国情并且在我国运用最广的分类方式。本章从城市社区和乡村社区两个大的方面简要回顾一下改革开放以来我国社区治理发展的历程、特点和形成的具有一定代表性与影响力的社区治理模式。

(一) 城市社区治理的发展

20世纪80年代以来,我国城市社区治理最初出现在改革开放前沿地区的城市,然后逐步延伸到东南沿海发达地区的城市。从目前我国城市社区的媒体关注度来看,改革开放以来大多集中在北京市、广东省、江苏省、湖北省和上海市等经济发达地区的典型城市,东北三省和大多数西部地区的省份受关注度非常低。在城市社区治理发展的过程中,国家相关部门出台了一系列促进社区治理的政策法规,进入21世纪以后通过法治建设推进城市社区治理是一个显著特点。总体说来,城市社区治理在政府的主导下发展很快,其规模不断扩大,地域不断扩展,内容日益增多,形式不断更新。

---

① 林琳、顾春:《城乡结构发生历史性变化 我国城镇化率突破50%》,《人民日报》2012年11月4日,第8版。

② 《中国共产党第十八次全国代表大会文件汇编》,人民出版社2012年版,第21—22页。

从主要内容来看,我国城市社区治理在逐步发展的过程中,以下几个方面关注度比较高。

一是城市社区的选举与居民自治。城市社区选举有时面临着选举前准备工作不充分、有些居民选举积极性不高导致无法达到法定人数、很多青年人的选票由别人代填等不利于社区治理良性发展的社会现象。在着力解决上述问题的同时,更多的城市社区积极推进社区直选制度。建立社区居委会成员直接选举制度的目的就是使居民广泛参与社区民主,以实现社区居民自治。有的地方在选举投票前有候选人必须演讲的竞选环节,有的引进观察员制度监督选举,有的推行公推直选和评议相结合的制度,最终目标是建立服务型社区、自治型社区、学习型社区、数字型社区和生态型社区。作为社会主义新型民主新的生长点,2010年成都市武侯区探索城市社区居民自治创新与发展的"四大体系":广纳民情,民情专递上传下达,构建社区居民积极参与、自我管理体系;突出民治,社区治理还权于民,构建基层党组织领导下的社区居民自治组织体系;集聚民智,社区事务群众监督,构建科学民主的决策和完善的社会评价体系;温暖民心,社会服务统筹兼顾,构建更均衡便捷的社会管理和公共服务体系。

二是城市社区的物业管理。随着城市化的加快,越来越多的城市居民购买房产,成为城市社区的业主,在此基础上的业主委员会逐步成为城市社区治理的核心主体之一,业主与物业公司之间的关系成为当今我国城市社区治理的新内容,物业新政是我国城市社区公民自治的训练场。我国城市社区的物业问题是社会转型期的新逻辑起点,也是城市社区治理能够切实推进的新突破点。建立在住宅这种生活资料之上的业主是当今城市社区民主化的社会基础,具有推动民主化的积极作用。住宅私有化所形成的业主阶层和住宅物业不动产的稳定性决定了业主阶层的理性民主化,是城市民主化的新突破口。有些城市社区中的业主与物业公司之间建立了良好的互动关系,但是在一些地方二者之间存在着尖锐的矛盾和冲突,给社区治理的发展与和谐社区的建设带来一系列全新的挑战。

三是进城务工人员的城市融入与城市社区治理的关系。改革开放以来的城市化进程与进城务工人员的作用紧密相连,城市外来劳动者的管理与其作用的充分发挥是当前城市社区治理中的新问题,也是我国社会转型期的一个突出现象,进城务工人员的市民化有助于他们融入城市社区生活和找到社区归属感,不但可以降低城市化带来的社会风险,而且能够促进我国社会转型走向成功,最终实现现代化。当今一些城市的积极尝试符合时代发展的趋势和潮流,也推动了城市社区治理的健康发展。

四是城市社区居民自治中的管理与服务。在当今城市社区治理中不但有解决"社区行政化"弊病的社区治理体制创新,还有城市社区数字化、智能化等科技支撑手段运用的"数字社区",通过建立社区网站、社区QQ群和开通24小时社区服务热线等方式拓展社区治理与社区服务新模式。还有的通过社区试点免费发放垃圾袋、打造十分钟社区服务网络、促进社区充分就业、完善养老与康复的社区家园等提升社区治理能力与服务水平。在社区治理的制度建设上,不但有社区工作人员的述职与质询制度,还有社区发言人制度建设,这些都有效提升了城市社区治理的水平。

五是城市社区治理中的文化建设。在当今部分城市社区,不但倡导邻里价值,而且还建立社区图书馆、社区科技馆、社区文化中心便民卡、社区科普大学等社区文化基础设施以推动社区文化发展。同时,还通过社区居民学习累积学分换免费蔬菜、体育生活化社区等制度建设激励社区居民参与社区文化活动,实现居住改变社区,营造文化社区。

六是城市社区治理的矛盾、纠纷与冲突。绿色、和谐、文明和安全的社区是社区治理的重要目标。在社区应对灾害方面,有待加强城乡社区综合减灾能力建设。加强社区灾害应急避难场所和社区减灾队伍建设,以最大限度保障社区居民生命财产安全,提高城乡社区综合减灾能力。成立以社区工作人员、灾害信息员、安保人员为主体的社区综合减灾工作队伍,并鼓励公务员、大中专学生、离退休干部和退伍军人等人员成立形式多样的社区减灾志愿者队伍。每个社区至少要有一名灾害信息员,灾害预警信息覆盖率要达到90%以上。每个社区至少有一支志愿者队伍,能够在第一时间组织应急避险救援。社区综合减灾预案编制率达到100%,社区居民防灾避灾、自救互救知识普及率达85%以上。有的城市社区按照国际标准建立国际安全社区,最终目标是成为世界卫生组织认可的国际"安全社区"。北京市2007年以来在社区建立矛盾纠纷信息员制度,通过排查将社区矛盾纠纷化解在基层,并且发挥公众力量推进"平安社区"建设,自2010年12月6日正式启动平安社区评选活动,"截至2011年1月14日24时整活动结束,网络选票和手机选票的总数达到了2 574 899张。经过激烈角逐,最终50个社区从候选社区中脱颖而出,跻身TOP50的榜单,荣获最平安社区的称号"①。

---

① 唐琼、郭晓乐:《北京50个社区获得最平安称号》,《京华时报》2011年1月18日,第5版。

有的城市社区还创新形式,依法有序促进社区治理。2012年10月16日,"在江苏省南通市虹桥街道虹西社区'求是园'议事会上,60多位社区'议员'围绕'社区三间空置房屋作何用途'这个议题畅所欲言,最后表决通过了《虹西社区活动房民主议事会初步方案》,其内容包括房屋用途、硬件采购、开放时间等。虹西社区'求是园'议事会以'为民而求、惠民为是'为理念,是社区民主议事的机构。社区议事会成员称为'社区议员','议员'由每幢楼的楼组长或骨干党员构成。每逢重大问题,'议员'通过搜集民意、确定议题、汇总意见、民主讨论、表决最终形成决议,并及时将结果公示。自2011年12月成立以来,'求是园'议事会已经为居民解决实际问题10多起,并组织制定了社区《邻里公约》,推动社区民主自治"①。另外,在城市社区警务与社区矫正方面也有较大进展,社区警务工作站通过计算机联网和安装电子眼等措施,大幅度提升了社区安全。

七是城市社区与基层政权组织变化的关系。随着城市的发展,安徽省、广东省一些城市尝试撤销街道办事处,其中以安徽省铜陵市的改革备受瞩目。在2011年9月,安徽铜陵全面撤销街道办实行居民自我管理,民政部给予肯定,并且表示可以逐步推广。同时,广东试点城市管理新体制,在基层撤销街道办推动扁平化管理,减少城市管理层级,将部分社会管理和公共服务等微观职能下移到社区。有些中小城市从减少行政层级、提高公共服务效能考虑撤销街道办事处,做实社区公共服务机构和自治职能的实验,有的经过实践证明取得良好效果,这种探索和实验也非常有意义。

(二)乡村社区治理的发展

在改革开放初期,1980年7月14日,广西宜山县合寨大队(今宜州市屏南乡)的果作村的村民在生产队解体后自发组织起来选举成立村委会,议定村规民约,解决生产生活中的偷盗、赌博、乱砍滥伐、水体污染等实际问题,随后召开全村大会讨论并通过了事先起草好的《村规民约》和《封山公约》,以维护正常的社会生产和生活秩序,这种自发性、实用性、效果好的村民自治组织及其制度设计对后来我国的乡村社区治理法治建设产生了很大影响。

相对于城市社区治理来说,改革开放以来我国的乡村社区治理更是丰富多彩,媒体与公众的关注度更高,相关学者在这方面的研究深度和广度远远超过城

---

① 许丛军:《社区有问题"议员"来协商》,2012年10月17日,新华社,http://www.gov.cn/jrzg/2012-10/17/content_2245283.htm,2022年3月20日访问。

市社区治理,在走向现代化和促进社会转型过程中的任务也更为艰巨。从时间发展脉络来看,乡村社区治理不断深入,自2008年以来成为社会关注的重点领域之一。从乡村社区治理的基本内容来看,主要包括以下几个方面。

一是乡村社区的选举与村民自治。改革开放以来,在国家一系列政策法规的指导和推动下,乡村社区选举获得了巨大发展,草根民主不但首创了村级海选制度、无候选人选举制,而且很多地方的农民在村干部直选中的参与度非常高。有的地方还在选举中引入司法公证程序确保公平竞争、创立村委会选举观察员制度提高选举质量与透明度等。例如,1991年,吉林省梨树县农村行政村在全国率先"海选",即村委会成员和主任由村民直选。2003年,吉林全省20 004个行政村全部实行"海选",这种村民自治的民主政治形式受到农民们的欢迎,推动了农村经济发展和社会进步。在村干部的撤换、罢免与去留问题上,有的乡村社区通过村民考核评议与打分决定村干部去留、村民代表联名罢免等制度建设完善乡村社区治理,正逐步走上民主政治的"村村通"。

二是乡村社区的村务监督。在乡村社区治理的过程中,一些地方探索和创立了村务监督的新制度(如民主恳谈会制度、发展议事会制度、村干部述职与村民评判制度、民主日制度、"村干部用钱村民批"的民主理财制度、村代会常任制、大专委制度①、村干部辞职承诺制度、村级重大事项票决制、村务网上公布制度、村务监督委员会制度、村干部财产公示制度等),拓展了农民评"村官"、说村事、理村政的舞台,村里多个热点难点问题先后解决,效果良好,彰显了村民自治的无穷活力。

三是乡村社区走向城市社区的村改居。随着工业化、城市化进程的加快,一些乡村社区被纳入城市化进程之中,一些城乡接合部的乡村社区变为城市社区,村委会变为居委会,促进城乡统筹发展。在村委会向居委会的过渡中,规范撤销村委会的条件和程序,明确设立社区居委会的条件和程序,实现城乡接合部地区社区管理的全覆盖,顺利完成从乡村社区治理到城市社区治理的全面对接工作,及时满足居民各类公共服务需求。这是统筹城乡发展、推进城镇化进程的重要载体,是破解城乡二元结构、实现城乡公共服务均等化的重要途径。

四是乡村社区治理中的突发事件应对。面对包括地震灾害和泥石流等地质灾害、干旱暴雨等气象灾害等在内的各类自然灾害,有的乡村社区制订应急预案,出台规划导则查找安全隐患,自发修坝防洪,做好疏散撤离与转移演练,扩大

---

① 即用大部制形式管理整个乡村社区。

灾害预警信息覆盖率,开展防灾宣传活动,增强灾害防御能力。有的组建农民消防队,倡导文明祭祀降低森林火灾。有的乡村社区集体坚决阻止环境污染工程项目开工、非法暴力强征土地和野蛮拆迁,保障了基本生活环境的安全。

五是乡村社区治理中的社区服务。在这方面很多地方探索出了很好的经验,如在浙江省上虞区谢塘镇新戴家村的便民办公室,一块便民服务小黑板上写着村民需求,接下来的工作村干部全程包了,这种全程代办的服务让村民享受到了便利,并且确保了群众办事不出村、矛盾纠纷不出村、信息咨询不出村、致富求助不出村。从1998年起,村干部就开始帮助村民代办身份证、建房审批手续之类的事。新戴家村首创的"四不出村"在上虞全市786个村推广。该村的村支书说:"我们村离城区有十多公里路,村民到城里办事很不方便,况且村民不熟悉办事程序,进城办事总会遇到不少麻烦。"在新戴家村,家家户户都有一张便民手册,上面有所有村干部的联系电话以及便民服务内容。包括群众办事、矛盾调解、信息咨询、致富求助等四大项目。无论是电话机坏了、抽水马桶要修理,还是邻里间出现纠纷等,只要村民有要求,都可以随时上门或是打电话找6位村干部。这种"四不出村"工作法已经在上虞全市推行。①

中国村庄经历的历史变迁,特别是经过近几十年来的重新组合后,现在意义上的村庄,已经具有了行政村和自然村的双重结构,无论在社会—文化形貌,还是政治—经济形貌上,都大大不同于传统意义上的社区了。在改革开放以来的乡村社区治理中,还涌现出一大批各具特色的社区治理典型即大众所说的"明星村",它们不但改变了农民的命运,而且成为村民自治的样本,在一定程度上展现了当今我国乡村社区治理发展的历程,也昭示了我国社区治理的发展趋势。有的"明星村"的知名度甚至在海外也产生了一定的影响。

(三) 社区治理的特点与模式

综合分析改革开放以来我国城乡社区治理的发展,大致可以归纳出以下几个基本特点:一是城乡社区治理的发展与改革的深化程度几乎是同步进行的,时代的大环境及其变化对城乡社区治理的发展程度与未来走向具有决定性的作用。健全的城乡社区治理还需要进一步深化改革,营造更为宽松的发展环境。二是社区选举与居民自治都是城乡社区治理中的核心问题,在现实发展中各地差异巨大,主要表现在有的地方社区治理在探索中创造了新制度和新方法,适合

---

① 史春波:《只要村民有需要 村干部全程包办》,《钱江晚报》2010年8月10日,第8版。

了当地社区的具体情况,取得了较大的成效。但是在有的地方,社区选举和居民自治或者流于形式,或者异化为长期的恶人治村或混乱无序状态从而违背了初衷,其背后的原因比较复杂。三是社区治理中的监督是保证社区良性发展的重要手段。无论是城市社区还是乡村社区都在实践中创造了一些行之有效的监督方式,但是要保持这些监督方式的持续效力,还需要改进以适应不断变化的环境。四是比较起来,乡村社区治理中的问题甚至更多,也很可能是问题暴露得更为充分,但是乡村社区治理的总体效果要好于城市社区治理。一些乡村社区村民参与的积极性、参与动力和在社区治理中的创造精神,以及自我维权的决心与毅力是很多城市社区市民无法企及的。五是很多城市社区治理中对相关科技手段的运用较多,也比较科学和有效,乡村社区治理中科技手段的运用普遍相对薄弱,这可能是很长一段时间内难以改变的现象。六是部分乡村社区在城市化进程中被纳入城市社区,这是我国现代化发展的必然结果,由熟人为主的社会变为陌生人为主的社会,公民的角色需要随着生活方式的变化进行适应性调整。七是城市社区和乡村社区,在地域分布上均呈现出明显的不平衡性。社区治理信息在发达的地区与城市相对较多,其中北京市、广东省都是媒体关注度最高、社区矛盾暴露最为集中同时也是制度创新最多的地方。根据近10年来笔者的持续追踪和归类统计发现,相对于城市社区来说,媒体报道的有关乡村社区信息的总体数量数倍于城市社区,而且涉及问题非常复杂,几乎方方面面都有,农村社区的问题并不比城市社区少,只是表现形式不一样。媒体报道城乡社区信息的数量既与经济发展程度、社会发展程度成正比,也与城乡社区社会矛盾的集中度成正比。这说明社区治理的发展状况与社会发展程度密切相关。媒体的集中点既有安徽省滁州市凤阳县小溪河镇小岗村、河南省漯河市临颍县南街村、河南省新乡市刘庄、天津市静海区大邱庄、江苏省江阴市华西村和广东省中山市南朗镇崖口村等早期的乡村社区典型,也有以社区民主与社区居民自治而扬名的乡村社区。

经过改革开放以来几十年的发展,一些地方在城乡社区创造了一些具有代表性或典型性的社区治理模式。但是对社区治理模式的总结与归类基本上局限在城市社区。在城市社区,大体上可以分为政府主导型、企业主导型和社会主导型等基本模式。

政府主导型模式就是政府经营社区,政府行为和社区行为结合度高,政府在社区发展中起着决定性作用,有的甚至在政府部门中设立专门的社区管理机构包揽社区工作。这是我国传统的社区管理模式,如上海浦东一些地方形成"镇管社区"的模式。这种模式在目前受到质疑,需要通过进一步深化改革逐步改进,最终实现以社区居民为主的自我管理、自我服务与自我发展。

企业主导型模式就是企业经营社区的治理模式。"企业经营社区"是企业在市场机制指导下,通过公司化职能经营,以市场需求和社会需求为导向,依靠"市场化推动"和"社会化发育",在业务延伸中有效地拓展自己的发展空间。这方面的典型代表就是武汉的百步亭社区。"武汉百步亭社区通过'公司化职能经营',把社区建设作为一个系统,重视开发、管理和服务要素的结构及功能整合,追求整体效益,协调和整合了各个方面的关系,从而实现了投资主体的一元化和责、权、利的有机整合,保证了开发、管理和服务三个环节的连续性,有利于资源的优化配置。与此同时,百步亭社区通过社区管理委员会整合政府行为与居民自治,成功创造了自上而下、自下而上,上下通达的双轨管理体制,使集权体制的行政系统与横向联系的社区居民自治得到了良好协调。百步亭社区通过企业对市场资源、社区资源、企业资源的有机整合,把作为经济组织的企业与作为社会组织的社区有机地结合起来,形成一种真正建立在利益调节机制上的利益共同体,实现资源的合理配置和多边共赢"[①]。

社会主导型模式也可以称为自治型模式。政府行为与社区行为分离,社区工作由社区居民自治自理,经费的筹措或通过各类团体、基金会捐赠,或通过经营和社区服务筹集。这方面的代表有沈阳模式,即以主要街道为界限,以1000—2000户的居住规模为范围,实行社区居民自治。这种模式是未来社区治理发展的主要方向。这种社区治理模式达到成熟状态需要具备一体化、专业化、社会化、产业化、法制化等基本要求,以实现机构设置一体化、社会管理活动自治化、管理主体社会化、运行机制市场化。

三、当前我国社区治理问题

社会转型期是社会矛盾的凸显期,也是社会问题的集中暴露期。在当今我国,无论是城市社区还是乡村社区的治理都面临着很多突出问题,需要通过进一步深化改革逐步解决。

---

① 周运清:《百步亭花园社区:企业经营社区的实践与创新》,《学习与实践》2002年第5期,第29—30页。

（一）城市社区治理问题

当今我国城市社区治理中的问题不少,有的是体制性问题,有的是改革中出现的新问题;有的是阶段性问题,有的则是长久性问题。大致说来,当前我国城市社区治理中的突出问题主要表现在以下几个主要方面。

一是物业管理冲突与纠纷是目前城市社区中最为突出的问题。从某种程度上说,现在我国的城市居民正进入物业公司统治时代,在物业与业主的冲突中,物业公司采取暴力手段对待业主进而引发业主维权的冲突最为集中,其主要表现形式有业主不满停车费用车堵社区门口或道路、业主因更换物业引发冲突、物业因收费问题与业主冲突、黑社会势力介入社区矛盾与冲突、开发商设立霸王条款侵犯业主利益引发冲突,等等。在当前我国许多城市中,业主"炒不走"物业是一种相当普遍的现象。以广州市为例,早在 2004 年,广州市的劳资、征地拆迁与物业管理纠纷成为三种主要纠纷事件。虽然国务院颁布和修订了《物业管理条例》,但是业主与物业之间的冲突在某些城市社区不但没有减少,反而快速增加。

二是城市社区外来务工人员的社区融入问题。很多城市社区是外来务工人员的集中生活区域,由于没有工作地的城市户籍,不但难有社区归属感,甚至加剧了本来就非常严重的"城市病"。有些外来务工人员集中的城中村和城乡接合部,社会治安问题也是一个非常突出的社会问题。放宽外来务工人员的社区融入门槛和促进农民工市民化以提升城市社区治理能力还需要制度改革和治理创新。

三是社区工作人员的待遇与违法乱纪问题。有的城市社区工作人员待遇偏低引发频繁辞职离职和缺口加大现象。2006 年时任民政部部长的李学举说:"现在我国社区干部工作负担过重,福利待遇太低。现在社区平均承担 100 余项事务,60% 的社区干部工资低于社会平均水平。"李学举还认为,一些地方和部门在社区服务优惠政策的落实和新政策的出台上力度稍显不足。[①] 在社区治理的具体工作中,有的地方存在将老弱病残干部下派到社区充数,还有的城市社区频频出现社区工作人员不作为、克扣低保金给亲属谋福利、侵占公款、乱收费、骗取拆迁款等现象。

四是城市社区服务问题。这方面日益突出的有社区养老服务、社区心理咨

[①] 郭少峰:《我国社区干部福利过低 六成人工资低于平均水平》,《新京报》2006 年 7 月 23 日,http://news.sohu.com/20060723/n244398029.shtml,2022 年 6 月 15 日访问。

询服务、社区医疗服务、社区精神病人关爱、社区公共文化服务等。近年来全国各地报道出来的一些城市社区中,空巢老人家中死亡多日才被人发现的现象暴露出城市繁华背后的冷漠。虽然该事件属于发生概率极小的极端事件,但是也直接反映出城市社区服务某些方面的缺失或者服务机制流于形式等突出问题。

五是城市社区治理中的矛盾与冲突应对问题。除了前面所说的物业冲突外,城市社区治理中的矛盾与冲突主要还有火灾事故、居住环境污染、生命线工程事故、居民饮用水污染、居民楼电梯坠落造成人员伤亡、突发停电停暖、暴力强拆、非法侵占社区绿地等内容。这些矛盾和冲突,有的经常发生,有的是小概率大危害的事件,社区对矛盾与冲突的自我防范与解决能力普遍低下,需要在今后的城市社区治理中着力解决。

(二) 乡村社区治理问题

与城市社区相比,乡村社区治理中暴露出的问题更为充分,表现形式更加多样,在某些方面具有乡村社区的独特性。归纳起来,当今我国乡村社区治理中的突出问题主要集中在以下几个方面。

一是乡村社区选举与村民自治问题。在乡村社区的换届选举中,一些地方出现贿选(买选票和买官)、在逃犯罪嫌疑人(或通缉犯)甚至正在监狱的服刑犯当选村干部、民企老板与富人长期占据村干部之位、打砸乡村选举现场及哄抢或撕毁选票等暴力行为。在当今一些乡村社区,村干部的贪污、受贿、侵占、挪用、私吞等腐败问题在一定程度上成为普遍现象,村干部职务犯罪现象颇为突出,与此紧密联系的是村干部暴富、拥有大量房产和豪宅,村民举报常常遭到报复,利益博弈的抗争性政治加剧了社会矛盾,"小村官大腐败"亟须遏制。还有一些地方仍然存在向农民乱派款乱收费的现象,一些贫困地区或者矛盾尖锐乡村出现村委会长期瘫痪的现象。村委会三年一换届,间隔周期太短,村委会选举频繁和换届也加重了财政负担。

二是乡村社区村民监督权的发挥渠道及其保障问题。一些乡村社区由于村民的村务监督权没有得到有效落实,监督渠道不畅,更缺乏切实有效的保障措施,其结果是,一些乡村社区村干部豪华办公楼频频出现,村干部腐败问题日益成为社会关注的焦点之一。在村干部与村民的关系上,相互不信任成为惯常心理定式,二者之间相互敌视和对抗性行为日益凸显。如何通过制度建设和保障措施强化村民的村务监督权,真正保障村民的参与权,减少社会矛盾和社会冲突,是一个亟待解决的社会问题。因为,"村民自治,处理的村务都属于村庄的公共事务,涉及每家每户的利益,所以要求村民的积极参与。如果村民参与不充分,那么村庄公共事务的办理势必落在少数几个村干部的手里,村民自治就成了村干部自治了。所以,参与性正是村民自治的重要特性之一。只有村民积极参与,及时发现村务管理中的问题,及时提议解决问题的办法,那么村庄公共事务就会进入良性循环的状态"[①]。

三是城乡差别与城市化进程中的乡村社区治理问题。由于长期以来我国相关制度顶层设计和资源配置基本上一直是偏向于城市,造成城乡差距长期存在。乡村与城市的鸿沟在短时间内难以逾越,城乡发展失衡成为突出矛盾,虚空的农村和空虚的主体明显影响了乡村社区治理,权利平等是改善城乡二元体制和城乡差距的关键。在改革开放以来的城市化进程中,一方面,一些省份出现了地方政府违背农民意愿强力推进的"撤村圈地"和农民"被上楼"的伪城镇化运动;另一方面,城市化在一定程度上造成了乡村社区的"空心化",农村青壮劳动力大量外出,土地撂荒现象时有发生,在众多"空心村"里生活的是庞大的留守老人、留守妇女、留守儿童等留守群体,而且农村人口老龄化加剧导致部分乡村社区农业走向倒退。相对于东部地区来说,"空心村"现象在我国西部地区更为严重。如何从完善农民社会保障、确保农民自由迁徙权利和其他合法权益以促进城市化进程,避免拔苗助长式运动的城市化,在遵循现代化发展规律的前提下促进乡村现代化并且顺利实现社会转型,这是一个具有战略性的新问题。

四是乡村社区与各级政府的关系问题。这主要包括乡村社区与乡镇政府的关系定位、乡村社区中的干群关系和各级政府的"空降"村干部等问题。在乡村社区与乡镇政府的关系定位与干群关系上,出现了越位与错位现象,如政府向村级组织乱收费与各种摊派行为、强行撤村并村等,使基层干群关系中的信任危机日益突出,干群矛盾甚至成为我国一些地方危及社会和谐稳定的首要因素。这也是近年来一些地方精简乡镇机构和一些学者主张撤销乡镇政府实行社区居民自治以摆脱乡村治理困境的重要原因。在"空降"村干部方面,近年来多个省份通过选派大量党政干部进村抓整改、政府成立纪律监督小组和向村里派驻纪检员来预防村干部腐败、政府官员兼任村主任或村支书数月或数年、选派干部到村里挂职当村支书等,掀起一轮又一轮新的干部"上山下乡"运动。这些"空降"行

[①] 牛铭实:《中国历代乡约》,中国社会出版社2005年版,第109页。

为出发点是好的，但是否真正有助于乡村社区治理的发展与完善，是否符合乡村社区治理的发展规律，还需要进一步观察和深入思考。

五是乡村社区中的经济、文化与村规民约问题。在乡村社区，很多地方非常贫困，属于国家扶贫政策长期支持的区域。在当今乡村，小农经济方式下的农产品价格不高、滞销甚至种田赔钱是大量青壮年劳动力离土离乡和大片耕地抛荒的重要原因，而且谷贱伤农直接影响农民种粮的积极性和国家的粮食安全。在当今我国农村很多地方，种田种地的大多为留守老人和留守妇女，这也折射出农村的空心化现象，加剧了农村失业问题。农村劳动力失业加剧容易产生违法犯罪现象，进而影响社会稳定。2012年3月2日，我国杂交水稻之父袁隆平院士在接受记者采访时说："根据湖南省物价局调查统计，2010年农民种植每亩水稻的纯收益是186.2元，但其中包括104.1元的国家粮食直补，实际上不含补贴农民纯收益只有82.1元。2011年，由于生产成本上升了121.6元，农民种植每亩水稻纯收益仅有116.6元，除去109.1元的国家粮食补贴，农民纯收益只有7.5元。"因此，"我今年的建议是政府要以较高的价格收购农民的粮食，然后以平价出售粮食。这样既保证国家粮食安全和价格的平稳，又大大提高农民种粮的积极性和收入"。① 此外，有的乡村社区债务问题严重，以至于出现有的村干部靠借高利贷完成罚款任务、售卖村里集体财产抵债、村委会打白条拖欠村民补偿款、村主任外出打工躲避债务等现象，乡村社区的债务矛盾和民间借贷崩盘事件很可能会成为随时引爆突发聚集事件的一颗定时炸弹。

在乡村社区治理中的文化方面，出现了有的新农村建设"示范村"花巨资造假、传统古村落破败严重等现象。一些地方的宗族性村落不合时宜的族规和落后的封建文化成为制约农村民主发展和村民自治的瓶颈。一些乡村优秀传统文化无人承继让农民丧失精神家园。2008年以来，中央推行大部制改革，在这种政策风潮下，有的地方推行大村庄制，这种做法需要反思。考察村庄的发展史和总结以往的经验教训，应该按照村庄自身的发展规律促进社区治理，不可盲目地推行"大村庄制"。从农业生产的规律上看，真正的农民并不适合集中居住，他们需要就近进行农业田间操作。对于已经基本脱离农业生产的农村居民来说，与其把他们搬迁到"大村庄"，还不如直接让他们居住到小城镇或更大的城市，这样

---

① 《袁隆平称我国农民种1亩地仅赚7.5元》，2012年3月5日，央视网，http://news.cntv.cn/20120305/122717.shtml，2022年6月15日访问。

对他们来说也许更为适宜。因为,"纵观历史,社区的组成大多不是其成员自由选择的结果,而只是根据历史和传统而形成的。从历史的观点来看,绝大多数的社区可以描述为要求型社区(communities of requirement)"①。而多数未来的社区将会是选择型社区(communities of choice)。"过去很多的社区,无论是地理的、宗教的、文化的、行业的、志愿者服务的,还是兴趣的,都带有垄断的性质,最好的也不过是寡头垄断性质,通常只有微不足道的竞争或者根本没有竞争。这样的社区是要求型社区。然而未来几乎所有的重要社区都要激烈地竞争以争夺成员,因为它们都是选择型社区。领导者能否成功适应将来的新型世界,将会是社区能否成功和长期繁荣的重要因素。"②

六是在乡村社区突发事件应对方面,主要包括乡村社区的自然灾害、事故灾难、公共卫生和社会安全方面。在乡村自然灾害应对方面,乡村建筑物抗震性普遍偏低,很多地方房屋基本没有抗震性,可以说是不设防的农村。泥石流和地陷、山体滑坡等地质灾害也时有发生。一些乡村成群的野猪和野狼出没,严重威胁村民的生命和财产安全。一些乡村长期干旱造成庄稼绝收和乡村人畜饮用水困难。乡村火灾与雷击致人伤亡的现象也时有发生。特大暴雨导致洪水淹没村庄等极端天气与气象灾害在近年来更为常见。与频频发生的灾害相比,我国乡村社区的防灾减灾能力普遍薄弱,经常发生因为村民缺乏救援常识与技能导致不幸遇难者增加等令人痛心的局面。在公共卫生方面,乡村社区的群体性食物中毒、传染病疫情传播、假疫苗事件等现象也时有发生。在社会安全方面,当地村民与具有污染性质的企业的冲突、村民上访、土地征收与房屋强拆、强租土地与低价非法出租、黑恶势力横行乡村等现象与事件成为近年来社会关注的一个焦点。虽然乡村社区突发事件常常发生,但是我国乡村社区应对突发事件的能力总体薄弱,基层社区还没有形成应有的应急文化,居民也没有培养出自救互救、逃生避险技能。

总体说来,当今乡村社区治理中的"农民被上楼"运动、干部"上山下乡"或驻村运动、大村庄制、撤村圈地及其引发的短期效应、留守群体与乡村空心化等现象与行为,都是当前乡村社区治理中亟待解决的问题。当前对于社区治理,有人认为,选举把乡村搞乱了,提出中国农民素质差,不适合搞民主等观点。这些

---

① 〔美〕德鲁克基金会主编:《未来的社区》,魏青江等译,中国人民大学出版社2006年版,第96页。
② 同上书,第101—102页。

观点不但都经不起实践的检验,甚至违背了政治学的基本常识。乡村社区治理的最终目标应该从实现我国现代化和民族走向复兴的高度进行再思考,从新农村建设的基本要求和社区治理的发展潮流进行再审视。"扁担挑不出新农村,锄头挖不出现代化",这句话再次警醒我们:当今我国乡村社区治理中某些指导思想和基本原则正在被推崇,但是从长远来看会损害社区治理健康发展。

四、当今我国社区治理问题的原因与趋势

当今我国社区治理的问题较多,原因也是复杂多样。随着改革的进一步深入,其未来趋势也会有较大的变化。

(一)我国社区治理问题的原因

导致我国城乡社区治理中出现问题的原因很多。前面对乡村社区治理问题中的原因已有所探讨。这里主要阐述城市社区治理中出现问题的原因,主要有以下两个方面。

一是社区与政府(特别是街道办、乡镇政府)的关系没有理顺。从功能的角度看,一些地方政府包揽社区一切的局面尚未改变,"政社不分"的情况依然存在,尤其是在街道层面,政府的行政管理与社区居民自治管理职能集于一身,尚未走出政府职能转换内循环的老路,其直接后果是现有社区治理体制既没有明显减轻政府的社会管理负担,也没有从更深层次上提高社区居民的民主参与社会管理的意识,社区治理仍旧更多地体现为一种政府行为,社区组织的主要职责是围绕政府的指令开展工作。就社区居委会与街道办关系来看,法律虽然对居委会的定位是"群众自治组织",没有行政权力,但是在现实中其实际功能却是"准行政组织""政府代言人"、街道办事处的"一条腿"这种角色,居委会对基层政府是全面依附的关系。居委会打"自治"牌,办"政府"事,是政府的"腿",没有发挥法律赋予的自治作用,居民没有真正成为具有决策权的自治主体,"小政府、大社会"的格局尚未形成。

政府行政力量过度介入社区事务,抑制了社区功能的发育和发展,也使政府背上了沉重的经济成本、政治成本与社会成本的包袱,而且导致居民对政府的高度依赖性和过高的期望心态。社区治理过分依赖政府的外力推动,必然会导致社区居民自我参与的内在动力不足,社区共同价值观难以形成,更谈不上对社区

的智力支持与文化支撑。由政府直接管理社区的做法,将失去依靠社区居民开展社区治理的真正意义。社区治理不同于政府管理,在我国由传统社会向现代社会的转型时期,科学地界定政府的行政管理与社区居民自治管理的职能权限,并将二者有机地衔接起来,是建构中国特色网络式社区治理体系的关键所在。自治化、民主化是社区治理的必然趋势与最终目标。因为社区治理的本质是自治性、社会性,其完善形式是自我管理、自我服务,所以,在社区治理中,政府的工作是协调与指导。

二是社区治理本身定位不清。在一些城市社区,多年来仍然采用多头管理的办法,社区由多个单位住宅区和普通居民区根据地域的属性划分而成,单位住宅区往往由单位管理,普通住宅区有的由住宅开发商管理,有的由物业管理公司管理,还有的由居委会管理,而社区的公益事业、生活服务设施则缺乏一个统一的管理办法,它们往往为社区居民生活设施以及小区的交通、电信等诸多问题相互扯皮,纠缠不清,多头管理严重制约着社区的建设和发展。很多社区治理本身缺乏统一规划,社区居民普遍缺少对社区的认同感和亲和力,并影响社区凝聚力的形成。很多地方仍然在探索——社区治理应该是以居委会为核心,还是以物业管理公司或业主委员会为核心?从法治的角度看,社区治理还没有完善的法律法规体系,缺乏法律上的规范性。从机制的角度看,社区治理还没有真正走向市场化与社会化。一些居委会工作没有根据社区居民的实际需要来确定,其本身存在脱离居民日常生活和合理需求的倾向,反过来又造成居民对社区活动的参与率低等问题。有的地方居委会设置过于密集,管理范围重叠,500—1000户设置一个居委会规模太小,导致一个大住宅区出现多个居委会共存的局面,不但使管理成本大幅度上升,也增加了协调的难度,同时还造成资源的浪费。

(二)我国社区治理的未来趋势

社区是构筑社会的最基本单元或细胞,是各种社会力量与社会资源的基本载体。我国城乡社区治理要走向完善,应该在理顺体制的基础上,立足于完善社区服务这一基本思想。社区划分应该按照有利于社区居民自治与自我管理、优化资源配置、提高工作效能的原则进行并且逐步走向完善,还要符合地缘特点,具有心理认同感。在我国目前特定的社会背景下,采取政府推动下的纵向社区治理组织体系与横向的社区居民自治管理组织同步与协调发展的纵横相接的网络式社区组织模式,符合现代政府职能转换与公民组织发展关系理论的基本原则。

社区治理必须由政府管制走向居民自治,从"行政控制"为主变为"利益制约"为主,从"被动管理"走向"自我管理"。从组织体系上由"条条管理"变为"块块管理",还必须走向纵向化、平面化与网络化并且使之相结合。因为社区是一个具有独立利益的共同体,不是政府的附庸与下级单位。政府对之应该是扶植、帮助、服务而不是干预。在改善社区治理途径中,加强法治建设与依法行政是一个重要手段,以保证管理的统一性、连续性与稳定性,统一标准与程序有利于提高管理效率,特别是要以立法形式明确基层政权组织的职能与职责,清晰界定基层政权组织与社区之间的关系,减少滥用行政权力与行政执法行为违法侵权的现象。

"几个世纪以来,在几乎所有成功的社区中,安全、健康、教育,以及个人或集体权益的保障都是评判当务之急的先决条件。"①目前一些地方的居委会缺乏维护社区居民利益的基本动因,在实际运行中常常异化为政府的行政附庸,这种具有一定普遍性的问题是今后社区治理健康发展的巨大阻力。因此,在目前最为关键的是,需通过培育居民社区治理的现代观念把社区治理从政府属性与陈旧思维中剥离出来,成为真正意义上的居民自治组织。通过确立政府有限干预和社会自主发展的新理念,澄清认识误区,确保社区治理是一种自治管理,社区居民自治管理的最重要主体是社区成员,最终实现具有现代性和成熟的社区治理模式,这是当今我国社区治理的走向和目标。

本章小结

本章首先从改革开放以来我国全方位改革和社会转型的推动、单位体制逐步瓦解需要功能替代、当前我国城乡发展一体化的要求等三大方面阐述了四十多年来我国城乡社区治理的基本背景。其次,简要论述了当今我国城乡社区治理的宏观发展脉络、主要内容、基本特点和形成的主要模式。再次,重点论述了当今我国城乡社区治理中的突出问题、主要原因。最后,根据现代化的发展要求,预测了我国城乡社区治理的发展趋势。

---

① 〔美〕德鲁克基金会主编:《未来的社区》,魏青江等译,中国人民大学出版社2006年版,第132页。

思考题

1. 当今我国社区治理发展的时代背景主要是什么？
2. 当今我国城乡社区治理有哪些制度创新？效果如何？
3. 当今我国城乡社区治理有哪些基本特点？城市与乡村的主要区别在哪里？
4. 当今我国城乡社区治理有哪些突出问题？城市与乡村的差异性表现在哪些方面？
5. 有人说，当今我国城市社区治理败于乡村。你如何看待这一说法？
6. 产生我国城乡社区治理主要问题的基本原因是什么？
7. 要想走向成熟、完善的社区治理，我国的改革还需要在哪些方面取得实质性突破？

第八章　城市社区治理政策(1949—2022)

引导案例

上海居民崇明岛买房专放骨灰盒　商品房变"私家墓园"

房价高最近常被谈及,但或许你想不到,有些人因为墓穴价格高而打起房子的主意。清明假日期间,《新民晚报》记者在采访中获悉,如今一些市民买房不为自己或家人住,而是摆放骨灰盒——上海崇明、江苏启东等个别地方的商品房摇身一变,竟变成了"私人墓园"。

神秘买房者　清明前后出现

清明假期,崇明区城桥镇一名房产中介人员向记者提起:近几年,不少上海市区居民在崇明原农场地区纷纷购置商品房。这些人中,除了自己或家人居住用途外,个别购房者还带有"特殊"目的,让你想也想不到——将房子作为存放亲人骨灰的场所,并定期前来祭扫。

崇明原农场地区,可能是本市商品房价格最低的地区之一,一套数十平方米的两居室,均价在20万元以内。低廉的价格加之当地不错的生态环境,最近几年吸引了不少市区市民前来购房,有的人用于周末度假时来居住,有的选择在退休后来此地颐养天年。不过,还有一些"神秘"的买房者,他们只在每年清明节前后出现。

"买房时,他们只说用来居住或是放户口,后来我才知道,他们是派'这个用场'。这种做法虽然不违法,不过要是邻居们知道了,心里肯定不舒服。但我们是中介公司,讲职业道德,所以还是会尽量替他们保密。"这名中介人员说道。

公墓买不起　其他不愿多说

在这名中介人员的牵线下,记者辗转联系到其中一名"神秘买房者"陈先生,对方不否认买房存放亲人骨灰的事实。记者询问陈先生:怎么会想到这种方式的? 是仅存放一两个(骨灰盒),还是很多个? 但陈先生对此不愿多谈,在表示"市区公墓太贵,实在买不起"后,匆匆挂断了电话。

随后,记者又在中介人员的带领下,来到原跃进农场一小区一套被认为用作"特殊用途"的商品房前。房子大门紧锁,窗户被厚厚的窗帘遮盖得严严实实。该小区入住率不高,且多为老年居民。一小区居民称,他也听说有人在此买房当作"私家墓园",清明节前后还在楼道里烧纸钱,但具体哪户人家并不清楚,"我觉得这种行为太自私,是缺乏公德心的一种表现"。

另据记者了解,一些市民还在江苏、浙江等地购房,用于"供奉老祖宗"。

你有你的自由　我觉得瘆得慌

记者查询到,今年2月上海新房成交均价为3.7万元/平方米,而上海墓葬用地资源日益捉襟见肘,墓地价格高企,每座墓地均价在10万元上下,高端墓地价格更是在30万元左右。且本市很多公墓有价无市,多数已停售或限售。

根据相关规定,国内安葬骨灰的墓穴面积一般不超过1平方米,因此可以推算出高端墓穴按面积计算的单价不会低于30万元,这比一些顶级豪宅的价格还要高出一大截。

还有报道称,如果按墓地的20年缴费周期和房产的70年使用权换算年均"居住"费用,墓地的价格更是高得离谱。网友们感叹墓地价格高,"死不起"。

买房摆放骨灰盒,网友们怎么看? 一种观点认为,自己的房子派什么用,无论住人还是放骨灰盒,都应该是"自己说了算"。这也不违背国务院《殡葬管理条例》提倡的"以骨灰寄存的方式以及其他不占或者少占土地的方式处理骨灰";另一种观点觉得,死者骨灰应该"入土为安",生人和骨灰同住一幢楼,让人不自在,而且一旦点香烧纸祭祀,容易引发火灾,影响邻居生活环境。记者查询了相关资料,没有发现相关具体规定。

(资料来源:陈浩、丁沈凯:《上海居民崇明岛买房专放骨灰盒 商品房变"私家墓园"》,2016年4月5日,观察者网,https://www.guancha.cn/society/2016_04_05_356026.shtml,2022年6月15日访问,有修改。)

案例讨论

1. "住房变灵堂""小区变墓园"的社区肯定不是一个和谐、幸福的社区,出现这种现象的深层次原因是什么?

2. 骨灰灵牌与居民混居的状况目前没有制度规制,如果要建立有关制度,是选择尊重业主的产权自由还是尊重社会风俗？为什么？

3. 如果规制业主的产权使用范围，那么应如何促进社区治理制度与消防、殡葬等有关制度的相互衔接？

4. 今后城市社区治理会出现其他新现象、新问题，如何通过前瞻性立法或制度建设避免新的社会风险或矛盾冲突？

一、 社区治理政策的界定

社区是一个微缩型的社会，因此，社区治理也牵涉社会的方方面面。改革开放以来，我国有很多政策都涉及社区治理方面的内容，有的专门性社区治理政策，有的仅仅是其中某一方面简单提及社区治理方面的要求与目标。这就给社区治理政策范围的界定带来巨大困难。如果按照凡是涉及有关社区治理的政策都统计在内，不但难免流于空泛，而且还会陷入难以穷尽这些政策的困境，对这些社区政策的分析最终会成为一种不可能实现的目标。因此，本书对我国的社区治理政策范围的界定主要侧重于以下几个方面：

一是只在国家层面搜集和分析社区治理政策。社区治理政策主要包括国家层面、地方层面两个基本层次。改革开放以来，我国 30 多个省、自治区和直辖市都制定了本行政区域内的社区治理政策。全国各个地方层面在总体数量和复杂性等方面都要远远超过国家层面。以北京市为例，改革开放以来北京市人民政府制定的社区治理政策不下百，以城市社区为主的首都，在乡村社区治理方面的政策也不下 30 个，其中典型的如社区选举与监督方面的政策有 1985 年 6 月 12 日北京市人大常委会公布的《北京市农村村民委员会暂行组织条例》、2000 年 9 月北京市人大常委会公布的《北京市村民委员会选举办法》、2001 年 8 月 3 日北京市人大常委会颁布的《北京市实施〈中华人民共和国村民委员会组织法〉的若干规定》、2003 年 12 月 5 日北京市民政局和北京市公安局联合印发的《关于规范社区居民委员会、村民委员会印章管理工作的意见》等。至于城市社区方面的政策，在数量上更是数倍于乡村社区。从全国其他省份来看，其社区治理政策也较多。由于条件所限，本书只限定在国家层面制定和修订的社区治理政策。本章是从历史发展的脉络进行分析，因此，这些社区层面的政策既包括现在仍然有效施行的政策，也包括被新修订政策取代的已经失效的政策。在行政区划范围上，本书所分析的社区治理政策，暂时不包括我国港澳台地区的。

二是在内容上,为避免走向泛化,本书主要从公共管理的角度,重点搜集和分析专门性的社区治理政策,仅仅只有一段话或者只是简单提及社区的政策基本上不列入本书探讨范围。例如,2018年修正的《中华人民共和国宪法》第111条规定:"城市和农村按居民居住地区设立的居民委员会或者村民委员会是基层群众性自治组织。居民委员会、村民委员会的主任、副主任和委员由居民选举。居民委员会、村民委员会同基层政权的相互关系由法律规定。居民委员会、村民委员会设人民调解、治安保卫、公共卫生等委员会,办理本居住地区的公共事务和公益事业,调解民间纠纷,协助维护社会治安,并且向人民政府反映群众的意见、要求和提出建议。"又如,2006年1月发布的《国家突发公共事件总体应急预案》要求,要加强以乡镇和社区为单位的公众应急能力建设,发挥其在应对突发事件中的重要作用。2006年6月15日发布的《国务院关于全面加强应急管理工作的意见》强调,要以社区、乡村、学校、企业等基层单位为重点,全面加强应急管理工作。充分发挥基层组织在应急管理中的作用。增强第一时间预防和处置各类突发事件的能力。

类似上述内容的政策非常多,党的十七大报告、十八大报告、十九大报告以及近年来每年的政府工作报告等都有关于社区治理方面的内容。从内容上看,这些政策都不是指导和促进社区治理的专门性法规,社区仅仅是其综合性内容中一个极小的组成部分。鉴于这类政策的庞杂性和导向性,本书在范围界定上暂时把它们排除在外,主要从公共管理角度搜集专门性的社区治理政策进行多角度分析。

三是在形式上,国家层面的社区治理政策主要包括1949年10月以来中共中央、全国人大常委会、国务院及其职能部门、最高人民法院、最高人民检察院等部门以及一些协调机构与组织(国家减灾委员会、国务院联防联控机制等)制定和修订的法律、条例、办法、通知、规定、决定、意见、规范、标准、规划、计划、方案、通报、复函等,原则上不含领导讲话和有关部门负责人答记者问、政府部门发布的调研报告等方面的内容。

四是同一名称的社区治理政策,从初次立法(或制定)到后来的每一次修订,均分开单独计算。以《中华人民共和国村民委员会组织法》为例,全国人民代表大会常务委员会于1987年11月24日首次公布《中华人民共和国村民委员会组织法(试行)》(合计21条),1998年11月4日发布修订后的《中华人民共和国村民委员会组织法》(合计30条),2010年10月28日发布第三次再次修订后的

《中华人民共和国村民委员会组织法》(合计6章41条),2018年12月29日修正后的《中华人民共和国村民委员会组织法》(合计6章41条)。从这项村民委员会组织法内容的变化来看,每一次修订或修正都在某些方面较前一次有较大幅度的变化,所以,《中华人民共和国村民委员会组织法》按四次分开单独计算比较合适。另外,如果同一份社区政策同时涉及两方面内容,则同时在两个方面分别重复计算。例如,2019年11月13日印发的《国务院办公厅关于切实加强高标准农田建设提升国家粮食安全保障能力的意见》,同时纳入乡村社区的"土地政策""粮食安全"两个类别分析中去。

以上对我国社区治理政策的范围进行初步的限定,这种限定也许存在一些问题,不可避免存在一定的局限性。但是本书通过对中共中央、全国人大常委会、国务院及其职能部门、全国性的社会组织等部门的官方网站政策法规板块的浏览、查询进而搜集社区治理政策,最重要和最核心的社区治理政策基本上都包含在内,通过对这些官方政策文献进行分析,从总体上看其效度和信度都比较可靠。同时,由于大家对很多政府部门的名字非常熟悉,为了简便起见,本书对政府部门的名称原则上采用简称,涉及多部门发文的,进行适当省略。下面按照城市社区、城乡社区的分类进行单独分析,进而在此基础上进行综合分析。由于乡村社区治理政策较多,因此将专设一章进行系统探讨。

二、城市社区治理政策

根据本书前面对社区治理政策范围的界定和不完全统计,1949年以来我国有关城市社区治理方面的专门性政策,总体上大约有230多份。从公共管理方面来看,其内容主要包括城市社区的权力分配与组织结构、物业管理、城市社区建设(含城市老旧小区改造和社区社会组织培育)、城市社区服务(含社区卫生服务和志愿服务)、城市社区安全(含防灾减灾、房屋拆迁、公共安全、社区矫正)、城市社区文化与城市社区社会保障等几个大的方面,本书按照时间先后顺序以表格的形式呈现每一个方面,然后再在此基础上进行分析。

(一)权力分配与组织结构

关于城市社区的权力分配与组织结构方面,大致情况如表8-1所示。

第八章 城市社区治理政策(1949—2022)

表 8-1 城市社区权力分配与组织结构政策统计汇总表

序号	制发时间	政策名称(发文号)
1	1954-12-31	城市街道办事处组织条例
2	1954-12-31	城市居民委员会组织条例
3	1955-10-28	内务部等3部门关于城市街道办事处经费问题的批复
4	1955-12-21	内务部、财政部关于规定城市居民委员会经费开支标准的联合通知(内财〔55〕字第22号)、财行范〔55〕字第116号)
5	1981-03-19	民政部关于城市居民委员会的工作由民政部门归口管理的通知(民〔1981〕民18号)
6	1989-11-15	民政部办公厅关于印发《全国基层政权建设工作座谈会会议纪要》的通知(民办发〔1989〕30号)
7	1989-12-26	中华人民共和国城市居民委员会组织法(国家主席令第21号)
8	1990-01-24	民政部关于贯彻执行《中华人民共和国城市居民委员会组织法》的通知(民基发〔1990〕5号)
9	2004-10-04	中共中央办公厅转发《中共中央组织部关于进一步加强和改进街道社区党的建设工作的意见》的通知(中办发〔2004〕25号)
10	2009-01-23	民政部关于组织开展《城市居委会组织法》颁布实施二十周年纪念活动的通知(民发〔2009〕10号)
11	2009-02-02	民政部关于切实做好城市社区居民委员会换届选举工作的通知(民函〔2009〕43号)
12	2009-12-01	住建部关于印发《业主大会和业主委员会指导规则》的通知(建房〔2009〕274号)
13	2009-12-16	民政部关于表彰全国贯彻实施居民委员会组织法先进单位和先进个人的决定(民发〔2009〕173号)
14	2010-08-26	中共中央办公厅、国务院办公厅印发《关于加强和改进城市社区居民委员会建设工作的意见》(中办发〔2010〕27号)
15	2010-09-30	民政部关于学习贯彻《中共中央办公厅国务院办公厅关于加强和改进城市社区居民委员会建设工作的意见》的通知(民函〔2010〕245号)
16	2015-02-09	中共中央印发《关于加强社会主义协商民主建设的意见》
17	2017-05-15	国资委等4部门关于国有企业办市政、社区管理等职能分离移交的指导意见(国资发改革〔2017〕85号)
18	2018-12-29	中华人民共和国城市居民委员会组织法(修正)(国家主席令第21号)

表 8-1 显示,从时间维度上看,20 世纪 50 年代有 4 部城市基层管理法规,1956—1980 年之间基本上处于空白状态。城市社区的基层权力机构在政府层面主要是街道办事处,在社区居民自治层面主要是居民委员会,改革开放以来逐步产生了业主委员会和业主大会。每一个层面都有党的基层组织,这是最基本的权力分配和组织结构。从政策的发布部门来看,民政部作为中央主管职能部门,占比最高。这种状况显示出城市社区政策发展时段的不平衡性和从宏观到具体、多元的发展趋势。从 1949 年到 1989 年这段长达 40 年的时间内,在城市基层管理方面,基本上只有 1954 年 12 月 31 日全国人民代表大会常务委员会通过的《城市街道办事处组织条例》和《城市居民委员会组织条例》,这两个条例对后来我国城市基层管理产生了长久而深远的影响。这一时期我国城市基层管理体制的形成很可能与 50 年代世界上东西方两大阵营对峙的国际背景有关,当时我国采取"一边倒"的外交政策,苏联模式对我国的直接影响就是学习苏联经验和走苏联式的道路,后来形成的计划体制在 20 世纪 60—70 年代强化甚至固化了这种城市基层管理体制。

社区权力、组织结构的制度安排方面的核心政策主要有全国人民代表大会常务委员会通过的《城市街道办事处组织条例》《城市居民委员会组织条例》《中华人民共和国城市居民委员会组织法》,《民政部关于切实做好城市社区居民委员会换届选举工作的通知》和中共中央办公厅、国务院办公厅印发的《关于加强和改进城市社区居民委员会建设工作的意见》等。这方面的政策虽然数量不多,但是它们在社区政策体系中居于核心地位,是指导城市社区治理的纲领性法规,是制定其他社区政策的重要基础。因此,有必要对其核心内容进行简要介绍。

《城市街道办事处组织条例》中明确规定,设立街道办事处是"为了加强城市的居民工作,密切政府和居民的联系,市辖区、不设区的市的人民委员会可以按照工作需要设立街道办事处,作为它的派出机关"。街道办事处设立的条件是"十万人口以上的市辖区和不设区的市,应当设立街道办事处;十万人口以下五万人口以上的市辖区和不设区的市,如果工作确实需要,也可以设立街道办事处;五万人口以下的市辖区和不设区的市,一般地不设立街道办事处。街道办事处的设立,须经上一级人民委员会批准"。街道办事处的管辖区域,一般地应当同公安派出所的管辖区域相同。街道办事处的任务包括:"(一)办理市、市辖区的人民委员会有关居民工作的交办事项;(二)指导居民委员会的工作;(三)反映居民的意见和要求。"街道办事处的组织结构主要是"街道办事处设主任一人,按照工作的繁简和管辖区域的大小,设干事若干人,在必要的时候,可以设副主任一人。街道办事处共设专职干部三人至七人,内有做街道妇女工作的干部一人。街道办事处主任、副主任、干事都由市辖区、不设区的市的人民委员会委派"。同时还规定"市、市辖区的人民委员会的各工作部门,非经市、市辖区的人民委员会批准,不得直接向街道办事处布置任务"。在经费来源上,"街道办事处的办公费及工作人员的工资,由省、直辖市的人民委员会统一拨发"。

《城市居民委员会组织条例》中规定了居民委员会的性质和成立条件:"为了加强城市中街道居民的组织和工作,增进居民的公共福利,在市辖区、不设区的市的人民委员会或者它的派出机关指导下,可以按照居住地区成立居民委员会。居民委员会是群众自治性的居民组织。"居民委员会的任务是:"(一)办理有关居民的公共福利事项;(二)向当地人民委员会或者它的派出机关反映居民的意见和要求;(三)动员居民响应政府号召并遵守法律;(四)领导群众性的治安保卫工作;(五)调解居民间的纠纷。"居委会的组织是:"(一)居民委员会应当按照居民的居住情况并且参照公安户籍段的管辖区域设立,一般地以一百户至六百户居民为范围。居民委员会下设居民小组;居民小组一般地以十五户至四十户居民组成。每个居民委员会所设的小组最多不得超过十七个。(二)居民委员会设委员七人至十七人,由居民小组各选委员一人组成;并且由委员互推主任一人、副主任一人至三人;其中须有一人管妇女工作。居民小组设组长一人,一般地应当由居民委员会委员兼任;在必要的时候,可以选举副组长一人至二人。居民委员会委员被推为主任或者副主任的时候,选举他的小组可以另选组长一人。(三)居民较少的居民委员会,一般地不设工作委员会,由居民委员会委员分工担任各项工作。居民较多的居民委员会,如果工作确实需要,经市人民委员会批准,可以设立常设的或者临时的工作委员会,在居民委员会统一领导下进行工作。常设的工作委员会可以按照社会福利(包括优抚)、治安保卫、文教卫生、调解、妇女等项工作设立,最多不得超过五个。临时的工作委员会,应当在工作结束时宣布撤销。工作委员会应当吸收居民中的积极分子参加,但要尽可能做到一人一职,不使他们的工作负担过重。(四)居民中的被管制分子和其他被剥夺政治权利的分子,应当编入居民小组,但不得担任居民委员会委员、居民小组组长和工作委员会的委员;在必要的时候,居民小组组长有权停止他们参加居民小组的某些会议。"

《城市居民委员会组织条例》规定,居民委员会每届任期一年。居民委员会委员因故不能担任职务的时候,可以随时改选或者补选。机关、学校和较大的企业等单位,一般地不参加居民委员会,但应当派代表参加居民委员会所召集的与它们有关的会议,并且遵守居民委员会有关居民公共利益的决议和公约。企业职工集中居住的职工住宅区和较大的集体宿舍,应当在市辖区、不设区的市的人民委员会或者它的派出机关的统一指导下设立居民委员会,或者由工会组织的职工家属委员会兼任居民委员会的工作。市内少数民族聚居的地区,可以单独成立居民委员会;户数较少的,可以单独成立居民小组。

市、市辖区的人民委员会的工作部门和其他机关,如果必须向居民委员会或者它的工作委员会布置任务,应当经市、市辖区的人民委员会批准统一布置。市、市辖区的人民委员会的工作部门,可以对居民委员会有关的工作委员会进行业务指导。居民应当遵守居民委员会关于公共利益的决议和公约。居民委员会在工作的时候,应当根据民主集中制和群众自愿的原则充分发扬民主,不得强迫命令。居民委员会的公杂费和居民委员会委员的生活补助费,由省、直辖市的人民委员会统一拨发,标准由内务部另行规定。居民委员会办理居民的共同福利事项所需的费用,经有关的居民同意,并且经市辖区、不设区的市的人民委员会批准,可以按照自愿原则向有关的居民进行筹募,除此以外,不得向居民进行任何募捐或筹款。筹募的共同福利款项和开支账目,在事情办理完毕后,应当及时公布。

1989年12月26日全国人大常委会通过的《中华人民共和国城市居民委员会组织法》中规定了居民委员会的性质即"居民委员会是居民自我管理、自我教育、自我服务的基层群众性自治组织"。居民委员会的任务:"(一)宣传宪法、法律、法规和国家的政策,维护居民的合法权益,教育居民履行依法应尽的义务,爱护公共财产,开展多种形式的社会主义精神文明建设活动;(二)办理本居住地区居民的公共事务和公益事业;(三)调解民间纠纷;(四)协助维护社会治安;(五)协助人民政府或者它的派出机关做好与居民利益有关的公共卫生、计划生育、优抚救济、青少年教育等项工作;(六)向人民政府或者它的派出机关反映居民的意见、要求和提出建议。"关于居民委员会的范围规定为:"居民委员会根据居民居住状况,按照便于居民自治的原则,一般在一百户至七百户的范围内设立。居民委员会的设立、撤销、规模调整,由不设区的市、市辖区的人民政府决定。""机关、团体、部队、企业事业组织,不参加所在地的居民委员会,但是应当支持所在地的居民委员会的工作。所在地的居民委员会讨论同这些单位有关的问题,需要他们参加会议时,他们应当派代表参加,并且遵守居民委员会的有关决定和居民公约。"

居民委员会的组织结构是:"居民委员会由主任、副主任和委员共五至九人组成。多民族居住地区,居民委员会中应当有人数较少的民族的成员。居民委员会主任、副主任和委员,由本居住地区全体有选举权的居民或者由每户派代表选举产生;根据居民意见,也可以由每个居民小组选举代表二至三人选举产生。居民委员会每届任期三年,其成员可以连选连任。年满十八周岁的本居住地区居民,不分民族、种族、性别、职业、家庭出身、宗教信仰、教育程度、财产状况、居住期限,都有选举权和被选举权;但是,依照法律被剥夺政治权利的人除外。"该法还规定:"居民委员会根据需要设人民调解、治安保卫、公共卫生等委员会。居民委员会成员可以兼任下属的委员会的成员。居民较少的居民委员会可以不设下属的委员会,由居民委员会的成员分工负责有关工作。居民委员会可以分设若干居民小组,小组长由居民小组推选。"

关于居民会议及其与居民委员会的关系,该法规定:"居民会议由十八周岁以上的居民组成。居民会议可以由全体十八周岁以上的居民或者每户派代表参加,也可以由每个居民小组选举代表二至三人参加。居民会议必须有全体十八周岁以上的居民、户的代表或者居民小组选举的代表的过半数出席,才能举行。会议的决定,由出席人的过半数通过。居民委员会向居民会议负责并报告工作。居民会议由居民委员会召集和主持。有五分之一以上的十八周岁以上的居民、五分之一以上的户或者三分之一以上的居民小组提议,应当召集居民会议。涉及全居民利益的重要问题,居民委员会必须提请居民会议讨论决定。居民会议有权撤换和补选居民委员会成员。"

关于居民委员会的工作方式与工作要求,该法规定:"居民委员会决定问题,采取少数服从多数的原则。居民委员会进行工作,应当采取民主的方法,不得强迫命令。居民委员会成员应当遵守宪法、法律、法规和国家的政策,办事公道,热心为居民服务。"居民委员会办理本居住地区公益事业所需的费用,经居民会议讨论决定,可以根据自愿原则向居民筹集,也可以向本居住地区的受益单位筹集,但是必须经受益单位同意;收支账目应当及时公布,接受居民监督。

关于居民委员会的工作经费及其来源,居民委员会成员的生活补贴费的范围、标准和来源,由不设区的市、市辖区的人民政府或者上级人民政府规定并拨付;经居民会议同意,可以从居民委员会的经济收入中给予适当补助。居民委员会的办公用房,由当地人民政府统筹解决。

2009年2月2日发布的《民政部关于切实做好城市社区居民委员会换届选举工作的通知》中指出,"居委会换届选举是宪法和法律规定的一项重要制度,也是我国社会主义民主在城市基层最广泛的实践形式之一。当前,我国城市基层社会正在发生深刻变化,居委会换届选举工作面临着许多新情况、新问题,特别是随着城市流动人口的激增、就业压力的增大和社区居民民主法制意识的增强,做好居委会换届选举工作的难度在加大、要求在提高、工作量在增加。……切实做好居委会换届选举工作,对于进一步提高城市社区管理和服务水平,切实保障社区居民享有更多更切实的民主权利,具有重要的意义"。

在选举前的准备工作方面,强调"要在总结和巩固以往换届选举成功经验的基础上研究制订切实可行的换届选举工作实施方案。制订实施方案前要搞好摸底调查,全面掌握社区情况、居委会干部情况及群众关注的突出问题。要重点关注城乡接合部、撤村建居、外来人口聚集、新建住宅区等'难点'社区的选举,对流动人口参选、社区干部交叉任职、候选人竞争演讲等问题做出预案,确保换届选举顺利进行。在撤村建居的地方,凡农村集体经济改制没有完成的,选举时应适用村委会组织法的规定,不能适用居委会组织法的规定"。

在选举过程中,强调"对人户分离的城镇居民,原则上要在经常居住地进行登记,对愿意参加户口所在地选举的,要尊重其自主选择的权利,但不得重复行使选举权利。对选派到社区工作的机关干部、复退军人和大学生,也要在尊重其意愿的基础上对其进行登记。对居住在本社区一年以上的外来务工经商人员,应认真听取其意见,尊重其意愿,凡愿意参加本社区选举的人员,并经社区选举委员会同意,应予以登记。对自愿放弃选民权利的社区居民,可不计算在本届选民数内"。关于候选人的产生和选举程序,该通知要求依据法律和有关政策,"候选人居住的社区原则上应与其参选的社区一致。候选人要由居民提名产生,其人数应多于应选人数。有条件的社区要组织候选人与社区居民见面,向社区居民介绍自己的情况及社区治理方案,组织候选人开展有序竞争。坚决反对和抵制贿选。……严格按照选举程序组织投票,采用大会形式进行选举投票的,要维持好会场秩序。探索利用互联网、手机短信等现代技术和采用分时设立投票站的灵活做法组织投票选举。投票结束后,要公开唱票、计票。每个统计组由一个唱票员、一个计票员和两个监票员组成,分别负责唱票、计票和监票工作。对选举结果有争议的,由社区选举委员会民主裁定"。

第八章 城市社区治理政策(1949—2022)

在换届选举后,要求"新一届居委会产生后,上届居委会要在街道办事处和社区选举委员会的指导监督下,及时办理工作交接手续,并把公章、财务账目、办公设备、服务设施等一并移交。及时指导居委会在原有的基础上进一步健全居民公约,规范民主决策、民主管理、民主监督程序,完善议事协商、共驻共建等制度,推动社区管理和服务工作有条不紊地进行"。对未来的总体要求是"降低选举组织工作成本"和"扩大居委会直接选举的覆盖面"。根据近30年来的社会矛盾与冲突的情况来看,今后如何进一步理顺社区居委会和业主委员会的关系是一个焦点。

总体看来,我国出台的城市社区政策,基本上以中央政府及其职能部门制定的行政法规、行政规章和部门规章为主,而且最主要的负责部门是民政部及其下属的基层政权和社区治理司。随着我国社会主义市场经济的发展和逐步完善,需要从顶层再次思考,以便进一步明晰政府、市场与社会之间关系的科学定位,这就涉及从宪法层面上重新审视和确定政府、市场与社会之间的边界,从制度上解决政府"越位""错位"和"缺位"等有损于市场经济发展和阻碍社会发育的现象。本书认为,基层政权与社区之间的权限界定立法权限应属全国人民代表大会,从长远来看,这样调整既可以增强社区法律的权威性,也有助于我国社区的持续、健康发展。

(二)物业管理

关于城市社区的物业管理方面,大致情况如表8-2所示。

表8-2 物业管理政策统计汇总表

序号	制发时间	发布机构及政策名称(发文号)
1	1994-03-23	城市新建住宅小区管理办法(建设部令第33号)
2	1996-01-05	城市居民住宅安全防范设施建设管理规定(建设部、公安部令第49号)
3	2003-06-08	物业管理条例(国务院令第379号)
4	2003-11-13	国家发改委、建设部关于印发物业服务收费管理办法的通知(发改价格〔2003〕1864号)
5	2005-11-16	物业管理师制度暂行规定(国人部发〔2005〕95号)
6	2005-11-16	物业管理师资格考试实施办法(国人部发〔2005〕95号)

(续表)

序号	制发时间	发布机构及政策名称(发文号)
7	2005-11-16	物业管理师资格认定考试办法(国人部发〔2005〕95号)
8	2007-08-26	物业管理条例(修订)(国务院令第504号)
9	2007-11-26	物业服务企业资质管理办法(修正)(建设部令第164号)
10	2009-12-01	住建部关于印发《业主大会和业主委员会指导规则》的通知(建房〔2009〕274号)
11	2012-02-13	住建部关于公布2011年度全国物业管理示范住宅小区(大厦、工业区)评验结果的通知(建房〔2012〕17号)
12	2020-11-24	住建部等6部门关于推动物业服务企业发展居家社区养老服务的意见(建房〔2020〕92号)
13	2020-12-04	住建部等6部门关于推动物业服务企业加快发展线上线下生活服务的意见(建房〔2020〕99号)
14	2020-12-09	最高人民法院关于审理建筑物区分所有权纠纷案件适用法律若干问题的解释(修正)(法释〔2020〕17号)
15	2020-12-09	最高人民法院关于审理物业服务纠纷案件适用法律若干问题的解释(修正)(法释〔2020〕17号)
16	2020-12-25	住建部等10部门关于加强和改进住宅物业管理工作的通知(建房规〔2020〕10号)

前面提到,改革开放以来城市化进程和住房制度改革造就了大量的业主型社区,物业公司管理的时代早已来临,这也使得城市社区中的物业管理纠纷与物业冲突最为突出。表8-2显示,在20世纪90年代中期我国就有了物业管理方面的法规,建设部于1994年3月23日颁布的《城市新建住宅小区管理办法》第四条规定:"住宅小区应当逐步推行社会化、专业化的管理模式。由物业管理公司统一实施专业化管理。"

在业主组织的制度化建设方面,该办法第六条规定:"住宅小区应当成立住宅小区管理委员会(以下简称管委会)。管委会是在房地产行政主管部门指导下,由住宅小区内房地产产权人和使用人选举的代表组成,代表和维护住宅小区内房地产产权人和使用人的合法权益。"关于管委会的权利与义务,该办法第七条规定,管委会的权利包括:"(一)制定管委会章程,代表住宅小区内的产权人、使用人,维护房地产产权人和使用人的合法权利;(二)决定选聘或续聘物业管理公司;(三)审议物业管理公司制订的年度管理计划和小区管理服务的重大措施;(四)检查、监督各项管理工作的实施及规章制度的执行。"管委会的义务包括:"(一)根据房地产产权人和使用人的意见和要求,对物业管理公司的管理工作进行检查和监督;(二)协助物业管理公司落实各项管理工作;(三)接受住宅小区内房地产产权人和使用人的监督;(四)接受房地产行政主管部门、各有关行政主管部门及住宅小区所在地人民政府的监督指导。"

关于物业公司的权利和义务,该办法第八条规定物业管理公司的权利包括:"(一)物业管理公司应当根据有关法规,结合实际情况,制定小区管理办法;(二)依照物业管理合同和管理办法对住宅小区实施管理;(三)依照物业管理合同和有关规定收取管理费用;(四)有权制止违反规章制度的行为;(五)有权要求管委会协助管理;(六)有权选聘专营公司(如清洁公司、保安公司等)承担专项管理业务;(七)可以实行多种经营,以其收益补充小区管理经费。"物业管理公司的义务包括:"(一)履行物业管理合同,依法经营;(二)接受管委会和住宅小区内居民的监督;(三)重大的管理措施应当提交管委会审议,并经管委会认可;(四)接受房地产行政主管部门、有关行政主管部门及住宅小区所在地人民政府的监督指导。物业管理公司需向工商行政管理部门申请注册登记,领取营业执照后,方可开业。"

2003年6月8日,国务院公布的《物业管理条例》是城市社区治理的重要法规,对于城市社区的物业管理具有指导作用。该条例第二条首先对物业管理正式进行了界定,"本条例所称物业管理,是指业主通过选聘物业管理企业,由业主和物业管理企业按照物业服务合同约定,对房屋及配套的设施设备和相关场地进行维修、养护、管理,维护相关区域内的环境卫生和秩序的活动"。

其次,该条例明确规定了业主的权利与义务。关于业主的权利,该条例第六条规定:"房屋的所有权人为业主。业主在物业管理活动中,享有下列权利:(一)按照物业服务合同的约定,接受物业管理企业提供的服务;(二)提议召开业主大会会议,并就物业管理的有关事项提出建议;(三)提出制定和修改业主公约、业主大会议事规则的建议;(四)参加业主大会会议,行使投票权;(五)选举业主委员会委员,并享有被选举权;(六)监督业主委员会的工作;(七)监督物业管理企业履行物业服务合同;(八)对物业共用部位、共用设施设备和相关场地使用情况享有知情权和监督权;(九)监督物业共用部位、共用设施设备专项维修资金(以下简称专项维修资金)的管理和使用;(十)法律、法规规定的其他权利。"

业主同时还具有"通过公开、公平、公正的市场竞争机制选择物业管理企业"的权利。关于业主的义务，该条例第七条规定："业主在物业管理活动中，履行下列义务：(一)遵守业主公约、业主大会议事规则；(二)遵守物业管理区域内物业共用部位和共用设施设备的使用、公共秩序和环境卫生的维护等方面的规章制度；(三)执行业主大会的决定和业主大会授权业主委员会作出的决定；(四)按照国家有关规定交纳专项维修资金；(五)按时交纳物业服务费用；(六)法律、法规规定的其他义务。"

再次，该条例还详细规定了业主大会和业主委员会为业主的组织形式。该条例第八条规定："物业管理区域内全体业主组成业主大会。业主大会应当代表和维护物业管理区域内全体业主在物业管理活动中的合法权益。"该条例第十条规定："同一个物业管理区域内的业主，应当在物业所在地的区、县人民政府房地产行政主管部门的指导下成立业主大会，并选举产生业主委员会。"并且规定业主委员会是业主大会的执行机构，需履行下列职责：(一)召集业主大会会议，报告物业管理的实施情况；(二)代表业主与业主大会选聘的物业管理企业签订物业服务合同；(三)及时了解业主、物业使用人的意见和建议，监督和协助物业管理企业履行物业服务合同；(四)监督业主公约的实施；(五)业主大会赋予的其他职责。业主委员会委员应当由热心公益事业、责任心强、具有一定组织能力的业主担任。业主委员会主任、副主任在业主委员会委员中推选产生。

关于业主大会的职责，主要是："(一)制定、修改业主公约和业主大会议事规则；(二)选举、更换业主委员会委员，监督业主委员会的工作；(三)选聘、解聘物业管理企业；(四)决定专项维修资金使用、续筹方案，并监督实施；(五)制定、修改物业管理区域内物业共用部位和共用设施设备的使用、公共秩序和环境卫生的维护等方面的规章制度；(六)法律、法规或者业主大会议事规则规定的其他有关物业管理的职责。"关于业主大会的权力，该条例规定："业主大会作出决定，必须经与会业主所持投票权1/2以上通过。业主大会作出制定和修改业主公约、业主大会议事规则，选聘和解聘物业管理企业，专项维修资金使用和续筹方案的决定，必须经物业管理区域内全体业主所持投票权2/3以上通过。业主大会的决定对物业管理区域内的全体业主具有约束力。"

关于业主大会、业主委员会与居民委员会的联系，该条例规定："在物业管理区域内，业主大会、业主委员会应当积极配合相关居民委员会依法履行自治管理职责，支持居民委员会开展工作，并接受其指导和监督。住宅小区的业主大会、业主委员会作出的决定,应当告知相关的居民委员会,并认真听取居民委员会的建议。"

最后,关于物业管理服务及其涉及的法律责任,该条例规定:"业主委员会应当与业主大会选聘的物业管理企业订立书面的物业服务合同。物业服务合同应当对物业管理事项、服务质量、服务费用、双方的权利义务、专项维修资金的管理与使用、物业管理用房、合同期限、违约责任等内容进行约定。物业管理企业应当按照物业服务合同的约定,提供相应的服务。物业管理企业未能履行物业服务合同的约定,导致业主人身、财产安全受到损害的,应当依法承担相应的法律责任。"

城市化的扩展和住房商品化政策的推行催生了越来越多的城市业主小区型社区,相对于越来越少的老街坊和城中村,这类社区是今后大多数城市社区居民生活于其中的社区环境,也是普遍采取物业管理方式的社区。这类社区把城市社区带入物业统治的新时代,这类社区环境治理问题是目前我国社区治理中极为重要的关键点,也是城市社区矛盾的集中领域,需要从制度到管理进行逐步完善。物业公司的收费与服务质量问题、物业与业主的关系问题等一直是社区的主要。2017年广州市海珠区祁乐苑社区业主自治的成功尝试是一个亮点和变化的信号。在新冠病毒肺炎疫情防控时期,有的地方城市社区出现身体健康和有公益心的退休老人自发组织起来自我管理成功的例子。这些都对物业公司的未来生存形成了挑战。

(三) 社区建设

关于包括老旧小区改造、社区社会组织培育、和谐社区等在内的社区建设的政策数量相对较多,其中关于老旧小区改造方面,大致情况如表8-3所示。

表8-3 城市老旧小区改造政策统计汇总表

序号	制发时间	政策名称(发文号)
1	2020-07-10	国务院办公厅关于全面推进城镇老旧小区改造工作的指导意见(国办发〔2020〕23号)
2	2020-12-15	住建部办公厅关于印发城镇老旧小区改造可复制政策机制清单(第一批)的通知(建办城函〔2020〕649号)
3	2021-09-02	国家发改委、住建部关于加强城镇老旧小区改造配套设施建设的通知(发改投资〔2021〕1275号)

(续表)

序号	制发时间	政策名称(发文号)
4	2021-10-18	国家发改委办公厅关于总结推广加强城镇老旧小区改造资金保障典型经验的通知(发改办投资〔2021〕794号)
5	2021-11-17	住建部办公厅关于印发城镇老旧小区改造可复制政策机制清单(第四批)的通知(建办城函〔2021〕472号)
6	2021-12-14	住建部办公厅等3部门关于进一步明确城镇老旧小区改造工作要求的通知(建办城〔2021〕50号)
7	2022-03-23	住建部关于印发全国城镇老旧小区改造统计调查制度的通知(建城函〔2022〕22号)

改革开放以来的"城中村"问题也是当今社区治理的一个重点内容。表8-3显示,城市的老旧小区改造是近年来政策逐步推进的事,自2020年起进行城市老旧小区改造如防震加固、统一楼外面的涂色、生命线管道的更新、加装电梯顺应"适老化"改造等,老旧小区的房屋多为砖混结构,抗震性不高,大多没有电梯但是居住的老年人比例高,这些改造有利于提高社区功能和生活质量。

关于包括社区社会组织培育、和谐社区等在内的社区建设方面,大致情况如表8-4所示。

表8-4 城市社区建设政策统计汇总表

序号	制发时间	政策名称(发文号)
1	2000-05-31	全国社区建设示范城基本标准
2	2000-11-03	民政部关于在全国推进城市社区建设的意见
3	2000-11-19	中共中央办公厅、国务院办公厅关于转发民政部关于在全国推进城市社区建设的意见的通知(中办发〔2000〕23号)
4	2005-06-02	民政部等10部门关于进一步做好社区组织的工作用房、居民公益性服务设施建设和管理工作的意见(民发〔2005〕85号)
5	2009-11-23	民政部关于进一步推进和谐社区建设工作的意见(民发〔2009〕165号)
6	2010-03-24	民政部办公厅关于建立全国和谐社区建设示范单位联系制度的通知(民办发〔2010〕10号)
7	2011-01-24	民政部关于同意将南通市确认为"统筹城乡社区建设实验单位"的批复(民函〔2011〕24号)

第八章　城市社区治理政策(1949—2022)

(续表)

序号	制发时间	政策名称(发文号)
8	2013-09-15	民政部办公厅关于征求《城市社区档案管理办法》意见的函(民办函〔2013〕296号)
9	2014-03-03	国务院办公厅关于推进城区老工业区搬迁改造的指导意见(国办发〔2014〕9号)
10	2014-07-01	国务院关于同意建立全国社区建设部际联席会议制度的批复(国函〔2014〕82号)
11	2015-11-23	城市社区档案管理办法(国家档案局、民政部第11号)
12	2020-07-22	住建部等6部门关于印发绿色社区创建行动方案的通知(建城〔2020〕68号)
13	2020-12-07	民政部办公厅关于印发《培育发展社区社会组织专项行动方案(2021-2023年)》的通知(民办发〔2020〕36号)
14	2021-12-17	住建部办公厅关于印发完整居住社区建设指南的通知(建办科〔2021〕55号)

城市社区建设一直是社区治理政策中的重要内容,这方面的政策主要有《民政部关于在全国推进城市社区建设的意见》《全国社区建设示范城基本标准》和《民政部关于进一步推进和谐社区建设工作的意见》等,都是2000年以后制定的政策。从内容上看,表8-4中的城市社区建设政策主要包括和谐社区建设的示范标准与示范单位、完整居住社区建设、社区标识与档案管理、统筹城乡社区建设实验、社区社会组织培育、建立全国社区建设部际联席会议制度等。

在社区建设方面,2000年的《民政部关于在全国推进城市社区建设的意见》认为,社区建设是指在党和政府的领导下,依靠社会力量,利用社区资源,强化社区功能,解决社区问题,促进社区政治、经济、文化、环境协调和健康发展,不断提高社区成员生活水平和生活质量的过程。该意见还提出要坚持以不断满足社区居民的社会需求,提高居民生活质量和文明程度为宗旨,把服务社区居民作为社区建设的根本出发点和归宿。坚持按地域性、认同感等社区构成要素科学合理地划分社区;在社区内实行民主选举、民主决策、民主管理、民主监督,逐步实现社区居民自我管理、自我教育、自我服务、自我监督。

2009年的《民政部关于进一步推进和谐社区建设工作的意见》指出,当前,随着工业化、信息化、城镇化、市场化和国际化的深入发展,我国正处在社会结构深刻变动、利益格局深刻调整、思想观念深刻变化的重要时期,社区日益成为各种利益关系的交汇点、各种社会矛盾的集聚点、社会建设的着力点和党在基层执政的支撑点。要把服务居民、造福群众作为出发点和落脚点,把建设管理有序、服务完善、文明祥和的社会生活共同体作为基本目标。因此,要深入开展以民主选举、民主决策、民主管理、民主监督为重要内容的实践活动,健全城乡基层党组织领导的充满活力的基层群众自治机制,推进基层群众自治制度化、规范化、程序化。适应城乡社会结构、利益格局的发展变化,拓展基层群众自治范围,扩大城市居民委员会直接选举的覆盖面,完善农村村民委员会直接选举制度。选齐配强农村村民小组长、城市居民小组长、楼院门栋长、村(居)民代表,形成村(居)委会及其下属的委员会、村(居)民小组、村落、楼院、门栋上下贯通、左右联动的城乡基层群众自治组织体系。同时,积极探索业主自治与居民自治的有效衔接,认真研究物业管理机构参与社区管理与服务的方式和途径,切实维护社区居民和业主的合法权益。

2021年12月17日发布的《住建部办公厅关于印发完整居住社区建设指南的通知》明确指出,居住社区是城市居民生活和城市治理的基本单元,是党和政府联系、服务人民群众的"最后一公里"。要深入贯彻习近平总书记关于更好地为社区居民提供精准化、精细化服务的重要指示精神,落实党中央、国务院关于加强基层治理的决策部署,建设安全健康、设施完善、管理有序的完整居住社区。

(四)社区服务

包括社区卫生服务、志愿服务等在内的各类社区服务的政策在整个城市社区治理政策中占据较大的比例,其中,关于专门性的城市社区服务政策方面,大致情况如表8-5所示。

表8-5 城市社区服务政策统计汇总表

序号	制发时间	政策名称(发文号)
1	1989-12-04	民政部关于印发《全国城市社区服务工作经验交流会议纪要》的通知(民办发〔1989〕33号)
2	1993-08-27	民政部等14部门关于加快发展社区服务业的意见(民福发〔1993〕11号)
3	1994-08-19	民政部关于转发《关于转发吉林省关于加快发展社区服务业若干政策的规定》的通知(民办函〔1994〕165号)

（续表）

序号	制发时间	政策名称（发文号）
4	1995-05-25	民政部关于印发1995年城乡各种福利院床位和城镇社区服务设施计划的通知（民计函〔1995〕122号）
5	1995-12-14	民政部关于印发《全国社区服务示范城区标准》的通知（民福发〔1995〕28号）
6	2005-05-09	商务部关于加快我国社区商业发展的指导意见（商改发〔2005〕223号）
7	2006-04-09	国务院关于加强和改进社区服务工作的意见（国发〔2006〕14号）
8	2007-05-14	国家发改委、民政部"十一五"社区服务体系发展规划（发改社会〔2007〕975号）
9	2009-02-18	民政部关于开展"十一五"社区服务设施建设项目督察的通知（民办函〔2009〕38号）
10	2011-12-20	国务院关于印发社区服务体系建设规划（2011—2015年）的通知（国办发〔2011〕61号）
11	2011-12-21	民政部关于促进农民工融入城市社区的意见（民发〔2011〕210号）
12	2013-01-15	民政部关于加强全国社区管理和服务创新实验区工作的意见（民发〔2013〕13号）
13	2013-07-01	民政部关于做好2013年社会养老服务体系和社区服务体系项目建设工作的通知（民函〔2013〕217号）
14	2013-10-31	民政部等5部门关于推进社区公共服务综合信息平台建设的指导意见（民发〔2013〕170号）
15	2013-11-15	民政部、财政部关于加快推进社区社会工作服务的意见（民发〔2013〕178号）
16	2021-05-28	商务部等12部门关于推进城市一刻钟便民生活圈建设的意见（商流通函〔2021年〕176号）

表8-5显示，城市社区服务涵盖的内容比较庞杂，综合性强。从一般性公共管理的角度来看，城市社区服务的政策法规主要涵盖城市社区示范城区标准、服务体系发展规划、基础设施建设、全国社区管理和服务创新实验区建设、促进农民工融入城市社区、社区社会工作服务、社区公共服务综合信息平台建设、城市一刻钟便民生活圈建设、社区商业服务和有关制度改进等方面，内容越来越具体和细化，针对性和可操作性在提升，这是城市社区服务在逐步走向成熟和完善的

表现。这方面的政策法规大多是2002年以后陆续出台的,体现了我国城市社区治理逐渐注重规范其服务性的显著特征。其中,《国务院关于加强和改进社区服务工作的意见》认为,做好社区服务工作对于提高居民生活质量、扩大就业、化解社会矛盾、促进和谐社会建设都具有重要意义。该意见主要从加强和改进社区服务工作的指导思想、基本原则和主要任务,大力推进公共服务体系建设使政府公共服务覆盖到社区,充分发挥社区居委会在社区服务中的作用,培育社区服务民间组织和组织开展社区志愿服务活动,鼓励和支持各类组织、企业和个人开展社区服务,加强领导和政策指导,强化社区服务监管等方面细化了指导意见,强调"以不断满足社区居民的物质、文化、生活需要为出发点,充分发挥政府、社区居委会、民间组织、驻社区单位、企业及居民个人在社区服务中的作用,整合社区资源,健全服务网络,创新服务方式,拓宽服务领域,强化服务功能"。

《"十一五"社区服务体系发展规划》和《社区服务体系建设规划(2011—2015年)》从社区服务体系发展现状和面临的形势、社区服务体系指导思想和发展目标、社区服务体系重点任务和重点建设工程、社区服务体系政策与保障措施等方面,分别对"十一五"时期和"十二五"时期的社区服务体系建设与发展进行了战略性规划,认为我国社区服务总体上仍处于初级发展阶段,体系建设和发展的投入机制不稳定,投资主体不明确,资金总量不足,部分地方社区基本公共服务的必要支出得不到保障,相关法律法规不健全,缺乏统筹规划和针对性、操作性强的政策措施。《"十一五"社区服务体系发展规划》要求针对不同服务对象和服务项目,分别采取无偿、低偿、有偿服务,丰富服务形式,提高社区服务的专业化水平。初步建立起覆盖社区全体成员、服务主体多元、服务功能完善、服务质量和管理水平较高的社区服务体系。构建社区信息服务网络,推动形成"资源共享、协同服务、便民利民、安全可控"的社区服务信息化发展格局。在全国范围内培育一批"社区信息化示范社区"。积极探索通过政府购买服务、项目管理等多种形式,调动社会组织参与社区服务的积极性,促进公共服务社会化。《社区服务体系建设规划(2011—2015年)》要求逐步建立面向全体社区居民,主体多元、设施配套、功能完善、内容丰富、队伍健全、机制合理的社区服务体系,把城乡社区建设成为管理有序、服务完善、文明祥和的社会生活共同体。积极推进社区服务信息化建设,在有条件的地区,建设社区综合服务信息平台,逐步提高社区信息装备条件和社区服务的信息化水平。完善政策,进一步推进社区服务的专业化、标准化、品牌化、连锁化,提高社区服务质量和水平,提升社区服务功能。

研究制定基层人民政府或其派出机关指导社区工作规则、社区服务标准体系及管理办法、社区公共服务目录及准入制度、社区服务居民满意度测评体系、社区社会组织培育等方面的法规制度,形成较为完善的社区服务法律法规、制度和标准体系。

2011年12月21日发布的《民政部关于促进农民工融入城市社区的意见》具有非常重大的意义,该意见纠正了我国改革开放初期对农民工的错误认识,以及一些城市基于此认识制定的种类繁多的对农民工的歧视性政策,这种制度性歧视不但延缓了改革开放深入的步伐,而且严重阻碍了我国的现代化进程。实际上,农民工进城务工是对我国包括工业化、城市化在内的现代化进程的一种积极推动,是我国社会转型期的重要特征和社会持续发展的重要体现,应该从促进现代化进程的战略性高度看待农民工现象,这也是促进社会公平和正义的一个重要领域。该意见不但在指导思想上体现了认识上的转变,而且明确提出要发挥社区融合功能促进农民工融入城市社区。该意见指出,在城市社区,基本公共服务还没有完全覆盖到农民工群体,农民工的政治、经济、文化权益还没有得到有效保障,社会生活还没有得到必要理解和尊重。因此,发挥好社区的社会融合功能,组织动员社区各方面力量为农民工提供帮助和服务,改善农民工生活环境和条件,鼓励农民工积极参与社区居民自治,维护好农民工合法权益,促进农民工与城市居民和睦相处,使农民工尽早尽快融入城市生活,既是加强和创新社会管理、深化和谐社区建设的重要任务,也是维护社会公平正义、构建社会主义和谐社会的迫切需要。强调按照社区基本公共服务均等化的要求,将涉及农民工切身利益的劳动就业、公共卫生、住房保障、社会保障、计划生育、社区矫正、安置帮教、法律援助、优抚救济、社区教育、社会救助、文化体育、社会治安等社区服务项目逐步向农民工覆盖。

关于城市社区卫生服务的情况如表8-6所示。

表8-6 城市社区卫生服务政策统计汇总表

序号	制发时间	政策名称(发文号)
1	1999-07-16	卫生部等10部门关于发展城市社区卫生服务的若干意见(卫基妇发〔1999〕第326号)
2	2000-12-29	卫生部关于印发城市社区卫生服务机构设置原则等三个文件的通知(卫基妇发〔2000〕第467号)

(续表)

序号	制发时间	政策名称(发文号)
3	2001-10-29	卫生部关于印发《城市社区卫生服务基本工作内容(试行)》的通知(卫基妇发〔2001〕第298号)
4	2002-08-20	卫生部等11部门关于加快发展城市社区卫生服务的意见(卫基妇发〔2002〕186号)
5	2006-02-08	国务院办公厅关于成立国务院城市社区卫生工作领导小组的通知(国办发〔2006〕5号)
6	2006-02-21	国务院关于发展城市社区卫生服务的指导意见(国发〔2006〕10号)
7	2006-06-22	劳动和社会保障部关于促进医疗保险参保人员充分利用社区卫生服务的指导意见(劳社部发〔2006〕23号)
8	2006-06-29	卫生部、国家中医药管理局关于印发《城市社区卫生服务机构管理办法(试行)》的通知(卫妇社发〔2006〕239号)
9	2006-06-30	人事部等5部门关于加强城市社区卫生人才队伍建设的指导意见(国人部发〔2006〕69号)
10	2006-07-13	财政部等3部门关于城市社区卫生服务补助政策的意见(财社〔2006〕61号)
11	2006-08-18	中央编办等4部门关于印发《城市社区卫生服务机构设置和编制标准指导意见》的通知(中央编办发〔2006〕96号)
12	2007-04-18	国务院办公厅关于增补和调整国务院城市社区卫生工作领导小组成员的复函(国办函〔2007〕44号)
13	2008-01-07	财政部、卫生部关于印发《城市社区公共卫生服务专项补助资金管理办法》的通知(财社〔2008〕2号)
14	2010-01-13	卫生部办公厅关于开展创建示范社区卫生服务中心活动的通知(卫办妇社发〔2011〕3号)
15	2015-11-17	国家卫生和计划生育委员会、国家中医药管理局关于进一步规范社区卫生服务管理和提升服务质量的指导意见(国卫基层发〔2015〕93号)
16	2020-07-08	国家卫生健康委关于全面推进社区医院建设工作的通知(国卫基层发〔2020〕12号)

表 8-6 显示,在整个城市社区服务政策中,城市社区卫生服务最为显著,内容涉及机构设置、工作内容、发展目标、示范区建设、居民健康指导、人才建设、药品管理等方面。这与长期以来我国公共卫生和医疗资源配置的不均衡有关,目的是纠正医疗资源过于集中于大医院和缓解看病难、看病贵问题,以及便于居民看病的便捷性和推行"双向转诊"而逐步提升社区卫生服务能力和水平,同时在人才培养上还在医科大学培养全科医生。在城市社区卫生服务方面,2002 年卫生部等 11 部门印发的《关于加快发展城市社区卫生服务的意见》分别从加快发展社区卫生服务、实施促进社区卫生服务发展的政策、提高社区卫生服务队伍水平、严格社区卫生服务的监督管理等方面提出要求,强调"实行政府调控与市场配置卫生资源相结合,推进城市卫生资源配置结构的战略性调整,加快部分卫生资源向社区转移,逐步完善医院和社区卫生服务机构的资源配置比例,增强社区卫生服务供给能力"。并且要求"打破部门垄断和所有制等界限,鼓励企业事业单位、社会团体、个人等社会力量多方举办社区卫生服务机构,健全社区卫生服务网络";"引入竞争机制,根据公平、择优的原则,采用公开招标方式,选择具备提供社区卫生服务基本条件、独立承担民事责任的法人或自然人举办社区卫生服务机构,建立精简高效的社区卫生服务运行机制"。2006 年的《国务院关于发展城市社区卫生服务的指导意见》分别从发展社区卫生服务的指导思想、基本原则和工作目标,推进社区卫生服务体系建设,完善发展社区卫生服务的政策措施等方面进行了规定,并且指出,当前"在城市卫生事业发展中还存在优质资源过分向大医院集中,社区卫生服务资源短缺、服务能力不强、不能满足群众基本卫生服务需求等问题。这是造成群众看病难、看病贵的重要原因之一"。根据上述存在的问题,该指导意见强调在今后要"坚持社区卫生服务的公益性质,注重卫生服务的公平、效率和可及性"和"要以社区、家庭和居民为服务对象,以妇女、儿童、老年人、慢性病人、残疾人、贫困居民等为服务重点,以主动服务、上门服务为主,开展健康教育、预防、保健、康复、计划生育技术服务和一般常见病、多发病的诊疗服务"。

预计在今后,城市社区卫生服务政策会进一步完善,对提升医疗卫生服务的便捷性、可及性和适老化等具有重要意义。

关于城市社区志愿服务方面,大致情况如表 8-7 所示。

表 8-7　城市社区志愿服务政策统计汇总表

序号	制发时间	政策名称（发文号）
1	1994-10-11	民政部、中国社会工作者协会关于表彰全国社区志愿服务先进集体和优秀社区服务志愿者的决定
2	2005-10-27	民政部等9部门关于进一步做好新形势下社区志愿服务工作的意见（民发〔2005〕159号）
3	2006-02-20	中组部等13部门关于在农村基层广泛开展志愿服务活动的意见（民发〔2006〕31号）
4	2014-02-19	中央精神文明建设指导委员会关于推进志愿服务制度化的意见（文明委〔2014〕3号）
5	2014-03-19	中央文明办关于印发《社区志愿服务方案》的通知（文明办〔2014〕2号）

表 8-7 显示，城市社区志愿服务政策总体数量较少，但是对于改进和完善社区治理意义重大，也是成熟的社区治理的一个重要内容。而且，社区志愿服务在未来城市社区服务中具有很大发展空间，志愿服务的发展与完善程度也是评估社区成熟程度的一个指标，因此，今后这方面的政策有增加的趋势。

（五）社区安全

包括防灾减灾、房屋拆迁、一般性的公共安全、社区矫正等在内的城市社区安全政策相对较多。其中，关于城市社区防灾减灾方面，如表 8-8 所示。

表 8-8　城市社区减灾政策统计汇总表

序号	制发时间	政策名称（发文号）
1	2008-03-11	民政部关于授予北京市朝阳区望京社区等100个社区首批"全国综合减灾示范社区"称号的决定（民发〔2008〕34号）
2	2008-12-30	民政部关于授予北京市东城区朝阳门街道史家社区等184个社区"全国综合减灾示范社区"称号的决定（民发〔2008〕204号）
3	2009-11-26	国家减灾委员会、民政部关于授予北京市东城区建国门街道西总布社区等403个社区为第三批"全国综合减灾示范社区"称号的决定（民发〔2009〕168号）
4	2010-05-05	国家减灾委员会办公室关于下发《全国综合减灾示范社区标准》的通知（国减办发〔2010〕6号）

第八章　城市社区治理政策（1949—2022）

（续表）

序号	制发时间	政策名称（发文号）
5	2010-12-08	国家减灾委员会、民政部关于授予北京市东城区北新桥街道民安社区等875个社区"全国综合减灾示范社区"称号的决定（民发〔2010〕166号）
6	2011-04-08	国家减灾委员会关于下发防灾减灾宣传挂图的通知（国减办函〔2011〕19号）
7	2011-04-15	国家减灾委员会办公室关于做好2011年全国综合减灾示范社区创建工作的通知（国减办发〔2011〕7号）
8	2012-06-15	民政部关于印发《全国综合减灾示范社区创建管理暂行办法》的通知（民函〔2012〕191号）
9	2012-12-10	国家减灾委员会、民政部关于命名北京市东城区北新桥街道北官厅社区等1273个社区为"全国综合减灾示范社区"的决定（民发〔2012〕213号）
10	2013-12-11	国家减灾委员会、民政部关于命名北京市东城区体育馆路街道法华南里社区等1292个社区为"全国综合减灾示范社区"的决定（民发〔2013〕206号）

表8-8显示，"全国综合减灾示范社区"建设具有明显的阶段性特征。城市社区防灾减灾的政策法规主要有2008年以来国家减灾委和民政部门等推行的全国综合减灾示范社区创建工作和国家减灾委员会办公室下发的《全国综合减灾示范社区标准》等。这方面的政策法规都认为，社区是社会的基本单元，作为各类突发事件的承载体，不仅要在第一时间直接面对灾害，更要在第一时间处置灾害，社区在综合减灾能力建设方面发挥着独特且无法取代的减少人员伤亡、减轻灾害损失的重要作用。着力提高城乡居民防灾减灾意识，扎实推进城乡社区减灾工作，对提高防灾减灾能力，有效减轻灾害损失有着独特的作用。因此，要动员社区的每个家庭、每位成员关注身边的各类灾害风险，增强防范和应对灾害风险的意识和技能，形成全员参与社区综合减灾建设的氛围。在这种思想指导下制定了全国综合减灾示范社区标准，并且根据这个标准在全国范围内评选"全国综合减灾示范社区"，逐步推动社区防灾减灾的发展。2008年至2021年政策法规制定部门主要是国家减灾委和民政部，2018年政府部门职能调整后划归应急管理部，今后应急管理部将结合安全社区建设和社区防灾救灾建设，向综合安

全社区迈进。

关于城市社区房屋拆迁方面,大致情况如表8-9所示。

表8-9 城市社区房屋拆迁管理政策统计汇总表

序号	制发时间	政策名称(发文号)
1	1991-03-22	城市房屋拆迁管理条例(国务院令第78号)
2	1993-01-18	国家物价局、财政部关于发布城市房屋拆迁管理费的通知(价费字〔1993〕13号)
3	1993-09-22	城市房屋拆迁管理工作考核标准(试行)(建房住字第30号)
4	1995-07-05	建设部关于加强城市房屋拆迁管理工作的通知(建房〔1995〕387号)
5	2003-09-19	国务院办公厅关于认真做好城镇房屋拆迁工作维护社会稳定的紧急通知(国办发明电〔2003〕42号)
6	2003-12-01	建设部关于印发《城市房屋拆迁估价指导意见》的通知(建住房〔2003〕234号)
7	2003-12-30	建设部关于印发《城市房屋拆迁行政裁决工作规程》的通知(建住房〔2003〕252号)
8	2004-06-06	国务院办公厅关于控制城镇房屋拆迁规模严格拆迁管理的通知(国办发〔2004〕46号)
9	2005-10-31	建设部关于印发《城市房屋拆迁工作规程》的通知(建住房〔2005〕200号)
10	2009-09-17	国家税务总局关于政府收回土地使用权及纳税人代垫拆迁补偿费有关营业税问题的通知(国税函〔2009〕520号)
11	2011-01-21	国有土地上房屋征收与补偿条例(国务院令第590号)
12	2011-05-06	最高人民法院关于坚决防止土地征收、房屋拆迁强制执行引发恶性事件的紧急通知(法明传〔2011〕327号)
13	2011-05-16	国土资源部办公厅关于切实做好征地拆迁管理工作的紧急通知(国土资电发〔2011〕72号)
14	2012-06-13	最高人民法院关于严格执行法律法规和司法解释依法妥善办理征收拆迁案件的通知(法〔2012〕148号)
15	2013-03-27	最高人民法院关于违法的建筑物、构筑物、设施等强制拆除问题的批复(法释〔2013〕5号)

第八章 城市社区治理政策(1949—2022)

因房屋拆迁引发的矛盾与对抗性暴力问题是20世纪90年代以来在一些地方较为突出的社会现象。表8-9显示,城市社区房屋拆迁管理政策的制定部门涉及国务院、最高人民法院、住建部、司法部、财政部等多个部门;从时间分布上看,具有阶段性特征。这些政策有助于推动政府依法行政和缓和社会矛盾,维护社会稳定,对整个社会的文明进步也起着推动作用。

关于城市社区一般性的公共安全方面,大致情况如表8-10所示。

表8-10 城市社区公共安全政策统计汇总表

序号	制发时间	政策名称(发文号)
1	1996-01-05	城市居民住宅安全防范设施建设管理规定(建设部、公安部令第49号)
2	2001-06-05	建设部等3部门关于加强居民住宅区安全防范工作的协作配合切实保障居民居住安全的通知(建住房〔2001〕115号)
3	2001-10-31	国家计生委、民政部关于加快城市社区人口与计划生育工作改革的意见
4	2002-03-11	建设部关于国家标准《城市居住区规划设计规范》局部修订的公告(建设部公告第31号)
5	2004-07-27	国家环境保护总局关于限制营业性饮食服务单位和娱乐场所夜间工作时间的复函(环函〔2004〕243号)
6	2009-01-14	国家安全监管总局关于深入开展安全社区建设工作的指导意见(安监总政法〔2009〕11号)
7	2009-09-21	民政部关于发布《社区公共场所紧急救援管理要求》行业标准的公告(民政部公告第154号)
8	2011-12-15	国家民委、民政部关于加强新形势下社区民族工作的意见(民委发〔2011〕204号)
9	2015-07-13	民政部、中央组织部关于进一步开展社区减负工作的通知(民发〔2015〕136号)
10	2019-01-09	国务院办公厅关于开展城镇小区配套幼儿园治理工作的通知(国办发〔2019〕3号)
11	2019-10-21	最高人民法院关于依法妥善审理高空抛物、坠物案件的意见(法发〔2019〕25号)

表8-10显示,城市社区安全中一般性的政策主要包括安全社区建设、居民的住宅(住宅区)和居住区安全、社区公共场所紧急救援管理、社区减负、社区民族工作、社区高空抛物与坠物案件审理等内容,这些都是社区安全建设与管理的重要内容。在部门分布上,主要有建设部、公安部、民政部、安监总局和最高人民法院等。在今后应该还会有更多更具体的政策出台,进一步推动安全社区建设。

关于社区矫正方面,大致情况如表8-11所示。

表8-11 社区矫正政策统计汇总表

序号	制发时间	政策名称(发文号)
1	2003-07-10	最高人民法院等4部门关于开展社区矫正试点工作的通知(司发〔2003〕12号)
2	2012-01-10	最高人民法院等4部门关于印发《社区矫正实施办法》的通知(司发通〔2012〕12号)
3	2012-05-25	司法部关于印发和使用《社区矫正执法文书格式》的通知(司发通〔2012〕126号)
4	2014-08-27	最高人民法院等4部门关于全面推进社区矫正工作的意见(司发〔2014〕13号)
5	2014-09-26	司法部等6部门关于组织社会力量参与社区矫正工作的意见(司发〔2014〕14号)
6	2016-07-26	最高人民法院等4部门关于对因犯罪在大陆受审的台湾居民依法适用缓刑实行社区矫正有关问题的意见(法发〔2016〕33号)
7	2016-08-30	最高人民法院等4部门关于进一步加强社区矫正工作衔接配合管理的意见(司发通〔2016〕88号)
8	2019-12-28	中华人民共和国社区矫正法(国家主席令第40号)

从公共管理的角度看,社区矫正属于社会安全方面的内容;从法律的角度看,社区矫正属于刑法的内容。从作用上看,社区矫正对于完善社会治理具有很重要的促进作用。表8-11显示,社区矫正主要是21世纪的政策,而且多为公、检、法等部门联合发文。2019年12月28日,第十三届全国人民代表大会常务委员会第十五次会议通过的《中华人民共和国社区矫正法》应该是对以前社区矫正制度的一个全面性总结。

(六)社区文化

城市社区文化方面大致情况如表 8-12 所示。

表 8-12 城市社区文化政策统计汇总表

序号	制发时间	政策名称(发文号)
1	1997-04-02	国家体委等 5 部门关于加强城市社区体育工作的意见(体群字〔1997〕50 号)
2	2001-12-10	教育部办公厅关于印发《全国社区教育实验工作经验交流会议纪要》的通知(教职成厅〔2001〕4 号)
3	2003-12-15	教育部关于确定第二批全国社区教育实验区的通知(教职成〔2003〕7 号)
4	2004-12-01	教育部关于推进社区教育工作的若干意见(教职成〔2004〕16 号)
5	2008-02-19	民政部关于进一步推进廉政文化进社区工作的指导意见(民发〔2008〕25 号)
6	2009-06-17	民政部等 6 部门关于印发第六期万家社区图书室援建和万家社区读书活动方案的通知(民发〔2009〕83 号)
7	2010-02-08	全国妇联等 3 部门关于深化节能减排家庭社区行动开展"低碳家庭·时尚生活"主题活动的通知(妇字〔2010〕5 号)
8	2010-09-16	教育部办公厅关于推荐全国社区教育示范区(2010)的通知(教职成厅函〔2010〕36 号)
9	2012-03-16	民政部关于"十二五"期间深入开展万家社区图书室援建和万家社区读书活动的通知(民函〔2012〕88 号)
10	2013-04-15	民政部关于表扬第六期"万家社区图书室援建和万家社区读书活动"先进单位和先进个人的通报(民函〔2013〕124 号)
11	2015-04-28	民政部关于推介"2014 年度中国社区治理十大创新成果"创新经验的通知(民函〔2015〕145 号)
12	2016-06-28	教育部等 9 部门关于进一步推进社区教育发展的意见(教职成〔2016〕4 号)
13	2020-11-24	住建部、体育总局关于全面推进城市社区足球场地设施建设的意见(建科〔2020〕95 号)
14	2020-11-24	民政部办公厅、司法部办公厅关于印发《2020 年全国"宪法进社区"主题宣传活动工作方案》的通知

表 8-12 显示,城市社区文化主要包括社区体育、社区教育示范区建设、廉政文化进社区、社区图书室建设和社区读书活动、"宪法进社区"宣传活动等,涉及民政部、教育部等部门。城市社区文化建设是一个越来越重要的内容,政府部门对之重视程度也在加大。

(七) 社会保障

关于城市社区社会保障方面,大致情况如表 8-13 所示。

表 8-13　城市社区社会保障政策统计汇总表

类别		序号	制发时间	政策名称(发文号)
社区社会保障	养老	1	2013-07-01	民政部关于做好 2013 年社会养老服务体系和社区服务体系项目建设工作的通知(民函〔2013〕217 号)
		2	2015-08-31	民政部办公厅关于确定首批养老服务和社区服务信息惠民工程试点单位和地区的通知(民办函〔2015〕315 号)
		3	2016-07-13	民政部、财政部关于中央财政支持开展居家和社区养老服务改革试点工作的通知(民函〔2016〕200 号)
		4	2017-03-28	民政部、财政部关于印发《中央财政支持开展居家和社区养老服务改革试点工作绩效考核办法》的通知(民发〔2017〕55 号)
		5	2020-02-12	民政部、财政部关于确定第五批中央财政支持开展居家和社区养老服务改革试点地区的通知(民函〔2020〕13 号)
		6	2020-07-31	民政部办公厅、财政部办公厅关于开展第四批居家和社区养老服务改革试点成果验收的通知(民办函〔2020〕86 号)
		7	2020-11-24	住建部等 6 部门关于推动物业服务企业发展居家社区养老服务的意见(建房〔2020〕92 号)
		8	2020-12-28	民政部办公厅、财政部办公厅关于开展居家和社区养老服务改革试点工作总结推广改革试点典型经验的通知(民办发〔2020〕39 号)
		9	2021-10-12	民政部办公厅、财政部办公厅关于组织实施 2021 年居家和社区基本养老服务提升行动项目的通知(民办函〔2021〕64 号)

类别		序号	制发时间	政策名称(发文号)
社区社会保障	就业	1	1999-11-12	全国妇联等6部门关于实施"巾帼社区服务工程"推动社区建设和下岗女工再就业工作的意见(妇字〔1999〕19号)
		2	2001-04-05	劳社部办公厅关于确定社区就业工作重点联系城市的通知(劳社厅函〔2001〕68号)
		3	2001-05-08	劳社部等9部门关于推动社区就业工作的若干意见(劳社部发〔2001〕7号)
		4	2010-05-25	人社部关于公布首批国家级充分就业示范社区名单的通知(人社部函〔2010〕151号)
		5	2012-10-24	人社部办公厅关于公布第二批国家级充分就业示范社区名单的通知(人社厅发〔2012〕90号)
		6	2017-05-24	人社部办公厅关于认定第四批国家级充分就业社区的通知(人社厅发〔2017〕60号)
	特殊群体保护	1	1999-12-17	共青团中央等5部门关于加强少先队社区工作的意见(中青联发〔1999〕85号)
		2	2000-08-29	民政部等14部委关于加强社区残疾人工作的意见(〔2000〕残联办字第142号)
		3	2004-12-09	建设部、民政部关于进一步做好社区未成年人活动场所建设和管理工作的意见(建精〔2004〕219号)

表8-13显示,城市社区社会保障的内容较为庞杂,这里主要就社区养老、社区就业和社区特殊群体的保护等方面的内容进行分析。自我国2000年左右进入老龄化社会以来,老龄化的速度在加快,机构养老只覆盖老年人的极少数,绝大部分老人的养老采取居家养老和社区养老的方式。因此,最近十年来的社区养老政策逐步增多,主要通过社区养老改革试点及其工作绩效考核、开展示范性全国老年友好型社区创建工作、居家和社区基本养老服务提升行动等项目和政策的带动提升社区养老服务,在今后很长一段时期内这类政策还会有比较显著的增加。

关于城市社区就业与再就业政策,也是最近20多年的一个重要内容。这与20世纪90年代末以来的国有企业改革有关,也与整个社会的就业压力有关,主要涉及女性就业、国家级充分就业示范社区建设等内容,今后也是需要进一步完善的重点。在特殊社会群体方面,主要有未成年人保护和残疾人就业保障等内容,这方面的政策还有进一步提升的空间。

总体看来,进入21世纪以来,我国城市社区的政策法制进程进入快车道,城市社区治理成为城市发展越来越受重视的内容,社会对其关注度也在大幅度上升,对城市社区治理的进一步规范化、法治化需求日益迫切。我国城市社区政策发展的时间维度折射出1949年以来我国社区治理的历史发展脉络,这与我国改革开放后的社会变化是一致的。随着我国改革的继续深化和现代化进程的加快,会有更多样、更细化的城市社区政策产生,为社区的发展提供更为规范的制度空间与法律平台。

从制定和颁布的部门来看,涉及全国人大常委会、国务院及其办事机构以及国务院的职能部门如民政部、卫生部、国家计委(国家发改委)、建设部(住建部)、公安部、人社部等部门,其中以民政部出台的城市社区政策最多,如果加上民政部参与制定的多部门联合发文的政策,这方面政策的数量和比例更高。最高人民法院、建设部、司法部、国家减灾委、国家发改委、卫生部等联合制定的城市社区政策占比也较高,体现了社区治理的综合性、相关部门相互协作的协同性。由于社区治理的综合性和复杂性,预计多部门联合发文的比例在今后还会上升,这是顺应社区治理发展趋势的新要求。

三、 城市社区治理新环境及其挑战

在城市社区治理的政策制定方面,今后还需要着重考虑以下几种情况带来的挑战,并且要尽可能快速做出政策性回应。

一是新型的国际化社区出现。改革开放既是对内不断深化改革的过程,同时也是对外交往持续扩大的过程。在这个过程中,到中国工作、学习、居住和生活的外国人越来越多,出现了来自同一国家的外国人集中居住在我国某些城市的国际化社区(如北京市望京的韩国人居住区、上海市古北国际社区、广州市小北路非洲人社区等),这类社区在今后的数量越来越多,也会从大都市扩展到我国的其他城市(如生态城市、旅游城市等),造成社区环境复杂化,这是我国社区环境治理中的新挑战。另外,还应该注意社区突发事件中的涉外因素。近年来,一些城乡社区发生并且影响巨大的社区突发事件中的涉外因素越来越明显。在今后的一些城乡社区突发事件中,涉外因素可能还会不断出现,今后很可能会剧增,这是社区环境在当今时代的新变化。

二是城市扩张催生了城乡接合部"村改居"的转型社区。城市化扩张把越来越多以前生活在城市郊区的农民纳入城市社区,农民的市民化角色转化造成他们的居住环境、生活方式等发生根本性的变化,如何快速转变生活方式,以及如何避免在这一过程中引发社会负效应,这是现代化进程中的社区环境治理亟待解决的新问题。

三是改革开放以来的"乡—城移民"的城市社区融入问题。一些新型社区的形成既有历史文化传统因素,也有现实的利益考虑,例如农民工"打工潮"、由于户籍所在地相关利益纠纷上访等原因形成的基于乡缘关系的城中村以及在一些经济发达地区自发形成的"浙江村""安徽村""新疆村"等,这类社区环境也是改革开放以来的新现象,特别是农民工"打工潮"形成的城中村,如何促进他们的社区融入并且能够在所在城市尽可能充分发挥其积极作用也是社区环境治理的新问题。

四是城市中近年来形成了以大学年毕业生等青年群体为主聚居的"蚁族型"社区。这类社区在北京市、上海市、广州市最为突出,"北漂族""南漂族""校漂族"是其典型表现。21世纪以来,全球性的以青年人为失业主体成为一种新的趋势,这类社会群体及其集居的社区已经有专门的研究,兹不多述。

五是互联网虚拟社区构建机制及其治理问题。在当今很多城乡社区,由于信息技术的广泛应用,这些社区的智能化建设形成了虚拟的网络社区。这类社区与前面述及的其他社区之间最大的不同就是超越了地域性限制,超越了物理空间的束缚。因特网提供了强大的技术支撑,它打破了人与人之间的藩篱,使人们紧密地联系在一起。这种全新的社区环境治理是目前社区治理中最新挑战。虚拟网络社区的区域性、全球性特征使得一些突发事件在一开始就具有线上和线下相结合的特征,导致信息传播具有瞬时性和便捷性,这是信息社会里的全球化新现象与社区治理的关系,社区治理需要新的机制来适应这一新变化。

六是关于老龄化、生命历程与社区治理的关系问题。从城乡社区治理的内容来看,从我国进入老龄化社会以来,老龄化程度日益加剧。在一些劳动力输出大省,由于乡村的中青年人大都进城务工,留守老人成为一个越来越突出的社会现象,很多地方乡村的老龄化程度高于城市,经济不发达地区高于经济发达地区。核心家庭养老功能弱化,老人子女负担很重,这造成自力养老的老年人在部分乡村占比很高。新冠病毒肺炎疫情防控中新科技(如健康码、行程码等)的广泛应用在某种程度上给一些老年人的出行、购物等造成新的困难,社区的适老化要求极为迫切。因此,社区养老问题日益严重,但同时也催生了老年人之间自组织互助性的"抱团养老"。完善社区养老服务,并且使之与家庭养老、医养结合、社区卫生、安宁疗护等有机结合,真正实现老有所养、健康乐老是今后的长期任务和目标。

总体说来,社区治理的目标不仅是成为可持续发展的社区,更应该是尽可能地为社区赋予一种高贵的和人性化的意义。

四、城乡社区治理政策

在社区治理政策中含有"城乡社区"这个词的政策名称有必要单独归类,因此,下面进行系统分析。关于城乡社区治理的一般性政策方面,大致情况如表8-14所示。

表8-14 城乡社区治理一般性政策统计汇总表

序号	制发时间	政策名称(发文号)
1	1992-09-16	民政部办公厅关于"二五"普法期间进一步宣传、贯彻《村委会组织法》和《居委会组织法》的意见(民办发〔1992〕21号)
2	2003-06-02	建设部关于印发《城乡社区建筑与环境和公共场所防控"非典"应急管理措施》的通知(建科电〔2003〕19号)
3	2003-08-25	中央精神文明委关于印发《中央精神文明建设指导委员会关于评选表彰全国文明城市、文明村镇、文明单位的暂行办法》的通知(文明委〔2003〕9号)
4	2008-07-31	民政部办公厅关于做好地震灾后恢复重建工作中基层群众性自治组织和城乡社区建设工作的通知(民办发〔2008〕9号)
5	2015-06-01	民政部关于指导村(居)民委员会协助做好社会救助工作的意见(民发〔2015〕104号)
6	2015-07-22	中共中央办公厅、国务院办公厅印发《关于加强城乡社区协商的意见》
7	2016-08-08	民政部关于深入推进城乡社区协商工作的通知(民发〔2016〕134号)

（续表）

序号	制发时间	政策名称(发文号)
8	2017-05-13	民政部关于贯彻落实《中共中央 国务院关于加强和完善城乡社区治理的意见》的通知(民发〔2017〕87号)
9	2017-06-12	中共中央、国务院关于加强和完善城乡社区治理的意见
10	2018-12-29	全国人大常委会关于修改《中华人民共和国村民委员会组织法》《中华人民共和国城市居民委员会组织法》的决定(国家主席令第21号)
11	2020-07-30	民政部、应急管理部关于发挥基层群众性自治组织作用 加强城乡社区防汛救灾工作的指导意见(民发〔2020〕91号)
12	2021-04-28	中共中央、国务院关于加强基层治理体系和治理能力现代化建设的意见
13	2021-09-03	中共中央办公厅、国务院办公厅关于在城乡建设中加强历史文化保护传承的意见
14	2021-12-27	国务院办公厅关于印发"十四五"城乡社区服务体系建设规划的通知(国办发〔2021〕56号)

表8-14显示,城乡社区治理政策多为21世纪以来的政策,涉及的部门比较庞杂。从内容上看,主要涉及社区自治组织(居委会和村委会)、社区普法宣传、社区社会救助、社区协商、疫情防控与居民用药管理、统筹城乡社区建设实验、城乡社区服务体系建设规划、防汛救灾和社区工作榜样表彰等内容,其中,中共中央和国务院印发的《关于加强城乡社区协商的意见》《关于加强和完善城乡社区治理的意见》《关于加强基层治理体系和治理能力现代化建设的意见》等文件在一定程度上具有里程碑式的重要意义,也是今后完善社区治理的核心指导文献。

关于城乡社区的传染病疫情防控方面,大致情况如表8-15所示。

表8-15 城乡社区传染病疫情防控政策统计汇总表

序号	制发时间	政策名称(发文号)
1	2003-04-18	卫生部办公厅关于加强非典型肺炎社区防治工作的紧急通知
2	2003-05-20	卫生部等6部门关于印发《关于加强农村传染性非典型肺炎防治工作指导意见》的通知(卫基妇发〔2003〕132号)

(续表)

序号	制发时间	政策名称(发文号)
3	2006-08-26	农业部关于印发《公路动物防疫监督检查站管理办法》的通知(农医发〔2006〕7号)
4	2008-01-08	卫生部、农业部关于加强狂犬病疫苗免疫接种工作的通知(卫疾控发〔2008〕4号)
5	2008-04-21	农业部关于加强村级动物防疫员队伍建设的意见(农医发〔2008〕16号)
6	2020-01-24	国务院联防联控机制关于加强新型冠状病毒感染的肺炎疫情社区防控工作的通知(肺炎机制发〔2020〕5号)
7	2020-02-16	民政部、国家卫健委关于深入学习贯彻习近平总书记重要指示精神进一步做好城乡社区疫情防控工作的通知(民发〔2020〕13号)
8	2020-03-02	民政部办公厅等4部门关于印发《新冠肺炎疫情社区防控工作信息化建设和应用指引》的通知(民办发〔2020〕5号)
9	2020-03-03	中央应对新型冠状病毒感染肺炎疫情工作领导小组关于全面落实疫情防控一线城乡社区工作者关心关爱措施的通知(国发明电〔2020〕8号)
10	2020-03-06	民政部关于贯彻落实中央应对新型冠状病毒感染肺炎疫情工作领导小组《关于全面落实疫情防控一线城乡社区工作者关心关爱措施的通知》的通知
11	2020-04-14	民政部、国家卫健委关于印发《新冠肺炎疫情社区防控与服务工作精准化精细化指导方案》的通知(民发〔2020〕38号)
12	2021-01-30	民政部、国家卫健委关于进一步提高城乡社区防控精准化精细化水平的通知(民发〔2021〕11号)
13	2022-01-26	国家卫健委办公厅关于做好春节期间城乡社区疫情防控有关工作的通知(国卫办基层函〔2022〕33号)

这里需要说明的是,2003年的SARS危机和当前的新冠病毒肺炎疫情,都是超越国家的区域性甚至全球性的大规模传染病疫情,它们的危害波及城市和乡村,因此这里把城乡放在一起进行分析,这是与其他分类和表格内容不同的地方。表8-15显示,较早的社区疫情防控政策是在SARS中出台的,但是H1N1流感时期在制度建设上没有明显突破。为了应对2020年初暴发的新冠病毒肺炎疫情,这几年国家先后出台了十多份专门性政策,而且为此还专门成立了中央应

对新型冠状病毒感染肺炎疫情工作领导小组和国务院应对新冠病毒肺炎疫情联防联控机制(简称为"国务院联防联控机制")两个最高层面的临时机构,联合发文的政策占比非常高。在内容上涉及疫情防控工作、基层减负、疫情防控一线城乡社区工作者关心关爱措施、防控与服务工作精准化精细化、冬春季节和春节期间等特殊时段的疫情防控等方面,既有制度上的建设,也有措施上的纠偏,城乡社区的疫情防控是一个关键领域,"动态清零"的总体目标对社区疫情防控提出了很高的要求,今后这方面的政策会针对新出现的问题逐步走向完善。

本章小结

本章首先划分和限定了社区治理政策的基本范围。其次,从公共管理的角度,分别从城市社区的权力分配与组织结构、物业管理、城市社区建设、城市社区服务、城市社区安全、城市社区文化与社会保障等方面进行了分析。再次,列出了城市社区治理面临的新环境及其挑战。最后是对城乡社区治理的一般性政策和城乡社区传染病疫情防控政策进行了系统分析。

思考题

1. 如何从时间脉络看待当代中国城市社区政策的主要变化及其时代背景?
2. 从制定和发布部门的分布来看,我国城市社区政策在总体上有什么显著特点?
3. 从基本内容来看,我国城市社区政策的内容变化体现了哪些进步?
4. 当今我国城市社区政策存在哪些突出问题?基本原因是什么?
5. 如何预测我国城市社区政策的未来发展趋势?为什么?

第九章 乡村社区治理政策(1949—2022)

引导案例

收回免死金牌!河南信阳放松捕猎限制,能否压制住泛滥的野猪?

野猪在信阳市境内大肆抢食农民种植的农作物,吃不掉的也尽数摧毁。农民一年来的劳动成果在野猪的摧残下化为乌有,很多农户的经济损失高达数千元。

野猪为什么会泛滥?

俗话说得好,"有因就有果",野猪能在中国泛滥自然和外界环境密不可分。

(1) 它是三有保护动物。野猪之所以能泛滥是因为它有一个特殊的身份,那就是三有保护动物。野猪在 2000 年 8 月 1 日被国家林业局列入三有保护动物行列。所谓三有保护动物,就是国家保护的有益、有重要经济价值、有科学研究价值的野生动物。

虽然三有保护动物的级别相比国家保护动物级别较低,但是捕杀三有保护动物仍然违法,需要承担相应的法律责任。就在 2020 年的时候,重庆人民法院就对非法使用电网捕捉野猪的王某某做出审判,判处有期徒刑十个月。正是因为有法律的限制,面对大肆破坏农作物的野猪,农民敢怒不敢言。

(2) 形势的变化让野猪泛滥有机可乘。这个说起来实在让人一言难尽,野猪能够泛滥和中国逐渐变好的自然环境密不可分。近年来我国在恢复野外生态环境以及环境保护上取得重大成就,农民虽然享受到了良好的自然环境带来的好处,但同时也得面对泛滥的野猪带来的问题。

除自然环境因素以外,还有一个因素导致野猪严重泛滥。野猪在 20 世纪 60—80 年代一直可以合法捕猎,而且那个时候个人可以合法持有枪支。野猪除了在 2000 年的时候拿到了"免死金牌"外,还有个重要的决策也救了它一命,那就是1998年开始逐渐收紧的禁枪运动。禁枪运动让很多人不能再使用猎枪狩猎野猪,而使用其他装置捕猎野猪危险系数也较大。因此私人捕猎野猪的现象在进入21世纪后,相较于之前少了许多。

泛滥的野猪造成什么后果?

(1)农业方面的损失。泛滥的野猪在信阳市境内大肆破坏,饱受折磨的要数居住地以及耕地与野猪活动半径重合的村民了,村民陈克金要数被野猪折磨最严重的一个典型代表了。他在家旁边的耕地上种植了不到一亩的玉米以及少量的红薯,结果8月27日那天野猪光顾了他家的耕地。饥肠辘辘的野猪推倒了耕地里全部的玉米秆子,并吃光了全部的玉米棒。贪婪的野猪嫌没吃饱,还跑去拱了几口红薯。而更让人气愤的是,野猪疯狂破坏庄稼已经不是第一次发生了。前年陈克金在山坡种植的三亩玉米也是被野猪尽数摧毁的,为此他甚至打算不再种植玉米。

(2)经济方面的损失。由于国家之前并没有放松捕猎野猪的限制,而且在未受到生命威胁的情况下杀死三有保护动物仍然会被追究法律责任。因此发现入侵野猪的村民并不敢杀死它们,他们在农田周围放鞭炮或者播放音乐,希望吓跑入侵的野猪。

为了阻止野猪糟蹋种植的玉米,村民组长孙守文用彩钢瓦在耕地周围做了一个简易的"篱笆",结果还是挡不住入侵的野猪。面对记者的采访,孙守文无奈地回答说:"野猪太多了,大一点的有两三百斤。这块地投入种子、肥料几千块钱,快被糟蹋完了!"

其实最让人难受的是,野猪泛滥的情况并不是个别现象。根据记者的调查,在信阳市境内的浉河区、罗山县、光山县、新县、商城县、固始县、潢川县等地都出现了野猪破坏农作物的情况,只不过受灾程度有轻有重。

在中国多地横行霸道的野猪,除了有法律保护外,最让人痛恨的是,在找不到食物的时候它会入侵人类的领地,强抢或者偷吃人类种植的粮食作物。野猪一点也不怕人,发现有人来驱赶它不会跑反而会攻击农田的主人。很多被野猪糟蹋过粮食的农民之前根本不敢攻击入侵的野猪,因为"打赢坐牢,打输住院"。

(资料来源:《收回免死金牌!河南信阳放松捕猎限制,能否压制住泛滥的野猪?》,2022年5月9日,网易,https://www.163.com/dy/article/H6UJK93D05530E5G.html,2022年6月15日访问,有修改。)

案例讨论

1. 近年来特别是新冠病毒肺炎疫情暴发以来,国家政策强令禁止非法捕杀和滥食野生动物,但是近年来在全国很多地方出现的野猪群损毁庄稼和致人死伤的情况下,是保护野猪重要还是保护村民生命财产重要?

2. 有些地方针对野猪危害制定的"杀猪令",与中央层面的政策相冲突。你如何看待这一冲突?

3. 现在国家政策要求禁食野生动物,为什么?

与基本上作为一个生活区的城市社区相比,乡村社区是一个集生产工作、生活、社会交往和社会风俗于一体的综合性社区,因此,乡村社区治理的政策要数倍于城市社区。由于数量庞大和篇幅有限,本章从公共管理的角度,在1949年10月1日到2022年4月20日这个时间范围内有选择地对相关政策分门别类进行简要分析。

一、乡村土地政策

首先探讨乡村社区的土地政策是因为30多年来我国乡村社区中发生的具有全国性甚至溢出海外的影响的乡村矛盾中,约90%直接与土地问题有关。由土地问题引发的社会矛盾和暴力冲突在整个乡村突发事件中的比例一直居高不下。据不完全统计,1949年以来我国关于土地方面的专门性政策不少于700份,其中涉及乡村社区治理的土地政策也不少,在内容上主要包括基本农田与耕地保护、农村土地承包及使用权经营权流转、农村集体土地确权登记、林地与湿地保护、自留地与宅基地、易地搬迁与水库等移民安置、水土保持和其他方面,合计约170份。其中,关于基本农田与耕地保护方面的政策,大致情况如表9-1所示。

表9-1 乡村基本农田与耕地保护政策统计汇总表

序号	制发时间	政策名称(发文号)
1	1981-04-17	国务院关于制止农村建房侵占耕地的紧急通知(国发〔1981〕57号)
2	1986-03-21	中共中央、国务院关于加强土地管理、制止乱占耕地的通知

第九章　乡村社区治理政策(1949—2022)

(续表)

序号	制发时间	政策名称(发文号)
3	1992-12-09	国务院办公厅关于严禁开发区和城镇建设占用耕地撂荒的通知(国办发〔1992〕59号)
4	1994-08-18	基本农田保护条例(国务院令第162号)
5	1997-04-15	中共中央、国务院关于进一步加强土地管理切实保护耕地的通知(中发〔1997〕11号)
6	1998-12-27	基本农田保护条例(国务院令第257号)
7	2000-09-10	国务院关于进一步做好退耕还林还草试点工作的若干意见(国发〔2000〕24号)
8	2003-11-17	国土资源部关于进一步采取措施落实严格保护耕地制度的通知(国土资发〔2003〕388号)
9	2004-10-21	国土资源部、农业部关于印发《关于基本农田保护中有关问题的整改意见》的通知(国土资发〔2004〕223号)
10	2005-09-28	国土资源部等7部门关于进一步做好基本农田保护有关工作的意见(国土资发〔2005〕196号)
11	2005-10-28	国务院办公厅关于印发《省级政府耕地保护责任目标考核办法》的通知(国办发〔2005〕52号)
12	2006-03-23	国土资源部关于编制基本农田保护示范区建设方案的通知(国土资厅发〔2006〕42号)
13	2006-11-20	国土资源部关于正式确定国家基本农田保护示范区的通知(国土资发〔2006〕270号)
14	2009-06-25	农业部、国家发展改革委关于印发《保护性耕作工程建设规划(2009—2015年)》的通知(农计发〔2009〕7号)
15	2012-04-06	国土资源部、财政部关于加快编制和实施土地整治规划大力推进高标准基本农田建设的通知(国土资发〔2012〕63号)
16	2012-06-29	国土资源部关于提升耕地保护水平全面加强耕地质量建设与管理的通知(国土资发〔2012〕108号)
17	2013-10-17	国务院关于全国高标准农田建设总体规划的批复(国函〔2013〕111号)
18	2014-02-13	国土资源部关于强化管控落实最严格耕地保护制度的通知(国土资发〔2014〕18号)

(续表)

序号	制发时间	政策名称(发文号)
19	2017-01-09	中共中央、国务院关于加强耕地保护和改进占补平衡的意见
20	2018-12-29	中华人民共和国耕地占用税法(国家主席令第18号)
21	2019-11-13	国务院办公厅关于切实加强高标准农田建设提升国家粮食安全保障能力的意见(国办发〔2019〕50号)
22	2020-07-29	自然资源部、农业农村部关于农村乱占耕地建房"八不准"的通知(自然资发〔2020〕127号)
23	2020-11-04	国务院办公厅关于防止耕地"非粮化"稳定粮食生产的意见(国办发〔2020〕44号)
24	2021-11-26	自然资源部办公厅关于开展2021年违法违规占用耕地重点问题整治的通知(自然资办函〔2021〕2206号)

表9-1显示,基本农田与耕地保护方面的政策文本涉及中共中央、全国人大常委会、国务院、最高人民法院以及国土资源(自然资源)农业、税务、财政等部门。在内容上主要包括基本农田保护、严禁开发区和城镇建设占用耕地撂荒、退耕还林还草试点、设立基本农田保护示范区、防止耕地"非粮化"稳定粮食生产、耕地占用税、违法违规占用耕地重点问题整治等方面。从反思的角度看,不但要保护基本农田,保护耕地上的主粮农作物,还要保护主要农产品的收购价格和市场价格高于种植成本,避免"谷贱伤农",这样才能够进一步有效保障国家和人民的粮食安全。基本农田保护和坚守18亿亩的耕地红线的任务还很艰巨。

关于农村土地承包、使用权经营权流转方面的政策,大致情况如表9-2所示。

表9-2 农村土地承包、使用权经营权流转政策统计汇总表

序号	制发时间	政策名称(发文号)
1	1995-03-28	国务院批转农业部关于稳定和完善土地承包关系意见的通知(国发〔1995〕7号)
2	1997-08-27	中共中央办公厅、国务院办公厅关于进一步稳定和完善农村土地承包关系的通知(中办发〔1997〕16号)
3	2001-12-30	中共中央关于做好农户承包地使用权流转工作的通知(中发〔2001〕18号)

第九章 乡村社区治理政策(1949—2022)

(续表)

序号	制发时间	政策名称(发文号)
4	2002-08-29	中华人民共和国农村土地承包法(国家主席令第73号)
5	2003-11-14	中华人民共和国农村土地承包经营权证管理办法(农业部令第33号)
6	2004-04-30	国务院办公厅关于妥善解决当前农村土地承包纠纷的紧急通知(国办发明电〔2004〕21号)
7	2009-06-27	中华人民共和国农村土地承包经营纠纷调解仲裁法(国家主席令第14号)
8	2009-08-27	中华人民共和国农村土地承包法(修正)(国家主席令第18号)
9	2011-02-26	农业部关于开展农村土地承包经营权登记试点工作的意见(农经发〔2011〕2号)
10	2012-06-27	农业部办公厅关于印发《农村土地承包经营权登记试点工作规程(试行)》的通知(农办经〔2012〕19号)
11	2014-11-20	中共中央办公厅、国务院办公厅印发《关于引导农村土地经营权有序流转发展农业适度规模经营的意见》
12	2014-12-30	国务院办公厅关于引导农村产权流转交易市场健康发展的意见(国办发〔2014〕71号)
13	2016-05-24	农业部关于加强基层农村土地承包调解体系建设的意见(农经发〔2016〕8号)
14	2018-12-29	中华人民共和国农村土地承包法(修正)(国家主席令第17号)
15	2019-11-26	中共中央、国务院关于保持土地承包关系稳定并长久不变的意见
16	2020-11-09	国务院办公厅关于同意建立第二轮土地承包到期后再延长三十年试点部际联席会议制度的函(国办函〔2020〕104号)
17	2021-01-26	农村土地经营权流转管理办法(农业农村部令2021年第1号)

表9-2显示,农村土地承包、使用权经营权流转方面的政策在内容上主要有集体土地所有权登记发证、农村集体土地使用权抵押登记、宅基地和集体建设用地使用权确权登记、征用农民集体所有土地补偿费管理、农村集体土地征用后地上房屋拆迁补偿、农村土地整治、稳定和完善土地承包关系、农户承包地使用权流转工作、村产权流转交易市场健康发展、农村土地承包经营权信息应用平台与数据库建设等方面,也是多为中共中央、全国人大常委会、国务院、最高人民法院

以及农业等部门制定的政策法规,既是助推大农业发展的措施,也是适应人口流动的变化的必要举措。

关于专门性的农村集体土地确权登记方面的政策,大致情况如表9-3所示。

表9-3 专门性的农村集体土地确权登记政策统计汇总表

序号	制发时间	政策名称(发文号)
1	1995-09-11	农村集体土地使用权抵押登记的若干规定
2	2001-11-09	国土资源部关于依法加快集体土地所有权登记发证工作的通知(国土资发〔2001〕359号)
3	2004-04-07	国务院办公厅转发监察部等部门对征用农民集体所有土地补偿费管理使用情况开展专项检查的意见的通知(国办发〔2004〕31号)
4	2005-10-12	最高人民法院行政审判庭关于农村集体土地征用后地上房屋拆迁补偿有关问题的答复(法〔2005〕行他字第5号)
5	2007-12-30	国务院办公厅关于严格执行有关农村集体建设用地法律和政策的通知(国办发〔2007〕71号)
6	2010-12-27	国务院关于严格规范城乡建用地增减挂钩试点切实做好农村土地整治工作的通知(国发〔2010〕47号)
7	2011-08-07	最高人民法院关于审理涉及农村集体土地行政案件若干问题的规定(法释〔2011〕20号)
8	2013-09-03	国土资源部关于进一步加快农村地籍调查推进集体土地确权登记发证工作的通知(国土资发〔2013〕97号)
9	2016-04-18	财政部、国土资源部关于印发《农村集体经营性建设用地土地增值收益调节金征收使用管理暂行办法》的通知(财税〔2016〕41号)
10	2017-03-31	财政部、国家税务总局关于承租集体土地城镇土地使用税有关政策的通知(财税〔2017〕29号)
11	2020-05-14	自然资源部关于加快宅基地和集体建设用地使用权确权登记工作的通知(自然资发〔2020〕84号)
12	2022-01-26	自然资源部关于加快完成集体土地所有权确权登记成果更新汇交的通知(自然资发〔2022〕19号)

表9-3中部分政策的内容在表9-2中有所体现,只是政策归类的出发点不同。有时乡村中发生的并且影响很大的突发事件,其根源在于乡村土地的

第九章 乡村社区治理政策(1949—2022)

权益纠纷没有确权登记这方面的法律证据,因此专门性的集体土地所有权登记发证、农村集体土地使用权抵押登记、宅基地和集体建设用地使用权确权登记等政策对于厘清权益问题和避免纠纷具有至关重要的作用。这是乡村土地政策中非常具有针对性和可操作性的政策措施,对于乡村的和谐稳定也有重要作用。

关于乡村土地与湿地保护方面的政策,大致情况如表9-4所示。

表9-4 乡村土地与湿地保护政策统计汇总表

序号	制发时间	政策名称(发文号)
1	1988-03-03	林业部、国家土地管理局关于加强林地保护和管理的通知
2	1989-12-06	国家土地管理局关于林地、滩涂及矿山企业用地确权发证问题的批复
3	1996-10-14	林木林地权属争议处理办法(林业部令〔第10号〕)
4	2000-12-31	林木和林地权属登记管理办法(国家林业局令第1号)
5	2005-05-21	国家林业局关于依法加强征占用林地审核审批管理的通知(林资发〔2005〕76号)
6	2007-02-27	国家林业局关于印发《国家林业局征占用林地行政许可被许可人监督检查办法》的通知(林策发〔2007〕45号)
7	2007-03-15	国家林业局关于切实制止破坏植被行为搞好沙区林草植被保护的紧急通知(林沙发〔2007〕60号)
8	2008-06-18	国家林业局关于规范申请增加"十一五"期间年度征占用林地定额有关事项的通知(林资发〔2008〕132号)
9	2009-04-19	国家林业局关于做好扩大内需建设项目征占用林地管理工作的通知(林资发〔2009〕100号)
10	2016-09-07	国家林业局关于印发《2016年集体林地承包经营纠纷调处考评工作实施方案》的通知(林改发〔2016〕123号)
11	2021-01-15	自然资源部办公厅、国家林业和草原局办公室关于加强协调联动进一步做好建设项目用地审查和林地审核工作的通知(自然资办发〔2021〕18号)
12	2022-01-07	自然资源部、国家林业和草原局关于共同做好森林、草原、湿地调查监测工作的意见(自然资发〔2022〕5号)

表 9-4 显示,在林地与湿地保护方面的十多份政策文本,主要涉及林木和林地权属登记管理、征占用林地审核审批管理、集体林地承包经营纠纷调处考评、林木林地权属争议处理以及森林、草原、湿地调查监测工作等方面,主要由国家林业、自然资源(国土资源)等职能部门制发。今后还需要多部门在强化地质灾害防治、环境污染等方面联合制定政策,确保乡村农业生产与人居环境建设的有机融合,真正保障宜居乡村和美丽乡村目标的持续和稳定实现。

关于自留地与宅基地方面的政策,大致情况如表 9-5 所示。

表 9-5　乡村自留地与宅基地政策统计汇总表

序号	制发时间	政策名称(发文号)
1	1957-06-25	全国人民代表大会常务委员会关于增加农业生产合作社社员自留地的决定
2	2004-11-02	国土资源部印发《关于加强农村宅基地管理的意见》的通知(国土资发〔2004〕234号)
3	2008-10-27	国家林业局关于在责任山、自留山上毁林种植甘蔗行为定性问题的复函(林策发〔2008〕216号)
4	2020-05-14	自然资源部关于加快宅基地和集体建设用地使用权确权登记工作的通知(自然资发〔2020〕84号)
5	2020-07-22	自然资源部办公厅关于印发《宅基地和集体建设用地使用权确权登记工作问答》的函(自然资办函〔2020〕1344号)
6	2020-07-29	自然资源部、农业农村部关于保障农村村民住宅建设合理用地的通知(自然资发〔2020〕128号)
15	2021-01-28	生态环境部等4部门关于印发《农用地土壤污染责任人认定暂行办法》的通知(环土壤〔2021〕13号)

表 9-5 显示,乡村自留地、宅基地方面的政策主要集中在农村宅基地管理、宅基地和集体建设用地使用权确权登记、保障农村村民住宅建设合理用地等方面。这方面的政策虽然数量不多,但是牵涉村民的住房建设等切身利益问题。近几十年来因为宅基地与村民建房引发的突发事件比较多,部分权力的滥用是造成事件发生的主要原因。因此,进一步细化这方面政策的规定,并且同时强化乡镇政府与村两委在政策执行中的依法依规是重点。

关于乡村易地搬迁与水库等移民安置方面的政策,大致情况如表 9-6 所示。

第九章 乡村社区治理政策(1949—2022)

表9-6 乡村易地搬迁与水库等移民安置政策统计汇总表

序号	制发时间	政策名称(发文号)
1	1986-07-29	国务院办公厅转发水利电力部关于抓紧处理水库移民问题报告的通知(国办发〔1986〕56号)
2	1991-01-25	大中型水利水电工程建设征地补偿和移民安置条例(国务院令第74号)
3	1992-03-27	国务院办公厅关于开展对三峡工程库区移民工作对口支援的通知(国办发〔1992〕14号)
4	1994-04-07	国务院办公厅转发国务院三峡工程建设委员会移民开发局关于深入开展对口支援三峡工程库区移民工作意见报告的通知(国办发〔1994〕58号)
5	2004-09-14	国务院法制办公室对《关于矿区村庄压煤和迁村使用土地适用有关法律和文件问题的请示》的复函(国法秘函〔2004〕248号)
6	2006-05-17	国务院关于完善大中型水库移民后期扶持政策的意见(国发〔2006〕17号)
7	2006-06-20	国务院关于同意建立全国水库移民后期扶持政策部际联席会议制度的批复(国函〔2006〕54号)
8	2006-06-21	国土资源部关于加快推进征地补偿安置争议协调裁决制度的通知(国土资发〔2006〕133号)
9	2016-09-20	国家发展改革委关于印发全国"十三五"易地扶贫搬迁规划的通知(发改地区〔2016〕2022号)
10	2017-04-14	国务院关于修改《大中型水利水电工程建设征地补偿和移民安置条例》的决定(国务院令第679号)
11	2017-08-01	国家发展改革委关于印发河南省黄河滩区居民迁建规划的通知(发改农经〔2017〕1460号)
12	2020-05-18	自然资源部办公厅关于做好易地扶贫搬迁安置住房不动产登记工作的通知(自然资办发〔2020〕25号)
13	2020-10-23	民政部等9部门关于印发《关于做好易地扶贫搬迁集中安置社区治理工作的指导意见》的通知(民发〔2020〕110号)

表 9-6 显示,易地搬迁与水库的库区工程等移民安置方面的政策主要涉及水库移民、大中型水利水电工程建设征地补偿和移民安置、三峡工程库区移民工作、水库移民后期扶持、易地扶贫搬迁等内容,基本上由国务院及其职能部门制定。在我国乡村,移民社区主要包括因国家建设大型工程项目而搬迁的工程性移民、从自然条件恶劣或基本上不适合人类生存的赤贫地区搬迁的生态移民、从地质灾害高危区和频发区迁移出来的灾害移民等,从熟悉的地方搬迁到其他地方,一些原先相对集中的群体被分散到其他完全陌生的地方居住和生活,他们在新的社区环境中的融入问题是一个较新的综合性问题。人口的跨地域迁移对社区人际关系网络的影响日益凸显,一些地方出现的世代居此的"本土"居民对政策性外来移民的排斥现象比较突出,这种缺乏包容性的行为影响了社会稳定,破坏了社会和谐。解决这类问题不仅需要制度性建设,更重要的是从社会氛围方面进行革新。乡村易地搬迁和水库等移民安置政策与乡村的自然生态环境、扶贫及大型水利工程等重大项目工程建设有直接关系,因此,今后更多需要多个部门协调制定政策,提升易地搬迁与水库等移民安置的综合效能。

关于乡村水土保持方面的政策,大致情况如表 9-7 所示。

表 9-7 乡村水土保持政策统计汇总表

序号	制发时间	政策名称(发文号)
1	1996-06-01	国务院办公厅关于治理开发农村"四荒"资源进一步加强水土保持工作的通知(国办发〔1996〕23号)
2	2000-01-31	水土保持生态环境监测网络管理办法(水利部令第12号)
3	2003-05-27	水利部关于印发《水土保持监测资格证书管理暂行办法》的通知(水保〔2003〕202号)
4	2004-07-16	水利部办公厅关于印发《全国水土保持监测网络和信息系统建设项目管理办法》的通知(办水保〔2004〕99号)
5	2004-12-29	水利部关于印发《水土保持重点工程农民投劳管理暂行规定》的通知(水保〔2004〕665号)
6	2010-12-25	中华人民共和国水土保持法(国家主席令第39号)

第九章 乡村社区治理政策(1949—2022)

(续表)

序号	制发时间	政策名称(发文号)
7	2014-01-29	财政部等4部门关于印发《水土保持补偿费征收使用管理办法》的通知(财综〔2014〕8号)
8	2015-10-04	国务院关于全国水土保持规划(2015—2030年)的批复(国涵〔2015〕160号)
9	2018-11-01	住建部关于发布国家标准《生产建设项目水土保持监测与评价标准》的公告(2018年第257号)
10	2021-12-30	水利部办公厅关于印发《水土保持"十四五"实施方案》的通知

表9-7显示,水土保持方面的政策主要包括兴修水土保持工程、开发农村"四荒"资源以加强水土保持、水土保持生态环境监测网络管理、水土保持重点工程农民投劳管理、水土保持补偿费征收使用管理以及有关规划、标准建设等方面。特别是进入21世纪以来,极端天气频发,极端气候问题带来的威胁与危害具有全球性影响,我国作为自然灾害多发频发的国家,从制度上应进一步强化和完善水土保持。

关于乡村土地其他方面的政策,大致情况如表9-8所示。

表9-8 乡村土地其他政策统计汇总表

序号	制发时间	政策名称(发文号)
1	1990-12-26	民政部、国家土地管理局关于制止丧葬滥占土地私建坟墓的通知(民事函〔1990〕281号)
2	1992-01-31	国家土地管理局关于印发《日常地籍管理办法〈农村部分〉(试行)》的通知(〔1992〕国土〔籍〕字第8号)
3	1993-05-07	村庄和集镇规划建设管理条例(国务院令第116号)
4	1998-12-15	水利部关于印发《治理开发农村"四荒"资源管理办法》的通知(水保〔1998〕546号)
5	1999-12-21	国务院办公厅关于进一步做好治理开发农村"四荒"资源工作的通知(国办发〔1999〕102号)

(续表)

序号	制发时间	政策名称(发文号)
6	2000-11-30	国土资源部关于加强土地管理促进小城镇健康发展的通知(国土资发〔2000〕337号)
7	2005-01-24	农业部关于加强农村集体经济组织征地补偿费监督管理指导工作的意见(农经发〔2005〕1号)
8	2006-03-27	国土资源部关于坚持依法依规管理节约集约用地支持社会主义新农村建设的通知(国土资发〔2006〕52号)
9	2011-02-12	国土资源部关于印发《城乡建设用地增减挂钩试点和农村土地整治清理检查工作方案》的通知(国土资发〔2011〕22号)
10	2012-12-27	土地复垦条例实施办法(国土资源部令第56号)
11	2017-02-03	国土资源部关于有序开展村土地利用规划编制工作的指导意见(国土资规〔2017〕2号)
12	2020-09-23	中共中央办公厅、国务院办公厅印发《关于调整完善土地出让收入使用范围优先支持乡村振兴的意见》
13	2021-01-28	生态环境部等4部门关于印发《农用地土壤污染责任人认定暂行办法》的通知(环土壤〔2021〕13号)

表9-8显示,乡村社区治理中土地政策的其他方面主要有制止丧葬滥占土地私建坟墓、依法依规管理节约集约用地、土地复垦、村土地利用规划编制、村庄和集镇规划建设管理等内容。

总体看来,有关乡村社区治理中的土地政策涉及面广,内容全面,政策也对应了以前某些方面比较显著的矛盾与冲突,今后需要从现代化的角度进一步完善有关政策,提升乡村社区治理水平。

二、乡村公共经济政策

在乡村社区治理中的公共经济政策非常多,可能有几千份文件,本章只选择其中部分具有代表性的政策进行简要分析。村级债务与财务监督、农资打假方面的政策大致情况如表9-9所示。

表 9-9　村级债务与财务监督、农资打假政策统计汇总表

类别	序号	制发时间	政策名称（发文号）
村级债务与财务监督	1	1999-05-06	国务院办公厅关于彻底清理乡村两级不良债务的通知（国办发〔1994〕40号）
	2	2005-07-12	国务院办公厅关于坚决制止发生新的乡村债务有关问题的通知（国办发〔2005〕39号）
	3	2005-10-10	农业部关于进一步加强村级债务管理坚决制止新增债务的通知（农经发〔2005〕21号）
	4	2006-10-18	国务院办公厅关于做好清理化解乡村债务工作的意见（国办发〔2006〕86号）
	5	2013-06-27	农业部等4部门关于进一步加强和规范村级财务管理工作的意见（农经发〔2013〕6号）
农资打假	1	2001-05-29	农业部等5部门关于深入开展农业生产资料打假联合行动的通知（农市发〔2001〕4号）
	2	2003-02-25	农业部等5部门关于做好2003年农资打假工作的意见（农市发〔2003〕2号）
	3	2004-02-26	农业部等6部门关于做好2004年农资打假工作的意见（农市发〔2004〕4号）
	4	2005-02-25	农业部等6部门关于做好2005年农资打假工作的意见（农市发〔2005〕3号）
	5	2006-01-19	农业部等6部门关于印发2006年全国农资打假和监管工作要点的通知（农市发〔2006〕1号）
	6	2007-02-02	农业部关于印发2007年全国农资打假专项治理行动实施方案的通知（农市发〔2007〕5号）
	7	2009-02-12	农业部等6部门关于印发《2009年全国农资打假和监管工作要点》的通知（农质发〔2009〕1号）
	8	2010-03-01	农业部等6部门关于印发《2010年全国农资打假和监管工作要点》的通知（农质发〔2010〕4号）
	9	2011-03-04	农业部关于印发《2011年全国农资打假专项治理行动实施方案》的通知（农质发〔2011〕2号）
	10	2012-03-02	农业部等6部门关于印发《2012年全国农资打假和监管工作要点》的通知（农质发〔2012〕1号）

(续表)

类别	序号	制发时间	政策名称(发文号)
	11	2013-03-08	农业部等6部门关于印发《2013年全国农资打假和监管工作要点》的通知(农质发〔2013〕3号)
	12	2014-03-06	农业部等6部门关于印发《2014年全国农资打假和监管工作要点》的通知(农质发〔2014〕7号)
	13	2015-03-20	农业部等6部门关于印发《2015年全国农资打假和监管工作要点》的通知(农质发〔2015〕4号)

表9-9显示,在村级债务与财务监督方面,20世纪90年代,由于农业税、村提留、教育附加费和各种迎接上级检查的接待费用等产生了村级债务,有的地方甚至出现了通过银行贷款和借高利贷来缴纳各项税费的现象,因此,强化村级财务管理和经常性的监督非常重要,这方面的政策主要包括彻底清理乡村两级不良债务、农村集体财务管理和监督经常化规范化制度化、制止发生新的乡村债务、清理化解乡村债务工作、建立健全村务监督委员会等内容。

在包括财务监督在内的村务监督方面,其内容主要有要求建立村务监督机构、对村民委员会成员实行任期和离任经济责任审计。在村务监督方面,《中华人民共和国村民委员会组织法》第三十二条规定:"村应当建立村务监督委员会或者其他形式的村务监督机构,负责村民民主理财,监督村务公开等制度的落实,其成员由村民会议或者村民代表会议在村民中推选产生,其中应有具备财会、管理知识的人员。村民委员会成员及其近亲属不得担任村务监督机构成员。村务监督机构成员向村民会议和村民代表会议负责,可以列席村民委员会会议。"在经济责任审计方面,该法第三十五条规定:"村民委员会成员实行任期和离任经济责任审计,审计包括下列事项:(一)本村财务收支情况;(二)本村债权债务情况;(三)政府拨付和接受社会捐赠的资金、物资管理使用情况;(四)本村生产经营和建设项目的发包管理以及公益事业建设项目招标投标情况;(五)本村资金管理使用以及本村集体资产、资源的承包、租赁、担保、出让情况,征地补偿费的使用、分配情况;(六)本村五分之一以上的村民要求审计的其他事项。村民委员会成员的任期和离任经济责任审计,由县级人民政府农业部门、财政部门或者乡、民族乡、镇的人民政府负责组织,审计结果应当公布,其中离任经济责任审计结果应当在下一届村民委员会选举之前公布。"

由于各种坑农现象不但长期存在,而且花样翻新,因此,在农资打假政策方面,主要包括 21 世纪以来开展的农业生产资料打假及其联合行动与监管工作、农机打假护农工作、种子市场专项整治、农资打假专项治理、农资打假中涉嫌犯罪问题处理、打击侵犯知识产权和制售假冒伪劣商品专项行动、全国集中开展农村市场重点商品专项整治、打击侵犯品种权和制售假劣种子行为等。

关于乡村公共经济其他方面的政策内容,主要有农业发展与现代化、农村经济发展与乡村市场、农产品产地市场体系发展与中国特色农产品优势区管理、最低保护价格收购农产品避免谷贱伤农、农民增收、包括科技培训与农民素质提升在内的农业科技发展、农业种子资源保护、农业资金保障与金融支持、农民专业合作社等经济组织,以及包括特色产业、绿色产业、林业产业、休闲旅游业、一村一品、家庭农场等在内的乡村产业等内容,合计约有 300 份政策文本,其中专门性的最低保护价格收购农产品政策就有 20 多份。每一个方面政策的内容都很丰富,具有很强的现实意义。

三、乡村权力结构与民主管理政策

关于乡村社区的权力结构与民主管理方面的政策,主要分为乡村社区的权力分配与组织结构、村务公开和民主管理、减轻农民负担与税费改革、乡村社区建设、乡村社区整治与法治建设、乡村社区违法犯罪处罚等几个大的方面。

(一)权力分配与组织结构

关于乡村社区的权力分配与组织结构的政策,大致情况如表 9—10 所示。

表 9—10 乡村社区权力分配与组织结构政策统计汇总表

类别	序号	制发时间	政策名称(发文号)
村基层党组织建设	1	1999-02-13	中共中央关于印发《中国共产党农村基层组织工作条例》的通知
	2	2015-04	中组部等 3 部门关于做好选派机关优秀干部到村任第一书记工作的通知(组通字〔2015〕24 号)
	3	2021-05-11	中共中央办公厅关于印发《关于向重点乡村持续选派驻村第一书记和工作队的意见》的通知

(续表)

类别	序号	制发时间	政策名称(发文号)
村民自治与民主政治建设	1	1990-09-26	民政部关于在全国农村开展村民自治示范活动的通知(民基发〔1990〕24号)
	2	2010-02-05	民政部关于广泛开展农村村级民主政治建设宣传活动的通知(民函〔2010〕31号)
村委会	1	1987-11-24	中华人民共和国村民委员会组织法(试行)
	2	1995-02-27	民政部关于进一步加强村民委员会建设工作的通知(民基发〔1995〕7号)
	3	1998-11-04	中华人民共和国村民委员会组织法(修订)(国家主席令第9号)
	4	2002-07-14	中共中央办公厅、国务院办公厅关于进一步做好村民委员会换届选举工作的通知(中办发〔2002〕14号)
	5	2008-06-30	中共中央组织部、民政部关于认真做好村党组织和村民委员会换届工作的通知(组通字〔2008〕33号)
	6	2009-04-24	中共中央办公厅、国务院办公厅印发关于加强和改进村民委员会选举工作的通知(中办发〔2009〕20号)
	7	2010-10-28	中华人民共和国村民委员会组织法(修订)(国家主席令第37号)
	8	2013-05-02	民政部关于印发《村民委员会选举规程》的通知(民发〔2013〕76号)
	9	2018-12-29	中华人民共和国村民委员会组织法(修正)(国家主席令第21号)

表9-10显示,在村基层党组织建设方面,主要有农村基层党风廉政建设、选派机关优秀干部到村任第一书记工作、基层组织选举工作等内容。在村民自治与民主政治建设方面,主要有村民自治示范活动与示范单位、村级民主政治建设等内容。在村委会方面,主要有村民委员会组织法的立法与修订、村民委员会换届选举、村民委员会印章制发使用和管理、妇女参加村民委员会工作、村委会组织法的宣传等内容,很多内容是针对选民选举中出现的"贿选"甚至暴力冲突而制定的。

第九章　乡村社区治理政策(1949—2022)

从历史发展的角度看,在乡村社区权力结构中,村民自治最早的法律是1987年11月24日全国人民代表大会常务委员会通过的《中华人民共和国村民委员会组织法(试行)》,后进行了多次修订和修正。从时间特点来看,我国乡村社区治理政策法规的制定起步非常晚,在一定程度上反映了乡村社区治理政策法规的滞后性和需要进一步发展的迫切性。但是,在1949年至1986年之间我国的乡村治理并不处于空白时期或一盘散沙式的无序状态。1950年6月28日,中央人民政府委员会通过的《中华人民共和国土地改革法》(合计六章四十条)中的部分条款规定了当时我国乡村的管理形式,该法第二十九条规定:"乡村农民大会,农民代表会及其选出的农民协会委员会,区、县、省各级农民代表大会及其选出的农民协会委员会,为改革土地制度的合法执行机关。"

1956年6月30日,全国人民代表大会通过的《高级农业生产合作社示范章程》(合计十一章六十四条)对农业生产合作社的性质和管理作出了规定。关于农业生产合作社的性质,该章程第一条规定,农业生产合作社是劳动农民在共产党和人民政府的领导和帮助下,在自愿和互利的基础上组织起来的社会主义的集体经济组织。关于农业生产合作社的管理,该章程第六条规定:"农业生产合作社实行民主管理。合作社的领导人员由社员选举,合作社的重大事务由社员讨论决定。"该章程第四十八条规定:"农业生产合作社要充分发扬社内民主,反对强迫命令和官僚主义,开展批评和自我批评,加强领导人员同社员之间、社员同社员之间、生产队同生产队之间的团结。"关于农业生产合作社的组织结构和人员构成,该章程第五十五条规定:"农业生产合作社的最高管理机关是社员大会或者社员代表大会。社员大会或者社员代表大会选出管理委员会管理社务;选出合作社主任领导日常工作,对外代表合作社;选出一个到几个副主任协助主任进行工作。合作社主任、副主任兼管理委员会主任、副主任。社员大会或者社员代表大会选出监察委员会监察社务。"该章程第六十一条规定:"农业生产合作社的主任、副主任和管理委员会的委员、监察委员会的主任和委员,每年改选一次,可以连选连任。"关于农业生产合作社组织机构的工作,该章程第五十七条规定:"社员大会或者社员代表大会由管理委员会召开,每年至少开会两次。"

20世纪50年代后期我国农村推行的人民公社化运动及其制度化的人民公社体制,在农村施行了20多年。从国内情况来看,其间经历的三年困难时期、持续十年的"文化大革命"、安徽省小岗村村民的改革诉求等社会现实,在一定程度上表明人民公社体制在农村推行的效果是存在一定争议的。作家路遥的小说《平凡的世界》前半部分对当时我国农村民众生活状况的描述及其引起的反响颇具有代表性。1983年10月12日发布的《中共中央、国务院关于实行政社分开建立乡政府的通知》中提出,"随着农村经济体制的改革,现行农村政社合一的体制显得很不适应。宪法已明确规定在农村建立乡政府,政社必须相应分开"。同时还强调,"村民委员会是基层群众性自治组织,应按村民居住状况设立。村民委员会要积极办理本村的公共事务和公益事业。协助乡人民政府搞好本村的行政工作和生产建设工作。村民委员会主任、副主任和委员要由村民选举产生。各地在建乡中可根据当地情况制订村民委员会工作简则,在总结经验的基础上,再制订全国统一的村民委员会组织条例"。

当前对乡村社区权力与组织结构的研究中,学界着力点最多的是关于村委会的探讨,在政策方面主要包括村民委员会的权力来源与构成、乡村社区的换届选举等。《中华人民共和国村民委员会组织法(试行)》中规定,制定该法的目的就是保障农村村民实行自治。关于村民委员会的性质,该法第二条规定:"村民委员会是村民自我管理、自我教育、自我服务的基层群众性自治组织,办理本村的公共事务和公益事业,调解民间纠纷,协助维护社会治安,向人民政府反映村民的意见、要求和提出建议。"关于村民委员会的设立与变更,该法第七条规定:"村民委员会根据村民居住状况、人口多少,按照便于群众自治的原则设立。村民委员会一般设在自然村;几个自然村可以联合设立村民委员会;大的自然村可以设立几个村民委员会。村民委员会的设立、撤销、范围调整,由乡、民族乡、镇的人民政府提出,经村民会议讨论同意后,报县级人民政府批准。"关于村民委员会的组成,该法第八条规定:"村民委员会由主任、副主任和委员共3至7人组成。村民委员会成员中,妇女应当有适当的名额,多民族居住的村应当有人数较少的民族的成员。村民委员会成员不脱离生产,根据情况,可以给予适当补贴。"关于村民委员会的产生与任期,该法第九条规定:"村民委员会主任、副主任和委员,由村民直接选举产生。村民委员会每届任期3年,其成员可以连选连任。"另外,还规定村民委员会决定问题的时候,采取少数服从多数的原则。村民委员会进行工作,应当坚持群众路线,充分发扬民主,认真听取不同意见,不得强迫命令,不得打击报复。村民委员会根据需要设人民调解、治安保卫、公共卫生等委员会。村民委员会成员可以兼任下属委员会的成员。

除了村民委员会之外,还有村民会议。关于村民会议,该法第十条规定:"村民会议由本村18周岁以上的村民组成。村民会议的决定,由18周岁以上的村民的过半数通过,或者由户的代表的过半数通过。"关于村民委员会与村民会议的关系,该法第十一条规定:"村民委员会向村民会议负责并报告工作。村民会议由村民委员会召集和主持。有1/5以上的村民提议,应当召集村民会议。涉及全村村民利益的问题,村民委员会必须提请村民会议讨论决定。村民会议有权撤换和补选村民委员会的成员。"

在该法的1998年修订版中,第十二条到第十六条细化了选举、罢免的程序。如第十二条规定:"有选举权和被选举权的村民名单,应当在选举日的二十日以前公布。"第十三条规定:"村民委员会的选举,由村民选举委员会主持。村民选举委员会成员由村民会议或者各村民小组推选产生。"第十四条规定:"选举村民委员会,由本村有选举权的村民直接提名候选人。候选人的名额应当多于应选名额。选举村民委员会,有选举权的村民的过半数投票,选举有效;候选人获得参加投票的村民的过半数的选票,始得当选。选举实行无记名投票、公开计票的方法,选举结果应当当场公布。选举时,设立秘密写票处。"第十五条规定:"以威胁、贿赂、伪造选票等不正当手段,妨害村民行使选举权、被选举权,破坏村民委员会选举的,村民有权向乡、民族乡、镇的人民代表大会和人民政府或者县级人民代表大会常务委员会和人民政府及其有关主管部门举报,有关机关应当负责调查并依法处理。以威胁、贿赂、伪造选票等不正当手段当选的,其当选无效。"第十六条规定:"本村五分之一以上有选举权的村民联名,可以要求罢免村民委员会成员。罢免要求应当提出罢免理由。被提出罢免的村民委员会成员有权提出申辩意见。村民委员会应当及时召开村民会议,投票表决罢免要求。罢免村民委员会成员须经有选举权的村民过半数通过。"另外,还增加了"任何组织或者个人不得指定、委派或者撤换村民委员会成员"和"村民委员会实行村务公开制度"等内容。

该法的2010年修订版对村级选举程序进一步细化,大幅度增加了村务监督方面的内容。在细化村级选举方面,考虑到一些地方农村人口外出务工较为普遍的实际情况,该法第十三条规定:"村民委员会选举前,应当对下列人员进行登记,列入参加选举的村民名单:(一)户籍在本村并且在本村居住的村民;(二)户籍在本村,不在本村居住,本人表示参加选举的村民;(三)户籍不在本村,在本村居住一年以上,本人申请参加选举,并且经村民会议或者村民代表会议同意参加选举的公民。已在户籍所在村或者居住村登记参加选举的村民,不得再参加其他地方村民委员会的选举。"关于参加选举者的委托人,该法第十五条规定:"登记参加选举的村民,选举期间外出不能参加投票的,可以书面委托本村有选举权的近亲属代为投票。村民选举委员会应当公布委托人和受委托人的名单。"关于村民委员会成员资格变化和补缺方面,该法第十八条规定:"村民委员会成员丧失行为能力或者被判处刑罚的,其职务自行终止。"关于补选程序,该法第十九条规定:"村民委员会成员空缺,可以由村民会议或者村民代表会议进行补选。补选程序参照本法第十五条的规定办理。补选的村民委员会成员的任期到本届村民委员会任期届满时止。"对于换届村民委员会之间的交接,该法第二十条规定:"村民委员会应当自新一届村民委员会产生之日起十日内完成工作移交。工作移交由村民选举委员会主持,由乡、民族乡、镇的人民政府监督。"

对村民委员会的工作要求,增加的有"村民委员会应当支持服务性、公益性、互助性社会组织依法开展活动,推动农村社区建设"。同时,该法第二十九条规定:"村民委员会应当实行少数服从多数的民主决策机制和公开透明的工作原则,建立健全各种工作制度。"另外,对村民会议的细化规定,第二十一条规定"召集村民会议,应当提前十天通知村民"。

村民委员会组织法从制定到修订再到再次修订,不但根据农村情况的变化增加了更多的新内容,而且其可操作性和规范性也日趋增强,与我国改革逐步深化的过程大体一致。其他的政策法规如《中共中央办公厅、国务院办公厅关于进一步做好村民委员会换届选举工作的通知》《关于认真解决村级组织换届选举中"贿选"问题的通知》《中共中央组织部、民政部关于认真做好村党组织和村民委员会换届工作的通知》《关于加强和改进村民委员会选举工作的通知》《民政部关于切实加强村民委员会选举工作指导的意见》《中共中央组织部、民政部关于进一步严肃村"两委"换届工作纪律的通知》《村民委员会选举规程》等,实际上都是在进一步确保村民委员会组织法得到切实贯彻实施,尤其是关于预防和纠正乡村社区治理偏离倾向的保障措施,不但越来越多,而且规定的内容也愈加具体。

（二）村务公开与民主管理

关于村务公开与民主管理的政策，大致情况如表 9-11 所示。

表 9-11　村务公开与民主管理政策统计汇总表

序号	制发时间	政策名称（发文号）
1	1992-01-08	劳动部办公厅关于农民合同制工人是否承担乡村义务工问题的复函（劳办力字〔1992〕6号）
2	1998-04-18	中共中央办公厅、国务院办公厅关于在农村普遍实行村务公开和民主管理制度的通知（中办发〔1998〕9号）
3	2004-03-08	农业部关于进一步加强农情调度工作的通知（农办农〔2004〕6号）
4	2004-06-22	中共中央办公厅、国务院办公厅关于健全和完善村务公开和民主管理制度的意见（中办发〔2004〕17号）
5	2007-08-29	全国村务公开协调小组关于组织开展村务公开和民主管理工作督查的通知（民电〔2007〕99号）
6	2009-02-24	中纪委等12部门《关于开展村务公开和民主管理"难点村"治理工作的若干意见》
7	2009-07-16	全国村务公开协调小组关于印发村务公开和民主管理"难点村"认定参考标准的通知
8	2009-08-05	全国村务公开协调小组关于印发《村务公开和民主管理"难点村"治理工作计划（2009—2011年）》的通知
9	2009-11-23	全国村务公开协调小组关于增加全国村务公开协调小组成员单位的通知
10	2012-09-21	民政部等12部门关于进一步加强村级民主监督工作的意见（民发〔2012〕162号）
11	2021-12-13	国务院办公厅关于新形势下进一步加强督查激励的通知（国办发〔2021〕49号）

在乡村社区的实际工作中，由村务不公开和管理不民主导致的突发事件占据一定的比例，这也是出现"难点村"的一个重要原因。表 9-11 显示，村务公开和民主管理方面主要涉及村务公开和民主管理制度建设与工作督查、村务公开和民主管理"难点村"治理、村级民主监督与督察激励等方面，为此还成立了专门的组织即全国村务公开协调小组统筹解决"难点村"治理问题。这些政策从侧面

暴露出我国一些乡村社区自20世纪90年代以来在村务公开和民主管理中存在诸多具有一定普遍性和亟须解决的问题。2004年6月22日下发的《中共中央办公厅、国务院办公厅关于健全和完善村务公开和民主管理制度的意见》认为,实行村务公开和民主管理,是维护农民群众根本利益的具体体现;是完善村民自治,发展社会主义民主的重要内容;是顺利推进农村改革和发展,加快农村全面建设小康社会进程的必然要求;是促进农村党风廉政建设,密切党群干群关系的有效途径。要求保障村民的"四权",即进一步健全村务公开制度,保障农民群众的知情权;进一步规范民主决策机制,保障农民群众的决策权;进一步完善民主管理制度,保障农民群众的参与权;进一步强化村务管理的监督制约机制,保障农民群众的监督权。同时,还强调要坚决制止利用宗教、宗族、家族势力干预基层经济社会事务管理的行为。

2009年2月24日,中纪委等12部门印发的《关于开展村务公开和民主管理"难点村"治理工作的若干意见》要求开展"难点村"专项治理。针对一些地方在村务公开和民主管理方面存在的"难点村",经全国村务公开协调小组研究决定,从2009年至2011年,在指导做好村务公开和民主管理面上工作的同时,开展"难点村"专项治理,力争用三年的时间,使现有"难点村"面貌发生根本性转变。加强农村社区建设,培育农村服务性、公益性、互助性社会组织,推动形成政府行政管理和村民自我管理的有效衔接、政府依法行政和村民依法自治的良性互动的局面。

2009年7月16日,《全国村务公开协调小组关于印发村务公开和民主管理"难点村"认定参考标准的通知》,对村务公开和民主管理"难点村"认定问题提出九个方面的参考标准:(1)村"两委"班子不健全,主要村干部不团结,村级组织软弱涣散,村务公开和民主管理工作无法正常开展。干群关系紧张,党和国家强农惠农政策得不到落实。(2)村民委员会不能按期换届选举或者选举缺乏公开、公平、公正,存在威胁、贿赂、伪造选票等不规范选举行为。(3)民主决策不落实,近三年没有召开过村民会议或者近一年内没有召开过村民代表会议,村民参与重大村务决策的民主权利得不到保障。(4)村民民主理财组织不能正常发挥作用,集体财务管理混乱,集体资产非正常流失,村民合法权益得不到有效保障。(5)民主监督流于形式,存在村务不公开、半公开、假公开现象,村民不能对村干部进行有效监督。(6)宗族、家族、宗教、黑恶势力干预农村公共事务,妨碍农村经济发展和社会稳定。(7)经济社会发展长期滞后,人均收入低于当地平均水平,村落后面貌长期得不到改善,村集体无力为群众办实事、解难题。(8)因村务公开和民主管理工作存在问题,引发村民一年内三次集体进京上访。(9)村民对村务公开和民主管理工作不满意率达30%以上。其他关于村务公开和民主管理方面的政策法规基本上是保障村委会组织法的落实,此处不再赘述。

(三)减轻农民负担和税费改革

关于减轻农民负担和税费改革的政策,其主要内容包括减轻农民负担、农村税费改革、禁止"三乱"、纠正行业不正之风和"一事一议"等方面。其中,关于减轻农民负担方面的政策,大致情况如表9-12所示。

表9-12 减轻农民负担政策统计汇总表

序号	制发时间	政策名称(发文号)
1	1990-02-03	国务院关于切实减轻农民负担的通知(国发〔1990〕12号)
2	1993-03-19	中共中央办公厅、国务院办公厅关于切实减轻农民负担的紧急通知
3	1995-12-19	民政部关于进一步做好减轻农民负担工作的通知
4	1999-07-22	国务院办公厅转发农业部等部门关于做好当前减轻农民负担工作意见的通知(国办发〔1999〕65号)
5	2001-06-05	国务院办公厅关于切实做好当前减轻农民负担工作的通知(国办发〔2001〕42号)
6	2002-08-09	中共中央办公厅、国务院办公厅关于印发《关于对涉及农民负担案(事)件实行责任追究的暂行办法》的通知(中办发〔2002〕19号)
7	2003-05-29	国务院办公厅转发农业部等部门关于2003年减轻农民负担工作意见的通知(国办发〔2003〕50号)
8	2005-06-05	中纪委等3部门关于执行《关于对涉及农民负担案(事)件 实行责任追究的暂行办法》若干问题的解释(中纪发〔2005〕13号)
9	2006-06-16	国务院办公厅关于做好当前减轻农民负担工作的意见(国办发〔2006〕48号)
10	2007-07-05	国务院农村综合改革工作小组关于进一步推进减轻大湖区农民负担综合改革有关问题的通知(国农改〔2007〕5号)

(续表)

序号	制发时间	政策名称(发文号)
11	2008-06-12	农业部等7部门关于印发《关于2007年农民负担检查情况和2008年减轻农民负担工作的意见》的通知(农经发〔2008〕5号)
12	2009-08-27	农业部等7部门关于切实解决部分领域农民不合理负担问题的通知(农经发〔2009〕12号)
13	2010-04-02	农业部等7部门关于做好2010年减轻农民负担工作的意见(农经发〔2010〕3号)
14	2011-06-21	农业部等7部门关于印发《2011年减轻农民负担工作要点的通知》(农经发〔2011〕6号)
15	2012-04-17	国务院办公厅关于进一步做好减轻农民负担工作的意见(国办发〔2012〕22号)
16	2014-06-09	农业部等6部门关于做好2014年减轻农民负担工作的意见(农经发〔2014〕5号)
17	2017-06-07	农业部等6部门关于做好2017年农民负担监管工作的意见(农经发〔2017〕4号)

20世纪80年代中期以来,农民负担问题成为一个比较突出的社会问题,有的甚至酿成群体性事件,国家也很重视减轻农民负担方面的制度建设。表9-12显示,相关政策文本涉及的部门众多,多个部门联合发文的比例高,其主要内容有因农民负担过重引起的案件审理、农民负担收费项目的修改、农民负担执法检查、对涉及农民负担案(事)件的责任追究、减轻农民负担综合改革、部分领域农民不合理负担问题等方面。

关于农村税费改革方面的政策,大致情况如表9-13所示。

表9-13 农村税费改革政策统计汇总表

序号	制发时间	政策名称(发文号)
1	1958-06-03	中华人民共和国农业税条例
2	2000-06-24	中共中央、国务院关于进行农村税费改革试点工作的通知(中发〔2000〕7号)
3	2000-07-04	财政部等3部门关于取消农村税费改革试点地区有关涉及农民负担的收费项目的通知(财规〔2000〕10号)

第九章　乡村社区治理政策(1949—2022)

(续表)

序号	制发时间	政策名称(发文号)
4	2001-03-24	国务院关于进一步做好农村税费改革试点工作的通知(国发〔2001〕5号)
5	2001-04-25	国务院办公厅关于2001年农村税费改革试点工作有关问题的通知(国办发〔2001〕28号)
6	2002-08-20	国务院农村税费改革工作小组、国务院纠正行业不正之风办公室关于切实加强农村税费改革试点工作的紧急通知(国农改〔2002〕9号)
7	2003-03-27	国务院关于全面推进农村税费改革试点工作的意见(国发〔2003〕12号)
8	2003-09-25	国务院办公厅关于天津市福建省农村税费改革试点方案的复函(国办函〔2003〕68号)
9	2003-09-30	国务院办公厅关于进一步加强农村税费改革试点工作的通知(国办发〔2003〕85号)
10	2004-07-21	国务院关于做好2004年深化农村税费改革试点工作的通知(国发〔2004〕21号)
11	2004-09-30	国务院办公厅关于成立深化农村税费改革试点工作指导性文件起草小组和专题小组的通知(国办函〔2004〕68号)
12	2004-12-16	国务院农村税费改革工作小组关于印发《农村税费改革信访工作管理暂行办法》的通知(国农改〔2004〕17号)
13	2005-07-11	国务院关于2005年深化农村税费改革试点工作的通知(国发〔2005〕24号)

表9-13显示,在农村税费改革方面,主要包括农村税费改革试点工作、农村税费改革信访工作等内容。从历史上看,农村的税费改革在2006年以前基本完成,这是惠农政策的一个标志性或者说里程碑式的进步,凸显了国家对缩小城乡差距和反哺农村的政策努力。

关于乡村禁止"三乱"和纠正行业不正之风方面的政策,大致情况如表9-14所示。

表 9-14　乡村禁止"三乱"和纠正行业不正之风政策统计汇总表

类别	序号	制发时间	政策名称(发文号)
禁止三乱（含乱摊派、乱收费、乱罚款、粗暴伤农）	1	1985-10-31	中共中央、国务院关于制止向农民乱派款、乱收费的通知（中发〔1985〕21号）
	2	1995-12-11	国务院办公厅关于严禁在农副产品收购中代扣代缴各种款项向农民乱摊派的通知（国办发明电〔1995〕37号）
	3	2000-02-09	中共中央办公厅、国务院办公厅关于福建、湖南、山东、江苏、海南省少数农村基层干部粗暴对待群众典型案件的情况通报（中办发〔2000〕6号）
	4	2000-06-07	国务院办公厅关于重庆市巫山县部分乡镇铲苗种烟违法伤农事件的情况通报（国办发〔2000〕41号）
	5	2003-07-15	中共中央办公厅、国务院办公厅关于进一步治理党政部门报刊散滥和利用职权发行，减轻基层和农民负担的通知（中办发〔2003〕19号）
	6	2004-09-06	中共中央办公厅、国务院办公厅转发《关于治理党政部门报刊散滥和利用职权发行，减轻基层和农民负担工作情况和今后工作意见的报告》的通知（厅字〔2004〕14号）
纠正不正之风	1	1997-03-16	国务院办公厅转发国务院纠正行业不正之风办公室关于1997年纠风工作实施意见的通知（国办发〔1997〕9号）
	2	2000-03-12	国务院办公厅转发国务院纠正行业不正之风办公室关于2000年纠风工作实施意见的通知（国办发〔2000〕22号）
	3	2002-04-09	国务院办公厅转发国务院纠正行业不正之风办公室关于2002年纠风工作实施意见的通知（国办发〔2002〕27号）
	4	2004-03-30	国务院办公厅转发国务院纠正行业不正之风办公室关于2004年纠风工作实施意见的通知（国办发〔2004〕26号）
	5	2005-03-17	国务院办公厅转发监察部国务院纠正行业不正之风办公室关于2005年纠风工作实施意见的通知（国办发〔2005〕13号）
	6	2006-03-22	国务院办公厅转发监察部和国务院纠正行业不正之风办公室关于2006年纠风工作实施意见的通知（国办发〔2006〕20号）

第九章 乡村社区治理政策(1949—2022)

(续表)

类别	序号	制发时间	政策名称(发文号)
	7	2007-05-02	国务院办公厅转发国务院纠正行业不正之风办公室关于2007年纠风工作实施意见的通知(国办发〔2007〕32号)
	8	2008-04-02	国务院办公厅转发国务院纠正行业不正之风办公室关于2008年纠风工作实施意见的通知(国办发〔2008〕13号)
	9	2009-03-27	国务院办公厅转发国务院纠正行业不正之风办公室关于2009年纠风工作实施意见的通知(国办发〔2009〕31号)
	10	2011-04-20	国务院办公厅转发国务院纠正行业不正之风办公室关于2011年纠风工作实施意见的通知(国办发〔2011〕21号)
	11	2012-04-28	国务院办公厅转发国务院纠正行业不正之风办公室关于2012年纠风工作实施意见的通知(国办发〔2012〕25号)

表9-14显示,包括严禁乱摊派、乱收费、乱罚款在内的"三乱"治理和制止粗暴伤农方面的相关政策主要有制止向农民乱派款与乱收费、严禁在农副产品收购中代扣代缴各种款项及向农民乱摊派、加强治理党政部门报刊散滥和利用职权发行工作,以及对福建、湖南、山东、江苏、海南省少数农村基层干部粗暴对待群众典型案件等情况的通报。为打击与此紧密相连的行业不正之风,国家还专门成立了国务院纠正行业不正之风办公室。行业不正之风从20世纪90年代持续十多年几乎没有间断,虽然2012年以后没有这方面的新政策出台,但是行业不正之风也许还会出现新的表现形式,仍然需要研究新情况并且从政策上制定治本措施。

关于"一事一议"方面的政策,大致情况如表9-15所示。

表9-15 "一事一议"政策统计汇总表

序号	制发时间	政策名称(发文号)
1	2007-01-16	国务院办公厅关于转发农业部村民一事一议筹资筹劳管理办法的通知(国办发〔2007〕4号)
2	2007-02-26	农业部关于认真贯彻《村民一事一议筹资筹劳管理办法》的通知(农经发〔2007〕5号)
3	2008-02-01	国务院农村综合改革工作小组等3部门关于开展村级公益事业建设一事一议财政奖补试点工作的通知(国农改〔2008〕2号)

（续表）

序号	制发时间	政策名称（发文号）
4	2008-03-18	农业部关于积极做好一事一议财政奖补试点工作的通知（农经发〔2008〕1号）
5	2009-01-19	财政部关于村级公益事业一事一议中央财政奖补事项的通知（财预〔2009〕5号）
6	2009-07-03	农业部关于村级公益事业建设一事一议财政奖补项目筹资筹劳有关问题的通知
7	2010-03-01	国务院农村综合改革工作小组等3部门关于做好2010年扩大村级公益事业建设一事一议财政奖补试点工作的通知（国农改〔2010〕1号）
8	2011-12-21	财政部关于印发《村级公益事业建设一事一议财政奖补资金管理办法》的通知（财预〔2011〕561号）
9	2012-04-25	农业部关于规范村民一事一议筹资筹劳操作程序的意见（农经发〔2012〕1号）
10	2013-07-01	财政部关于发挥一事一议财政奖补作用推动美丽乡村建设试点的通知（财农改〔2013〕3号）
11	2014-09-15	农业部办公厅关于印发一事一议规范管理县认定管理暂行办法（农办经〔2014〕15号）

表9-15显示，"一事一议"制度是国家在21世纪一个具有阶段性特点的新制度，为此，除了农业部、财政部等常规职能部门之外，国家还成立了国务院农村综合改革工作小组等机构，这可能是一个治本性的制度尝试。

（四）社区建设

关于乡村社区建设方面的政策，大致情况如表9-16所示。

表9-16 乡村社区建设政策统计汇总表

序号	制发时间	政策名称（发文号）
1	2009-03-06	民政部关于开展"农村社区建设实验全覆盖"创建活动的通知（民发〔2009〕27号）
2	2009-10-09	民政部办公厅关于完善"全国农村社区建设实验全覆盖示范单位"自荐、评估、确认等工作的通知（民办函〔2009〕251号）

第九章　乡村社区治理政策(1949—2022)

(续表)

序号	制发时间	政策名称(发文号)
3	2010-02-08	民政部关于命名天津市西青区等15个县(市、区)为"全国农村社区建设实验全覆盖示范单位"的决定(民发〔2010〕20号)
4	2011-01-19	民政部关于命名北京市通州区等33个县(市、区)为"全国农村社区建设实验全覆盖示范单位"的决定(民发〔2011〕16号)
5	2012-11-27	民政部关于命名北京市顺义区等9个县(市、区)为"全国农村社区建设实验全覆盖示范单位"的决定(民发〔2012〕205号)
6	2013-08-28	民政部关于认定山西省清徐县等19个县(市、区)为"全国农村社区建设实验全覆盖示范单位"的通知(民发〔2013〕141号)
7	2014-01-21	住建部关于印发《乡村建设规划许可实施意见》的通知(建村〔2014〕21号)
8	2015-05-31	中共中央办公厅、国务院办公厅印发《关于深入推进农村社区建设试点工作的指导意见》
9	2016-08-30	民政部关于开展全国农村社区建设示范创建活动的通知(民函〔2016〕245号)
10	2017-04-09	民政部关于开展全国农村社区治理实验区建设的通知(民发〔2017〕67号)
11	2021-09-23	中央农村工作领导小组办公室等6部门关于公布第二批全国乡村治理示范村镇名单的通知(中农发〔2021〕15号)

乡村社区建设也是国家非常重视的内容,表9-16显示,这方面的政策在内容上主要有"农村社区建设实验全覆盖"创建活动、"全国农村社区建设实验全覆盖示范单位"评审与命名公示、农村社区建设试点工作、农村社区建设示范创建活动、农村社区治理实验区建设、乡村治理示范村镇等,都是2007年以来以民政部为主制定的政策法规,体现了政府希望通过社区建设实验以及通过示范和榜样以点带面促进社区发展和社区和谐的政策意图。2009年3月6日,《民政部关于开展"农村社区建设实验全覆盖"创建活动的通知》中提出,以农村社区建设规划为引领,以农村社区公共服务设施建设为抓手,以提高农村社区管理和服务能力为重点,以完善农村基层社会管理体制为保障,深入推进农村社区建设实验工

作,推动各个层面确定的农村社区建设实验。2015年5月31日中共中央办公厅、国务院办公厅印发的《关于深入推进农村社区建设试点工作的指导意见》和2017年4月9日印发的《民政部关于开展全国农村社区治理实验区建设的通知》对当今我国乡村社区治理的发展都具有重要指导作用。

(五) 社区整治与法治建设

关于乡村社区整治与法治建设方面的政策,大致情况如表9-17所示。

表9-17 乡村社区整治与法治建设政策统计汇总表

类别	序号	制发时间	政策名称(发文号)
乡村社区整治	1	2005-09-30	建设部关于村庄整治工作的指导意见(建村〔2005〕174号)
	2	2008-08-15	住建部关于推进县域村庄整治联系点工作的指导意见(建村〔2008〕141号)
	3	2013-12-17	住建部关于印发《村庄整治规划编制办法》的通知(建村〔2013〕188号)
	4	2021-06-01	财政部关于印发《农村环境整治资金管理办法》的通知(财资环〔2021〕43号)
民主法治建设	1	2003-01-08	民政部、司法部关于进一步加强农村基层民主法制建设的意见(司发〔2003〕2号)
	2	2003-06-26	司法部、民政部关于开展"民主法治示范村"创建活动的通知(司发通〔2003〕61号)
	3	2004-07-23	司法部、民政部关于命名表彰"全国民主法治示范村"的决定(司发通〔2004〕111号)
	4	2007-08-09	中央宣传部等5部门关于印发《关于加强农民学法用法工作的意见》的通知
	5	2012-05-29	中宣部等5部门关于印发《关于进一步加强农民学法用法工作的意见》的通知
	6	2018-10-23	最高人民法院印发《关于为实施乡村振兴战略提供司法服务和保障的意见》的通知(法发〔2018〕19号)

（续表）

类别	序号	制发时间	政策名称（发文号）
	7	2020-03-25	中央全面依法治国委员会印发《关于加强法治乡村建设的意见》（中法委发〔2020〕1号）
	8	2020-05-27	农业农村部关于实施农业综合行政执法能力提升行动的通知（农法发〔2020〕3号）
	9	2021-04-20	农业农村部关于全面推进农业农村法治建设的意见（农法发〔2021〕5号）
	10	2021-10-18	最高人民法院关于加快推进人民法院调解平台进乡村、进社区、进网格工作的指导意见（法〔2021〕247号）
	11	2022-02-28	农业农村部办公厅、司法部办公厅关于发布农村学法用法示范户标志牌统一样式的通知（农办法〔2022〕2号）

乡村社区的民主法治建设一直是一个短板，如果长期没有实质性的进步，"平安乡村、和谐乡村"就是一句空话，因此，国家逐渐重视这方面的制度建设。表9-17显示，在乡村社区整治方面，主要有村庄整治规划、县域村庄整治联系点工作等内容。在乡村社区民主法治建设方面，主要有农村基层民主法制建设、"民主法治示范村"创建活动、农民学法用法工作、为实施乡村振兴战略提供司法服务、法治乡村建设等内容。涉及部门较多，多部门联合发文的比例较高，居于顶层的部门占比也很高，体现了国家对乡村社区法治建设的高度重视，今后预计也是一个政策发展的热点领域。

（六）违法犯罪处罚

关于乡村社区违法犯罪处罚方面的政策，大致情况如表9-18所示。

表9-18 乡村社区违法犯罪处罚政策统计汇总表

序号	制发时间	政策名称（发文号）
1	1979-03-22	国务院批转铁道部、公安部、供销合作总社关于铁路器材丢失被盗情况和防止措施的报告的通知
2	1983-03-12	国家工商行政管理局、公安部关于维护城乡集市秩序保护正当贸易的通知

(续表)

序号	制发时间	政策名称(发文号)
3	1983-08-24	公安部、铁道部关于严禁拦截火车保障铁路运输安全的通令
4	1985-10-14	铁道部等4部门关于严禁拆卸、偷盗和收购铁路器材的通告([85]铁公文字1056号)
5	1987-09-05	最高人民法院、最高人民检察院印发《关于办理盗伐、滥伐林木案件应用法律的几个问题的解释》的通知(法〔研〕发〔1987〕23号)
6	1990-05-28	公安部关于贯彻执行《关于严禁窃电的通告》的有关问题的通知(能源电〔1990〕275号)
7	1993-12-20	公安部关于严厉打击盗窃、破坏铁路、油田、电力、通讯等器材设备的犯罪活动的通告(公通字〔1993〕118号)
8	1996-06-12	农业部、公安部关于严禁炸鱼、毒鱼及非法电捕作业的通告
9	2022-01-28	农村农业部等7部门关于保护种业知识产权打击假冒伪劣套牌侵权营造种业振兴良好环境的指导意见(农种发〔2022〕2号)
10	2022-03-02	最高人民法院印发《关于进一步加强涉种子刑事审判工作的指导意见》的通知(法〔2022〕66号)
11	2022-03-28	自然资源部等7部关于印发打击"洗洞"盗采金矿专项整治行动工作方案的通知(自然资发〔2022〕61号)

乡村社区的违法犯罪或者可能造成生命财产严重损害的现象五花八门,涉及面广。因此,这方面的政策内容较杂,表9-18显示,主要包括集市秩序保护、盗伐滥伐森林处理工作、打击严重危害社会治安犯罪活动、严禁窃电、严禁炸鱼毒鱼及非法电捕作业、涉种子刑事审判工作、打击"洗洞"盗采金矿专项整治行动以及打击盗窃、破坏铁路、油田、电力、通信等器材设备的犯罪活动。涉及的时间范围很广,地域差异较大,参与制定的职能部门较多。随着科技革命带来的信息生活化发展,更新形式的违法犯罪也会在乡村社区出现,这是今后乡村社区社会治安与平安社区建设的新内容和新任务。

四、社区公共安全政策

当今世界,传统安全与非传统安全交织在一起,对乡村社区影响很大,今后也有显著增加的可能。在乡村社区公共安全方面,涉及的内容比较多,主要包括防灾救灾、交通安全、建筑安全与危房改造、公共卫生安全、乡村粮食安全、乡村污染治理与人居环境建设、野生动物保护等几个大的方面。

(一)防灾救灾

关于乡村社区防灾救灾方面的政策,大致情况如表9-19所示。

表9-19 乡村社区防灾救灾政策统计汇总分析

序号	制发时间	政策名称(发文号)
1	1987-03-10	民政部办公厅关于印发《七县(市)民政部门开展农村救灾合作保险试点工作座谈纪要》的通知(民办〔1987〕农字2号)
2	1988-08-12	民政部关于当前开展救灾合作保险试点工作的意见(民〔1988〕农字24号)
3	1990-01-06	民政部、财政部关于妥善处理农村救灾保险超付资金问题的通知(民救发〔1990〕1号)
4	1990-02-07	民政部、中国人民银行关于农村救灾保险试点工作几个问题的通知(民救发〔1990〕7号)
5	2007-09-17	民政部关于加强灾害信息员队伍建设工作信息员的通知(民函〔2007〕268号)
6	2008-03-24	国家林业局关于印发《促进野生动植物资源和自然保护区生态系统灾后恢复的指导意见》的通知(林护发〔2008〕63号)
7	2008-07-31	民政部办公厅关于做好地震灾后恢复重建工作中基层群众性自治组织和城乡社区建设工作的通知(民办发〔2008〕9号)
8	2011-05-26	民政部办公厅关于进一步加强灾害信息员队伍建设的通知(民办函〔2011〕172号)
9	2011-07-25	住建部关于印发《农村危房改造抗震安全基本要求(试行)》的通知(建村〔2011〕115号)
10	2020-02-13	应急部等3部门关于加强全国灾害信息员队伍建设的指导意见(应急〔2020〕11号)
11	2020-07-30	民政部、应急管理部关于发挥基层群众性自治组织作用 加强城乡社区防汛救灾工作的指导意见(民发〔2020〕91号)

(续表)

序号	制发时间	政策名称(发文号)
12	2020-12-31	农业农村部办公厅关于下达 2021—2022 年度国家救灾农药储备任务的通知(农办农〔2020〕18 号)
13	2021-03-15	自然资源部关于做好 2021 年地质灾害防治工作的通知(自然资发〔2021〕44 号)
14	2021-11-21	农业农村部办公厅关于印发《今冬明春应对拉尼娜科学抗灾稳产保供预案》的通知(农办农〔2021〕24 号)
15	2021-12-24	农作物病虫害监测与预报管理办法(农业农村部令 2021 年第 6 号)

防灾救灾所说的灾害主要是包括破坏性地震、地质灾害、气象灾害、生物灾害(如农作物病虫害)、海洋灾害等在内的自然灾害,如唐山大地震与汶川大地震等系统性的灾害,这是只选择与乡村社区灾害应对有关的政策,表 9-19 显示,这方面的政策在内容上主要包括农村救灾合作保险试点工作、灾害信息员队伍建设、野生动植物资源和自然保护区生态系统灾后恢复、地震灾后恢复重建工作中基层群众性自治组织和城乡社区建设、农村危房改造抗震安全、气候变化应对、地质灾害防治、农作物病虫害监测与预报管理等方面。最近 30 年来,极端气候天气灾害事件频发,破坏性地震与泥石流等大型地质灾害也经常发生,危害很大。应急管理部成立后,今后这方面的政策的内容上有进一步细化的趋势,在数量上也有大幅度增加的可能。

另外,在事故灾难方面,关于乡村社区消防安全方面的专门性政策,主要有 2004 年 7 月 26 日公安部等 5 部门印发的《关于加强农村消防工作的通知》、2010 年 8 月 18 日住建部关于发布国家标准《农村防火规范》的公告、2014 年 4 月 3 日公安部等 3 部门《关于印发〈关于加强历史文化名城名镇名村及文物建筑消防安全工作的指导意见〉的通知》和 2017 年 7 月 27 日住建部等 3 部门《关于印发农家乐(民宿)建筑防火导则(试行)的通知》等,总量虽然较少,但是意义极为重大。2021 年 2 月 14 日 17 时 40 分许,被誉为"中国最后一个原始部落"的云南省临沧市沧源佤族自治县勐角傣族彝族拉祜族乡翁丁村老寨发生严重火灾,存在了 400 年的古寨消失于火海所引起的社会反响再次为乡村社区的消防安全敲响了警钟。

（二）交通安全

关于乡村社区交通安全方面的政策,大致情况如表9-20所示。

表 9-20　乡村交通安全政策统计汇总表

序号	制发时间	政策名称（发文号）
1	1985-12-01	交通部、公安部关于维护水上客运治安秩序,严禁客(渡)船违章超载航行,保障旅客安全的通告
2	1987-09-02	公安部、农牧渔业部关于农用拖拉机道路交通管理问题的通知（〔87〕公〔交管〕字82号）
3	1993-05-13	农用运输车安全基准（公安部第12号）
4	1993-05-17	公安部关于农用运输车道路交通管理的规定（公通字〔1993〕46号）
5	1997-10-20	国务院办公厅转发国家计委、机械工业部关于加强农用运输车管理意见的通知（国办发〔1997〕35号）
6	2005-05-26	交通部关于2005年农村公路建设的实施意见（交公路发〔2005〕216号）
7	2005-08-02	公安部等3部门关于印发《预防群死群伤特大道路交通事故工作意见》的通知（公通字〔2005〕49号）
8	2009-12-29	交通运输部关于加强农村交通运输安全生产工作的意见（交安监发〔2009〕785号）
9	2014-11-03	国务院办公厅关于实施公路安全生命防护工程的意见（国办发〔2014〕55号）
10	2017-01-18	交通运输部关于印发《"四好农村路"督导考评办法》的通知（交公路发〔2017〕11号）
11	2019-09-05	国务院办公厅关于深化农村公路管理养护体制改革的意见（国办发〔2019〕45号）
12	2020-09-29	交通运输部、财政部关于组织开展深化农村公路管理养护体制改革试点工作的通知（交公路函〔2020〕686号）
13	2020-11-27	交通运输部关于全面做好农村公路"路长制"工作的通知（交公路发〔2020〕111号）

(续表)

序号	制发时间	政策名称(发文号)
14	2021-02-22	交通运输部关于印发《农村公路中长期发展纲要》的通知(交规划发〔2021〕21号)
15	2021-05-18	交通运输部等4部门关于深化"四好农村路"示范创建工作的意见(交公路发〔2021〕48号)

随着21世纪以来我国乡村公路的路面硬化普及率和私家机动车数量的大幅度提高,乡村交通安全事故越来越多,在一些地方和某些月份有显著增加的趋势,陆路交通安全逐步成为越来越严重的社会问题,完善乡村社区的交通安全政策是今后的重要内容。表9-20显示,这方面的政策在内容上主要包括农用运输车道路交通管理、农村公路建设、预防群死群伤特大道路交通事故工作、公路安全生命防护工程、"四好农村路"建设、农村公路管理养护体制改革、农村公路"路长制"工作等。很多政策出台于有关恶性事故发生之后,是针对事故的改进措施,今后还需要重点从软环境和文化方面进一步推进制度建设。

(三)建筑安全与危房改造

关于乡村建筑安全与危房改造方面的政策,大致情况如表9-21所示。

表9-21 乡村建筑安全与危房改造政策统计汇总表

序号	制发时间	政策名称(发文号)
1	1992-11-25	国家教委等3部门关于发布《全面消除和杜绝中小学危房的规定》的通知(教财〔1992〕73号)
2	1999-12-14	教育部关于加强中小学校舍危房修缮和改造的紧急通知(教财〔1999〕32号)
3	2001-02-17	国务院办公厅转发教育部等部门关于实施中小学危房改造工程意见的通知(国发办〔2001〕13号)
4	2003-09-29	教育部等3部门关于农村中小学危房改造工程的实施意见(教财〔2003〕5号)
5	2004-04-05	教育部等4部门关于进一步加强农村中小学危房改造工程管理的意见(教财〔2004〕8号)

第九章 乡村社区治理政策（1949—2022）

（续表）

序号	制发时间	政策名称（发文号）
6	2004-06-18	教育部等3部门关于中小学危房改造和校舍安全工作有关问题的紧急通知（教财〔2004〕12号）
7	2004-12-06	建设部关于加强村镇建设工程质量安全管理的若干意见（建质〔2004〕216号）
8	2009-05-08	住建部等3部门关于2009年扩大农村危房改造试点的指导意见（建村〔2009〕84号）
9	2011-05-17	住建部等3部门关于做好2011年扩大农村危房改造试点工作的通知（建村〔2011〕62号）
10	2011-06-22	财政部等3部门关于印发《中央农村危房改造补助资金管理暂行办法》的通知（财社〔2011〕88号）
11	2013-07-01	住建部关于印发《农村危房改造最低建设要求（试行）》的通知（建村〔2013〕104号）
12	2016-11-03	住建部等3部门关于加强建档立卡贫困户等重点对象危房改造工作的指导意见（建村〔2016〕251号）
13	2016-12-09	财政部、住建部关于印发《中央财政农村危房改造补助资金管理办法》的通知（2016修订）（财社〔2016〕216号）
14	2018-03-28	住建部办公厅关于印发农村危房改造基本安全技术导则的通知（建办村函〔2018〕172号）
15	2019-02-01	住建部、财政部关于印发农村危房改造激励措施实施办法的通知（建村〔2019〕15号）
16	2019-11-28	住建部关于印发《农村住房安全性鉴定技术导则》的通知（建村函〔2019〕200号）
17	2019-12-06	住建部、财政部关于做好农房抗震改造试点工作的补充通知（建村〔2019〕101号）
18	2021-08-31	住建部办公厅关于印发《洪涝灾害农村住房安全应急预案（暂行）》和《洪涝灾区农村住房安全应急评估指南（暂行）》的通知（建办村函〔2021〕354号）

1976年唐山大地震后，国家有关部门制定了相关政策，规定我国城乡建筑要达到抗六级地震的标准。但是由于经济条件等方面的限制，很多乡村的村民住房仍然是砖混结构，没有钢筋支撑，抗震性低，特别是有些贫困乡村的建筑仍然

是土屋,抗震能力基本为零。这也是2013年4月20日四川省雅安市"芦山地震"死伤比较严重的一个重要原因。乡村居民在原建筑物上非法随意加盖楼层或盲目扩建改造导致垮塌事故也偶有发生,因此,乡村社区的建筑安全问题引发的关注度仍在上升。

表9-21显示,这方面的政策在内容上主要包括村镇建设工程质量安全管理、汶川地震房屋倒损农户住房重建工作、农村住房建设试点、农村住房安全性鉴定技术、农房抗震改造试点工作、农村自建房安全等。在危房改造方面,主要有农村危房改造及配套基础设施建设、实施中小学危房改造工程、全面消除和杜绝中小学危房、校舍安全等。住房安全是人类的最基本的安全需求之一,处于马斯洛需求层次论中的最低一级,今后还应该结合国内外的经验,推行把抗震性与环保、舒适、健康等要素结合起来的新型乡村社区民房建设,促进幸福乡村建设。

(四)公共安全

关于包括饮用水安全、食品安全、药品安全在内的乡村社区公共卫生安全的政策较多。其中,饮用水安全方面,大致情况如表9-22所示。

表9-22 农村饮用水安全政策统计汇总表

序号	制发时间	政策名称(发文号)
1	1984-08-13	国务院办公厅转发水利电力部关于加速解决农村人畜饮水问题的报告的通知(国发办〔1984〕67号)
3	2008-01-08	全国爱卫办关于印发全国农村饮用水水质卫生监测技术方案的通知(全爱卫办函〔2008〕6号)
3	2008-05-06	卫生部办公厅、全国爱卫会办公室关于印发《农村饮水安全工程卫生学评价技术细则(试行)》的通知(全爱卫办发〔2008〕4号)
4	2009-08-17	卫生部办公厅关于印发饮水型地方性氟中毒监测方案(试行)的通知(卫办疾控发〔2009〕131号)
5	2010-09-21	全国爱卫办关于印发《2011年农村饮用水水质卫生监测技术方案》的通知(全爱卫办函〔2010〕35号)
6	2021-08-06	水利部办公厅关于公布2021年度农村供水规范化水厂名单的通知(办农水〔2021〕240号)

第九章　乡村社区治理政策（1949—2022）

长时间的干旱、某些乡村工业化和矿山开采导致的环境污染以及一些地方独特的水质问题导致的地方病一直是困扰村民生活的大问题。表 9-22 显示，关于乡村社区饮用水的政策法规主要包括农村人畜饮水问题、农村饮用水水质问题、农村供水规范化水厂问题等内容，国家专门性政策的出台起到很重要的改善作用。

关于包括农产品质量安全等在内的乡村食品安全方面的政策，大致情况如表 9-23 所示。

表 9-23　乡村社区食品安全政策统计汇总表

序号	制发时间	政策名称（发文号）
1	1995-11-15	农业部等 5 部门关于严禁在蔬菜生产上使用高毒高残留农药，确保人民食菜安全的通知（农农发〔1995〕24 号）
2	1996-09-28	国务院办公厅关于生猪屠宰检疫管理体制有关问题的通知（国办发〔1996〕40 号）
3	2003-06-23	教育部关于加强农村中小学食堂管理工作的通知（教发〔2003〕12 号）
4	2003-08-27	商务部等 7 部门关于加强生猪屠宰管理确保肉品安全的紧急通知（商运发〔2003〕275 号）
5	2007-11-15	商务部等 3 部门关于深入开展猪肉质量安全专项整治进一步加强生猪屠宰监管执法工作的通知（商运发〔2007〕456 号）
6	2012-06-07	国家食品药品监督管理局关于进一步加强农村餐饮食品安全监管工作的指导意见（国食药监食〔2012〕146 号）
7	2014-10-31	农业部、食品药品监管总局关于加强食用农产品质量安全监督管理工作的意见（农质发〔2014〕14 号）
8	2015-10-27	国务院食品安全办等 5 部门关于进一步加强农村食品安全治理工作的意见（食安办〔2015〕18 号）
9	2018-10-26	中华人民共和国农产品质量安全法（修正）（国家主席令第 16 号）
10	2020-12-08	农业农村部办公厅关于开展严厉打击生猪屠宰违法行为专项行动的通知（农办牧〔2020〕57 号）
11	2021-01-06	农业农村部关于加强水产养殖用投入品监管的通知（农渔发〔2021〕1 号）
12	2021-02-19	农业农村部办公厅关于印发 2021 年兽药残留监控和动物源细菌耐药性监测计划的通知（农办牧〔2021〕7 号）

(续表)

序号	制发时间	政策名称(发文号)
13	2021-03-19	农业农村部办公厅关于开展"瘦肉精"专项整治行动的通知(农办牧〔2021〕18号)
14	2021-05-17	农业农村部办公厅关于开展2021年国家农产品质量安全监督抽查的通知(农办质〔2021〕9号)
15	2021-08-23	农业农村部关于加强乡镇农产品质量安全网格化管理的意见(农质发〔2021〕7号)
16	2022-02-21	农业农村部关于印发《"十四五"全国农产品质量安全提升规划》的通知(农质发〔2022〕1号)

近几十年来,乡村社区的瘦肉精事件、病猪肉事件、蔬菜农药高残留危害人体健康等现象时常发生,因此,国家也非常重视乡村社区的食品安全问题。表9-23显示,这方面的政策在内容上主要包括严禁在蔬菜生产上使用高毒高残留农药确保人民食菜安全、生猪屠宰检疫管理体制、农村中小学食堂管理、生猪屠宰管理确保肉品安全、猪肉质量安全专项整治、农村餐饮食品安全监管、食用农产品质量安全监督管理、农村食品安全治理、严厉打击生猪屠宰违法行为专项行动、水产养殖用投入品监管、农业转基因生物监管、"瘦肉精"专项整治行动、乡镇农产品质量安全网格化管理、农产品质量安全提升等。其中,既有《中华人民共和国农产品质量安全法》等基本法律,也有针对具体问题的专项整治行动,涉及的内容相对全面,但是今后还需要强化依法行政和违法必究,因为有法不依在很多地方是一种惯常现象,法不能自行,必须有严格执法的人才有保证。

关于药品安全方面的政策,大致情况如表9-24所示。

表9-24 乡村药品安全政策统计汇总表

类别	序号	制发时间	政策名称(发文号)
农药安全	1	1982-04-10	农药登记规定(〔82〕农业保字第10号)
	2	1988-08-25	农村农药中毒卫生管理办法(试行)
	3	2008-01-09	国家发展改革委等6部门——停止甲胺磷等五种高毒农药的生产、流通、使用公告(2008年第1号)
	4	2011-06-15	农业部等5部门——关于对进一步禁限用高毒农药管理措施的公告(第1586号)

第九章 乡村社区治理政策(1949—2022)

(续表)

类别	序号	制发时间	政策名称(发文号)
	5	2020-09-21	农业农村部办公厅关于切实加强百草枯专项整治工作的通知(农办农〔2020〕14号)
	6	2021-04-13	农业农村部办公厅关于2020年农药监督抽查结果的通报(农办农〔2021〕9号)
	7	2022-02-25	农业农村部办公厅关于印发除草剂防治转基因耐除草剂玉米田、大豆田杂草田间药效试验准则的通知(农办农〔2022〕3号)
毒鼠强(兽药)	1	2003-07-10	国务院办公厅关于深入开展毒鼠强专项整治工作的通知(国办发〔2003〕63号)
	2	2003-07-18	农业部等9部门关于清查收缴毒鼠强等禁用剧毒杀鼠剂的通告
	3	2003-07-23	农业部等10部门关于贯彻落实《国务院办公厅关于深入开展毒鼠强专项整治工作的通知》的通知(农农发〔2003〕13号)
	4	2003-09-04	最高人民法院、最高人民检察院关于办理非法制造、买卖、运输、储存毒鼠强等禁用剧毒化学品刑事案件具体应用法律若干问题的解释(法释〔2003〕14号)
	5	2003-09-27	全国毒鼠强专项整治工作小组、农业部关于进一步加强毒鼠强专项整治工作的紧急通知(农明字〔2003〕15号)
	6	2003-09-05	卫生部等3部门关于做好毒鼠强专项整治有关事故救治工作的通知(卫法监发〔2003〕257号)
	7	2004-04-21	全国毒鼠强专项整治工作小组关于继续推进毒鼠强专项整治工作的紧急通知(农明字〔2004〕第43号)
	8	2005-07-13	农业部关于印发《全国农村(区)统一灭鼠项目资金管理暂行办法》的通知(农财发〔2005〕36号)

改革开放以来,村民田间劳作农药中毒、利用农药投毒残害人畜事件和因各种矛盾纠纷喝百草枯等农药自杀的报道时有见诸新闻媒体,因此,农药安全问题一直是乡村社会中一个非常突出的社会问题,国家对此也比较重视。表9-24显

示,国家关于农药安全的政策在内容上主要包括农药登记与管理、农村农药中毒卫生管理、农药运输、禁限用高毒农药管理、农药包装废弃物回收处理管理、百草枯专项整治以及停止甲胺磷等五种高毒农药的生产、流通、使用等。关于兽药管理,主要是不使之最终危害人的生命健康,尤其是消灭鼠害等之类的剧毒药物,这对乡村药品安全始终是一个挑战。2002年9月14日发生的用掺有毒鼠强制成的烧饼引发的南京汤山镇特大投毒案,造成300人中毒,42人死亡。这一因嫉妒竞争对手引发的惨剧发生后,除了罪犯被判死刑并且依法执行枪决外,国家在两年内至少专门为此制定了十多份政策文本,开展毒鼠强专项整治、清查收缴毒鼠强等禁用剧毒杀鼠剂、彻底清缴农民手中的毒鼠强等行动。但是,2003年以后仍然有非法利用毒鼠强人为害人的事件发生。今后只有持续强化农药兽药安全才能够有效降低人为因素造成的危害和悲剧。

(五)粮食安全

关于乡村粮食安全方面的政策,大致情况如表9-25所示。

表9-25 乡村粮食安全政策统计汇总表

序号	制发时间	政策名称(发文号)
1	2004-03-08	国务院办公厅关于做好当前粮食和农业生产资料市场供应工作的紧急通知(国办发明电〔2004〕10号)
2	2006-11-07	国家粮食局关于加强粮食行业安全生产工作的指导意见(国粮展〔2006〕190号)
3	2007-12-10	国家发展改革委、国家粮食局关于尽快规定并公布粮食经营者最低和最高库存量具体标准的通知
4	2008-03-21	国家粮食局关于开展粮食行业安全生产隐患排查治理工作的通知(国粮展〔2008〕62号)
5	2008-09-26	国家粮食局关于切实做好粮食安全生产工作的通知
6	2009-11-03	全国新增1000亿斤粮食生产能力规划(2009—2020年)
7	2010-08-26	国务院关于国家粮食安全工作情况的报告
8	2010-09-29	国家粮食局关于加强秋粮收购期间安全生产工作的通知(国粮电〔2010〕21号)

第九章　乡村社区治理政策（1949—2022）

（续表）

序号	制发时间	政策名称（发文号）
9	2015-03-23	国家发展改革委等3部门关于印发《粮食收储供应安全保障工程建设规划（2015—2020年）》的通知（发改粮食〔2015〕570号）
10	2017-03-31	国务院关于建立粮食生产功能区和重要农产品生产保护区的指导意见（国发〔2017〕24号）
11	2019-11-13	国务院办公厅关于切实加强高标准农田建设提升国家粮食安全保障能力的意见（国办发〔2019〕50号）
12	2020-04-25	国家发展改革委等11部门关于2020年度认真落实粮食安全省长责任制的通知（发改粮食〔2020〕660号）
13	2020-11-04	国务院办公厅关于防止耕地"非粮化"稳定粮食生产的意见（国办发〔2020〕44号）
14	2021-03-04	农村农业部等11部门关于修订《"菜篮子"市长负责制考核办法实施细则》的通知（农市发〔2021〕1号）
15	2021-04-22	国家发展改革委、粮食和储备局关于印发《粮食等重要农产品仓储设施中央预算内投资专项管理办法》的通知（发改经贸规〔2021〕568号）
16	2021-06-24	财政部等3部门关于扩大三大粮食作物完全成本保险和种植收入保险实施范围的通知（财金〔2021〕49号）
17	2022-03-01	农业农村部办公厅关于公布全国粮食加工环节减损增效典型案例的通知（农办产〔2022〕2号）

由于有过多次饥荒的教训，20世纪90年代初期粮食安全在我国就已经是热点问题，我国坚定不移地坚持基本农田保护与坚守18亿亩耕地红线都是重视粮食安全的体现。2012年以来形成的总体国家安全观中，粮食安全是一个重要组成部分，乡村社区的种植业、林果业、养殖业以及化肥供应保障等都是实现粮食安全的根本举措。因此，国家在这方面的政策也较多，表9-25显示，这些政策在内容上主要包括粮食和农业生产资料市场供应、粮食行业安全生产、规定并公布粮食经营者最低和最高库存量具体标准、粮食行业安全生产隐患排查治理、粮食收储供应安全保障工程建设、粮食生产功能区和重要农产品生产保护区建设、加强高标准农田建设提升国家粮食安全保障能力、粮食安全省长责任制、防止耕地"非粮化"稳定粮食生产、"菜篮子"市长负责制、粮食等重要农产品仓储设施中

央预算内投资专项管理、推进优质粮食工程、三大粮食作物完全成本保险和种植收入保险、粮食加工环节减损增效等。这些政策的制定增强了国家抗风险能力，但是与粮食生产、储运、增产等相比，关于制止和禁止粮食消费中的肆意挥霍、铺张浪费的政策近些年才上升到国家安全的高度。今后需要进一步完善和细化这方面的政策，把开源和节流有机结合，这也是确保粮食安全的重要内容。

（六）污染治理与人居环境建设

关于乡村污染治理与人居环境建设的政策，主要包括乡村环境保护与污染治理、乡村厕所改造与人居环境整治、乡村废弃物资源化和其他方面。其中，关于乡村环境保护与污染治理方面的政策，大致情况如表9-26所示。

表9-26　乡村环境保护与污染治理政策统计汇总表

类别	序号	制发时间	政策名称（发文号）
环境保护	1	2006-10-11	国家环境保护总局关于印发《国家农村小康环保行动计划》的通知（环发〔2006〕151号）
	2	2009-02-27	国务院办公厅转发环境保护部等部门关于实行"以奖促治"加快解决突出的农村环境问题的实施方案的通知（国办发〔2009〕11号）
	3	2011-04-29	全国爱卫办关于印发《2011年全国农村环境卫生监测项目技术方案》的通知
	4	2017-02-07	中共中央办公厅、国务院办公厅印发《关于划定并严守生态保护红线的若干意见》
	5	2021-12-29	生态环境部等7部门关于印发"十四五"土壤、地下水和农村生态环境保护规划的通知（环土壤〔2021〕120号）
污染治理	1	2010-02-08	环境保护部关于发布《农村生活污染防治技术政策》的通知（环发〔2010〕20号）
	2	2015-04-10	农业部关于打好农业面源污染防治攻坚战的实施意见（农科教发〔2015〕1号）
	3	2019-09-16	住建部村镇建设司关于印发县域统筹推进农村生活污水治理案例的通知（建村水函〔2019〕60号）
	4	2019-10-19	住建部关于建立健全农村生活垃圾收集、转运和处置体系的指导意见（建村规〔2019〕8号）

(续表)

类别	序号	制发时间	政策名称（发文号）
	5	2020-06-04	农业农村部办公厅、生态环境部办公厅关于进一步明确畜禽粪污还田利用要求强化养殖污染监管的通知（农办牧〔2020〕23号）
	6	2020-07-03	农业农村部办公厅、财政部办公厅关于做好2020年畜禽粪污资源化利用工作的通知（农办牧〔2020〕32号）
	7	2020-08-18	住建部办公厅关于公布2020年农村生活垃圾分类和资源化利用示范县名单的通知（建办村函〔2020〕423号）
	8	2021-01-28	生态环境部等4部门关于印发《农用地土壤污染责任人认定暂行办法》的通知（环土壤〔2021〕13号）
	9	2021-04-09	住建部关于发布国家标准《农村生活垃圾收运和处理技术标准》的公告（部公告2021年第50号）
	10	2021-11-24	农业农村部办公厅、生态环境部办公厅关于加强畜禽粪污资源化利用计划和台账管理的通知（农办牧〔2021〕46号）

19世纪直至1949年，一些西方来华人员在中国住居和旅行后，在有关当时中国状况的见闻和研究中，对乡村的卫生状况基本上都是"缺乏卫生意识和设施"或"卫生状况极差、很糟糕"的描述和评价，对人居环境的评价也不高。近30年来，乡村社区的污染问题在很多地方一直是一个非常严重的社会问题，"癌症村""垃圾村"的出现和数量增加就是这一社会问题的表象。改革开放以来，我国政府在发展经济的基础上，也逐步开始注重乡村社区的污染治理，特别是21世纪以来无论是在政策制定上还是在政策落实（如资金、技术等）上都有长足的进步，很多乡村已经成为环境优美的宜居之地。表9-26显示，在乡村环境保护方面，主要有国家农村小康环保行动、"以奖促治"加快解决突出的农村环境问题、农村环境卫生监测、生态文明建设、生态保护红线、社会资本参与生态保护修复、重点生态保护修复治理和土壤、地下水和农村生态环境保护规划等，涉及的面相对较广。在乡村污染治理方面，主要有农村生活污染防治技术、农业面源污染防治攻坚战、农村生活垃圾处理、畜禽粪污还田利用与强化养殖污染监管、畜禽粪污资源化利用、农用地和建设用地土壤污染责任人认定等。相关政策相对健全，但是最关键的还是政策的贯彻执行问题，这才是政策

真正落地的关键。

在新科技革命的形势下,乡村社区污染会有新变化(如电子产品污染),这方面的新变化也要求政策予以跟进。笔者在乡村社区发现,这几年一些乡村在红白喜事招待客人大多使用的是一次性的塑料桌布、塑料碗和塑料杯子等,白色污染极为严重。我国早在十多年前出台了好几份禁止使用塑料袋的政策,但是新冠病毒肺炎疫情以来的外卖常态化(大多是一次性塑料饭盒、塑料杯子与塑料吸管)和超市塑料购物袋的普遍化使用导致"禁塑令"名存实亡。"白色污染"旧态复燃,加上新冠病毒肺炎疫情防控中口罩使用后产生的医疗卫生垃圾等突出问题,如何改进这一状况也是迫在眉睫的任务。

关于乡村厕所改造和人居环境整治等方面的政策,大致情况如表9-27所示。

表9-27 乡村厕所改造和人居环境整治等政策统计汇总表

类别	序号	制发时间	政策名称(发文号)
厕所改造	1	1993-05-06	农村卫生厕所建设先进县和普及县标准及考评办法(试行)
	2	2008-01-08	全国爱卫办关于下发2007年中央补助地方公共卫生专项资金农村改水改厕项目技术方案的通知(全爱卫办函〔2008〕5号)
	3	2010-05-11	全国爱卫办关于加强国家重大公共卫生服务项目农村改厕工作的通知(全爱卫办函〔2010〕15号)
	4	2018-12-25	中央农办等8部门关于推进农村"厕所革命"专项行动的指导意见(农社发〔2018〕2号)
	5	2020-06-16	农业农村部等3部门关于进一步提高农村改厕工作实效的通知(农社发〔2020〕4号)
人居环境整治	1	2014-05-16	国务院办公厅关于改善农村人居环境的指导意见(国办发〔2014〕25号)
	2	2019-02-22	住建部关于在城乡人居环境建设和整治中开展美好环境与幸福生活共同缔造活动的指导意见(建村〔2019〕19号)
	3	2019-03-06	中共中央办公厅、国务院办公厅转发《中央农办、农业农村部、国家发展改革委关于深入学习浙江"千村示范、万村整治"工程经验扎实推进农村人居环境整治工作的报告》

(续表)

类别	序号	制发时间	政策名称(发文号)
	4	2020-03-17	农业农村部等6部门关于抓好大检查发现问题整改扎实推进农村人居环境整治的通知(农社发〔2020〕2号)
	5	2021-12-05	中共中央办公厅、国务院办公厅印发《农村人居环境整治提升五年行动方案(2021—2025年)》
废弃物资源化	1	2016-08-11	农业部等6部门关于印发《关于推进农业废弃物资源化利用试点的方案》的通知(农计发〔2016〕90号)
	2	2022-01-26	农业农村部办公厅、国家乡村振兴局综合司关于印发《农村有机废弃物资源化利用典型技术模式与案例》的通知(农办社〔2022〕1号)
其他方面	1	2007-08-03	农业部、国家发展和改革委员会关于进一步加强农村沼气建设管理的意见(农计发〔2007〕29号)
	2	2011-11-11	农业部关于进一步加强农业和农村节能减排工作的意见(农科教发〔2011〕12号)
	3	2015-02-04	住建部等4部门关于加强村镇无障碍环境建设的指导意见(建标〔2015〕25号)
	4	2017-01-25	国家发展改革委、农业部关于印发《全国农村沼气发展"十三五"规划》的通知(发改农经〔2017〕178号)
	5	2020-07-03	农用薄膜管理办法(2020年第4号令)

表9-27显示,这方面的政策在内容上主要包括农村改水改厕、农村"厕所革命"专项行动、农业废弃物资源化利用、农村人居环境整治与改进、农村沼气建设管理、农业和农村节能减排、村镇无障碍环境建设等,内容比较齐全。这方面的政策进步较大,但是实际工作中,在有的地方容易流于形式,还需要与各类配套保障措施齐头并进,才能够真正实现美丽乡村。

(七)野生动物保护

关于野生动物保护方面的政策,大致情况如表9-28所示。

表 9-28 野生动物保护政策统计汇总表

序号	制发时间	政策名称（发文号）
1	1990-12-15	最高人民法院等 5 部门关于严厉打击非法捕杀、收购、倒卖、走私野生动物活动的通知（林安字〔1990〕514 号）
2	1991-01-08	国务院关于加强野生动物保护严厉打击违法犯罪活动的紧急通知
3	1992-02-12	林业部关于发布《中华人民共和国陆生野生动物保护实施条例》的通知（林策通字〔1992〕29 号）
4	1999-11-29	国家林业局关于加强鸟类管理的紧急通知（林传〔1999〕51 号）
5	2003-06-18	农业部等 4 部门关于严厉打击非法捕捉和经营利用水生野生动物行为的紧急通知（农渔发〔2003〕22 号）
6	2004-08-28	中华人民共和国野生动物保护法（修正）（国家主席令第 24 号）
7	2012-10-22	国家林业局关于严防乱捕滥猎候鸟等野生动物非法活动的紧急通知（林护发〔2012〕249 号）
8	2012-11-28	国家林业局关于切实强化野生动物保护执法工作的紧急通知（林护发〔2012〕289 号）
9	2017-12-01	野生动物收容救护管理办法（国家林业局令第 47 号）
10	2018-10-26	中华人民共和国野生动物保护法（修正）（国家主席令第 16 号）
11	2020-01-22	国家林业和草原局关于切实加强鸟类保护的通知（林护发〔2020〕13 号）
12	2020-02-24	全国人民代表大会常务委员会关于全面禁止非法野生动物交易、革除滥食野生动物陋习、切实保障人民群众生命健康安全的决定
13	2020-09-30	国家林业和草原局关于切实加强秋冬季鸟类等野生动物保护工作的通知（林护发〔2020〕89 号）
14	2020-09-30	国家林业和草原局关于规范禁食野生动物分类管理范围的通知（林护发〔2020〕90 号）
15	2021-03-03	国家林业和草原局关于加强春季候鸟等野生动物保护工作的通知（林护发〔2021〕19 号）
16	2021-09-29	国家林业和草原局关于切实加强秋冬季候鸟等野生动物保护工作的通知（林护发〔2021〕91 号）

野生动物保护政策在我国起步很早,但是政策实施的效果不是很好。近几十年来,总有关于野生珍稀动物被猎食和走私等方面的报道。近年来,全国各地不少餐馆也以"野味"作为招牌。但是据相关研究,2003年的SARS疫情和2020年初暴发的新冠病毒肺炎疫情均可能与食用野生动物有关,因此,国家有关部门再次制定更严格的政策以强调野生动物保护和提升公共安全。表9-28显示,这方面的政策主要包括加强野生动物保护管理、鸟类保护和管理、严厉打击非法捕捉和经营利用水生野生动物行为、严防乱捕滥猎候鸟等野生动物非法活动、野生动物保护法和执法、野生动物收容救护管理、规范禁食野生动物分类管理、依法惩治非法野生动物交易犯罪以及严厉打击非法捕杀、收购、倒卖、走私野生动物活动等,特别是新冠病毒肺炎疫情暴发以来,如2020年2月24日发布的《全国人民代表大会常务委员会关于全面禁止非法野生动物交易、革除滥食野生动物陋习、切实保障人民群众生命健康安全的决定》等有关政策对野生动物的保护上升到非常严格的程度。预计今后野生动物的生存状况会有非常大的改善,整个社会的野生动物保护意识和健康安全意识也会有大幅度的提升。

五、 社区文化与人才培育政策

很多乡村社区在历史上形成和延续了具有地方特色的公共文化,这种文化一般是以社会风俗习惯的形式呈现的。但是,从现代化的角度进行审视,有些地方需要移风易俗。改革开放以来的高考制度和工业化、城市化的进程使得乡村人才向城市单向流动,乡村社区中不但人才匮乏,而且留守人员的比例居高不下。国家为了发展乡村和保留乡村的特色启动了传统村落、旅游重点村的保护,这些有助于推动社区公共文化和人才培育、留守人员关爱政策的实施。

(一) 殡葬祭祀、婚俗、餐饮、村规民约

关于乡村殡葬祭祀、婚俗、餐饮、村规民约等方面的政策,大致情况如表9-29所示。

表 9-29　乡村殡葬祭祀、婚俗、餐饮、村规民约政策统计汇总表

类别	序号	制发时间	政策名称(发文号)
乡村殡葬祭祀	1	1989-05-29	民政部等 4 部门关于制止丧葬中的封建迷信活动的通知(民〔1989〕事字 27 号)
	2	1990-12-26	民政部、国家土地管理局关于制止丧葬滥占土地私建坟墓的通知(民事函〔1990〕281 号)
	3	1991-06-05	民政部办公厅对《关于制止丧葬滥占土地私建坟墓的通知》中有关内容解释的函(民办涵〔1991〕81 号)
	4	1995-03-03	民政部关于加强清明节文明祭祀管理工作的通知
	5	2010-02-23	民政部关于做好 2010 年清明节有关工作的通知(民函〔2010〕41 号)
婚俗、餐饮、村规民约	1	1992-09-12	国务院办公厅转发民政部等部门关于加强婚姻管理制止早婚早育意见的通知(国办发〔1992〕51 号)
	2	2005-11-07	中共中央办公厅、国务院办公厅关于进一步加强农村文化建设的意见(中办发〔2005〕27 号)
	3	2017-02-13	民政部办公厅关于开展优秀村规民约征集活动的通知(民办函〔2017〕34 号)
	4	2021-01-25	市场监管总局等 3 部门关于以标准化促进餐饮节约反对餐饮浪费的意见(国市监标技发〔2021〕7 号)
	5	2021-04-06	住建部等 16 部门关于加快发展数字家庭提高居住品质的指导意见(建标〔2021〕28 号)
	6	2021-04-07	民政部关于同意将河北省河间市等单位确认为全国婚俗改革实验区的批复(民函〔2021〕33 号)
	7	2021-06-11	国务院食品安全办等 5 部门关于贯彻实施《中华人民共和国反食品浪费法》有关事项的公告(2021 年第 20 号)
	8	2021-09-15	民政部关于同意将河北省邯郸市肥乡区等单位确认为第二批全国婚俗改革实验区的批复(民函〔2021〕74 号)
	9	2021-11-30	国家发展改革委办公厅等 4 部门关于印发《反食品浪费工作方案》的通知(发改办环资〔2021〕949 号)
	10	2022-03-21	文化和旅游部等 6 部门关于推动文化产业赋能乡村振兴的意见(文旅产业发〔2022〕33 号)

改革开放以来,浙江温州等地出现了修造豪华、数量众多的"椅子坟",武汉黄陂、湖南岳阳、云南镇雄、福州长乐和福清等地出现了豪华活人墓密集区,这不但破坏了水源、森林等生态平衡,而且恶化了当地的社会风气,治理起来也比较困难。表9-29显示,在殡葬祭祀祭祖方面的政策,主要有制止丧葬中的封建迷信活动、制止丧葬滥占土地私建坟墓、土葬改革、清明节文明祭祀管理等。在婚俗、餐饮、村规民约等方面的政策主要有加强婚姻管理制止早婚早育、全国婚俗改革实验区建设、优秀村规民约征集活动、文化产业赋能乡村振兴、以标准化促进餐饮节约反对餐饮浪费、农村文化建设、构建和谐文明新村等。社会风俗、社会心理是一种历史的惯性,移风易俗是长期的、渐变的,还需要通过进一步的制度建设予以推动。

(二)人才培育

关于乡村人才培育方面的政策,大致情况如表9-30所示。

表9-30 乡村人才培育政策统计汇总表

序号	制发时间	政策名称(发文号)
1	1999-03-04	人事部、农业部关于加速农村人才资源开发,加强农业和农村人才队伍建设有关问题的通知(人发〔1999〕21号)
2	2003-01-07	卫生部等4部门关于加强农村卫生人才培养和队伍建设的意见(卫人发〔2002〕321号)
3	2003-12-13	农业部关于加强农村经纪人队伍建设的意见(农市发〔2003〕15号)
4	2005-03-21	卫生部农村卫生管理司关于印发《农村卫生人员培训大纲指导意见》的通知(卫农卫服务便函〔2005〕10号)
5	2005-04-24	国家中医药管理局办公室、教育部办公厅关于印发《乡村医生中等中医专业人才培养指导方案》的通知
6	2007-11-08	中共中央办公厅、国务院办公厅关于加强农村实用人才队伍建设和农村人力资源开发的意见(中办发〔2007〕24号)
7	2008-04-21	农业部关于加强村级动物防疫员队伍建设的意见(农医发〔2008〕16号)
8	2010-01-10	卫生部关于加强乡村医生队伍建设的意见(卫农卫发〔2010〕3号)

(续表)

序号	制发时间	政策名称(发文号)
9	2010-06-02	国家发展改革委等5部门关于印发开展农村订单定向医学生免费培养工作实施意见的通知(发改社会〔2010〕1198号)
10	2011-07-02	国务院办公厅关于进一步加强乡村医生队伍建设的指导意见(国办发〔2011〕31号)
11	2011-10-17	中组部等5部门关于印发《农村实用人才和农业科技人才队伍建设中长期规划(2010—2020年)》的通知
12	2013-05-24	农业部办公厅关于新型职业农民培育试点工作的指导意见(农办科〔2013〕36号)
13	2019-09-11	卫生健康委等7部门关于做好农村订单定向免费培养医学生就业安置和履约管理工作的通知(国卫科教发〔2019〕56号)
14	2020-06-13	农村农业部等9部门关于深入实施农村创新创业带头人培育行动的意见(农产发〔2020〕3号)
15	2021-04-25	农业农村部办公厅关于做好2021年高素质农民培育工作的通知(农办科〔2021〕11号)
16	2021-11-08	中宣部等6部门关于印发《乡村"法律明白人"培养工作规范(试行)》的通知(司发通〔2021〕72号)
17	2021-12-17	农业农村部关于印发《"十四五"农业农村人才队伍建设发展规划》的通知(农人发〔2021〕9号)

人才培育是乡村社区建设中的关键步骤,这方面的政策比较多。表9-30显示,内容主要涉及乡村医生队伍建设、农村卫生人才培养和队伍建设、农村经纪人队伍建设、农村实用人才队伍建设、村级动物防疫员队伍建设、农业科技人才队伍建设、新型职业农民培育、农村创新创业带头人培育、高素质农民培育以及乡村"法律明白人"培养等。虽然这方面的政策较多,涉及面也广,但是由于工作量大,待遇也不高,上升的空间小,乡村人才匮乏的状况在短期之内很难改变,需要进一步通过政策倾斜来促进人才支撑。

(三)留守人员关爱

关于乡村留守人员关爱方面的政策,大致情况如表9-31所示。

第九章　乡村社区治理政策（1949—2022）

表 9-31　乡村留守人员关爱政策统计汇总表

序号	制发时间	政策名称（发文号）
1	2007-07-20	中组部等 7 部门关于贯彻落实中央指示精神积极开展关爱农村留守流动儿童工作的通知（妇字〔2007〕34 号）
2	2013-01-04	教育部等 5 部门关于加强义务教育阶段农村留守儿童关爱和教育工作的意见（教基一〔2013〕1 号）
3	2016-02-04	国务院关于加强农村留守儿童关爱保护工作的意见（国发〔2016〕13 号）
4	2016-03-25	国务院办公厅关于同意建立农村留守儿童关爱保护工作部际联席会议制度的函（国办函〔2016〕30 号）
5	2016-04-27	民政部关于贯彻落实《国务院关于加强农村留守儿童关爱保护工作的意见》的通知（民涵〔2016〕119 号）
6	2016-05-19	国家卫生计生委关于做好农村留守儿童健康关爱工作的通知（国卫流管发〔2016〕20 号）
7	2017-07-17	民政部等 5 部门关于在农村留守儿童关爱保护中发挥社会工作专业人才作用的指导（意见民发〔2017〕126 号）
8	2017-12-28	民政部等 8 部门关于加强农村留守老年人关爱服务工作的意见（民发〔2017〕193 号）
9	2019-04-30	民政部等 10 部门关于进一步健全农村留守儿童和困境儿童关爱服务体系的意见（民发〔2019〕34 号）
10	2020-05-19	民政部关于组织开展全国农村留守儿童和困境儿童关爱保护"政策宣讲进村（居）"活动的通知（民函〔2020〕55 号）

从时间角度来讲，包括留守儿童、留守妇女和留守老人在内的乡村留守群体是改革开放以来特别是 20 世纪 90 年代以来的副产物，而且这些留守人员的总体数量较多，规模均超过千万，21 世纪以来，国家陆续制定了一些关于留守人员的政策。表 9-31 显示，这方面政策的内容主要包括关爱农村留守流动儿童、义务教育阶段农村留守儿童关爱和教育、农村留守儿童健康关爱、农村留守老年人关爱服务、农村留守儿童和困境儿童关爱服务体系等。其中，大多数是有关留守儿童的，关于留守老人的政策较少，留守妇女方面的政策接近于零，呈现出明显的

不均衡性。在政策方面,对留守人员不能仅是关爱,而且需要从制度方面进一步降低这些留守人员的数量,使乡村成为留得住中青年人才的乡村。

(四) 传统村落、旅游重点村及其保护

关于传统村落、旅游重点村及其保护方面的政策,大致情况如表 9-32 所示。

表 9-32　传统村落、旅游重点村及其保护政策统计汇总表

序号	制发时间	政策名称(发文号)
1	2008-04-22	历史文化名城名镇名村保护条例(国务院令第 524 号)
2	2012-08-22	住建部等 4 部门关于印发《传统村落评价认定指标体系(试行)》的通知(建村〔2012〕125 号)
3	2012-12-12	住建部等 3 部门关于加强传统村落保护发展工作的指导意见(建村〔2012〕184 号)
4	2013-09-18	住建部关于印发传统村落保护发展规划编制基本要求(试行)的通知(建村〔2013〕130 号)
5	2014-04-25	住建部等 4 部门关于切实加强中国传统村落保护的指导意见(建村〔2014〕61 号)
6	2014-09-05	住建部等 3 部门关于做好中国传统村落保护项目实施工作的意见(建村〔2014〕135 号)
7	2014-10-15	历史文化名城名镇名村街区保护规划编制审批办法(住建部令第 20 号)
8	2016-08-11	国家旅游局等 12 部门关于印发乡村旅游扶贫工程行动方案的通知(旅发〔2016〕121 号)
9	2016-11-03	住建部办公厅等 3 部门关于印发《中国传统村落警示和退出暂行规定(试行)》的通知(建办村〔2016〕55 号)
10	2019-05-13	住建部、国家文物局关于历史文化名城名镇名村保护工作评估检查情况的通报(建科函〔2019〕95 号)
11	2019-09-12	住建部办公厅关于加强贫困地区传统村落保护工作的通知(建办村〔2019〕61 号)

第九章　乡村社区治理政策(1949—2022)

（续表）

序号	制发时间	政策名称(发文号)
12	2020-05-11	住建部办公厅关于实施中国传统村落挂牌保护工作的通知(建办村函〔2020〕227号)
13	2021-08-25	文化和旅游部、国家发展改革委关于公布第三批全国乡村旅游重点村和第一批全国乡村旅游重点镇(乡)名单的通知(文旅资源发〔2021〕88号)
14	2022-03-03	财政部办公厅、住建部办公厅关于组织申报2022年传统村落集中连片保护利用示范的通知(财办建〔2022〕6号)
15	2022-04-14	住建部、财政部关于做好2022年传统村落集中连片保护利用示范工作的通知(建村〔2022〕32号)

改革开放以来，随着城市化进程的加快，一些乡村破败消亡了。有些具有地方特色和民族传承的非物质文化遗产几乎找不到传承人，一些富有丰富资源和文化传统的村落始终处于贫困状态。鉴于这种状况，国家在21世纪以来制定了传统古村落保护等方面的政策。表9-32显示，其主要内容包括历史文化名村保护、传统村落评价认定指标体系、传统村落保护发展规划、历史文化名村及文物建筑消防安全、传统村落整体保护、传统村落警示和退出、贫困地区传统村落保护、乡村旅游重点村、传统村落集中连片保护利用等。但是，在现实中也出现打着"保护""开发性利用"的旗号而实质上是进行破坏的行为，过于商业化的运作导致的同质化和造假行为严重损害了这些政策的初衷。对此，不但要反思，而且要以真正立足于保护和传承，切实做到维护其原生态为基本目标。

六、新农村建设与乡村振兴政策

从综合角度看，新农村建设和乡村振兴都是从宏观层面和系统性、综合性、整体性的角度制定的乡村社区发展的公共政策。从乡村社区发展的战略定位、发展目标、内外结构与关系、促进措施等方面进行的界定和推进。其中，关于新农村建设的政策，大致情况如表9-33所示。

表 9-33　新农村建设政策统计汇总表

类别	序号	制发时间	政策名称（发文号）
美丽乡村（小镇）建设	1	2013-02-22	农业部办公厅关于开展"美丽乡村"创建活动的意见（农办科〔2013〕10号）
	2	2016-10-08	国家发展改革委关于加快美丽特色小（城）镇建设的指导意见（发改规划〔2016〕2125号）
	3	2021-04-07	水利部规划计划司、财政部农业农村司关于开展2021年水系连通及水美乡村建设试点的通知（规计计函〔2021〕16号）
农村改革试验区	1	1987-09-16	国务院办公厅转发国务院农村发展研究中心关于农村改革试验区请示的通知（国办发〔1987〕62号）
	2	1988-04-22	国务院关于福建省建立三明市农村改革试验区报告的批复（国函〔1988〕65号）
	3	1988-06-27	国务院关于北京市建立农村改革试验区请示的批复（国函〔1988〕95号）
	4	1996-09-17	国务院关于将鄱阳湖沿湖11县列为全国农村改革试验区的批复（国函〔1996〕74号）
	5	2010-11-17	农业部 全国农村改革试验区工作运行管理办法（农政发〔2010〕3号）
	6	2016-04-13	农业部关于印发《农村改革试验区工作运行管理办法》的通知（修订）（农政发〔2016〕2号）
农村综合改革	1	2006-10-08	国务院关于做好农村综合改革工作有关问题的通知（国发〔2006〕34号）
	2	2021-04-29	财政部关于印发《农村综合改革转移支付管理办法》的通知（修订）（财农〔2021〕36号）
	3	2021-05-17	财政部办公厅关于进一步做好农村综合性改革试点试验工作的通知（财办农〔2021〕24号）
新农村建设	1	2005-12-31	中共中央、国务院关于推进社会主义新农村建设的若干意见（中发〔2006〕1号）
	2	2006-02-10	国务院办公厅关于落实中共中央国务院关于推进社会主义新农村建设若干意见有关政策措施的通知（国办函〔2006〕13号）

(续表)

类别	序号	制发时间	政策名称（发文号）
	3	2006-09-22	民政部关于做好农村社区建设试点工作推进社会主义新农村建设的通知（民函〔2006〕288号）
	4	2006-10-30	国家发展改革委关于印发加强农村基础设施建设,扎实推进社会主义新农村建设的意见的通知（发改农经〔2006〕2325号）
	5	2006-12-31	中共中央、国务院关于积极发展现代农业扎实推进社会主义新农村建设的若干意见（中发〔2007〕1号）
	6	2007-02-10	国务院办公厅关于落实中共中央国务院关于积极发展现代农业扎实推进社会主义新农村建设若干意见有关政策措施的通知（国办函〔2007〕22号）
	7	2014-12-23	国务院关于推进新农村建设工作情况的报告

表9-33显示,美丽乡村（小镇）建设方面的政策主要包括"美丽乡村"创建活动与试点工作、美丽特色小（城）镇建设、水系连通及水美乡村建设等。农村改革试验区方面的政策主要有农村改革试验区工作运行管理、试验项目、建设点批复等。农村综合改革方面的政策主要有实施方案、试点试验、转移支付管理等。社会主义新农村建设方面的政策主要包括新农村建设战略部署、农村基础设施建设与新农村建设、现代农业与新农村建设等。从中共中央、国务院、中央农村工作领导小组办公室到农业部、财政部再到最高人民法院,制定政策的部门较多,体现了国家的重视程度很高。

关于乡村振兴方面的政策,大致情况如表9-34所示。

表9-34 乡村振兴政策统计汇总表

序号	制发时间	政策名称（发文号）
1	2018-01-02	中共中央、国务院关于实施乡村振兴战略的意见
2	2018-09-26	中共中央、国务院印发《乡村振兴战略规划（2018—2022年）》的通知
3	2018-09-27	财政部贯彻落实实施乡村振兴战略的意见（财办〔2018〕34号）

(续表)

序号	制发时间	政策名称(发文号)
4	2018-10-23	最高人民法院印发《关于为实施乡村振兴战略提供司法服务和保障的意见》的通知(法发〔2018〕19号)
5	2019-06-17	国务院关于促进乡村产业振兴的指导意见(国发〔2019〕12号)
6	2020-12-16	中共中央、国务院关于实现巩固拓展脱贫攻坚成果同乡村振兴有效衔接的意见
7	2021-02-01	国家卫健委等13部门关于印发巩固拓展健康扶贫成果同乡村振兴有效衔接实施意见的通知(国卫扶贫发〔2021〕6号)
8	2021-02-23	中共中央办公厅、国务院办公厅印发《关于加快推进乡村人才振兴的意见》
9	2021-05-28	交通运输部关于巩固拓展交通运输脱贫攻坚成果全面推进乡村振兴的实施意见(交规划发〔2021〕51号)
10	2021-06-28	人社部、乡村振兴局关于印发《国家乡村振兴重点帮扶地区职业技能提升工程实施方案》的通知(人社部发〔2021〕45号)
11	2021-08-13	人社部等6部门关于巩固拓展社会保险扶贫成果助力全面实施乡村振兴战略的通知(人社部发〔2021〕64号)
12	2021-08-16	退役军人事务部等16部门关于促进退役军人投身乡村振兴的指导意见(退役军人部发〔2021〕48号)
13	2021-11-26	人社部、乡村振兴局关于加强国家乡村振兴重点帮扶县人力资源社会保障帮扶工作的意见(人社部发〔2021〕94号)
14	2021-12-29	国家能源局等3部门关于印发《加快农村能源转型发展助力乡村振兴的实施意见》的通知(国能发规划〔2021〕66号)
15	2022-02-22	中共中央、国务院关于做好2022年全面推进乡村振兴重点工作的意见
16	2022-02-24	财政部等6部门关于加强中央财政衔接推进乡村振兴补助资金使用管理的指导意见(财农〔2022〕14号)
17	2022-03-21	文化和旅游部等6部门关于推动文化产业赋能乡村振兴的意见(文旅产业发〔2022〕33号)

关于乡村振兴的政策开始于2018年。在这之前,有国内区域性的振兴规划(如振兴东北等)。乡村振兴是乡村扶贫政策之后的新政策,表9-34显示,这些

政策在内容上主要有乡村振兴战略、乡村产业振兴、乡村振兴人才培养、拓展脱贫攻坚成果同乡村振兴有效衔接、乡村振兴促进法、拓展交通运输脱贫攻坚成果全面推进乡村振兴、国家乡村振兴重点帮扶地区职业技能提升工程、促进退役军人投身乡村振兴、国家乡村振兴重点帮扶县工作、支持革命老区巩固拓展脱贫攻坚成果衔接推进乡村振兴、加快农村能源转型发展助力乡村振兴、检察机关与乡村振兴部门加强司法救助协作、中央财政衔接推进乡村振兴补助资金使用管理、推动文化产业赋能乡村振兴等,内容相对齐全。但是综观这些政策的基本内容,基本上都定位在各级政府部门和外来力量的推动,在乡村振兴内部的内生动力和村民潜力潜能的激发方面存在不足,这应该是今后政策完善的一个重点。

七、乡村社区政策总体评析

1949年至2022年关于乡村社区的政策数量比较庞大,各种专门性的政策加起来至少有1500多份文件。由于篇幅所限,上述政策的文本在具体内容上没有展开论述,而且与之有关的乡村社区治理中的关于乡村基础设施建设(如病险水库加固等)、能源与电力电网安全、科技支撑体系(如通信、信息化、物流、科技园区、科技示范基地、科技培训、广播电视村村通、宽带乡村、数字乡村、智慧家庭、"互联网+"等)以及乡村社区社会保障(如乡村社区就业、医疗、社会救助等)并未提及。本章主要从公共管理的角度进行乡村社区治理的公共政策分析,与城市社区的治理政策结合起来看,大致可以归纳出以下几个主要特点:

一是1949年至1986年这30多年的历史时段,乡村社区政策的缺失与当时的时代背景、政治背景与社会背景等直接相关。我国20世纪70年代末期的改革初始于乡村,而且在最初几年农村生产力获得了一定程度的解放,同时也逐步暴露出一系列问题。城市的改革真正开始于1984年,最初侧重于经济方面。所以,《村民委员会组织法》的制定早于《城市居民委员会组织法》符合当时我国改革开放初期的实际情况。无论是《村民委员会组织法》还是《城市居民委员会组织法》,都由全国人民代表大会及其常务委员会立法,说明这种立法把二者看作当今我国政治制度的一个重要组成部分,这种定位既是科学的政治设计,也是非常恰当的结构定位。从时间的发展脉络和发展趋势来看,20世纪80年代以来,我国的社区政策在经过长期较低数量徘徊之后,近年来呈现明显上升趋势。2005年也许是城乡社区政策变化的一个节点,在这以前在政策数量上相对较少,并且缺乏连续性。2005年以后增加幅度较大,涉及内容更加全面,既有宏观的社区建设与发展规划,也有具体的村民委员会选举规程等非常具体化的可操作性内容,体现了社区政策变化的进步性、内容的丰富性和发展趋势的迅猛性。

从社区政策变化的时间对比来看,呈现出变化重点的转换性和内容的融合性。总体说来,在2006年以前国家对城市社区的关注度更高一些,2006年以后乡村社区政策的数量增加的趋势更为明显。在今后,乡村社区治理有可能超越城市社区成为我国社区建设与社区发展的重点。而且,特别是2009年以来,有的政策文件把社区不仅定位在城市,而且拓展到乡村,在名称上合并为"城乡社区"。城市社区和乡村社区融合的趋势日益突出,国家城乡统筹、城乡一体化政策及其实施是二者逐步融合的基本动因,这非常符合社会发展的趋势和现代化的要求。预计在今后,社区政策的走向会更加全面、更加细化,社区治理及其相关问题很可能会逐步成为社会热点问题之一。

二是从制定和发布部门来看,中共中央和国务院等党政部门、"两高"等司法部门都有涉及。常规性部门和协调性的部门(如全国村务公开协调小组等)普遍存在,涉及各职能部门众多,如中共中央、全国人大常委会、国务院及其所属民政部、国家发展改革委等。在单个部门中,民政部制定的社区政策占比最高,涉及两个及其以上部门联合制定的社区政策越来越多。从部门制定的比例来看,一是呈现出明显的不均衡性,在政府主导的情况下,民政部门的角色非常显著;二是涉及面越来越广泛,立法部门、党政部门、群团组织等多个部门参与的情况越来越多,体现了社区治理的综合性、系统性要求。多部门联合制定乡村社区政策法规的情况在21世纪以来日益显著,说明乡村社区治理是一个牵涉到多个部门的系统工程,越来越需要多个部门的相互配合,而且多个部门的相互协作对乡村社区治理的发展具有促进作用。

三是从公共管理的角度看,社区治理政策的主要内容涉及社区权力与组织结构、社区建设、社区服务、社区公共安全、法治建设与民主管理、社区减灾等方面。这些体现了我国社区政策的重点。以社区建设为例,它主要包括全国和谐社区建设、农村社区建设实验、全国综合减灾示范社区创建工作、城市社区建设、社区服务设施建设、社区建设示范城、社区服务体系建设规划等。这些社区建设政策的出台及其建设实践,是希望通过示范社区建设发挥典型示范和带头作用,体现了社区治理的目的性、计划性和实施过程的渐进性,即注重榜样及其示范性、辐射性作用以促进社区建设和社会和谐。

从某些社区政策文本(如村民委员会组织法)的发展过程来看,其内容逐步由少到多,由粗疏走向细密。特别是近年来有些社区政策的可操作性强,标准体系细致,如《全国社区建设示范城基本标准》《全国和谐社区建设示范社区指导标准(试行)》《全国农村社区建设实验全覆盖示范单位评估指南》《全国综合减灾示范社区标准》等,体现出社区政策的质量明显提升。从整个社区政策涵盖的内容来看,具有丰富性和重点性相结合的突出特点,也就是在尽量兼顾全面性的基础上,突出阶段性重点问题及其整治过程与效果。

四是相当一部分的社区政策具有事件事后推动性的特征。如果从一些社区政策出台之前的背景来看,不少政策在制定前不久发生过影响很大甚至波及全国的突发事件,这些政策的制定正是反思和总结这些事件深刻教训的直接结果,尤其是以"紧急通知"和典型通报形式出现的政策更加直观地反映了这一点。因此,在今后的政策解读中必须结合当时的社会背景进行分析。

五是很多政策对社区治理中的居民村民和本地的内生力量激励不足,这是当今我国的社区政策中亟须改进和完善的一个突出问题。政策中的激励不足主要表现为政府主导的行政性色彩非常浓厚,对社会层面的重视度有待加强。这种浓厚色彩主要表现在三个方面。首先是推行各种社区创建活动,如《民政部关于开展"建设和谐社区示范单位"创建活动的通知》《民政部关于开展"农村社区建设实验全覆盖"创建活动的通知》《国家减灾委员会办公室关于做好2011年全国综合减灾示范社区创建工作的通知》等,都明显带有早期动员式、运动式的政策惯性,需要从战略性高度进行反思和改变这种政策惯性。其次是评定若干各类示范社区,如《民政部关于命名首批"全国农村社区建设实验全覆盖示范单位"的决定》《民政部关于命名上海市青浦区等5个区(市)为"全国农村社区建设实验全覆盖示范单位"的决定》《民政部关于授予北京市东城区北新桥街道民安社区等875个社区"全国综合减灾示范社区"称号的决定》等。从以往的经验来看,社区建设示范单位命名表彰的引领作用非常有限,在一定程度上也忽视了当前存在的城乡差异、东西部差异、民族差异、地理差异、经济发达地区与欠发地区的差异等情况,造成某些地区社区政策实施上的困难。最后是社区治理的理念仍然滞后,带有过渡性色彩。从这些政策的内容来看,基本上注重各种具体的措施与行为建设,鲜见从通过市民社会建设促进现代化进程、培育社区公民内生的促进力量和推动社区居民自治的发展路径与终极目标等方面的内容,这些内容的缺失或模糊性可能会给今后社区治理的进一步健康发展带来消极影响。

本章小结

本章首先探讨了乡村社区治理中的土地政策、公共经济政策。其次,分析了乡村社区的权力结构与民主管理、公共安全、公共文化与人才培育方面的政策。再次,是从综合性方面分析了新农村建设、乡村振兴政策。最后,从归纳政策特点的角度进行了总体评析。

思考题

1. 在乡村社区治理的政策中,为什么首先要分析乡村的土地政策?
2. 乡村社区治理的权力结构与城市社区有哪些不同?
3. 乡村社区治理的公共安全政策包括哪些方面?你认为其中最重要的安全是什么?
4. 乡村社区治理的公共文化政策与城市社区有哪些显著差异?
5. 乡村振兴在当前是热门话题,如何理解它与之前的新农村建设政策之间的关系?
6. 对乡村社区治理政策总体上有哪些成就和不足?

第十章　当今我国城乡社区权力结构

引导案例

案例1　业主群要求人人实名 她拒绝后被踢出群

最近,家住沙坪坝的彭女士很是郁闷,加入了小区业主群没多久,竟然因为没按群主要求改为"实名"而被踢出了群……

彭女士很不服,业主群里为啥必须"实名",难道不可以保留适当隐私吗?

群昵称注明楼栋号+门牌号

彭女士今年30岁,在我市一家酒店后勤部工作,家住沙滨路的一高层小区。彭女士说,自己入住该小区已有1年多。今年1月份,她在邻居张姐的邀请下,进入了名为"业主之家"的小区业主群。张姐告诉彭女士,这个业主群才成立不久,旨在带领业主们团结一心,共同维权,互相帮助。

彭女士说,自己入群时,群里有将近200名业主,自己将群昵称备注为"楼栋号+门牌号+微信昵称"。

彭女士发现,微信群内还算是比较热闹,除了聊天外,大家还发起过集体团购土货等活动,过年期间还有人发红包。

群主称不实名就"请出群"

大年初二上午,群主胡先生突然劝彭女士和几位业主实名,称没实名的业主需统一改成实名,不然就将被"请出群"。

彭女士说,她当时很不满,直接发问:"楼栋和门牌都写清楚了,为什么一定要改实名?"

有的业主响应群主,称:"我们都实名,你不实名不公平。"

而群主则回复,这是群规则。

"邻居也应保留适当隐私"

彭女士说,自己当时挺生气的,觉得就算都是一个小区的邻居,但还是应该保留适当的隐私,谨防信息外泄,便一直没改实名。到了大年初三下午,彭女士发现,自己真的被踢出了群。

"都是一个小区的邻居,通过微信群也算是相识一场,以后抬头不见低头见,这样做事真的太绝了吧。"彭女士对此很不服气。

通过彭女士的邻居张姐,记者联系上了群主胡先生,他回复称,实名是为了对群友们进行保护,因为在一个群里,可能会涉及一起团购、组织活动等,怕出现扯皮等麻烦事。

张姐说,自己很早就按群规改成了实名,感觉没啥。她还说,自己会去跟群主与彭女士协调一下,还是希望彭女士回归群里。

市民探讨:关于小区微信群规则——

1. 没有规则群里混乱

蒋先生今年26岁,在观音桥一家金融公司上班,家住渝北区翠云轨交站附近。他说,自己去年加入了小区业主群,但这个群没人管理也没有规则——每天有人不断发广告刷屏,有的业主一说话就是抱怨邻居噪音、吐槽物管不作为,还有的业主直接在群里吵了起来。

蒋先生说,在群里待了一个多月,感觉实在太乱,自己就退出了群。他认为,小区业主群人数众多,必须要有人维护和管理,不然反而影响邻里关系。

2. 须约定好聊天禁区

韩先生34岁,家住江北区盘溪路一小区,他加入的是楼栋业主群。群内主要是闲聊、资源互助、团购等,每个人都写好了房号信息。

他觉得,群内最值得肯定的一点是,群主和管理员会定期强调一遍群规则:不发布鸡汤、谣言,不发布广告,不发布无价值的负能量信息。

3. 搜集问题统一反馈

蒋女士29岁,家住石桥铺一小区,她是小区业主群的管理员之一,该群成立一年多来一直很和谐。她说,群内提倡资源共享,有的业主甚至可以在名称后面备注职业,如"法律顾问""人寿保险"等。

群内还有一大特色,当业主发现物业工作中的疏漏时,群里会搜集类似意见和问题,再统一反馈,甚至会约好一起前去找物业解决。

不在群里发定向红包

家住渝北区龙溪镇一小区的范女士说,自己所在的楼栋业主群没啥规则,大家比较轻松自在,互相借打印机、借酱油是常事,业主群拉近了邻里间的距离。

群主唯一强调的一点群规则就是,不要在群里发定向红包,如 302 发给 401 的红包,主要是怕误领和扯皮发生。

(资料来源:王薇:《业主群要求人人实名 她拒绝后被踢出群》,2021 年 2 月 24 日,上游新闻,https://www.cqcb.com/manxinwen/manxinwen/2021-02-24/3766383_pc.html,2022 年 6 月 15 日访问,有修改。)

案例讨论

1. 在当今社区治理中,业主微信群已经成为一种普遍化的治理手段,它在社区权力结构中处于一种什么位置?

2. 社区业主微信群,谁有资格当群主?业主微信群的群主是否应该具有一定的权力?群主权力的边界在哪里?

3. 社区业主微信群的建立与管理在国家层面是否有法律规定?本案例中群主把业主彭女士踢出业主微信群,是否侵犯了公民的隐私权或有关法律法规?

4. 如果制定一个社区业主微信群公约促进规范运行,这个公约应该包括哪些内容?

案例 2 山东诸城撤销全部 1249 个行政村并为 208 个社区

近来,山东诸城市撤销辖区内全部 1249 个行政村,合并为 208 个农村社区。

1249 个村变身社区

从 2007 年开始,诸城市在农村全面开展社区化建设,按照地域相邻、习俗相近原则,将所有村庄规划为 208 个农村社区。每个社区涵盖五个村庄,约有 1500 户,设立社区服务中心,开展医疗卫生、劳动保障、人口计生等便民服务,形成多村一社区的"诸城模式"。今年 6 月,诸城市委、市政府决定,撤销全部行政村,依法产生社区党委和居民委员会,取代村党支部和村委会。目前,全市 208 个社区党委已全部选举产生,67个城郊和镇驻地居委会已依法选举成立,另外141个农村社区居委会将依法进行选举。

减少村干部每年省3000万元

据了解,此次诸城208个农村社区共选出"两委"成员1538人,比原村干部减少了2967人。减少的村干部职数未来每年将节省3000万元报酬补贴资金。诸城市有关方面表示,资金节余将用于社区的基础设施建设。不过,对落选干部,当地实行"两不降",一是原补贴报酬标准不降,二是各种福利补贴不降,一直到明年两委换届。

将置换出八万亩宅基地

诸城市确定,行政村撤销后,原村集体资产、债权债务不变;原村资产形成的收益权属关系不变;原村的土地承包关系不变。诸城是个工业强市,据测算,如果农民全部实现集中居住,则可置换出八万亩旧宅基地,对于这部分土地,诸城考虑复垦或建设特色产业园区,促进农村经济发展。

诸城市民政局局长蒋加平说,撤村建社区其实是跟撤小村并大村道理一样,叫"社区"不叫"村",是诸城的一个探索。诸城农村社区化建设搞了三年,老百姓对社区有认同感,办事到社区已成习惯。诸城市农村经济管理局局长葛瑞祥说,撤销建制村,村民变居民,消除了"农村人"与"城里人"的身份界限。农村社区化后,农民与城市居民差距进一步缩小。

交锋

担忧1 养鸡村民住楼自称不方便

西土墙村村民王情顺介绍,起初老百姓有抵触情绪,现在感觉住楼房环境好,周围也有配套设施,房子也能升值,积极性上来了。也有一些村民还是倾向于住平房。诸城市龙都街道东见屯村村民、养鸡专业户李夕超说,农民大部分有地,有牲口什么的,"像我这样养鸡住在楼上不方便,不现实"。

回应 住建局官员称不搞强制

原东辛兴村党支部书记赵金銮介绍,撤销行政村,村民绝大部分表示赞同。目前,正在筹划建设集中居住区,不会强迫农民住楼,从事非农产业的、条件成熟的可以先住。诸城市住房和城乡建设局主任科员李根叶也强调,绝不搞强制。

担忧 2　地少村民拆迁补贴不够买楼

为了吸引村民搬迁,诸城市出台了优惠政策,如果一次拆迁超过30亩,每户居民一亩宅基地补贴20万元。而目前居民的平均宅基地面积基本在0.6亩至0.7亩之间,还有一部分农村宅基地在0.3亩至0.4亩之间,这部分村民即使按照亩均20万元的补偿标准,要想住面积大点的楼房,还要自己掏些钱。

回应　官员称楼价低负担不会太大

对于房价问题,诸城市住房和城乡建设局主任科员李根叶解释,社区楼房的价格只有城区的三分之一,按照市里出台的土地置换政策,农民交出原有平房后,只要再补几千元或一两万元就能住进100多平方米的楼房,并不会增加太大负担。

(资料来源:赵仁伟等:《山东诸城撤销全部行政村合并为社区》,2010年8月19日,农村土地网,http://www.nctudi.com/news/detail-11442.html,2022年6月15日访问,有修改。)

案例讨论

1. 山东诸城的"村改居"符合城乡统筹发展的基本方向,为什么还引发担忧?
2. 农村社区化如何兼顾纯农区以农业生产为主的农户的居住情况?
3. "村改居"时机与城市化、工业化水平是一种什么关系?
4. 山东诸城的"村改居"在其他地方可以推广吗?为什么?
5. 山东诸城的"村改居"中的社区权力结构是什么?谁起最终决定性作用?为什么?

一、社区权力结构的内涵

(一)社区权力结构的界定

在现代社会治理中,我们至少有四项机制即行政、市场、法律和自治可以利用。一个成熟的社区应该是一个社区结构健全的微观地域性社会。社区结构是指社区内部各种要素的相互关系与相互作用的综合,主要包括社区经济结构、权力结构、组织结构、社会(文化)结构等一系列内容。社区结构主要涉及政府、市场、社会、政党关系这四个板块的运作。众所周知,有效的国家治理,不是通过国家权力的无限扩张来完成的,而是通过合理范围内的国家权力运作、社会自治的有效展开以及这两者的相互配合与持续合作来实现的。因此,正确认识社区结构,可以减少社区组织结构建设过程中的失误,有效带动社区功能、社区资源、社区文化、社区整合等一系列社区建设工作的开展。

在当前我国,基层群众自治制度是一项基本政治制度。中国目前实际存在的社区,其基本框架是来自原有的制度安排,如街道办、居委会、村委会等。这些制度性规定对当今我国城乡社区的发展起着先导性甚至决定性作用。而且,"在21世纪中国政治发展中,社区正逐渐成为中国政治建设的战略性空间。为此,新世纪中国政治建设应多元开发这个重要的战略性空间"[1]。鉴于上述原因,本章主要从公共管理的角度,侧重于从当前我国社区权力结构的角度进行探讨,在我国社区权力结构中,由于实行的是自上而下的改革路径推进社区的复兴,因此,在社会转型期的早期阶段,党的领导和政府的指导在社区建设和发展中起着至关重要的作用。西方有关理论把整个社会分成三大板块:政府、市场和社会,亦即第一部门、第二部门和第三部门。由于中国共产党的性质与西方政党不同,中国共产党在社区治理中扮演着非常重要的角色,因而形成了四大板块。四大板块如何在社区中运作,是关系到社区建设能否成功以及社区能否持续健康发展的重要问题。社区领域内的四大板块应该遵循各自的原则,加强相互间的合作关系,通过相互支持消除矛盾与冲突,共同推动社区建设与发展。

在当前我国,社区权力结构主要是指社区内的党组织、政府、工会、共青团、妇联、中介组织、自组织(如社区议事会、社区社团等)、驻区单位和居民等多元主体之间的制度安排与互动关系。其中,社区权力结构内主体之间的互动及其行为主要包括社区党建、社区统战、社区选举、社区干预、社区居民自治、社区矛盾处置、社区整合、社区支持、社区行政、社区听证会等。本章主要从我国社区权力结构的变迁、社区权力结构与党的领导、社区权力结构与政府指导等方面进行论述。

由于我国社区发展路径与西方有着质的不同,因此,在当前我国社区权力结构的研究中,无论是专著还是学术论文,党的领导作用和党的建设均处于非常重要的位置。在相关专著中,从社区权力结构的组成主体及其互动关系方面进行研究的比较多,其中从社区权力与公民参与、社区自组织网络与制度设置、社会转型期多元利益主体关系中的社区居民自治、城市基层从街道管理向社区治理的变迁、社区治理中的各类运行机制、社区直接选举改革、社区非营利组织发展

---

[1] 林尚立主编:《社区民主与治理:案例研究》,社会科学文献出版社2003年版,第314页。

及其与政府的关系、城市社区的业主委员会与居民自治、社区权力结构本身存在的问题、社区发展与政府职能转变、社区治理新型主体关系、第三部门发展与社区治理、社区治理模式建构、社区居民自治与政府职能转变、社区建设中的多中心与多元治理等方面论述得相对较多。在学术论文中,社区权力结构研究主要涉及社区党建、社区公共管理、社区结构、社区民间组织(社团)、社区中介组织、社区民主与居民自治、社区体制、社区运行机制、社区听证会、社区整合、社区政府、社区政治、社区统战、社区物业管理、社区行政、社区议会、社区议事会、社区与非营利组织、社区自组织等诸多内容。从它们各自在总体数量中所占的比例来看,处于较高比例的内容依次为社区党建、社区居民自治、社区干预、社区组织、社区工会、社区党组织、社区统战、社区与共青团、社区与少先队、社区民主、社区民间组织等,都带有明显的中国特色与时代特征。这些基本上是从制度性安排及其在社区治理中的运行来分析的,大多局限于一种显性的或相关正式的具体制度及其贯彻方面的分析。所以,还应该看到其局限性,正如罗伯特·帕特南所说,"一听到哲学家高调谈论着'公民参与''民主协商',我们很容易认为社区组织和公共生活就是更高形式的社会参与,但在日常生活中,是友谊和其他非正式的社会交往提供了关键性的社会支撑"[①]。实际上,罗伯特·帕特南的这一看法既符合我国的历史传统,在当今中国仍然具有一定的普遍性。

(二)社区权力结构的变迁

关于我国乡村社区权力结构的变迁,除了法律上的制度性规定外,从相关研究也可以看出其路径变化。1944年蒋旨昂的《战时的乡村社区政治》,通过对乡村政权即社区的政治进行实地研究,并试图从中寻求一种通则以作为社区政治计划的根据。1988年,杜赞奇(Prasenjit Duara)的《文化、权力与国家》一书,通过对1949年以前华北农村几个村落的文献研究,提出了国家权力与区域——地方权力网络糅合的解释模式,力图在"小地方"的社会场域中涵盖国家与社会的关系。20世纪90年代以来,我国越来越多的学者对社区权力结构进行了研究,并且对社区变迁中的宗教组织、民间权威等非正式权力同正式权力的关系、农村基层组织结构等方面进行了分析。

在我国家天下统治的朝代时期,国家权力辐射一般只延伸到县这一层级,县

[①] 〔美〕罗伯特·帕特南:《独自打保龄——美国社区的衰落与复兴》,刘波等译,北京大学出版社2011年版,第100页。

以下的小镇与乡村控制权很多掌握在地方家族手中,族权在乡村中占据主导地位。也就是说,以村落为基础的乡村社区的权力结构一直呈现出一种以血缘为纽带,以家族为基础的家族型长老统治,乡绅拥有较高的权威并得到宗族的认可,这些人便是传统的地方社会精英。这种情况在一些以主姓村(即一个村庄的居民以两个或少数几个较为集中的大姓或者说大家族为主)、单姓村(即一个村庄的居民中以某一姓氏为主或者说某一大家族为绝大多数或者完全属于某一姓氏如张家湾、李家店、王家庄等)为主的乡村社区可能更为明显。

1949年以后,国家行政权力通过几次政治运动强力渗透到乡村,国家权力包揽一切造成了社区的国家化倾向,这种倾向下的制度化使乡村社区权力结构发生重大变化,人民公社体制的建立使国家行政权力对乡村社区的渗透与控制达到了前所未有的程度。人民公社体制运用超血缘关系的劳动组织和统一的生产经营活动,这种方式使家族在乡村社区的权威受到了致命性的打击,国家从上向下委派的人员或者认可的当地政治精英在这一时期乡村社区中占据了绝对的主导地位。

改革开放以来,农村推行家庭联产承包责任制。随着政治体制的改革,政府职能的转变,国家有计划地逐步让渡出原本应当属于社会的部分权力,人民公社体制退出历史舞台又一次改变了乡村社区的权力结构。在国家制度安排上,乡村社区逐步实行社区居民自治。在改革开放初期,在国家以经济建设为中心的政策导向和全社会极度渴望脱贫致富的大氛围下,一部分先富起来的农民成为经济精英,这类经济精英很快占据了社区权力结构的重要位置,凡是在乡村社区中率先致富并有能力带领全体社区成员走向共同富裕的"能人"即经济精英成了乡村社区的权威人物。然而,随着经济体制改革的深入,乡村社区的权力结构很快再度更迭。随着居民经济状况的普遍改善,经济精英的个人权威开始下降,村民们有的将注意力转移到自己的政治权利诉求上。村民委员会的自治性质使部分社区成员通过民主选举成为政治精英,并获得了大部分村民的支持,其威望不断上升。同时,在一些乡村社区,乡村传统家族势力再度复兴。基于这些因素,乡村社区的权力结构日渐复杂化、多元化,形成了以村民委员会委员为代表的政治精英;以乡镇企业家为代表的经济精英;以家族首领为代表的传统社会精英和其他为社区成员办事的新型社会精英的多元共存的局面。在当前一些乡村社区,与精英相对的普通村民,随着生活水平的提高,知识观念的更新,尤其是法治观念和理性思维的增强,他们参与社区治理的热情不断高涨。目前我国很多地方的乡村社区权力结构正在形成这样一种发展态势:一方面精英日趋多元化,另一方面村民参与意识和自治意识普遍高涨,两者互相促进,向着良性方向发展。改革开放以来乡村社区中出现的一些亿元村和超级村庄表明,"农村的发展,主要不是城市文明冲击的结果,而是改革开放政策下农村社区内部契机发展的结果。从超级村庄发展的实际情况来看,真正起决定作用的是村庄内部的条件和因素,并且由于内因的不同,这种发展是分散的,发展的水平和发展的道路在不同地区存在着相当大的差异"①。就其本质来说,超级村庄的发展是一种内源性发展。同时,还应该看到,受大社会系统控制的行政村已经具有了行政村和自然村的双重结构,"无论在社会—文化形貌,还是政治—经济形貌上,都大大不同于传统意义上的社区了"②。在很多依然非常贫困的乡村,村民最为关注的是生存问题和脱贫致富,这些始终是他们生活的核心追求,而不是法律意义上的换届选举和居民自治。在一些因为城市拓展而形成的社区化村庄中,在涉及征地拆迁而得来的补偿款分配问题时,村民对换届选举和村民参与自治尤其积极,这种基于切身利益分配动因的社区居民参与成为这些社区居民生活中极为重要的内容。

相比较乡村社区的权力结构变化来说,城市社区的权力结构变化相对简单。传统的城市在中央集权制之下一直受到国家权力的高度控制,科举官僚(地方小吏)作为国家政治精英处于城市基层权力结构的顶层。1949年以后,我国城市基层权力结构主要是单位制、街居制和居委会制。在单位制格局中,作为国家代理人的单位全面组织和管理单位成员的活动,包括经济生产活动、政治活动和各种社会活动。单位除了依照国家规定向其成员支付工资外,还提供各种福利,这种福利不仅惠及单位成员本身,而且扩散至单位成员的其他老、幼、病、残的家庭成员。所以,单位具有向其所有成员分配资源的绝对权力,单位几乎成为人们获得生活资源、生存机会的唯一来源,因此,单位成员对单位有着高度的依赖性。城市内"干部—工人"的二元身份制决定了单位的领导干部作为国家的代理人,必然成为当时的政治精英,也是唯一的集政治权力、经济权力等于一体的权力精英。计划经济时代的城市基层"实质上是一种城市行政区划结构,是一种'准政

---

① 折晓叶、陈婴婴:《社区的实践:"超级村庄"的发展历程》,浙江人民出版社2000年版,第6页。
② 同上书,第23页。

府'的社会组织形式,其职能以综合行政管理为主"①。

改革开放后,由于国家权力机构改革和权力下放使得转变政府职能步伐加快,单位不再是国家的代理人,也不再掌握所有的资源,城市社区的成员开始由"单位人"逐步向"社会人"转变,不再完全依靠单位。单位制下的政治精英必须让渡出大部分的权力,剩下的权力真空亟待其他领域的利益团体来填补。然而,由于城市社区自产生之日起就长期处于国家权力的控制之下,我国城市社区的权力结构仍然显现出精英单一化的特点,即政治精英一直在城市社区中占据主导地位,而其他领域的精英力量相对弱小,在特定时期甚至消失,政治精英之外的社会精英的成长本身也需要一个长期的过程。另一方面,由于社区成员对计划经济体制下的单位长期高度地依赖,使他们很少有自觉的参与意识和自治意识,这也是目前居民对城市社区建设参与性不足的一个重要原因。②

在改革开放以来的城市社区发展中,出现了物业管理。"物业管理是指一切有关房地产开发、租赁、销售及售后的服务,包括房屋的保养、维修、住宅小区的清洁、绿化管理和小区内的商业服务、治安等一切社会活动。"③我国的物业管理是市场经济发展与住宅管理制度变化密切相关的产物,物业公司提供管理服务是市场经济发展和物业产权多元化的必然结果。物业管理公司的出现是社区现代化的一种必然趋势,推进物业管理既是市场经济发展的内在要求,又是物业产权多元化发展的必然结果。1981年,深圳市第一家专业性的物业管理公司——深圳市物业管理公司挂牌。1994年3月23日,建设部颁布的《城市新建住宅小区管理办法》是新中国成立以来我国有关物业管理的第一个法规。1995年8月,在青岛市召开的第一次全国物业管理工作会议推动了物业管理工作的发展。1995年北京市人民政府通过《北京市居住小区物业管理办法》。截至1998年底,北京有468家物业公司,31家业主委员会。到现在,全国城市的物业公司数以万计,成为当前城市社区权力结构中重要的一极。

在城市社区物业管理的权力结构中,存在着物业公司、业主委员会、社区委员会(或社区管理委员会)等权力组织。其中,业主委员会是指在物业管理区域

---

① 城市社区文化建设课题组:《新时期中国城市社区文化建设的理论思考》,《江淮论坛》2001年第2期,第76页。
② 参见朱琦:《社区结构与权力分布》,《社会》2002年第8期,第4—7页。
③ 于显洋:《社区中物业管理公司的地位与角色》,《中国民政》2000年第11期,第20页。

内代表全体业主对物业实施管理的自治组织,它是一种新型的以产权利益为纽带的社区居民自治组织。物业公司是依赖其服务取得劳动报酬生存的经济组织,物业公司与业主之间是一种契约关系,物业公司通过为业主提供有偿服务而存在。一个物业公司是否能够继续存在和保持其地位,取决于它的市场竞争能力。业主委员会通过其选择权来控制物业服务的质量和成本,是公民权责的自然发展,从政府方面看,也是行政机构转移某些社会管理职能的机会。社区委员会作为群众自治组织,对社区真正事关居民切身利益的许多事项有协调、参谋的权力,对住宅小区许多重大事项不应该有决定权、审议权和监督权,也不应该将物业公司纳入社区委员会的管理范围。因为物业公司是企业,而社区委员会是群众自治组织,二者性质不同。社区物业管理中合理的权力结构与运行应该是:通过确立业主的自主地位,允许公民代表(业主委员会)进入管理领域,通过选择对物业公司的服务施加约束,保证公民财产物达所值。从整个社会来说,通过这样的方式,在不同的行动者之间建立约束关系,其最终的结果是促进各方的行为朝更为理性和符合社会公共利益的方向发展。这是一种更低成本、更有效率的社会整合形式,也是一种通过社会成员自我控制(自治)达成秩序的形式。

总体说来,物业管理在城市社区治理中具有非常重要的功能,物业公司提供管理服务是城市生活社会化和社区服务现代化的客观需要。以物业公司为主的社区服务模式成为社区治理的主要供应者和服务者是社会发展的一种必然要求。目前,物业管理在我国还属于起步发展阶段,建与管未分离,收费与服务不同步,权利和义务不对等,业主委员会组织的法定权限和法定义务不清晰,《物业管理条例》规定的权利和义务未真正履行,业主、居民与物业管理部门之间的矛盾在一些城市社区非常突出。今后我国的物业管理应该朝着专业化、规模化、市场化方向发展,促使其在城市社区权力结构中发挥应有的积极作用。

二、社区权力结构中党的领导

在当今中国,关于中国共产党在社会治理中的地位和作用,党的二十大新修改的《中国共产党章程》"总纲"中明确规定,中国共产党"是中国特色社会主义事业的领导核心"。"中国共产党领导人民发展社会主义民主政治。""党政军民学,东西南北中,党是领导一切的。""党必须按照总揽全局、协调各方的原则,在同级各种组织中发挥领导核心作用。"关于社区权力结构中的党组织,党的二十大新修改的《中国共产党章程》第三十条规定:"企业、农村、机关、学校、科研院所、街道社区、社会组织、人民解放军连队和其他基层单位,凡是有正式党员三人以上的,都应当成立党的基层组织。"该章程第三十二条规定:"党的基层组织是党在社会基层组织中的战斗堡垒,是党的全部工作和战斗力的基础。"该章程第三十三条规定:"街道、乡、镇党的基层委员会和村、社区党组织,统一领导本地区基层各类组织和各项工作,加强基层社会治理,支持和保证行政组织、经济组织和群众性自治组织充分行使职权。"这些规定在党的二十大以前就是一直坚持的基本原则,只是党的二十大继续按照这些原则发挥其领导作用,这与中国共产党长期以来坚持的群众路线是一致的。在此之前,党的十八大报告还要求完善基层民主制度,明确提出"在城乡社区治理、基层公共事务和公益事业中实行群众自我管理、自我服务、自我教育、自我监督,是人民依法直接行使民主权利的重要方式。要健全基层党组织领导的充满活力的基层群众自治机制,以扩大有序参与、推进信息公开、加强议事协商、强化权力监督为重点,拓宽范围和途径,丰富内容和形式,保障人民享有更多更切实的民主权利"[①]。

根据现今《中国共产党章程》中的相关规定,党的领导在当前我国社区权力结构中居于核心地位。从当前我国政权方式和政治活动方式的基本国情出发,在加强基层社会组织建设的过程中,完善和强化基层党组织的建设和领导作用是头等重要的大事。把每一个社区的党组织完善起来,就能够发挥党在社区治理中的领导和核心作用,就能够发挥党员在社区治理中的先锋模范作用。在社区中加强党的领导,发挥基层党组织在基层民主中的核心作用,保证党的路线、方针与政策在基层得到贯彻落实,保证社区治理工作正确的政治方向,保证群众路线的落实。而且,"对于中国共产党来说,党的基层组织的有效性和战斗力,是党有效领导社会和执掌国家政权的重要保证。党的基层组织的有效性和战斗力,在很大程度上取决于党的基层组织与中国社会结构之间的内在契合性。没有这种契合性,党的基层组织的有效性和战斗力必将是无源之水、无本之木"[②]。因此,当今我国党和政府出台的有关社区治理政策法规都强调了这一点,例如,2000 年 11 月发布的《民政部关于在全国推进城市社区建设的意见》中强调,要加强社区党组织建设,要按照《中国共产党章程》的有关规定,结合社区党员的分布

---

① 《中国共产党第十八次全国代表大会文件汇编》,人民出版社 2012 年版,第 25 页。
② 林尚立主编:《社区民主与治理:案例研究》,社会科学文献出版社 2003 年版,第 316—317 页。

情况,及时建立健全社区党的组织,开展党的工作。社区党组织是社区组织的领导核心,在街道党组织的领导下开展工作。其主要职责是:宣传贯彻党的路线、方针、政策和国家的法律法规,团结、组织党支部成员和居民群众完成本社区所担负的各项任务;支持和保证社区居民委员会依法自治,履行职责;加强党组织的自身建设,做好思想政治工作,发挥党员在社区建设的先锋模范作用。

改革开放以来,我国基层社区的情况发生了巨大变化,社区居民自治是推动社区治理的内在动力,也是社区治理的本质特征与重要内容。因此,"要充分认识到,在市场经济的条件下,中国共产党也将会和现代社会里的其他政党一样,必须将社区作为自己主要的政治资源之一,通过现代执政方式,从基层开始实现党的领导的合法性和有效性"[1]。这种新形势要求党在社区的领导方式也必须随之变化,"中国共产党在社区的地位是领导核心,其作用是总揽全局,协调各方。党应超脱于具体的行政、经济等事务,站在更高的角度思考全局性的问题。需要特别强调的是,党在社区的工作是全新的,不仅要保证党的理论、路线、方针、政策的落实,发挥政治核心的作用,还要做好群众的思想政治工作,发挥党员的先锋模范作用,密切党和群众的联系,加强党的社会基础。基层党组织工作的一个重要变化是要面向社会,在社会的舞台上活动,参与社会,服务社会,关怀社会。党在社区的功能从过去的以革命或生产的动员与组织为轴心,转变为以社会关怀与利益协调为轴心"[2]。

当今一些城市社区在探索社区治理模式的过程中,也在思考如何把党的领导与社区居民自治有机统一起来,探索如何避免社区党组织包办社区居民自治。这既是进一步改进党的群众路线的需要,也是党在目前完善社区治理过程中的一项新工作和新课题。在社区治理的"沈阳模式"和"青岛模式"中,探索出一个大会、两个机构、一个党组织的社区权力结构,即社区代表大会是社区管理的决策层(权力机构),社区委员会(包括居委会)是执行层,社区协商议事会是议事层,社区党组织是社区的领导层(领导核心)。这种组织体系的四个层次体现了社区居民的主体地位和社会的广泛参与,在组织体系与运行机制上体现出民主协商的职能,体现了"社区居民自治、议行分离"的原则和社区的本质特征。在深

---

[1] 袁秉达、孟临主编:《社区论》,中国纺织大学出版社2000年版,第104页。
[2] 何海兵:《关于社区制的几点思考》,《广西社会科学》2003年第11期,第165页。

圳市福田区的社区治理体制与框架中,通过设立社区成员代表大会、社区管委会与社区党支部三大架构,形成政府主导、部门配合、居民广泛参与的社区运行机制。但是,在一些社区,居于社区权力结构核心地位的党组织,其对社区的领导常常变成了代替社区直接替他们决策,进而要求和动员群众去执行,这是一种典型的权力主导模式。在工作实践中,还出现有的社区党组织的领导或党政官员受政绩评价机制的影响,不顾社区的实际需要而创造"业绩",制造"亮点"的行为,这实际上是既无法使社区居民得到实惠也同样得不到社区居民响应和支持的"德政工程""政绩工程""形象工程"或"官赏工程",最终势必会陷入"党政包办热,民主自治冷"这种"跳独脚舞"的困境。社区成员的参与程度是衡量社区治理的重要标准,党的领导与促进社区居民利益最大化应该兼顾,否则,社区治理就失去了意义,也远离了其根本目标。

三、社区权力结构中政府的指导

在社区权力结构中,政府是一个非常重要的角色。社区工作是我国政府的职责之一,也是当前社区研究的重要方面。改革开放以来我国的社区发展路径是通过自上而下的社会计划来推行的政府推进模式,地方政府的基层组织是推行社区新政策的重要主体,政府机构在社区发展中仍然居于主导地位,社区的发展在一些地方成为评价政府官员政绩的依据,政府的指导常常成为具体的现场操作者与低层次意义上的微观管理者。这就造成一些居委会处于"政社合一"的状态,常常表现出行政化、半行政化和官僚化的倾向,不但明显违背了我国的《宪法》《城市居民委员会组织法》等相关法律的规定,而且还没有承担起政府应该担负的立法规范、政策扶持与舆论引导等方面的责任,其应有的作用没有得到很好的发挥。

从社区治理发展的阶段性来看,在社区治理的初期,需要政府行政力量的大力倡导与强力推动,政府在领导上、组织上、投资上都是责任主体,政府的任务就是规划、引导、协调与财力支撑。因为当前我国的社区治理是一种制度安排,一种规划架构的实施过程。因此,这一时期的政府对社区的工作重点就是实行宏观的政策指导和技术支持,制定出具有前瞻性与操作性的社区治理政策,没有必要对具体事务进行行政干预,不能硬性部署工作指标与具体任务。但是,从当今情况来看,政府的外力推动没有把握好"有所为"和"有所不为"的边界,政府角色与职能的越位、缺位现象仍然存在,出现了"志愿者"不自愿、"自治组织"行政化、"便民服务"乱收费的状况。

政府角色与职能的越位,也就是平常所说的最为突出的"以政代社"现象,主要表现为直接组织与承办社区内的文化活动、公益性慈善活动、志愿者活动、科普活动等,将对居委会的指导责任变成了领导责任、直接任命居委会的有关工作人员、直接管理居委会的日常工作;将社区中的工作人员纳入事业编制,造成政府有限财力的过度投入;将居委会主任等作为事业单位编制并且公开招聘非本社区的人员来充任,甚至还有过公开招聘和官选、官派安插外来人员为居委会主任,对合法的民选居委会主任进行非法胁迫辞职、调离或者解聘等。因此,关于街道办和乡镇政府的职能,在一些政策文件中,既可以看到"指导""负责""领导""组织实施"等政府职能,又可以看到"开展""兴办""参与""配合"等非政府职能。"以政代社"不但使"政府及其派出机关包揽了大小社会事务,时时事事处于矛盾的第一线,失去了缓冲区间,给社会的稳定带来了一定负面影响,而且造成政府把自身混同于一般社会组织,陷于具体事务,既使自身的政府管理职能得不到很好的发挥,又因自身'裁判员''运动员'的双重身份使行政难以做到公正公平,一定程度上削弱了政府及其派出机关的行政管理权威。与此同时,社会化的服务业一直由政府直接统揽、垄断,缺乏竞争,不仅使服务业难以走向市场,还大大增加了财政开支和管理成本,降低了管理效能,并为行业不正之风的滋长提供了机会"①。"以政代社"的危害性巨大,对政府来说,不但使其背上了沉重的经济成本、政治成本与社会成本的包袱,而且导致社区居民容易对政府产生高度的依赖性和过高的期望值,一旦政府行为失范,容易成为众矢之的甚至引发社会动荡。"以政代社"对于社区居委会来说,虽然其在法律上是"自我管理、自我教育、自我服务"的自治性组织,在实际生活中却演变成承担政府某些职能的下属组织,成为行政化、官方化的居民组织与准政府机构,异化为政府的行政附庸或政府的代理人角色(即人们通常所说的政府的"一条腿")。政府过多干预社区居委会的主要工作安排并且对其工作进行量化考核等行为,势必会导致社区居民参与的积极性严重不足,造成社区治理中出现"政

---

① 袁秉达、孟临主编:《社区论》,中国纺织大学出版社2000年版,第254页。

府热、群众冷""干部干、群众看""动口提意见多、动手参加干得少"等不正常现象,"强政府、弱社会"的格局没有发生实质性改变,不利于推进社区民主的发展和居民自治的完善。

政府角色与职能的缺位,主要表现为政府对社会中介机构、专业化的社会工作机构等社会组织的培育、指导与监管不到位;一些基层政府官员不懂得、不习惯、不善于对居委会、志愿者协会、业主委员会等社区居民的自治性组织进行政策上的指导;政府对介入社区发展的专业性社会团体与社会工作机构的资助性投入不到位。当今我国的政府财政中缺少对有助于社区治理健康发展的社会组织资助性投入这方面的专门预算,部分地方的支持常常是一些较随意和缺乏主动性机制来规范与约束的临时性微弱投入等。

当今我国的社区治理是在农村城市化和城市管理现代化过程中形成的,具有强制性制度变迁的特征,这就造成了社区治理中易出现过度行政化的问题。社区治理中,政府角色与职能的越位、缺位,与长期以来的政府化社会状态与行政控制的工作方式直接相关,政府职能没有实现根本性转变,容易造成政府对社区的扶植、帮助、服务变成直接干预甚至包办。行政权力本位制必然导致政社不分与以政代社,而且一些社区居委会在工作上仍然习惯性于政府的安排,再加上社会组织的孱弱,常常使社区治理走向虚化或异化。同时,我国处于社会转型期,政府作为社区治理的强力推动者很难在实现权力的下沉与让渡之间找到一种动态平衡。从根本上说,政府职能的转变,取决于经济发展水平的提高和具有社会参与意识、较强参与能力的群众自治组织的发育与成熟。社区居民自治也是现代化的一个标志。

在体制转轨与社会转型过程中,社区治理不断完善和走向成熟的社会基础和前提条件是"小政府、大社会"的基本格局。"所谓'小政府',就是指组织职能有别于市场和社会领域的组织、行政权能相对有限的政府,其任务在于代表国家利益和公共利益,依法对市场组织和社会组织、对经济发展和社会发展等进行目标管理与政策调控。而'大社会'则是指人际利益分化有别又相互联系、组织要素发育完善、组织功能多样化、社区共同体特征鲜明、私人空间较大的法治社会,包括狭义的市场领域和社会领域。"[①] 而"衡量任何一个社区之社会要素发育的状

---

① 徐永祥:《社区发展论》,华东理工大学出版社2001年版,第157页。

况和程度,衡量该社区之'大社会'是否形成,标志性的尺度可归纳为这样五个要点:(1)人们在社区中有无自己的物质利益存在,如房屋的权属关系、社会福利关系、社会保障的涵盖面等;(2)有无多样化的、以维护居民利益和权属为己任的社区居民自治组织的存在及发展;(3)有无帮助脆弱群体的志愿者团体的存在;(4)有无专业化的社会服务组织和社会工作机构的存在;(5)居民参与社区各项活动和管理的主动性与能动性实现的状况"①。而形成"小政府、大社会"这种社会基础的前提之一是政社分开,政府作为制度供给者提供经济、政策与法律上的外部支持,政府职能走向专门化和效率化。社区治理中的机制要突破单一行政机制的瓶颈和实现机制转变,形成行政机制、市场机制、法律机制和社团机制等共同起作用的治理路径。

总体来说,从我国目前的情况看,自上而下的行政布置、统一安排的参与活动多,自下而上的居民自组织参与活动少,街道办、居委会组织的任务布置式的活动居多。当今时代,成熟的"现代社区的存在和运作是以市场为基础,法律为框架,行政为支持,自治为基本方式的"②。在市场化、经济全球化以及网络信息化的时代,社会的自治能力已日益成为国家稳定发展的重要前提,成为国家综合能力的重要组成部分。当前我国在社会自治能力的发展中,社区居民自治的发展最具战略意义。社区居民自治既是一个制度化过程,也是一种过程的制度化。总体说来,当前我国成熟而又完善的社区治理仍然处于观念型阶段,随着改革的进一步深化,社会发展会进一步催生权力的分解、权力重心的下移和重新组合。在社区治理发展过程中,仅靠行政力量也难以整合社会,需要改变单纯依赖政府的传统。政府职能应"行政复位",实现政府职能转变与体制创新的结合。政府准确的定位应该是宏观管理,即制定政策、明确规划、规范管理、提供经费、审计监督等,引导社区治理的发展方向。政府与社区居民自治组织之间是一种互补增益的伙伴关系。社区委员会是构筑政府与社区居民自治组织上下对接、纵横交织的桥梁和纽带,社区委员会在代表居民利益和意见、推动横向联合、组织社区资助和互助活动等方面发挥着重要的作用,是社区多元整合工作中的基本力量。

---

① 徐永祥:《社区发展论》,华东理工大学出版社2001年版,第160页。
② 顾骏:《"行政社区"的困境及其突破》,《北京行政学院学报》2001年第1期,第13页。

本章小结

本章首先介绍了社区权力结构的概念,简述了城乡社区权力结构的变迁。其次,论述了当今我国社区权力结构中社区治理与党的领导的关系。最后,论述了当今我国社区权力结构中社区治理与党的领导、政府指导的关系;同时,对当前我国社区权力结构中党的领导、政府指导互动关系中存在的突出问题与基本原因等进行了分析。

思考题

1. 当今我国的社区权力结构与西方的社区权力结构有哪些本质区别?
2. 为什么改革开放以来我国乡村社区的权力结构变迁要比城市社区复杂得多?
3. 我国相关法律和党章是如何确定党组织在社区权力结构中的地位和作用的?
4. 在当前城乡社区治理中,如何把坚持党的领导与避免党包办社区具体事务有机结合起来?
5. 如何理解政府在当今我国城乡社区治理中的指导作用?
6. 如何在社区治理改革中科学界定政府"有所为"和"有所不为"的合理边界,并且保证这种科学界定的边界在实际工作中不发生偏离?
7. 在社区治理中探索出的沈阳模式、江汉模式、青岛模式等模式创造了公开招选社区管理者并且作为经验在推广。你觉得这种行为合适吗?为什么?

第十一章 社区风险管理与安全社区建设

> 引导案例

安居区:"法律诊所"把脉农村大小事

"我们有自己的法律顾问了!"日前,在安居区各乡镇村委会,村民们都在谈论这样一个新话题。为让群众切实享受到法律服务,更好地学法、用法,依法治区工作开展以来,安居区以"法律七进"活动为契机,通过对各乡镇的村、社区配备法律顾问,义务为基层群众开展法律服务的形式,将法律援助工作延伸到基层。截至目前,安居区每个行政村(社区)都与法律援助者签订了法律援助合同。

依法治区不是空口号,如何让基层百姓享受到法律服务的便利?安居区创新工作方法,探索出一条乡村"捆绑式"使用法律顾问团的模式,成为安居区维护社会稳定的"新生儿"。它的诞生,承载着免费为百姓提供法律咨询、充当畅通法律救助途径的向导等任务。

拦江镇车家沟村位于场镇周围,地理条件和水源条件都不错,2014年7月被业主杨中云看中,准备流转土地搞水产养殖,规划的18亩田涉及42户村民。由于没有和每户签合同,导致其中三户不同意流转,养殖工程进行到一半停了下来,为此,业主和部分村民发生了合同纠纷。找到村干部,村干部也处理不了,问题一直搁置了三个多月都没有解决。事情在法律援助者进村后有了转机,新上任的法律顾问彭燮和刘高旭主动来到村上,对村民开展法律服务,决定通过法律援助的方式,帮助村民解决这起合同纠纷。最终,在法律顾问的帮助下,困扰在村民心中三个多月的难题彻底解除了。

"我们这里比较偏远,过去一遇到麻烦事,多数都推到镇上去了;现在律师通过电话给我们'把脉',问题都在村里解决;法律顾问为基层干部群众省了好多事。"车家沟村村主任刘用国告诉记者。

彭燮告诉记者,自从受聘法律顾问以来,手机经常被打爆;为此,他还专门配置了大容量充电宝。他介绍,电话咨询的比例占寻求咨询服务人数的80%以上,一般的法律事务,在电话里就能解决。

莲花乡村民刘某欲强行从朱某责任田边开沟埋设水管,情势恶化,朱某寻求驻村法律顾问彭燮的指点并冷静地找来村组干部,最终避免了一场冲突。

老百姓遇到棘手的法律问题,电话里又说不清楚,就到顾问办公室向律师请教。一来二去,乡村法律顾问就成了"医生",顾问办公室也有了"法律诊所"的称谓。

东禅镇金家沟村民刘某弟兄不和,将81岁的母亲作为"出气筒",就原定赡养责任相互推诿,以致老人赡养无着。该村法律诊所的顾问主动上门,与兄弟俩交涉,通过情理和法理的结合劝导,兄弟俩当即承诺各自按月支付母亲生活费200元。

据介绍,法律诊所面向辖区百姓提供"四诊"(即普通法律问题定点义诊、特殊群体入户问诊、社会矛盾凸显期定期巡诊、重大疑难问题集体会诊服务)已成为定式。截至目前,在全区村(社区)法律顾问的共同努力下,完成法律咨询解答3608次、调解民间矛盾纠纷1036起、提供司法建议78次、代理诉讼29件、提供法律援助132件、参与解决信访难题13起,村(社区)法律顾问工作的深入开展全面提高了群众的法律素质和基层民主法治建设水平,有效推进了依法治区进程。

"政府购买法律服务,乡村捆绑式使用法律顾问",是安居区普遍建立法律顾问制度的总体框架。顾问作为第三方,为政府和百姓提供服务,恰如驶进乡村的法律公交车,而老百姓则是免费搭乘这班公交车的受益者。

(资料来源:曾晓梅:《村级法律顾问 走进百姓家》,《遂宁日报·安居专刊》2015年4月27日,第01版。)

案例讨论

1. 从风险管理角度看,四川省遂宁市安居区对辖区内的城乡社区配备法律顾问的做法有哪些积极作用?

2. 近年来,政府提出了"法治政府、法治国家、法治社区"的目标,用法律手段解决矛盾和纠纷对于安全社区、和谐社区会产生哪些深远影响?

3. 很多社区治理创新都是基层人民群众智慧的结晶,四川省遂宁市安居区的做法对其他城乡社区治理有哪些借鉴意义?

第十一章　社区风险管理与安全社区建设

一、风险及其分类

(一) 风险的概念

所谓风险(risk),简言之,就是指不利(不测或有害)事件发生的可能性。《韦氏词典》将风险定义为"面临的伤害或损失的可能性"。风险是一个二维概念,风险以损失发生的概率与损害发生的大小两个指标进行衡量。不确定性(损失概率)和风险暴露(严重性或损失程度)是构成风险的两个要素。风险的不确定性包括模糊性与随机性两类。模糊性的不确定性,主要取决于风险本身所固有的模糊属性;随机性的不确定性,主要是由于风险外部的多因性(即各种随机因素的影响)造成的必然反映。根据能否事前估计事件最终结果可能状态的数量和程度,风险的不确定性又可以分为可衡量的不确定性和不可衡量的不确定性。不确定性度量可以通过风险评估来确定,过度估计不确定性是杞人忧天,对不确定性估计不足是盲目乐观。

与"风险"一词相近的还有大家经常听到的"危险""隐患"等词语,三者之间既有明显的区别,也有紧密的联系。危险(danger)是指现实情境中存在的巨大的风险或者说高等级风险。隐患(hidden danger/hidden trouble)是指已经呈现出较大危害倾向的潜在危害。在现实生活中,秋冬季节带着火柴或打火机上山存在着诱发火灾的风险,在沿着高楼靠墙一侧地面行走有被楼上大风刮掉的坠落物砸死砸伤的可能性,这就是风险。在发生危险化学品泄漏的高速公路上,不穿特定的防护服、携带专业装备且不具备专业水平的人参加现场处置救援是非常危险的事情。在一片居民楼旁边的院墙隔壁突然盖起一个大型加油站,这个加油站对与之相邻的居民楼来说就是一个隐患,类似于"危险源"这一概念。

关于"风险"一词的由来,目前最为普遍的一种说法是,16世纪以打鱼捕捞为生的意大利热那亚渔民们,每次出海前都要祈祷,祈求神灵保佑自己能够平安归来(风平浪静、满载而归),他们在长期的捕捞实践中,深深地体会到"风"给他们带来的无法预测和无法确定的危险,"风"即意味着"险",因此有了"风险"一词。这也是减少海损、海难的保险学产生的原因。随着社会的发展,"风险"一词的含义后来逐步延伸为企业贸易的成本、代价与收益的不确定性,损失与获利的经济学词语。再后来进一步延伸成为社会学、政治学、管理学、外交学等领域的专业词语。在当今社会,"对风险的界定是伦理学,还有哲学、文化和政治在现代化中心——商业、自然科学和技术科学——内部的复活。……风险界定是一种未被认知的;还没有发展起来的自然科学和人文科学、日常理性和专家理性、兴趣和事实的共生现象。它们不会仅仅是其中的一种情况或另一种情况。它们不再因为专业化而相互分离,并依据各自的理性标准去发展和确定。它们需要一种跨学科、国界、行业、管理部门和政治的协作,或者,它们更可能分裂成为对抗的定义和界定斗争"[1]。在《辞海》中,"风险"被解释为"人们在生产建设和日常生活中遭遇能导致人身伤亡、财产受损及其他经济损失的自然灾害,意外事故和其他不测事件的可能性"[2]。"随着对风险各个方面研究的深入,风险这一概念经历从强调风险的物质属性到强调风险的文化属性,从风险的客观描述到风险的主观感知,从风险的统计分析到风险的社会构建的界定过程。"[3]

从当今的应急管理或者危机管理的角度来看,风险管理作为应急管理中预防与应急准备的一个核心环节与基本原则,包括风险认知、风险识别、风险等级划分、风险评估、风险排序、风险沟通、风险控制等基本过程,这也是当今我国应急管理政策中实现关口前移、重心下移的一个重要目标,关口"前移"的一个核心内容就是要做好风险管理。从地域范围来看,重心下移中"下"的含义一般是指县级、乡镇和城乡基层社区所在的区域,城乡社区构成了"下"的一个重要内容。

(二) 风险的分类

当今的社会是一个风险社会,风险无处不在,无时不有,而且以多种形态存在并且十分复杂多变。因此,风险的分类也多种多样,大致说来,主要有以下几种分类方式。

第一,按照风险分布的内容来看,主要分布于政治、经济、社会等领域,表现为政治风险、经济风险、社会风险等几大类,而且每一大类还包括更多更细化的具体表现形式。以政治风险为例,主要包括政治安全风险、意识形态风险、执政党执政风险、国土安全风险、军事安全风险等。在当今社会,人类社会分工和制

---

[1] 〔德〕乌尔里希·贝克:《风险社会》,何博闻译,译林出版社2004年版,第28页。
[2] 夏征农主编:《辞海》,上海辞书出版社2009年版,第992页。
[3] 张永理、徐浩:《改革开放以来我国乡村社区风险变化研究》,《马克思主义与现实》2014年第6期,第64—65页。

度变迁所导致的社会性风险影响在增加。

第二,按照风险的来源来看,主要分为自然风险、技术风险、人为风险、复合风险等。以自然风险为例,还包括地质灾害风险、巨灾风险、气象灾害风险、外来生物大规模入侵风险、海洋灾害风险等。

第三,按照风险的等级划分,主要分为零风险、低等级风险、中等级风险、高等级风险、极端风险等。以高等级风险为例,包括前面提到的秋冬季节的森林火灾风险、浓雾与雷暴天气对民航客机飞行带来的风险、矿工到深矿井采矿的风险、高温天气对野外作业的建筑工造成的中暑风险等。

第四,按照人类对风险的认知程度,可以分为已知风险、可知风险、不可知风险等。有些风险由于定期和有规律地发生,人类经过几千年的认知已经对这些风险有所了解,并且有了应对这类风险的办法。如当前的气象预报对很多气象灾害风险有非常精确的预测,应对起来不是非常困难。这里强调一点,我们后面要谈到的风险管理,主要是对已知风险、可知风险的管理,不可能是对未知风险和人类目前不可知风险的管理,有的地方政府提出实现"无急可应,无险可防"的应急管理目标,实际上是一种盲目自信或认知误区。突发事件是时有发生的,风险是客观存在的,都是不以人的意志为转移的社会实然状态。由于人类的认识能力所限,人类对有的风险在当前还无法认知,有的风险是不可见的,何谈"无险可防"?因此,在风险管理方面,无论是在宣传还是在决策上都不能违背这一常识。"黑天鹅""灰犀牛"现象还会越来越多,在用语上,最好少提"根除风险""消灭风险",而是多说"降低风险""减少风险"。对这一点,英国哲学家伯特兰·罗素(Bertrand Russell)早在1948年就说道:"人类的全部知识都是不确定的、不准确的和片面的。"[1]因为,地球早在人类产生以前就已经存在了几十亿年,人类的文明史也不过是几千年的时间,人类对宇宙、世界的认知还很肤浅,人类面临的太多的风险在当今我们根本就不知道,而且就是目前我们已有的某些被认为是"科学的"知识或认知在将来也很可能被证明是错误的、荒谬的。

第五,按照风险的地域分布来看,可以分为国内风险、国外风险、跨国区域性风险、全球性风险等。例如,某些传染病暴发带来的是跨国区域性风险;在当今全球化时代,区域性系统性金融危机、2020年初的新冠病毒肺炎疫情等极易引发的是全球性风险。对一个国家来说,国内风险很多属于内部风险,国外发生的有

---

[1] 〔英〕罗素:《人类的知识:其范围与限度》,张金言译,商务印书馆1983年版,第613页。

可能波及国内的属于外部风险。

第六，按照风险的发生与逻辑演进来看，可以分为原生风险（或原发风险）、次生风险、衍生风险等。例如，在特大破坏性地震中，导致地震发生的是原生风险（地表下的地壳运动），巨灾发生导致燃料库漏油、水电气热等生命线工程供应中断引发的新问题属于次生风险，巨灾发生后因生活必需品供应不足而可能引发的哄抢食物甚至骚乱属于衍生风险。

第七，按照风险的表现形式，可以分为静态风险、动态风险等。人类社会的风险大多数是动态的和经常变化的，而且随着社会的发展变化，潜在的风险会变成实实在在的危险，特别是在新科技革命推动社会加速发展的背景下，以前从未出现的新型风险会不断涌现，甚至在某一阶段会成为一个社会中主要的甚至首要的风险。因此，也存在着传统风险与非传统风险的区分。但是问题的重点在于，风险意识的核心不在于现在，而在于未来。在风险社会中，过去失去了它决定现在的权力。

第八，按照风险的时间上是否具有延续性划分，可以分为季节性风险、日常性风险等，季节性风险与某些特殊的时段、特殊的行业或岗位工种有关。日常性的风险基本上全年都存在。例如，一氧化碳泄漏引发的死亡事故风险一般只存在于冬天寒冷的北方（如东北三省、内蒙古、北京等地方），这种情况在广东省、福建省、海南省等南方省份基本上是不会出现的。还如，在南方热带地区，蛇爬入房间伤人的风险一年四季都有可能存在，但是这种情况在冬天寒冷的北方是不会出现的。在冻土很硬的高纬度地区，蛇能否依靠冬眠逃过寒冬都很难说，哪里还能够出来爬行伤人？

第九，按照风险的发生形态、频次与危害程度划分，可以分为常规风险与非常规风险。例如，在大城市，每天发生汽车剐蹭、道路拥堵的风险是有可能的，这属于常规风险。直至目前已经在全球肆虐三年多的新冠病毒肺炎疫情以及一些巨灾风险都属于小概率大危害事件，这类事件发生的风险频次非常低，属于非常规风险。

第十，按照是否依靠和运用互联网载体来看，可以分为网络风险、网下风险、复合风险等。我们通常所说的网络黑客袭击风险、网络谣言、网络舆情等属于网络风险，在日常生活中人们口口相传的谣言风险属于现实社会的线下谣言风险，网络谣言通过人们的口口相传和自媒体等结合在一起的可能性就属于线上与线下相结合的复合风险或耦合风险。

以上只是对风险的一般性分类,而且是侧重于公共风险方面,由于风险复杂多变,还有更多更细化的分类,此处不再赘述。

二、社区风险管理

(一) 风险社会的挑战

1986年4月26日,苏联发生了举世震惊和影响深远的切尔诺贝利核泄漏事件,几乎整个欧洲成为该事件的受害者,也改变了世界的格局。该事件发生后,时任苏联最高领导人的戈尔巴乔夫在事件发生三天后才知道此事故,苏联在应对该事件时暴露出的问题促使他在1987年写了《改革与新思维》这本书,阐述其"新的政治思维和对外政策的哲理"。他认为,在核时代,核事故的风险具有全球性,人类在同一条挪亚方舟上,不会再出现第二个挪亚方舟,因此,"新思维的核心是承认全人类的价值高于一切,更确切地说,是承认人类的生存高于一切"①。在政治上,戈尔巴乔夫在关于切尔诺贝利核事故及其应对中的问题进行反思后的政策变化是导致苏联解体的一个直接原因。在切尔诺贝利核泄漏事件发生的同一年,德国学者乌尔里希·贝克(Ulrich Beck)出版了《风险社会》一书,论述了工业社会财富分配的逻辑和现代社会风险分配的逻辑差异。在风险社会中,不明的和无法预料的后果成为历史和社会的主宰力量,"现代化的风险同样会冲击那些生产和得益于它们的人。它们包含着一种打破阶级和民族社会模式的'飞去来器效应'*。生态灾难和核泄漏是不在乎国家边界的。即使是富裕和有权势的人也在所难免。它们不仅是对健康的威胁,而且是对合法性、财产和利益的威胁。与对现代化风险的认知相联系的是生态的贬值和剥夺,它们经常而系统地与推动工业化进程的利益和财产权利相矛盾。……风险社会在这个意义上是世界性的风险社会"③。1999年贝克又提出了"世界风险社会"的概念,其他学者在20世纪90年代提出了"风险世纪""风险文化"的概念。

---

① 〔苏〕米·谢·戈尔巴乔夫:《改革与新思维》,苏群译,新华出版社1987年版,第184页。
* "飞去来器效应"是指在现代化风险的屋檐之下,罪魁祸首与受害者迟早会同一起来。那些生产风险或从中得益的人迟早会受到风险的报应,即使是富裕和有权势的人也不会逃脱它们。——引者注
③ 〔德〕乌尔里希·贝克:《风险社会》,何博闻译,译林出版社2004年版,第21页。

风险社会是西方学者在反思现代性的过程中提出来的相对于传统意义上的工业社会或阶级社会而言的概念。现代社会所面临的风险较之传统社会的具有更强的不确定性、不可感知性、内生性、整体性以及全球性。在阶级社会里,社会的核心问题在于如何分配财富。在风险社会,社会的核心问题则是风险的分配。阶级社会所要表达的是一种平等的理念,而风险社会所要表达的是安全的诉求。在风险社会,人们所关心的不再是如何获得"好的"东西,而是关心如何预防更坏的东西。现代风险已经从制度上和文化上改变了传统社会的运行逻辑,系统复杂性增强和风险常态化的双重压力导致社会的脆弱性日渐加深,有的学者甚至认为,目前"风险社会"被认为是描述当代社会特征最为恰当的术语。

全球化时代,也是风险社会时代,风险是处处存在、时时存在的,社会与社区之间属于整体与部分、包含于被包含的关系,作为社会的基层组成部分的社区当然也是处于风险社会之中,况且贝克曾经说过,风险社会带来了"危险社区",风险的倍增促使世界社会组成了一个危险社区。因此在当今时代,风险是一种社会发展的逻辑,风险也成为一个公共政策议题。无论是主动接受还是被动接受,接受风险与风险共存(live with risks)都为最优策略。应急管理的一个核心内容就是治理暴露出的各种风险,促进主动接受策略,首先是做好预(风险)评估和可接受(风险)验证。

在现代社会中,风险的产生已经成为社会生活中一种常见的非均衡现象。从本质上看,中国的改革开放就是一个追求现代性的过程,当代中国所面临的诸多重大问题几乎都与这一过程息息相关。换言之,中国所面临的很多风险不完全是外来的、突生的,而是还包括转型的产物,对公共风险的关注,是转型的内在要求。当前既是全球风险社会,也是中国在走向现代化的过程中已经进入的高风险社会,风险的常态化成为一种正常社会现象。中国转型与社会风险形成的宏观逻辑是确定性的减少和不确定性的上升。从传统社会向现代社会的全面转型是中国现代化道路的一个历史阶段,改革与转型是不同的表述,即一个是对手段的描述,一个是对过程的描述。2012年以来,习近平总书记更是有专门关于各类风险的分析与论述,并且这些内容已成为总体国家安全观的重要组成部分。

(二)社区风险管理的概念与特点

1950年,美国学者格拉尔(Gallagher)首次使用"风险管理"一词。风险管理的概念开始广为传播。所谓风险管理,是指对风险进行识别、分析与评估、控制、效果评价并对其进行监控的过程,也是通过对风险的识别、衡量和控制,以最低的成本使风险可能所致的各种损失降到最低限度的管理方法。风险管理最早起源于保险业,其后被运用到金融领域,后来又逐渐被运用到医疗保健、环境保护等被认为是高风险的行业和领域。自20世纪30年代以来,风险管理作为一门具有现代意义的新兴的管理学科,迅速受到世界各国政府、企业和学术界的高度重视,并逐步在企业和政府管理中得到广泛运用。在80年代被引入应急管理领域,风险管理的流程、策略等被广为借鉴,成为应急管理的重要手段。关于风险管理的基本步骤与主要内容,如表11-1所示。

表11-1 风险管理的基本步骤与主要内容

基本步骤	主要内容
风险识别	风险主体对所面临的风险以及潜在风险加以判断、归类和鉴定性质的过程,主要回答"会发生什么糟糕的事"以及"如何发生"的问题。风险识别要求鉴别风险的来源、范围、特性及与其行为或现象相关的不确定性。它是一项具有持续性和系统性的工作
风险分析	结合风险源自身特点、受灾体的风险承受能力、管理者的风险控制能力等因素,分析风险发生的可能性大小和后果的严重程度,从而确定风险级别。其中,可能性又可以通过概率和频率来衡量。概率通常是以百分比的形式来表示事情发生的可能性的大小;而频率则是指事件在多长时间内可能发生一次。风险分析包括三个必不可少的步骤:采集数据、完成不确定性模型、风险影响评价
风险评估	按照遵循系统性、定性和定量评估相结合、客观性等原则,根据风险分析的结果以及组织自身的状况,应用一定的方法对所收集的大量的信息加以分析,估计和测定风险发生的可能性及其影响程度,确定风险级别和管理优先级的过程。其主要内容包括:(1)风险出现的可能性;(2)风险对组织的影响大小或规模;(3)风险管理的难易程度;(4)管理风险需要什么;(5)风险是否可控制或可预测
风险控制	在风险识别、评估的基础上,根据风险性质和社会对风险的承受能力,为避免、消除和减少意外事故发生的机会,限制已发生损失继续扩大所采取的措施进行风险控制的过程。选择应对风险的合适的策略和手段并加以执行,如回避、缩减、转移、保持或接受等

(续表)

基本步骤	主要内容
效果评价	对风险管理技术适用性及其受益性情况进行分析、检查、修正与评估称为风险管理效果评价
风险沟通	在整个风险管理的过程中进行风险沟通,把有关风险的情况传达给相关的人——导致风险的人、面临风险的人、需要进行风险管理的人等

从应急管理的全过程来看,风险在一定外界条件下不加以规避和防范就极有可能发展成为事实上的危机,可以把风险看作危机的萌芽状态。对于社区治理来说,社区风险管理是一种积极、主动的管理方式,也是一种基础性的工作,社区风险管理通过风险识别、风险评估、风险控制等步骤,能够有效降低突发事件的发生率,减少突发事件带来的损失和危害。加强社区风险管理,就是要在突发事件发生之前系统地分析和评估各种风险因素,一方面通过主动、系统地采取评估和预控措施,消除或控制既存风险,另一方面通过优化规划、建设和管理手段,预防和减少新增风险的出现,从而达到防患于未然、常态管理与非常态管理相结合的管理目标。风险管理是应急管理的起点,风险管理有利于资源配置和任务管理的优化,当今,公共风险管理的重点侧重于政府层面,在很多地方已经纳入政府的日常工作中,甚至成为政府一项基本的核心职能。2019 年 1 月 21 日,习近平总书记在《坚持底线思维,着力防范化解重大风险》的讲话中强调:"要完善风险防控机制,建立健全风险研判机制、决策风险评估机制、风险防控协同机制、风险防控责任机制,主动加强协调配合,坚持一级抓一级、层层抓落实。"[①]

目前来看,大多数研究关注的仍然主要集中在企业领域的组织风险和资本风险方面,对公共风险的专门性研究非常缺乏。与公共风险管理研究相比,社区风险管理几乎还处于起步状态。与 21 世纪特别是 SARS 危机以来政府层面逐步强化风险管理相比,社区层面的风险管理在全国大部分地方还没有启动,立足社区的风险评估体系在制度建设方面还没有完成,加强基层防控能力建设,提升基层治理能力的任务任重道远。这次新冠病毒肺炎疫情中社区层面的应对有很多经验教训可以总结。2020 年 3 月 10 日,习近平《在湖北省新冠肺炎疫情防控工作时的讲话》中说:"要着力完善城乡基层治理体系。这次疫情防控凸显了城乡

[①] 习近平:《习近平谈治国理政》第三卷,外文出版社 2020 年版,第 223 页。

社区的重要作用,也暴露出基层社会治理的短板和不足。"①在新冠病毒肺炎疫情发生之初即 2020 年 2 月初,习近平总书记《在新冠肺炎疫情防控的讲话》中明确要求:"加强农村、社区等基层防控能力建设,织密织牢第一道防线。"②2020 年 2 月 10 日,习近平总书记在北京市调研指导新冠病毒肺炎疫情防控工作时关于《坚决打赢疫情防控的人民战争、总体战、阻击战》的讲话中再次要求:"社区是疫情联防联控的第一线,也是外防输入、内防扩散最有效的防线。把社区这道防线守住,就能够有效切断疫情扩散蔓延的渠道。全国都要充分发挥社区在疫情防控中的阻击作用,把防控力量向社区下沉,加强社区各项防控措施的落实,使所有社区成为疫情防控的坚强堡垒。"③

当今时代,社区风险已经成为社会生活的重要影响因素,建设健全社区风险管理是从源头上提升应急管理的一项核心内容。所谓社区风险管理,简言之,就是社区管理主体在系统梳理社区内外各种风险的基础上,通过风险识别、风险评估、风险控制、风险文化培育等手段,建立科学、规范、完善的风险管理体系并且使之持续有效发挥其应有作用的过程。风险管理的目的就是以确定性应对不确定性,以常态化的制度建设应对不断变化的风险。

与企业风险管理、政府风险管理相比,结合当前我国的实际情况,社区风险管理除了具有公共风险管理的一般特点之外,它自身还具有鲜明的独特性。

一是社区风险管理的第一步是风险认知。在当今我国广大城乡社区,社区居民的文化素质总体上还比较低,很多居民基本上没有听说过什么是风险,哪些属于风险,更不知道如何了解风险。例如,即使是在北京市这样的一线城市,一些老居民楼内的居民,由于没有物业管理,至今仍然喜欢把用过的废纸箱、饮料瓶等长期放置在楼道里面,不知道这样做很容易引发火灾或者火灾发生后更易产生助燃和堵塞逃生通道的风险。我国的消防法和物权法等对此类行为也有规定,他们更不了解楼道内乱放杂物的行为可能引发的法律风险。近 20 年来,我国每年都有很多关于父母或老人把几岁的熟睡儿童单独留在屋内外出办事导致睡醒的儿童发现大人没有身边而哭闹,对安全感的需求使之四处寻找大人,进而爬窗坠亡的事件。这些成年人以为短时间内儿童不会醒来,外出办事时间也短

---

① 中共中央党史和文献研究院编:《习近平关于防范风险挑战、应对突发事件论述摘编》,中央文献出版社 2020 年版,第 159 页。
② 同上书,第 164 页。
③ 中共中央党史和文献研究院编:《习近平关于统筹疫情防控和经济社会发展重要论述选编》,中央文献出版社 2020 年版,第 55 页。

(如下楼到院子里收一下晒干的衣服被子或到楼下的超市买生活日用品等),却造成令一家人痛不欲生的后果,此类悲剧在全国各地屡屡发生。这种情况的发生也是因为没有意识到这么做的风险或者说是在人为地制造风险,同时也违反了《中华人民共和国未成年人保护法》和《中华人民共和国家庭教育促进法》,应承担相应的法律责任。这种行为若在有些国家被发现,其父母或监护人很有可能被判刑和被剥夺对其孩子的监护权。因此,对当今我国的社区居民来说,社区风险管理的第一步就是让居民具有认知风险的基础知识,培育风险认知的基本能力。

社区居民参与风险认知活动是社区风险管理的重要内容,习近平总书记要求把风险管理教育纳入国民教育、公民安全教育之中。2015年5月29日,《习近平在中共十八届中央政治局第二十三次集体学习时的讲话》提出:"公众参与对维护公共安全、应对和预防安全风险非常关键。要坚持群众观点和群众路线,拓展人民群众参与公共安全治理的有效途径。要把公共安全教育纳入国民教育和精神文明建设体系,推动安全教育进企业、进农村、进社区、进学校、进家庭,加强安全公益宣传,健全公共安全社会心理干预体系,积极引导社会舆论和公众情绪,动员全社会的力量来维护公共安全。"[1]2019年11月29日,《习近平在中共十九届中央政治局第十九次集体学习时的讲话》中再次强调:"要坚持群众观点和群众路线,坚持社会共治,完善公民安全教育体系,推动安全教育进企业、进农村、进社区、进学校、进家庭,加强公益宣传,普及安全知识,培育安全文化,开展常态化应急疏散演练,支持引导社区居民开展风险隐患排查和治理,积极推进安全风险网格化管理,筑牢防灾减灾救灾的人民防线。"[2]

二是社区风险管理的制度建设和风险评估体系建设等需要专业性的第三部门在充分调查研究的基础上进行科学化、精细化的设计。这是提升社区风险管理的针对性和可操作性的重要手段和基本路径。一般说来,我国大多数社区的居民不具备风险管理的专业知识和专业技能,社区风险管理的制度建设和体系建设委托给具有丰富经验的专业组织是提升社区应急管理水平质的飞跃的捷径。具有专业智慧的风险管理科研部门和实务部门通过前期充分准备,结合社区的实际情况,重视社会因素(社会价值观)、心理因素、风险认知、居民的风险可

---

[1] 中共中央党史和文献研究院编:《习近平关于防范风险挑战、应对突发事件论述摘编》,中央文献出版社2020年版,第188页。
[2] 同上书,第200页。

接受性、风险沟通、伦理等因素在风险管理、决策中的作用以及借鉴国际组织与发达国家关于社区风险管理的制度与经验,强调风险管理主体的多元性、风险利益相关者和社区居民参与性、风险沟通等因素在风险治理中的作用,建立社区风险评估模型,找到致灾因子,体现社区风险管理的专业性、科学性和规范性,甚至通过绘制一目了然的社区风险图,实现社区风险内容的图像化(视觉化)和形象化,找到其脆弱性和危险性。"社区风险地图至少应包括五类内容:危险源、脆弱性区域、安全设施、安全场所以及应对措施"①,并且要具备准确性、简明性可读性,便于开展风险意识宣教培训和普及推广,便于居民参与。

三是社区风险管理人、财、物的外部推动与促进。对当前全国绝大多数社区来说,社区居民的专业知识不可能做好风险管理的制度建设与体系建设,而且也没有相应的资金来启动制度建设,这与政府通过预算和企业按照要求提供财力保障推动风险管理有很大的不同,需要政府及其职能部门提供财力支持,最好以专项资金的形式推动社区风险管理进程。在社区安全基础设施建设方面也需要政府按照一定的程序提供资金支持,否则,就目前的情况,社区风险管理难有实质性进展,通过外部促进来建立社区风险管理制度和提升社区风险管理能力是适合中国国情的做法,以此来激发社区风险管理的内生动力是必经之路。

(三)社区风险管理变化

社区内的各类风险是普遍存在的,而且风险的类型及其影响也是在不断变化的,因为人类社会唯一不变的就是变化。风险的多元性和复杂性特点放大了社会脆弱性,在当今国际国内变化的大环境和我国走向社会主义现代化的社会转型期,有的风险变化在加剧,各类风险的交织难以预测,风险的变化要求风险管理也要与时俱进、与事俱进。根据常规程序性的分析与预测,我国未来的社区风险管理同时要着力注重以下几个方面。

一是有关政策的变化及其实施风险。例如,土地政策的某些变化带来的强制拆迁风险和不当用警风险,一些地方推行所谓的"新乡贤"②政策(能人治村)容易引发村霸治村、治村精英的黑社会化风险。由于国家城乡政策的不同,在工

---

① 滕五晓:《社区安全治理:理论与实务》,上海三联出版社 2012 年版,第 169 页。
② "乡贤"原是封建社会时期对乡村社会中某一地方已经逝去的有威望的人物的尊称,并且有的地方为纪念他们还建立了乡贤祠进行祭拜。对活着的人不能称之为"乡贤",更不能为之立祠建庙。当今一些人写文章提出"发挥新乡贤的作用"实际上是对"乡贤"这一概念的误解和误用。

业化和城镇化的浪潮下,虚空的农村和空虚的主体造成了很多乡村社区的"空心化",农村青壮劳动力大量外出务工造成土地撂荒风险、新一代农民失业风险、留守群体(留守老人、留守妇女、留守儿童)生存风险、农业衰退风险以及部分乡村社区的消亡风险。

二是市场经济不断发展带来的利益主体多元化和社会心理变化引发的社会风险外溢到社区内的衍生风险,根据以前的事件和案例分析,这种风险在未来很长一段时间内会成为高等级风险。例如,与社会心理变化相联系的道德失范与诚信风险、高离婚率风险等有上升的趋势。

三是技术发展与基础设施建设与运用诱发的社区风险。风险社会同时也是科学社会、媒体社会、信息社会和灾难社会。随着时代的飞速发展和新技术的生活化,这些由技术应用带来的技术风险是引发社会冲突的新因素。如互联网技术、大数据等在社区的应用与智慧社区的建设基础上产生的网络安全风险与居民隐私泄露的风险,乡村近20年来公路建设的长足发展和私家车的逐步普及带来的交通安全风险,高层建筑电梯老化和老旧小区加装电梯导致电梯事故大幅度增加的安全风险等。2016年4月19日,习近平总书记在《正确处理安全和发展的关系》中说:"古往今来,很多技术都是'双刃剑',一方面可以造福社会、造福人民,另一方面也可以被一些人用来损害社会公共利益和民众利益。"[①]

四是社区涉外风险。随着我国对外开放的深化和国际交往的日益频繁,跨国婚姻、留学群体、社区国内外人群杂居等涉外社区风险有上升的趋势,新冠病毒肺炎疫情发生以来,一些城市的社区涉外事件明显增加,加上网络的快速传播还容易形成全国性的社会舆情风险,社区涉外风险有显著增加的趋势。

五是社区对某些问题应对不足导致的外溢风险。有的社区对某些问题应对失当引发管理风险。例如2020年9月5日发生在贵州省毕节市兰苑花园小区的"草包书记"事件,在全国影响很大。新冠病毒肺炎疫情以来,国内好几个大城市出现了社区居民违反疫情防控政策外出导致"一人毁一城"的现象。

六是大规模传染病疫情对社区的全面性冲击风险。进入21世纪以来,2003年的SARS疫情和已在全球范围内持续三年多的新冠病毒肺炎疫情造成了持续性的社区公共卫生风险,社区隐匿性传播的风险(无症状感染者)也在增加,这在很多地方远远超出了社区的应对能力。

---

① 中共中央党史和文献研究院编:《十八大以来重要文献选编》(下),中央文献出版社2018年版,第309页。

今后,新增风险不但以各种新形式出现,还很可能与其他风险叠加在一起,增加了各类社区风险管理的难度,社区风险管理必须适应社区风险的变化,才能够逐步将乡村社区建设成有准备的、有抵抗力和有恢复能力的韧性社区,最终使城乡社区成为和谐社区、幸福社区。

三、安全社区建设

作为居民生产生活场所的社区,其安全保障是建设和谐社区、居民满意社区和幸福社区的前提和基础,社区安全度是衡量社区魅力的首要指标。所以,发达国家都非常注重安全社区建设,以促进社区和谐。加强安全社区建设是改进我国社区突发事件应对能力和水平的重要内容。近年来我国逐步加大安全社区建设,通过推行"安全社区""综合减灾示范社区""消防安全社区""地震安全示范社区""卫生应急综合示范社区""平安社区"建设,完善社区居民自治,实现社区善治。

(一)安全社区的内涵及其建设意义

"安全社区"实际上是"社区安全促进"的简称,安全社区的雏形诞生于1975年瑞典的 Falkoping 社区,安全社区这一概念是1989年在斯德哥尔摩世界卫生组织(WHO)第一届世界事故与伤害预防大会上首次提出的,在此次大会通过的《安全社区宣言》中明确界定了安全社区的标准。安全社区在国际上是指已建立相关组织机构,社区内有关部门、企业、志愿者和个人共同参与伤害预防和安全促进工作,持续改进地实现安全健康目标的社区。当前在我国是指已建立跨部门合作的组织机构和程序,联络社区内相关单位和个人共同参与事故与伤害预防和安全促进工作,持续改进地实现安全目标的社区。安全社区以人人享有安全、人人享有健康为原则,以预防各类伤害为理念,以降低伤害、持续改进为目的。安全社区具有广泛的包容性,以涵盖生活、工作、环境等诸多领域,涉及人们生活、工作乃至环境各个方面,涵盖了交通、工作场所、公共场所、涉水、学校、老年人、儿童、家居、体育运动等诸多领域,包括社区的交通安全、消防安全、工作场所安全、家居安全、老年人安全、儿童安全、学校安全、公共场所安全、社会治安、防灾减灾与环境安全等内容,重点针对高危人群、脆弱群体、高风险环境的安全。安全社区有必要的组织机构,有明确的目标和职责,有切合实际的预防项目,有积极的自我评估制度和自我检查、自我纠正、自我完善、自我改进机制。安全社区强调社区公众积极参与并在伤害预防中起主导作用,通过社会、文化、政治等多方面的综合作用,实现保障安全的目标;强调对各类伤害与风险开展防范工作,包括所有年龄的人员,各种环境和条件,形成持续改进的预防机制。

安全社区建设的主要目的就是通过社区内各种不同的组织机构,包括政府部门、商业机构、学校、社区卫生服务中心以及社区服务团体等紧密联系起来,运用各自的资源及服务,为区内居民提供一个舒适健康的工作和生活环境。WHO安全社区有六项准则指标,具体为:

(1) 有一个负责安全促进的跨部门合作的组织机构;

(2) 有长期、持续、能覆盖不同的性别、年龄的人员和各种环境及状况的伤害预防计划;

(3) 有针对高风险人员、高风险环境以及提供脆弱群体的安全水平的预防项目;

(4) 有记录发生伤害的频率及其原因的制度;

(5) 有评估安全促进项目、工程过程、变化效果的评价方法;

(6) 积极参与本地区及国际安全社区网络的有关活动。

我国的自然灾害、事故灾难、公共卫生和社会安全事件等突发事件频繁发生并造成巨大损失的一个重要原因就是社区安全意识薄弱,社区居民和公众自救互救能力非常低,社区安全基础极为薄弱。因此,开展和促进安全社区建设具有重要意义。国内外安全社区研究和实践表明,一定时期内安全社区建设可有效地降低伤害事故发生率。WHO社区安全促进合作中心在对全球安全社区进行综合分析之后认为,成功开展安全社区建设的社区,事故与伤害可减少30%—50%。在我国,作为社会的细胞,社区安全是人们生产和生活安全的基石,是社会安全、稳定、和谐的基础。社区常常是突发事件的发生地,也是突发事件应对的第一线即最前沿阵地,社区居民是社区突发事件应对中第一时间的第一反应者,社区突发事件应对得好坏直接关系到人民生命财产安全,关系到基层社会的稳定、和谐与发展。因此,做好社区突发事件应对,促进安全社区建设是今后我国社会长期和恒久的任务。安全社区建设是我国适应全球经济一体化、满足政府和企业社会责任要求的重要内容。开展社区安全促进活动,不但可以提升社区的服务水平,同时还可以帮助提升社区的社会形象。近年来,我国部分地区安全社区建设实践表明,安全社区建设对提高居民安全意识和减少居民伤害事故起到了非常好的作用,安全社区建设是提高事故伤害预防能力、完善基层应急管理体制建设的有效途径。

(二)我国安全社区建设的进程与成效

1989年世界上第一个正式的安全社区即瑞典Lidkoping安全社区诞生,安全社区建设最先在北欧的瑞典及挪威推行,随后扩展到其他地区,安全社区计划在发达国家和发展中国家都得到了广泛的认同和快速发展,很快扩展至整个欧洲地区、美洲、亚洲及非洲等地。截至2006年9月,全球共有101个社区获得了世界卫生组织认可的"安全社区"称号。主要分布于中国、瑞典、越南、澳大利亚、泰国、加拿大、法国、丹麦、挪威、英国、美国、南非、新西兰、荷兰、韩国等地。截至2011年,全球共有247个社区获得了世界卫生组织认可的"安全社区"称号,共有187个社区成为国际安全社区网络成员。

2002年以来,我国北京、上海、山东、广东、山西、河北、辽宁等省市陆续开展了安全社区建设工作,社区安全工作逐渐受到全社会的广泛重视。我国一般以乡镇、街道为单位开展安全社区创建工作。2006年3月1日,山东省济南市槐荫区青年公园社区被WHO社区安全促进合作中心命名为安全社区,成为中国第一个、世界第97个安全社区。2007年10月,包括山西潞安集团社区、北京望京、麦子店、亚运村、建外,河北开滦钱家营、荆各庄社区在内的7个社区先后被授予国际"安全社区"称号。截至2011年8月底,全国启动安全社区建设的单位(街道或乡镇)已达1280个,已命名229个全国安全社区。在安全社区建设过程中,2007年9月4日,在沈阳全国第一届安全社区建设工作会议上诞生了第一批21个全国安全社区;2008年4月11日,济南市槐荫区成为全国第一个以城市行政区为单位的全国"安全社区";2009年11月18日,济南市槐荫区又成为全国第一个以城市行政区为单位的国际"安全社区";2010年11月18日,山东省东营市广饶县成为全国第一个整县制的全国"安全社区"。另外,我国香港特别行政区的葵青、屯门和台湾地区的阿里山、内湖等地也被命名为国际"安全社区"。截至目前,我国已是亚洲乃至全球安全社区建设最多的国家。

经过多年的持续建设和发展,我国安全社区建设取得了如下主要成效。

一是坚持以人为本和安全发展的理念,逐步形成了"政府引导,整体规划,资源整合,多元参与,动态评估,长效运作,持续改进"的社区安全建设模式。

二是促进了社区安全工作向预防为主、综合治理的转变,推进了条块结合、属地为主的应急管理体制建设。北京市的望京、麦子店等社区通过整合各类资源建立了融合多功能于一体的社区突发事件应急指挥中心，实现了社区安全由专业安全监督为主向综合统一管理为主的转变，社区安全长效机制得到进一步完善。

三是强化了社区安全基础工作，提高了社区公众的安全意识和自救互救能力。部分社区建立了包括安全社区网站、人口综合信息数据库、社会单位综合信息数据库及环境和市政设施数据库在内的"一网三库"信息化建设。开展事故伤害统计和风险辨识评价，进行社区安全诊断。建立每日通报、每周汇总、每月分析、重大情况随时通报分析制度，并通过安全社区网站，播报和发布地区环境监测、医院门诊、交通事故等信息，提示社区公众做好各类事故风险防范工作。这样既保障了公众在社区安全方面的知情权，同时增强了安全教育培训工作的针对性。对社区存在的突出安全问题和事故伤害类别有针对性地制订和落实防治计划；建立交通安全、消防安全、家居安全、应急救援等安全培训教育基地，广泛开展社区安全教育培训活动，尤其是社区安全教育要从娃娃抓起，在提高儿童安全意识的同时，也使家长和相关人员的安全意识和行为得到了增强，起到了"小手拉大手"的作用；营造了社区安全文化氛围，提高了社区公众的安全意识、事故伤害防范能力和自救互救能力。

四是通过安全社区建设深化为民服务工作。部分社区强化为民服务体系的化解矛盾、协调利益、维护安全稳定的功能，努力实现"小事不出社区、大事不出街道、矛盾化解在基层"的目标，不断丰富安全社区创建的工作载体和实现途径。安全社区建设坚持"安全、健康、文化"的理念，以安全文化为主要内容，增强安全社区建设工作的吸引力和感召力，促进构建和谐家庭、和谐社区、和谐社会。

在制度建设上，在系统研究国外安全社区建设理论和方法，总结我国安全社区试点建设经验的基础上，为促进我国安全社区建设规范化，2006年2月27日，国家安全生产监督管理总局发布了我国安全社区建设基本标准——《安全社区建设基本要求》(AQ/T9001—2006)。该标准结合WHO安全社区准则和我国各类事故、伤害预防特点，以社区危险源辨识、风险评价、分级监控、应急救援和土地使用安全规划为技术路线，由下述12个要素构成：(1)安全社区创建机构与职责；(2)信息交流和全员参与；(3)事故与伤害风险辨识及其评价；(4)事故与伤害预防目标及计划；(5)安全促进项目；(6)宣传教育与培训；(7)应急预案和响应；(8)监测与监督；(9)事故与伤害记录；(10)安全社区创建档案；(11)纠正与预防措施;(12)评审与持续改进。随后,中国职业安全健康协会也制定了《安全社区评定管理办法(试行)》等制度规范,旨在通过安全社区建设,最大限度地预防和降低伤害事故,改善社区安全状况,提高社区人员安全意识和安全保障水平的社区。2009年1月,国家安全生产监督管理总局又发布了《关于深入开展安全社区建设工作的指导意见》,明确了深入开展安全社区建设的指导思想、组织领导、工作原则、实施依据、工作目标和计划等。2011年10月19日,国务院安委会办公室印发《关于进一步深入推进安全社区建设的通知》,提出要立足促进安全发展、创新社会管理,推进安全社区建设。要从加强和推动社会管理创新的高度充分认识安全社区建设的重要意义,把创建安全社区作为推动社会管理创新的重要载体,从提升社会管理水平、转变社会管理模式、增强社会管理基础、提高社会管理效能四个方面促进社会管理创新。同时,还要整合各部门资源,促进安全社区管理队伍的建设,实现以公众参与为重点的社区安全促进机制,为社会管理创新奠定良好的群众基础。

(三)安全社区建设中的社区减灾

无论是在社区突发事件应对中还是在安全社区建设中,社区减灾都是其中的一项核心内容,在目前国际上和我国甚至都把社区防灾减灾作为一个相对独立的工作来看待。一般说来,社区减灾是指社区各类主体利用社区内的社会网络、社会关系等社会资本来培育和提升社区承灾能力和社区居民自救能力,有效降低和减少灾害对社区的危害。1994年,在日本横滨召开的第一次世界减灾大会,明确提出了"社区减灾"的各项任务,认为在任何人都可享受安全权利的基础上,安全社区应当拥有保障安全的意识、技能、设施条件、预警系统、预防体系和工作网络。1997年,联合国日内瓦战略明确了21世纪全球减灾重点在社区。1999年在瑞士日内瓦召开的第二次世界减灾大会中的管理论坛,强调要关注大城市及都市的防灾减灾,尤其要将社区视为减灾的基本单元。2001年,联合国提出了"发展以社区为中心的减灾战略"口号。2005年,世界减灾大会通过了《2005—2015兵库行动纲领》,特别提出要加强国家和社区的灾害应对能力。

2006年6月26日,中华人民共和国民政部发布了《全国"减灾示范社区"创建标准》,提出了减灾示范社区的十大标准:(1)组建减灾协调机构;(2)编制社区灾害救助应急预案;(3)完善减灾设施;(4)设置避难场所;(5)开展减灾宣传教育活动;(6)居民积极参与社区减灾活动;(7)做好家庭防灾准备;(8)组建志愿者队伍;(9)及时报告和告知灾害信息;(10)切实保护脆弱群体。要求各地结合实际开展创建活动。2007年8月,在国家综合减灾"十一五"规划中,把"加强城乡社区减灾能力建设"作为该项规划的八大任务之一,把"社区减灾能力建设示范工程"作为该项规划的八大工程之一,进而明确提出"推进基层减灾工作,开展综合减灾示范社区创建活动。完善城乡社区灾害应急预案,组织社区居民积极参与减灾活动和预案演练。不断完善城乡社区减灾基础设施,全面开展城乡民居减灾安居工程建设。强化减灾避难功能,在多灾易灾的城乡社区建设避难场所。建立灾害信息员队伍。加强城乡社区居民家庭防灾减灾准备,建立应急状态下社区弱势群体保护机制。全面提高城乡社区综合防御灾害的能力"。2010年5月5日,国家减灾委办公室对《全国"减灾示范社区"创建标准》进行修订并发布《全国综合减灾示范社区标准》,从3个基本条件、10个基本要求和10个一级指标、36个二级指标方面制定了内容更详细和要求更具体的评定标准与分值,并且要求按照新的标准,积极开展全国综合减灾示范社区创建活动,不断提高社区防灾减灾能力和应急管理水平,增强城乡社区居民防灾减灾意识和避灾自救能力,切实保障人民群众生命财产安全,促进社会主义和谐社会建设。近年来我国还开展了"中国减灾世纪行"和"社区减灾平安行"等活动,为推进社区减灾工作向深度和广度发展提供了重要机遇。截至"十一五"时期末,全国共有1562个社区被评为"全国综合减灾示范社区"。应急管理部风险监测和综合减灾司于2021年2月7日发布的《2020年度全国综合减灾示范社区公示公告》显示,全国共有999个社区被评为2020年度全国综合减灾示范社区,社区减灾工作取得了一定的效果。

今后,还应该将安全社区建设作为我国突发事件应对能力建设和构建和谐社会的重要组成部分和一个基本考核指标。在《安全社区建设基本要求》的基础上,政府应该进一步制定安全社区考核管理办法,将目前各地开展的平安社区、卫生社区、绿色社区、减灾社区、环保社区、文明社区、安全文明校园、安全生产示范乡镇等不同类别的社区建设与安全社区建设有机结合起来,将安全社区建设普及化,使安全社区建设既适合中国国情又与国际接轨。加强面向社区的应急预案、应急体制、应急机制和应急法制建设。安全社区建设应与突发事件监测预警体系、应急救援体系建设紧密结合在一起,社区安全应成为公共安全建设的一个出发点和落脚点。应加强社区干预理论、模式和技术方法的跨学科合作研究。当前应重点研究基于社区的风险分析和应急管理理论,开发社区伤害监测技术、灾害风险评价技术、重大危险源监测预警技术、社区应急能力评价技术和应急辅助决策技术,为安全社区建设和社区突发事件应对工作提供技术支持。安全社区建设在我国刚刚起步,亟须社会各界广泛参与和交流,共同推进和逐步完善。

应加强引进和吸收国外先进的安全社区建设理论和技术方法,积极推进国际安全社区网络发展,组织和参加国内外安全社区建设交流活动。为充分发挥社区在突发事件应对中的作用,1986年美国颁布了《应急预案与社区知情权法》,欧美等发达国家都制定了一系列以社区为中心的突发事件应对的政策、法规和指南。20世纪80年代以来,安全社区、卫生社区、减灾社区、健康社区、绿色社区等"以社区为中心"的突发事件应对是国际上和谐社区建设的重要组成部分,目的是将社区建设成有准备的、有抵抗力和有恢复能力的社区。这些对我国安全社区建设、社区突发事件应对能力的提升都是可借鉴的有益经验。同时,还应该重点加强社区应急文化建设。改革开放以来,我国经济建设取得了巨大进展,但是一些早已不符合时代发展和落后的传统社区意识死灰复燃,如当今颇为盛行的各种迷信活动不但没有弱化,并且"与时俱进"实现了信息化。它们是当今我国现实生活中社区应急文化培育的巨大阻力,延缓了城乡社区突发事件应对综合能力的提升。社区居民思想观念的更新是一个社会走向现代化的先导性因素,现代化的核心是人的素质现代化,培育社区应急文化是推动社会发展和促进社区居民素质现代化的重要内容。对于社区来说,通过日常生活中潜移默化和持之以恒的渐进灌输是社区应急文化培育的必经之路,必须摒弃突击式、运动式等高投入、低效率和缺乏可持续性的做法。因为"人类进步的事件不依靠特殊的人物而能体现于有形的纪录之中,这种纪录凝结在各种制度和风俗习惯中,保存在各种发明与发现中。历史学家们出于一种需要使个别人物在这些事件的产生过程中大为突出,于是就把昙花一现的个人当作了持久不变的原则。一切的进步都要依靠社会整体的工作才能产生,但人们对此归功于个别人物者太多,归功于群众智慧者太少。总的说来,我们承认人类历史的实质与观念的发展有着不可分割的关系,而观念是由人民创造出来的,它表现在人民的制度、风俗习惯和各种发现之中"[1]。一百多年前摩尔根的告诫对当今我国社区应急文化的培育方式仍然是一条睿智的指导原则。

---

[1] 〔美〕路易斯·亨利·摩尔根:《古代社会》(下册),杨冬莼等译,商务印书馆1997年版,第302页。

本章小结

本章首先探讨了风险的概念、特征及其分类的标准与内容,其次,在提出风险社会挑战的基础上,系统梳理了风险管理、社区风险管理的概念与特点,以及社区风险管理的变化要求。社区风险管理必须适应新变化的要求,才能够成为有韧性的社区。最后,阐述了安全社区的内涵、其建设意义以及我国安全社区建设的进程与成效,重点分析了安全社区建设中的社区减灾问题。

思考题

1. 如何理解风险及其分类?理由是什么?
2. 如何看待风险社会及其对当今社会的影响?
3. 我国社区风险管理的基本特点有哪些?
4. 安全社区建设对提升社区风险管理有什么意义?
5. 社区减灾在安全社区建设中的作用是什么?
6. 今后我国社区风险管理需要从哪些方面进行强化?

第十二章　社区突发事件应对

引导案例

救了整幢楼！无锡9岁女孩上演"教科书式救援"

水火无情人有情，在危难的时候，能站出来，冲上去，帮助别人脱离困境，是一种勇气和担当。近日，家住无锡市经开区太湖街道玖玖城社区的9岁女孩李浩冉，在发生火灾时，用"教科书"般的操作，保护了整幢楼300多人的生命财产安全。

"大概是凌晨3点左右，我闻到有一股焦煳味，我就在家里找，我想是不是妈妈煮东西没有关火。"9岁的李浩冉是无锡融成实验小学四年级学生，7月19日凌晨3点，在敏锐察觉到家里有焦煳味后，李浩冉第一时间起床查找可能的火源。

然而，在经过一番寻找后，李浩冉并没有在家里发现异常，心绪不宁下，李浩冉立即叫醒了熟睡的爸爸李付明。跟李浩冉一样，李付明的第一反应就是厨房里有烧焦的地方，或者家里电路有问题，"我到厨房仔细看了一遍，没有发现什么问题。后来就到了卫生间，一进卫生间就发现焦味特别浓，第一反应是楼下着火了"。

往外一看，曾经当过兵的李付明就发现了浓浓的黑烟，并且这些黑烟还在不断从楼下往上蔓延，立即确定是楼下起火了。李付明赶紧跑到楼道里大呼"着火啦"，并准备从楼梯挨家挨户提醒。而就在这时，李浩冉叫住了他，并让他带好湿毛巾捂住口鼻。

终于，李付明在7楼找到了火灾的源头——一台自燃起火的油烟机。"整个厨房全部烧了，油烟机上面还有明火，当时烟还比较大，我首先让他们赶紧把电源切断。"李付明的第一反应是电路引起了火灾，立即切断了电源，拿起身边的水盆，接了水就开始灭火。

另一边，李浩冉迅速拿出家里所有的毛巾，在把毛巾打湿后就一一将毛巾分发给楼栋里还未出去避难的居民，通知他们捂住口鼻沿着消防通道往一楼跑。

李浩冉透露,当时看似镇定应对的自己其实心里充满了害怕,"我告诉自己不能忘了老师教的消防措施,一旦忘了就更容易受伤"。

最终,在大家的齐心协力下,明火被扑灭。由于灭火及时,有效阻断了火灾的扩大蔓延,没有造成人员伤亡。李浩冉和她的父亲用专业的消防救援知识,保护了整幢楼 300 多人的生命财产安全。

(资料来源:陈元家:《突发火险!无锡 9 岁女孩一个举动救了整栋楼》,2021 年 7 月 22 日,https://www.sohu.com/a/478908479_255783?_trans_=000019_wzwza,2022 年 6 月 15 日访问,有修改。)

案例讨论

1. 自古英雄出少年。是哪些因素使得 9 岁小学生李浩冉能够上演教科书式救援?

2. 学会生存与具备基本安全技能是现代公民的必备素质,李浩冉的突发事件应对行为对我们有什么启示?

3. 我们现在的成年人应该如何学习自发应急管理知识与技能,通过优化自己的知识结构来应对日常生活中的突发事件?

一、社区突发事件的概念与分类

当今我国处于社会转型期,即处于社会矛盾的凸显期和突发事件的多发期,社区作为社会的基层单元常常是突发事件的发生地,因此,做好社区突发事件应对,建设安全社区是社区建设和发展的恒久任务,也是社区治理完善过程中日益重要的基本内容,更是我国社区公共管理面临的新课题。但是,目前我国关于安全社区的建设和研究多侧重于社区警务、社区矫正等方面,社区警务、社区矫正仅仅局限于人为因素方面的社区治安,而自然灾害、事故灾难、公共卫生等都可能引发社区突发事件,而且在很多时候这些因素引发的突发事件对社区的打击是毁灭性的。所以,在 21 世纪做好社区突发事件应对、促进社区安全治理是建设和谐社区的基础性工作,而这项工作目前还较薄弱,相关研究还处于起步阶段。社区突发事件的发生有时候甚至会导致政府的权力运行出现失控和混乱,在正式制度空缺的短暂时期内,社区内部的社会网络与社会关系作为一种非正式的资源可以起到填补制度真空的作用,突发事件的社区化解是我国社会走向成熟的必修课程和必经路径。我国政府强调今后要着力推进突发事件应对中的

"重心下移"工作。因此,需要在总结社区突发事件及其应对的最新变化的基础上,着力推进平安社区建设。

(一) 社区突发事件的概念与特征

突发事件,从其字面来看,是指突然发生并出乎人们意料的不平常的大事件。《说文解字》对"突"的解释是"从穴从犬也",意思是狗从狗洞里猛然窜出,比喻情势非常紧急。"突发"一词,顾名思义就是突如其来的、出乎意料的、令人猝不及防的状态。关于突发事件的官方定义,2007年8月30日第十届全国人民代表大会常务委员会第二十九次会议通过的《中华人民共和国突发事件应对法》第三条规定:"本法所称突发事件,是指突然发生,造成或者可能造成严重社会危害,需要采取应急处置措施予以应对的自然灾害、事故灾难、公共卫生事件和社会安全事件。"从地域与影响来看,社区突发事件是指发生在社区之内或者社区外发生的对社区产生或者可能产生严重危害的突发型事件。

一般说来,社区突发事件具有以下几个主要特征:

一是突发性。突发性是突发事件的首要特征。突发事件的发生具有偶然性和随机性,通常是在难以预测和预知的情况下突然发生,并且常常出人意料或者使人措手不及,有时候是以迅雷不及掩耳之势爆发的。这种突发性的表现形式为不确定性。这种不确定性主要包括事件发生的时间、地点、规模、状况、事态发展、后果及其严重程度等都给人一种防不胜防的感觉,其发生原因、影响因素在发生初期由于时间紧急而难以把握。

二是危害性。社区突发事件受害者往往具有群体性,无论什么性质和规模的突发事件,都会给公民的生命和财产造成威胁或者损害,有的破坏正常的生活秩序,有的甚至造成社会混乱和恐慌。有的突发事件因其连带效应会引发次生、衍生事件,这种扩散性往往会突破社区的地域限制,向更广范围的地理空间扩张和蔓延,形成事件链条,进而造成更为严重的社会危害,有时甚至对一个社会系统的基本价值、根本利益和行为准则造成严重威胁。

三是紧迫性。突发事件由于事发突然,态势发展迅猛甚至瞬息万变,为了避免局势恶化,需要在信息高度缺失、时间急迫、心理压力巨大的情况下采取非常态的措施和非一般程序化的决策,决策的反应时间非常有限,对时间的把握在一定程度上决定了应急处置的有效性。

四是短缺性。突发事件发生后应急处置环节面临的一个极为突出问题就是应对资源的短缺。事发突然、准备不足或者没有准备,突发事件的信息不充分、不及时、不准确,以及社区应对能力不足或缺乏,都容易导致应对突发事件所需的人、财、物等应急资源严重不足。这种短缺性在目前我国社区突发事件应对中尤为明显,严重影响了突发事件应对的效果。

五是复杂性。这种复杂性主要表现在其表现形式的多样性和变化性,其产生原因的繁复性、耦合性与叠加性,其发展变化的动态性和关联性。应对社区突发事件的复杂局面常常需要系统思维和战略性视野,在绝大多数情况下只有通过全社区甚至社区之外的力量协同合作才有可能取得预期效果,否则收效甚微甚至会进一步恶化。

(二)社区突发事件的分类分级

对突发事件的分类分级有助于快速有效地识别突发事件的类型、级别,这种分类分级对专业性、技术性强的突发事件的应急处置至关重要。对突发事件进行分类分级是应对突发事件的基础性工作之一。关于突发事件的分类,目前国际上还没有统一的标准。目前我国政府主要根据突发事件发生的原因、过程、性质、机理和危害对象等方面的不同,将突发事件大致分为自然灾害、事故灾难、公共卫生事件和社会安全事件。自然灾害是指自然因素直接导致的与地壳运动、天体运动、气候变化等相关的灾害。事故灾难是指在生产、生活中意外发生的故障、事故带来的灾难,主要是人们无视规律规则或者由技术问题导致的突发事件。公共卫生事件是指突然发生的,造成或者可能造成社会公众健康严重损害的传染病疫情、不明原因的群体性疾病、食品安全、职业危害、动物疫情以及其他严重影响公众健康的突发事件,主要是由自然因素和人为因素共同导致的突发事件。社会安全事件是指危及社会安全、社会稳定和社会发展的重大事件,主要是由一定的社会矛盾和社会问题诱发的突发事件。

我国城乡社区突发事件的大致分类如表12-1所示。

表12-1 我国城乡社区突发事件分类表

一类	二类	三类(主要种类)
自然灾害	气象灾害	山洪灾害、江河洪水灾害、渍涝灾害、干旱灾害、水库溃坝、堤防缺口、河岸坍塌、水闸倒塌、暴雨内(洪)涝、低温、高温、大风、大雾、龙卷风、沙尘暴、雷暴、寒潮、冰雹、霜冻、冻雨、热带气旋等

(续表)

一类	二类	三类(主要种类)
	海洋灾害	灾害性海浪、海冰、风暴潮、赤潮、海啸、咸潮等
	地震灾害	破坏性地震
	地质灾害	山体崩塌、山体滑坡、泥石流、地面塌陷等
	生物灾害	突发林业生物灾害
		农作物病虫草鼠等生物灾害
		外来有害生物入侵
		野生动物袭击人畜
	森林草原火灾	森林火灾(山火)、草原火灾
事故灾难	工矿商贸事故	危险化学品泄漏事故
		矿山事故
		建设工程施工突发事故
		电梯、锅炉等特种设备事故
	火灾事故	火灾事故
	交通运输事故	道路交通事故
		水上交通事故
	公共设施和设备事故	供水突发事件
		排水突发事件
		供暖突发事件
	公共设施和设备事故	电力突发事件
		燃气事故
		地下管线突发事件
		道路交通设施突发事件
		桥梁突发事件
		爆炸事故
		人防工程事故
		互联网网络设施事故
	核辐射事故	辐射事故
	煤气中毒事故	煤气中毒事故
	环境污染和生态破坏事件	雾霾等重污染天气
		突发环境事件

（续表）

一类	二类	三类（主要种类）
公共卫生事件	传染病疫情	重大传染病疫情
	不明原因的群体性疾病	不明原因的群体性疾病
	食品安全	食品安全事件
	动物疫情	重大动物疫情
	其他严重影响公众健康和生命安全的事件	药品安全事件等
社会安全事件	恐怖袭击事件	恐怖袭击事件
	刑事案件	报复杀人、投毒、纵火、枪击、人为爆炸案等重大恶性刑事案件
	经济安全事件	生活必需品供给事件
		抢购事件
		能源资源供给事件
		非法集资事件
		突发性挤兑金融事件
		传销事件
	其他社会安全事件	价格欺诈事件
		劳资纠纷类事件
		强征拆迁、拆迁安置等土地权益维护类事件
		工程纠纷类事件
		聚众堵路堵桥事件
		聚众械斗事件
		违反规定的上访事件
		民族宗教事件
		群体性溺水事件
		邻里恶性冲突事件
		冲击政府机关事件
		群体袭警事件
		城管与小贩冲突事件

(续表)

一类	二类	三类（主要种类）
其他社会安全事件		社区涉黑事件
		物业管理冲突事件
		哄抢事件
		社区居民举报遭恶性报复事件
		群体性踩踏事件
		邻避行动事件
		社区换届选举矛盾纠纷
		社区谣言事件
		网络与信息安全事件
		极端讨薪讨债事件
		社区干部贪占挪用公款等腐败事件
		社区突发坠亡事件
		房屋坍塌致死伤事件

资料来源：根据近年来媒体报道数据资料归类整理而成。

表12-1主要罗列了当今我国较为典型或者时有发生的城乡社区突发事件。列举分类的内容不可能穷尽一切突发事件，突发事件的分类还具有动态性、综合性，因此，在突发事件应对过程中，需要及时更新突发事件的类型。还应该注意，自然灾害、事故灾难、公共卫生事件和社会安全事件往往是交叉和关联的，应当具体分析，统筹应对。

突发事件的分级是针对解决问题的重要程度对突发事件进行级别上的确认。关于突发事件的分级，《中华人民共和国突发事件应对法》第三条还规定："按照社会危害程度、影响范围等因素，自然灾害、事故灾难、公共卫生事件分为特别重大、重大、较大和一般四级。法律、行政法规或者国务院另有规定，从其规定。"突发事件的四个分级，即Ⅰ级（特别重大）、Ⅱ级（重大）、Ⅲ级（较大）和Ⅳ级（一般），按照颜色对人视觉冲击力的强度差异即醒目程度，依次用红色、橙色、黄色和蓝色表示。由于社会安全事件在性质上根本不同于自然灾害、事故灾难、公共卫生事件，并且这类事件的演进呈现典型的非线性特点而难以分级，因此我国目前对这类事件暂未分级。对突发事件的分类比较直观，分级则需要较为复杂的技术。

二、城市社区突发事件应对

随着我国改革进程的持续深入,城市化进程在逐步加快,目前城镇人口已经超过农村人口,越来越多的农民成为市民,每年都有大量农村人口到城市就业,整个国家的人口流动方向基本上还处于从乡村到城市的单向流动,日益增多的来华留学、工作、旅游和居住的外国公民也大部分居住在城市,这些人生活的主要范围是城市社区,这就增加了城市社区突发事发生的风险和概率,加剧了城市社区治理的难度,对和谐社区建设也是一个巨大的挑战。从改革开放以来的现实情况来看,城市社区是诸多风险与社会矛盾的集中地、突发事件的发生地,而且城市社区的突发事件近年来有增多的趋势,不同种类的突发事件交织在一起,影响社区居民的生命财产安全,危害社区稳定与和谐发展,事件应对中也暴露出很多突出问题,体现了城市社区对突发事件的总体应对水平不高,还有非常大的提升空间。改进应对方式,提升应对能力,是当前社区治理中较为迫切的问题。

(一)类型变化及其特征

城市社区突发事件是指发生在城市社区之内,或者社区外发生却蔓延到社区之内,或者城市社区与周边矛盾引发的,对社区居民生命财产及心理造成较大威胁与危害,需要紧急处置的突发事件,具有突发性、危害性、紧迫性、复杂性、应对资源紧缺性等特点。根据笔者 2004 年至 2022 年对城市社区相关媒体报道数据资料的分类研究,从内容划分来看,21 世纪以来我国城市社区突发事件的类型变化及其特征主要如下:

一是从比例来看,自然灾害、事故灾难、公共卫生事件和社会安全事件这四大类突发事件各自所占的比例悬殊。社会安全事件所占的比例最高,约占总数的 60%,其次是事故灾难,约占总数的 33%,再次是自然灾害,约占总数的 5%,最后是突发公共卫生事件,约占总数的 2%。这说明,在日常生活中,我国城市社区突发事件应对的重点是社会安全事件和事故灾难,尤其是社会安全事件。社会安全事件与前三类事件最大的不同就是,社会安全事件应对的是由社会风险与社会矛盾引发的人与人之间的关系,在这类事件中,大多数时候人与人或者群体与群体之间是矛盾性、对抗性甚至暴力冲突状态;在前三类事件中,大多数时候应对的是自然风险、技术风险或者叠加风险引发的人与自然、人与技术之间的关系,很多时候是人们团结一致对抗灾害或灾难(如应对破坏性地震等巨灾)。城市社区是城市中人口密度高和构成复杂、互动关系强的区域,因此,城市社区突发事件防范和处置的重点是社会安全事件,其次是事故灾难。这两类事件大多数属于常规性突发事件。巨灾和突发公共卫生事件很多属于非常规突发事件,其发生一般从一开始就是超越社区层次的,社区一般是其覆盖或者波及的区域。当然,也有少数影响非常大,甚至震动全国和波及海外的社区突发事件发生。

二是从报道资料显示的地域来看,从省、自治区、直辖市这一层面来看,主要集中在北京市、上海市、广东省、湖北省、江苏省、浙江省、陕西省、重庆市等,甘肃省、贵州省、海南省、黑龙江省、江西省、内蒙古自治区、宁夏回族自治区、青海省、山西省、天津市、新疆维吾尔自治区相对偏少。从城市来看,大部分集中在某一省份的省会城市,如安徽省的合肥市、广西壮族自治区的南宁市、河南省的郑州市、湖南省的长沙市、湖北省的武汉市、吉林省的长春市、陕西省的西安市、四川省的成都市、云南省的昆明市等。还有部分省份是集中在该省的少数几个典型城市或城区,如北京市的朝阳区、海淀区,福建省的福州市、厦门市,广东省的广州市、深圳市、东莞市、惠州市、清远市,江苏省的南京市、苏州市、无锡市、常州市、徐州市、盐城市,辽宁省的沈阳市、大连市,山东省的济南市、青岛市,浙江省的杭州市、宁波市、台州市等。从地域分布来看,东南沿海地区和省会及以上的城市是报道的最集中领域,大部分有影响的典型案例也发生在这些区域,这些省份和城市在城市社区社会矛盾方面的暴露相对明显,城市社区突发事件应对的经验教训基本上是在这些地域总结和提炼的,西部地区总体上偏少,这也许与媒体报道的倾向性有关。

三是从涉及的事件主要类型来看,形式不但多样,而且差异极大。在自然灾害方面,主要是城市社区地面沉降塌陷事件、暴雨导致社区内涝事件、大风导致坠落伤人与墙倒树折事件等;在事故灾难方面,主要是社区爆炸事故(操作失误或者技术原因引发)、社区大停电与触电事件、社区电梯事故、社区供暖事故、社区伪基站事件、社区垃圾事件、社区燃气事故、社区停水事件、社区污染事件、社区火灾事故、社区下水道堵塞事故等;在公共卫生方面,主要是食物中毒事件、社区动物宠物伤人事件等;在社会安全方面,主要有城中村整治与改造引发的事件、社区内强力拆迁引发的冲突事件、社区居民堵路事件、社区居民维权事件、住房开发商与业主冲突事件、社区车辆纠纷冲突事件、社区车主遗落婴幼儿于车内致其死亡事件、社区传销事件、社区盗窃事件、社区举报者被报复事件、社区居民楼高空抛物坠物致人死伤事件、社区谣言事件、社区邻避事件、社区溺亡事件、社区泼粪事件、社区涉外事件、社区业主违建事件、社区业主信息大规模非法泄露事件、业主间冲突事件、社区坠楼事件、社区孤独死事件、社区网络舆情事件、社区广场舞冲突事件、社区歧视（身份、人格）事件等。数据资料分析显示，上述事件是城市社区突发事件相对集中的类型与领域，也是城市社区始终防范和处置的重点。

四是从时间脉络来看，以年份为分析指标，笔者发现，21世纪以来，城市社区突发事件的发生基本上呈逐年递增的态势，媒体报道数量呈现出增加的趋势。而且，随着时间的推移，也不断出现新的城市社区突发事件，如孤独死事件、社区停车问题引发的冲突事件、涉外事件与国际化社区突发事件、伪基站事件、社区邻避事件、社区宠物纠纷引发的突发事件、社区业主信息大规模非法泄露事件、社区业主冲突（私装摄像头侵犯隐私权等引发）事件、社区虐老事件、社区老人违法犯罪事件等，都是近年来媒体报道越来越多的城市社区突发事件，这些事件在21世纪的最初十年非常少，都是近几年来出现的新现象，事件发生的数量也逐年上升。

（二）应对过程及其问题

按照发生的概率与频次，城市社区突发事件大致可以分为常规突发事件与非常规突发事件。一般说来，社区火灾事故、社区垃圾污染事故、社区盗窃事件、社区违建冲突、社区动物宠物伤人事件等属于常规突发事件，社区邻避事件、社区涉外事件等属于非常规事件。随着时代的发展和科技工具的生活化，一些以前较少出现或者目前还没有充分暴露的冲突在今后很可能会逐步演化为常规突发事件，如社区孤独死事件、社区老人犯罪事件、社区网络舆情事件等。从社区类型来看，城市社区主要有老街坊式和城中村等传统型社区、新兴业主型社区以及随着城市化扩张形成的"村改居"型社区等，其中业主型社区是当今占最大比例的城市社区，也是城市社区突发事件发生的集中区域和事件应对的重点领域。从事件等级来看，城市社区突发事件大多数属于一般性突发事件，其辐射的范围与影响相对较小，再加上我国的城市社区一般都有围墙与外界隔离，并且在社区大门口有物业保安24小时值守，因此，城市社区突发事件大多数为内生性矛盾引发的事件，少数为城市社区与周边区域产生的矛盾引发的事件，是城市社区管理中非常态化情势应对的自然延伸。

突发事件应对是一个包括预防、处置、善后等基本环节在内的全过程管理行为。通过对媒体报道数据资料的分析,从全国范围来看,社区突发事件应对的总体效果并不理想,在一些社区甚至还处于零起点状态。很多社区突发事件暴露出来的问题在同一个地方或者同时在其他地方屡屡发生,对同类事件应对经验教训的总结和学习改进方面存在不足,在每一个基本环节都可以归纳出诸多突出的共性问题。

预防环节重视程度低。预防环节主要包括风险管理、应急预案的制订与优化、日常值守与信息汇总、定期分析与未来趋势预测、社区居民应急文化与基本应急能力的培育等,这些主要是由基层政府及其派出机关(如街道办、派出所等)、社区居委会、物业管理公司等组织来实施,但是,直至目前,城市社区突发事件应对的各类主体熟悉风险管理的情况并不多见,绝大多数缺乏风险管理的基本知识,不了解风险管理的基本内容与实施程序,不知道和发现不了存在的安全隐患,也不知道如何开展隐患排查。至今很多城市社区的风险管理是基本缺失的,而且社区风险评估还停留在简单罗列上,没有形成一定的体系,没有固定的模型,因此不免导致社区风险评估流于形式,导致城市社区突发事件的应对在预防环节缺乏科学性和有针对性的分析基础。

城市社区突发事件应急预案的制订基本上是照搬政府部门的应急预案,很少有结合该城市社区的具体情况来制订应急预案的,尤其是应急预案中必须重点进行的风险分析和社区应急能力评估等核心内容基本缺失,缺乏社区危险性评价图、应急资源分布图等,应急预案制订者也没有制订应急预案的知识储备与专业训练,其结果是预案缺乏社区的个性特色,导致大多数应急预案在关键时刻应不了急,其针对性和可操作性有待提高。"目前,社区制订的预案普遍存在格式不够规范、内容不太全面、可操作性不够强等问题,应急预案只在字面上,绝大多数预案在制订前没有经过实际的调查论证、风险评估等环节,很难在突发事件发生前评估其危险性,更难以在突发事件发生后发挥实际作用。"[①]有的应急预案在编制完成或者有关部门检查之后就束之高阁,没有通过应急演练使之逐步完善,有的应急演练过分注重"演"而忽视"练"甚至只"演"不"练",这种行为势必造成形式大于内容,难以取得预期的效果。同时,不少社区至今仍然没有制订应

---

① 王亚飞等:《城市社区公共区域突发事件预警标准化研究》,《标准科学》2015年第12期,第30页。

急规划,社区资源和工作没有实现有效整合,难以形成应对合力。

社区居民是城市社区突发事件应对的重要主体,但是,长期以来我国的家庭教育和校园教育都很少提及日常生活中可能遇到的风险以及应对的方法,致使相当多的社区居民缺乏应急意识、应急知识和应急技能,社会也没有形成应急文化和安全文化的氛围,社区居民主动学习应急文化知识的动力不足。在很多时候,社区居民是在一种动员状态下被动参与,因此缺乏基于社区居民总体利益的内生性生成动因,社区自组织能力不强而缺乏行动能力。在社区内部较少通过良性互动协商解决问题,邻里互救互助基本上是一种零星的自发现象,突发事件信息员队伍不稳定、专业性不足,信息传递网络不健全。例如,在一些没有物业管理的老旧城市社区,很多社区居民常常把生活废品(如废纸箱和废家具等)长期堆积在公共楼道里,既阻碍行人通过,也增加了火灾的风险。这说明社区内的居民既没有应急文化意识,也缺乏社会公德与公共空间意识。驻社区单位等社会力量参与社区突发事件应对缺乏常规化、制度化途径,民间组织规模普遍较小且其工作内容也比较狭窄。志愿者队伍参与应对也缺乏有效途径以及难以系统化和相互协调,没有起到应有的作用。需要强化社区归属感,因为社区归属感在很大程度上是推动社区发展的动力和化解社区矛盾的基础。

我国的应急资源在目前是一种典型的倒金字塔结构,应急资源主要集中在政府,政府的级别越高,拥有的资源越多,到街道办这一层面应急资源就很少了,包括物资储备、人力、物力、财力、科技支撑与政策在内的各类应急资源在城市社区就更少了。同时,目前学术界对社区突发事件应对的研究比较滞后,关于应对容易对社区造成毁灭性打击的社区突发事件的系统研究基本缺失,更没有对处于社会矛盾凸显期和突发事件多发期的社区突发事件的变化进行前瞻性分析,这样就无法对社区突发事件应对形成智力支持。在当前,对于城市社区的应急物资准备,"政府部门可结合'综合防灾减灾示范社区''平安社区''安全社区'等社区建设研究提出并向社会公布居民家庭应急物资储备建议清单,居民可以对照清单来配备减灾和救生工具"①。

进入 21 世纪以来我国开展了和谐社区建设,国家级充分就业社区、综合减灾示范社区、安全社区和全国社区管理和服务创新实验区创建等工作,印发了《全国综合减灾示范社区标准》《全国综合减灾示范社区创建管理暂行办法》和

---

① 梁廷:《城市社区突发公共事件应急管理问题研究》,《天津职业院校联合学报》2017 年第 11 期,第 99—100 页。

《民政部关于加强全国社区管理和服务创新实验区工作的意见》等文件,分批次命名了一大批"全国综合减灾示范社区",但是城市社区突发事件发生的重点领域是在社会安全和事故灾难方面。同时,城市社区本身掌握的应急资源非常有限,其本身的应急能力普遍不强。因此,在突发事件来临时难以形成应对合力,总体效果不佳。2016年,中央要求新建住宅要推广街区制,原则上不再建设封闭住宅小区。已建成的住宅小区和单位大院要逐步打开。但是,"实行街区制以后,小区开放、往来车辆增多,居民出行的安全风险增强;流动人员多,偷盗等各类治安事件发生概率提升;商贸与居住一体化,在方便民众生活的同时,如果管理不善,势必加速对小区生态环境的破坏等诸多安全隐患丛生"[1]。建立开放型社区,在街区制模式下,由围墙等构筑的第一道治安防线的缺失必将对城市社区的治安构成冲击。实践证明,"社区的治安形势往往和社区的开放程度成负相关关系。一般说来,放任型社区的治安形势相比半封闭型社区要严峻得多,而半封闭型社区的治安问题比全封闭式社区又要复杂一些"[2]。这是近年来社区政策变动对社区突发事件应对形成的新挑战。

应急处置与救援环节主要包括先期处置、信息报送、协助有关部门、危机公关、心理抚慰等。城市社区突发事件应对主体相互之间的应急协调与联动机制缺乏,有的虽然有这一机制,但是运行得并不顺畅。城市的一些老旧社区道路狭窄,影响应急救援车辆的通行速度。越来越多的城市社区高层建筑,也是应急救援的不利因素。应急处置中的现代化的科技支撑手段基本没有。事件应对主体中的社区居委会工作人员和物业管理的工作人员的应急处置能力不足,危机公关人才与活动几乎没有。总体说来,城市社区突发事件的应急处置与救援能力仍然处于低层次状态。

善后环节主要包括恢复生活秩序、防止事件再次发生、事件调查与总结、自我改进措施等。对近年来国内外其他城市社区突发事件应对的教训要系统分析和吸收,更要通过制度化建设建立和完善自我学习改进机制,提高城市社区突发事件的应对水平。在这方面,一些城市社区的应对能力还处于较低水平。部分原因在于,在法律上我国城市社区属于以居委会为管理主体的自治区域,但是在实践中,城市社区一直带有行政化色彩,导致社区居委会工作人员在很多时候疲

---

[1] 徐金虎、艾兵有:《城市开放型社区安全治理研究》,《管理观察》2017年第29期,第43页。
[2] 周健、朱国云:《街区制模式下城市社区安全供给路径》,《中国国情国力》2017年第8期,第32页。

于应付政府部门安排的各种任务,难有精力与时间为社区居民提供服务。任何突发事件都对应对者的综合素质要求较高,但是城市社区突发事件的应对者整体看来还难以达到这一要求。此外,社区工作者的待遇普遍不高,准入门槛也较低,导致城市社区突发事件应对主体的稳定性不足,在一些城市社区,社区居委会工作人员和物业管理人员的流动性较大。

城市社区突发事件应对较少考虑地域、季节上的差异。我国幅员辽阔,南方与北方的城市、沿海与内陆的城市、一线城市与三线城市等之间存在巨大差别,因此,城市社区突发事件的类型与应对的侧重点会有所不同。这就决定了有的事件具有典型的季节性和地域性特征。比如,社区供暖事故一般只发生在北方城市的冬春季节,暴雨导致社区内涝事件常常发生在南方地区或集中发生在北方城市的盛夏季节;又如在城市社区动物伤人事件中,蛇这种动物在南方很常见,在北方的城市社区并不常见,因为蛇更喜欢生活在温度较高并且较为湿润的环境中,因此,南方城市社区应对毒蛇攻击是一个必须考虑的范围,在北方城市社区基本可以忽略这一类事件。"每个社区都是独特的、多维度的并且是复杂的,受到各种因素的影响,如人口特征、地理条件、资源的可获得性、犯罪状况、政治活动、经济状况、社会网络。"①但是,目前社区研究集中于宏观层次较多,基于地域、季节、城市发展层次、社区居民结构、社区应急能力评估、民族宗教影响等的城市社区突发事件应对研究则较少,这也是目前城市社区突发事件应对的薄弱环节。

总而言之,当前我国城市社区突发事件的基本特点主要是社区社会安全事件与事故灾难在数量上占多数,主要集中在直辖市、省会城市和东南沿海发达地区重要城市,在发展态势上呈现上升的趋势,近年来新型社区突发事件时有出现。从事件的原因及应对的全过程来看,预防环节重视程度较低,应急处置与救援能力不足,自我学习改进缺乏制度建设,较少考虑地域、季节上的差异,事件应对总体效果欠佳。随着我国社会的发展,今后社区突发事件发展趋势是线上(互联网)与线下相结合,社区内外互动性增强,涉外因素、国际因素会逐步增多,部分事件暴力对抗性加剧,潜在新型社区突发事件不断出现。因此,在事件应对中需要强化和普及科技支撑手段,注重吸收境内外有益经验并且结合社区实际情况创新应对方式,有效提升城市社区突发事件应对能力。

---

① 唐桂娟:《美国应急管理全社区模式:策略、路径与经验》,《学术交流》2015年第4期,第65页。

三、乡村社区突发事件应对

（一）类型分布及其变化

乡村社区突发事件及其应对问题是当今我国社会转型期乡村社区治理中一个越来越突出的问题，也是提升乡村社区治理能力的一个日益重要的核心内容，还是推动乡村现代化建设与促进乡村振兴的基本素质要求，更是和谐社会建设的应有之义，具有很强的现实意义，从长远发展来看还具有非常重要的历史意义。根据对2004年至2022年媒体报道数据资料的分类分析，当今我国乡村社区突发事件中，社会安全类最为庞杂，在数量上约占60%。其次是事故灾难类，在数量上约占33%，自然灾害类和公共卫生类较少且相对固定，在数量上二者加起来约占7%，虽然巨灾和大规模的传染病疫情发生概率极低，但是一旦发生，破坏性极大，溢出效应明显。这说明常规性的突发事件应对要以社会安全事件、事故灾难为主，非常规的突发事件应对要以巨灾和大规模的传染病疫情为主。

从类型变化来看，一是在自然灾害方面，包括暴雨与洪涝灾害、风灾、低温冷冻灾害等在内的气象灾害最为频繁，在当今极端气候频现的大环境下尤为突出，而且很多地质灾害、森林火灾等在大部分情况下是气象灾害这种原生灾害引发的次生灾害，形成具有明显叠加性特点的灾害链。随着近几十年来国家退耕还林、还草、还湖、还田政策的强力实施和野生动物保护力度的加强（如新冠病毒肺炎疫情暴发以来关于禁捕、禁猎、禁食、禁养野生动物的法律制定与施行），自然生态得以改善，野生动物再次"兴旺"起来，这使得野猪、野象、黑熊、野狼等群体性出没的野生动物造成村民伤亡与财产损失的事件可能会增加。此外，在长久的干旱灾害等情形下产生的蝗虫灾害、经济全球化进程中世界性的交通网络便捷化带来的外来物种蔓延造成的生物灾害等都有加剧的趋势。

二是在事故灾难方面，随着改革开放以来工业化向乡村地区的延伸，一些污染严重的产业企业通过地方政府招商引资在乡村建厂投产，由此形成一些地方的"癌症村"。秋冬、早春季节和清明节时期及少数民族火把节时期，人为原因引发的各类火灾时有发生，加上我国乡村社区的民居基本上是前家的后墙就是后家的院墙以及邻里之间共享一个院墙、屋脊山头这种连片建筑的居住方式，如果在干燥季节一家发生火灾，加上大风助势，极易造成"火烧连营"、全村性居屋一损俱损的惨状。21世纪以来，国家注重对乡村公路等基础设施的建设，乡村公路等级和里程都有了里程碑式的飞跃,同时,近年来各类机动车在乡村的普及化,而大多数地方交警执法一般不到乡村,再加上部分村民的侥幸心理等因素,在一定程度上存在着交通规则遵守的虚化,在隆冬季节特别是春节期间发生的重大交通安全事件有增加的趋势,暑假时期的儿童和中小学生溺亡事件也时有发生。事故灾难中的环境污染事件、溺亡事件、火灾事故等一直是乡村社区治理中的重要问题。随着国家对烟花爆竹的生产、储运、燃放等严格管制和某些替代性产品的推广,这类事件会逐步减少。

1976年唐山大地震以后,国家在吸取教训的基础上制定了城乡建筑的抗震性不能低于6级的标准和要求,但是直至目前,乡村社区的房屋能够达到6级抗震性要求的地方并不多,再加上随着房屋年龄的增加、韧性度的降低、有关部门监管的缺失,有的房主甚至私自在原房屋上加层加高,这些行为导致乡村住房垮塌致多人死伤事件时有发生。今后乡村社区治理中的建筑安全、房屋安全、交通安全应该成为新的重要治理领域。

另外,城市建设和城市美化对某些花草树木的大量需求,健康养生的社会宣传,以及经济利益的驱使等,催生村民群体性滥挖冬虫夏草、兰草花等破坏生态事故在近年比较突出,这些对某些生态脆弱地区的冲击是致命性的,这种行为在今后还有可能持续一段时间。总体看来,事故灾难中的大多数类型在时间分布上具有全年无差异性特点,少数事故具有一定的季节性特征。

三是在公共卫生方面,乡村精神病患者致人死伤事故,食用未检测野生菌类、野菜等中毒事件,看家狗、禁养犬等咬人致伤致死事件,乡村口蹄疫事件,乡村猪瘟事件,乡村传染病疫情等近年来媒体报道较多,但实际并没有显著增加。改革开放以来逐步凸显的主要是问题疫苗事件、问题药品事件、问题食品事件和全村规模的山寨假货事件等,这种现象的蔓延与科技发展中的实用技术的危害性使用直接有关,特别是食品掺假害人致死事件是近30年来一个较为突出的社会问题。从严重性、危害程度来看,乡村比城市更甚,广大民众的化学知识基本上都是在此起彼伏的非法添加剂事件发生之后媒体及时向群众普及识别、防范知识与技能的结果。这次新冠病毒肺炎疫情应对中,疫情的社区防控至关重要。截至2020年10月,共有400多万名社区工作者在全国65万个城乡社区日夜值守,加强城乡社区防控能力,织密织牢第一道防线。

四是在社会安全方面,基层政府及其职能部门、村委会、村民构成了社会安全事件的主体,乡村很多社会安全事件的发生有非常直接的政策背景、地方历史传统与现实实情。阻碍我国现代化建设和违背国家法律制度的某些传统社会风俗与观念引发的乡村社区社会安全事件占较大比例。随着2000年左右我国进入老龄化社会,加上未富先老现象和社会心理的变化,近年来老人犯罪事件越来越成为一个值得关注的社会问题。21世纪以来国家的政策与资源配置逐步向农村和基层倾斜,乡村社会保障制度不断完善。

(二) 应对的问题及其原因

乡村社区突发事件,在当今我国社会转型期和走向乡村现代化的进程中,无论是数量上还是社会关注度上都处于上升趋势,在今后较长的一段时期内这种总体性趋势还将延续。虽然现今我国乡村社区的突发事件种类繁多,但是大多数属于重复率较高的常规性突发事件,有少数乡村社区突发事件在不同的时间段呈现出较大的差别。突发事件需要及时、科学、有效应对,才有可能真正预防和降低事件的恶劣影响。应从乡村社区突发事件应对中创造出非常有效的新方法、新制度、新技术,建立对事件应对不成功的典型案例进行经验教训总结及事后学习改进的机制,即注重前车之鉴,通过案例分析以强化自身风险管理及预防准备的持续性跟踪优化机制。总体说来,应对方面存在一些突出问题,简要归纳起来,主要体现在以下三个大的方面:

一是从人力资源的角度来看,改革开放以来一个持续至今的非常显著的社会现象就是乡村青壮年人员越来越多地向城市单向流动,有的省份甚至早已成为进城务工人员输出大省,国家有关政策也经历了对进城务工人员从排拒到接纳再到帮助融入城市的转变过程,国家户籍制度的松动、城市化进程的推动和部分城市抢人大战的地方政策优惠,使得广大乡村中青年人成为新市民的过程在进一步加速,乡村户籍人口(多)和常住人口(少)处于不一致状态,导致乡村空心化问题,加剧了乡村社区老龄化和中青年人断层的状况。以一份报道为例,2020年7月,持续性的强降雨等造成长江九江站、鄱阳湖湖口站和饶河、修水、信江等众多河流出现超警戒洪水,防汛形势万分严峻。由于乡村可用人员严重不足,7月10日江西省九江市柴桑区江洲镇防汛抗旱指挥部不得不致信在外乡亲:"江洲在家常住人口仅有7000余人,且多为留守老人和妇女,实际全部可用劳动力不足1000人。面对34.56千米长的堤坝,我们的防汛人手严重短缺,人员调配十分紧张。……江洲镇防汛抗旱指挥部呼吁,江洲在外的18周岁至60周岁之间的父老乡亲们迅速回赴江洲共抗洪魔,一同保护我们的亲人朋友、保卫我们的美丽家园。"①

直至目前,在全国大部分乡村社区,具有一定组织性、规模性、专业性的常态化应对突发事件的队伍基本上没有,而且大多缺乏村民以外的社会支持力量。乡村社区的常住人员以老人、小孩、妇女居多,他们在风险意识、应急知识和基本的逃生避险技能方面都很欠缺,很多乡村社区的突发事件应对能力基本为零。社会性的应急文化知识与基本技能等方面的宣教培训在大多数乡村社区还没有启动,长期性的自发状态、分散状态、临时救急状态的人力资源状况在很多乡村社区仍然是常态,应急队伍的建设在全国大多数乡村社区至今仍然没有根本性改进。

二是从物力、财力资源方面来看,我们国家的应急资源比较有限,而且大部分集中在城市,在一定程度上可以说,乡村社区属于相对被忽视的领域,主要表现在以下方面:(1)在资金配备上,国家主要是以工程项目等形式、以总体规划或专项规划的方式进行阶段性推进的各种建设,以专门性的应急管理资金提升乡村突发事件应对能力的项目与制度化建设较少。(2)在基础设施建设上,乡村社区突发事件应对方面的基础设施建设主要是水利建设、道路建设、电视广播与通信建设等的从属部分,符合基层社会要求的专项性应急管理基础设施较少。(3)在科技支撑上,无人机、监测预警技术等高科技技术工具和手段的运用基本上掌握在各级政府及其职能部门手中,乡村社区在这方面基本上处于空白状态。(4)在经济贫困的乡村地区,基本上还是自然经济占主导地位,吃饱穿暖是当地民众最为迫切的现实需要,当地的基层政府基本上属于赤字财政、吃饭财政甚至主要依靠上级转移支付来维持运转,没有财力投入公共事业服务。当地政府、村民及其家庭的中心任务和核心目标方向是脱贫,实现温饱和小康,其自身也没有多少财力、物力投入突发事件应对,提升应急能力对他们来说还是一种有心无力、力不可及的中远期目标。

三是从事件应对过程来看,大部分乡村社区的预防和准备不充分甚至长期处于缺失状态,很多村民连"风险管理"这个词都没有听说过,更谈不上风险意识、风险识别、风险评估、风险控制等一系列风险管理制度与过程了。突发事件

---

① 《江西江洲召唤游子迅速回乡抗洪:在家实际可用劳动力不足千人》,2020 年 7 月 11 日,https://xw.qq.com/amphtml/20200711A03VSJ00,2022 年 3 月 30 日访问。

应急预案在一些城市也是下级政府模仿上级政府,企业预案照搬政府预案,流于形式。在乡村社区,教育背景和学历层次较高的人比例较低,很少有人知道应急预案是怎么一回事,连预案演练都没有进行过,也几乎没有更为专业性的应急准备。直到目前,很少看到乡村社区突发事件应对中存在详细的应急规划、应急管理专家的智力支持及突发事件应对中专业非政府组织的技术和装备支持,在平时也很少见到有通过组织整合、资源整合以及社区内外对接形成应对合力的体制机制建设,鲜见村民在这方面的组织化和常态化应急队伍建设,难以看到村委会在资金、物资等方面的制度化建设与应急物资储备。

在突发事件发生后的应急处置与救援环节,由于地形复杂、天气状况、交通不便、装备与能力缺乏等方面的限制,及时止损的预期一般难以实现。在善后环节,由于很多乡村社区本身就是自然环境、生态条件恶劣,交通极为不便的贫困地区,无论是村民还是地方政府都几乎没有钱用于建设符合国家政策标准的设施以提升恢复重建能力,不但恢复力差,韧性社区建设也无从谈起,只能在低层次的圈子内循环,在下一次突发事件来临的时候又一次恢复到以前的起点。侧重于人与自然关系的自然灾害应对是这样,技术发展的两面性与人的贪婪、社会诚信缺失、监管不足等问题与因素相结合造成的人为事故灾难、公共卫生和社会安全事件的应对则更加困难。因为社会中的人是社会利益的多元化主体,是这三类突发事件的酝酿者、社会风险与社会矛盾的制造者。对立与冲突是社会矛盾常态化的体现,这三类突发事件的应对难以形成类似于洪涝灾害、破坏性地震等自然灾害应对那样的共同性、整体性应对合力。

从事件的地域分布看,以省级行政区为单位划分,按照数量从多到少以及曝光度、影响程度从高到低排列,排在第一梯队(排序不分先后)的主要有安徽省、北京市、广东省、广西壮族自治区、河北省、河南省、湖北省、湖南省、江苏省、江西省、山东省、山西省、陕西省、四川省、云南省、浙江省;排在第二梯队的主要有福建省、海南省、辽宁省、甘肃省、黑龙江省、重庆市;排在第三梯队的主要有贵州省、吉林省、内蒙古自治区、宁夏回族自治区、青海省、上海市、天津市、西藏自治区、新疆维吾尔自治区;由于统计口径不一致,台湾省及香港和澳门特别行政区不作分类。其中最为典型和集中的区域主要是北京市、广东省、河北省、河南省、江苏省、山东省、陕西省、四川省、云南省和浙江省,东、中、西部地区都有典型的代表省份。在每个省份之内,多集中在省会城市、经济发达城市、地方特色城市。从上述这些省份的事件应对情况来看,总体上不太理想,同一类突发事件在同一个季节不同地域此起彼伏,在同一个地域每年的某些季节也是多次发生。从应对情况来看,与 20 世纪最后二十年相比,在社区突发事件应对方面进步不明显。在广大乡村社区至今还没有形成具有普遍性的应急文化氛围与突发事件应对的基本技能群体。

特别需要注意的是,很多乡村社区突发事件的发生原因是对国家有关政策的粗暴执行或者地方制定的土政策明显侵犯了村民的合法权益,既不合法也不合理,一些干部打着"贯彻政策"的旗号利用"合法伤害权"等不法行为是引发突发事件的一个重要因素。"以人民为中心""执政为民"的原则和服务型政府的理念没有成为一些基层干部的内心准则。因此,在制度完善方面,"我们要坚持和完善基层群众自治制度,发展基层民主,保障人民依法直接行使民主权利,切实防止出现人民形式上有权、实际上无权的现象"[①]。尤其是在社会安全事件方面,政府方面的应对路径常常是以临时性的新政策取代正在执行中的政策,仍然延续的是政策思路而不是科学、及时、合理的突发事件应对本身需要的逻辑思路和专业要求,有的事件在网络时代的扩散效应之下,结果往往是两败俱伤,导致基层政府及其职能部门的公信力下降。

总体说来,从类型变化来看,社会安全方面最为复杂和变化最为显著。从时间维度来看,对于处于社会转型期的乡村土地流转,基层政府、村委会与村民的社会冲突和传统社会风俗中不适合现代化变迁的因素构成了时空变化的主线。从地域分布来看,我国的东部、中部、西部地区各自都有典型的案例频现,导致突发事件发生的综合性要素较为明显。从应急管理过程来看,乡村突发事件应对的整体水平一直偏低,在风险管理、物资储备、人员队伍、体制机制、制度规范、应急文化等方面的准备不足。今后,科技在乡村的推广和普及、乡村基础设施的完善、国家社会保障制度的推进和对外开放的扩大及人员往来的增加等生活环境变化下,网络舆情与网络安全事件、交通安全事件、涉外事件、孤独死事件、老人犯罪事件等会成为新的领域。根据乡村社区突发事件的重点变化,结合地方实际情况逐步提升应对能力,不但是提升乡村社区治理能力的一个核心内容,更是推动乡村现代化建设与促进乡村振兴的基本要求。

---

① 中共中央党史和文献研究院编:《习近平关于总体国家安全观论述摘编》,中央文献出版社 2018 年版,第 30 页。

四、城乡社区突发事件应对比较

比较而言,城市社区主要是市民的居住区,其功能相对单一。乡村社区是村民生产、居住、生活、交往的综合性物理空间,其作用是整体性和多元化的。"这里的'城'和'乡',不仅仅是一般地域和行政意义上的'城市'和'农村',而是包括代表城市、乡村不同类型的生活方式、价值观、人格、道德伦理、人际纽带、互动模式、习俗等文化因素。"[①]当前我国城乡社区突发事件及其应对既有一些共性类型,也有显著差异的内容。

一是城乡社区突发事件及其应对的共性,主要体现在以下三个方面。

(1) 从事件类型来看,其共性方面的主要情况如表12-2所示。

表12-2 城乡社区共性突发事件分类表

事件类型	共性事件
自然灾害	地震灾害、暴雨引发的洪涝灾害、地陷、低温冷冻灾害、风灾等造成的损害极为相似
事故灾难	人为疏忽引发的火灾事故、煤气中毒事故、房屋与建筑安全事故、停水停电事故、触电事故、煤气泄漏爆炸事故等都是多发的领域
公共卫生	宠物或看家狗伤人致死事故、饮用水安全事故、传染病疫情、食品中毒事故等都是相对集中的领域
社会安全	主要包括社区盗窃事件,规模性传销事件,村(居)委会主要负责人袭警、社区孤独死(以老人居多)事件、社区老人犯罪事件、社区网络舆情事件、社区邻避事件、居民维权事件、居民聚众堵路事件、居民举报被报复事件、社区谣言事件、社区投毒事件、社区人为纵火事件、社区自杀事件等

资料来源:根据近年来媒体报道数据资料整理而成。

根据表12-2中的情况来看,大多数属于常规性的突发事件,也有社区孤独死(以老人居多)事件、社区老人犯罪事件、社区网络舆情事件、社区邻避事件等近年来日益增多的新型突发事件。

(2) 从事件应对过程来看,关于成功预测、预警、处置和善后的报道在比例上不尽如人意。很多社区社会安全事件基本上是以刑事判决作为终结,从应急

---

① 张梅颖等编著:《灾害管理与平安社区建设》,群言出版社2006年版,第9页。

管理全过程的角度来看,预防环节、处置环节和善后环节应对都很到位的偏少,其中预防与应急准备环节是最为薄弱的环节,在善后环节中由于处理不当引发新的突发事件的情况也比较多,这就使得一些突发事件及其应对持续相当长的时间,留下不少后遗症。另外,还有一个比较突出的社会现象,即当某地的乡村社区发生震动全市、全省乃至全国的突发事件时,其他地方很少有跟踪和研究这一具有广泛影响突发事件的发生原因与应对的经验教训,为防范和避免本地出现此类突发事件提供借鉴,也很少向专家寻求这方面的智力支持,地方政府的应急管理专家库组成人员地方化的特征非常明显,囿于本行政区域内的专家组成员不利于提升乡村社区突发事件的应对能力。

（3）从突发事件应对的组织建设、预案建设、制度建设和软环境建设来看,人、财、物和体制机制等方面,城乡基层社区都是资源配置最为匮乏的地方,专业性的人才及队伍基本上没有,社区突发事件应对的专门、专项应急准备金也基本上不存在,应急物资储备除了少数社区有部分常规性的应对物资（如防涝的沙袋等）外,非常态的突发事件应对的物资储备缺乏。在2020年初暴发的新冠病毒肺炎疫情中,很多社区口罩、消毒液储备不足,"口罩荒"在2020年最初几个月是全国性的共同状况。少数地方政府曾经建议的社区居民家庭日常应急储备物资清单也很少有家庭真正采用,一旦社区封控就容易引发抢购狂潮或出现阶段性的物资紧缺状态。

二是从城乡社区突发事件及其应对的差异性来看,主要表现在以下两个方面。

（1）从事件类型来看,城乡社区突发事件的差异性如表12-3所示。

表12-3 城乡社区差异性突发事件分类表

事件类型	主要差异性事件
自然灾害	乡村社区中包括山体滑坡与崩塌、泥石流等在内的地质灾害,阶段性的干旱灾害造成农作物颗粒无收,森林草原火灾（山火）,野生动物灾害等,在城市社区中基本上不存在
事故灾难	乡村社区中的公路翻车货物散落后的村民哄抢事件,化工厂泄漏导致村民中毒事件,村民在井下、地窖、洞穴、矿坑、沼气池等处窒息事件,村民滥挖冬虫夏草、兰草花等破坏生态环境事件,乡村长期环境重度污染造成的癌症村事件,乡村渡船翻沉造成多人死伤事件,乡村公交车、小轿车、农用车等倾覆造成多人死伤之类的交通安全事件,烟花爆竹工厂爆炸事故等是乡村社区独有的,城市社区中的社区电梯事故、社区停暖事故、社区伪基站事件、社区下水道堵塞事故等在乡村社区中鲜少听闻

(续表)

事件类型	主要差异性事件
公共卫生	乡村社区中的食用野生菌、野菜等造成多人死伤事件,村民红白喜事在家自办酒席致多人食物中毒事件,假药假疫苗事件,"艾滋村"、"麻风村"村民受歧视引发的事件等在城市社区较少发生
社会安全	乡村社区中的村民乱砍滥伐事件,村民私自设卡收费事件,违规非法租售土地事件,违法狩猎野生动物事件,农产品大量滞销引发村民自杀事件,村委会或村民非法套取迁坟款事件,村民等报复性刨挖等具有乡村独特性
	城市社区中的业主与物业管理公司冲突事件,住房开发商与业主冲突事件,社区居民楼高空抛物坠物致人死伤事件,社区内城管与摊贩冲突事件,社区业主信息大规模非法泄露事件,社区业主之间冲突(如由私装摄像头侵犯隐私权引发)事件,社区内车辆车位等纠纷冲突事件,社区车主遗落致婴幼儿死亡事件,非法侵占社区(如绿地)公共空间引发的事件等具有城市生活特性

资料来源:根据近年来媒体报道数据资料整理而成。

比较起来,总体而言,城乡社区之间的差异性远远超过共同性,乡村社区中的突发事件无论是类型还是应对的综合性实际上比城市社区更加复杂。

(2)从社区内的主体间关系和一些典型案例分析来看,在乡村社区,排在第一位的是基层政府及其职能部门与村民之间的矛盾引发的突发事件,也就是通常所说的干群关系矛盾和政府部门的越位、错位、缺位等导致的乡村社区突发事件居于首位。1999年2月5日,朱镕基在《信访工作是联系群众的重要渠道》的讲话中说:"现在人民来信中,有将近60%是反映农村中的问题,是牵涉到农民利益的问题,如土地承包中的乱占地、乱收费,农民负担沉重不堪,干部违法乱纪等;……有这么大分量的来信反映农民的负担、土地承包、乱收费等牵涉到农民切身利益的问题,如果不引起足够的重视,农业这个基础就会动摇。"[1]

排在第二位的是村委会与村民之间的关系紧张引发的突发事件。村干部选举、撤换与罢免中的暴力冲突,村干部贪污、受贿、侵占、挪用、私吞等腐败问题,村委会主要负责人的黑化、涉黑,以及村官暴富、短时间内拥有豪宅与大量房产,村委会与村干部的其他违规违法与不作为等,都是导致乡村社区社会安全事件的直接原因。排在第三位的是村民之间的矛盾与冲突引发的突发事件,其中既有历史传统与风俗文化方面的因素,也有社会变革过程中的利益分化因素。在

---

[1] 《朱镕基讲话实录》编辑组编:《朱镕基讲话实录》(第三卷),人民出版社2011年版,第231页。

城市社区,排在第一位的是业主与物业公司之间的矛盾与冲突,其次是业主与开发商之间的冲突,再次是社区居民之间的冲突。其中,城市社区中科学技术的运用(如人脸识别技术与公民信息保护)带来的问题越来越成为一个重要诱因,乡村社区中基于交通工具的机械化和乡村道路的普遍硬化等产生的交通安全问题在今后很可能长期存在。

本章小结

本章首先探讨了社区突发事件的概念、特征和基本分类,接着分析了当前我国城乡社区突发事件的类型变化与主要特点、应对过程及其主要问题,最后从比较的角度分析了城市社区和乡村社区突发事件及其应对的共性和差异性。

思考题

1. 社区突发事件的分类分级与国家层面相比有哪些不同?为什么?
2. 当前我国城乡社区突发事件的类型有哪些变化?为什么会产生这些变化?
3. 当今我国城乡社区突发事件应对中存在哪些突出问题?主要原因是什么?
4. 请预测未来一段时间我国城乡突发事件的发展趋势并给出理由。
5. 今后我国城乡社区突发事件应对需要从哪些方面进行强化?

主要参考文献

〔美〕艾尔·巴比:《社会研究方法(第10版)》,邱泽奇译,华夏出版社2005年版。

〔美〕阿尔瑞克等:《调查研究手册》,王彦译,中国轻工业出版社2008年版。

〔英〕安东尼·吉登斯、菲利普·萨顿:《社会学基本概念(第二版)》,王修晓译,北京大学出版社2019年版。

〔美〕杜赞奇:《文化、权力与国家:1900—1942年的华北农村》,王福明译,江苏人民出版社2003年版。

〔美〕德鲁克基金会主编:《未来的社区》,魏青江等译,中国人民大学出版社2006年版。

〔英〕迪姆·梅:《社会研究:问题、方法与过程(第3版)》,李祖德译,北京大学出版社2009年版。

〔德〕斐迪南·滕尼斯:《共同体与社会》,林荣远译,商务印书馆1999年版。

〔美〕G.罗兹曼主编:《中国的现代化》,国家社会科学基金"比较现代化"课题组译,江苏人民出版社1995年版。

〔法〕H.孟德拉斯:《农民的终结》,李培林译,社会科学文献出版社2005年版。

〔英〕罗素:《人类的知识:其范围与限度》,张金言译,商务印书馆1983年版。

〔美〕路易斯·亨利·摩尔根:《古代社会》,杨冬莼等译,商务印书馆1997年版。

〔美〕罗伯特·K.殷:《案例研究设计与方法(第3版)》,周海涛等译,重庆大学出版社2004年版。

〔美〕罗伯特·帕特南:《独自打保龄——美国社区的衰落与复兴》,刘波等译,北京大学出版社2011年版。

〔美〕罗伯特·伍斯诺:《小镇美国:现代生活的另一种启示》,邵庆华译,文汇出版社2019年版。

〔苏〕米·谢·戈尔巴乔夫:《改革与新思维》,苏群译,新华出版社1987年版。

〔美〕R.E.帕克等:《城市社会学——芝加哥学派城市研究文集》,宋俊岭等译,华夏出版社1987年版。

〔美〕R.S.林德、H.M.林德:《米德尔敦:当代美国文化研究》,盛学文等译,商务印书馆1999年版。

〔美〕塞缪尔·P.亨廷顿:《变化社会中的政治秩序》,王冠华等译,生活·读书·新知三联书店1989年版。

〔法〕托克维尔:《论美国的民主》,董果良译,商务印书馆 2017 年版。
〔日〕中村元氏:《中国人之思维方法》,徐复观译,九州出版社 2014 年版。

广东省社科院历史研究室等合编:《孙中山全集》(第九卷),中华书局 2011 年版。
广东省社科院历史研究室等合编:《孙中山全集》(第五卷),中华书局 2011 年版。
毛泽东:《毛泽东选集》(第一卷),人民出版社 1991 年版。
孙中山:《孙中山全集》(上)(第三卷),中华书局 2006 年版。
孙中山:《孙中山选集》(上),人民出版社 2011 年版。
《十八大以来重要文献选编》(下),中央文献出版社 2018 年版。
《习近平谈治国理政》(第三卷),外文出版社 2020 年版。
《朱镕基讲话实录》编辑组编:《朱镕基讲话实录》(第三卷),人民出版社 2011 年版。
《朱镕基讲话实录》编辑组编:《朱镕基讲话实录》(第四卷),人民出版社 2011 年版。
中共中央党史和文献研究院编:《习近平关于防范风险挑战、应对突发事件论述摘编》,中央文献出版社 2020 年版。
中共中央党史和文献研究院编:《习近平关于统筹疫情防控和经济社会发展重要论述选编》,中央文献出版社 2020 年版。
中共中央党史和文献研究院编:《习近平关于总体国家安全观论述摘编》,中央文献出版社 2018 年版。

白贵一:《20 世纪 30 年代南京国民政府县自治研究》,知识产权出版社 2009 年版。
北京大学社会学人类学研究所编:《社区与功能:派克、布朗社会学文集及学记》,北京大学出版社 2002 年版。
卜奇文:《"蕃坊"社区模式与澳门模式》,《萍乡高等专科学校学报》2000 年第 3 期。
陈万灵:《社区管理对公共管理的理论和实践贡献》,《暨南学报(哲学社会科学版)》2003 年第 3 期。
城市社区文化建设课题组:《新时期中国城市社区文化建设的理论思考》,《江淮论坛》2001 年第 2 期。
单菁菁:《社区情感与社区建设》,社会科学文献出版社 2005 年版。
邓敏杰:《创新社区》,中国社会出版社 2002 年版。
丁元竹:《社区研究的理论与方法》,北京大学出版社 1995 年版。
董卫:《城市族群社区及其现代转型》,《规划师》2000 年第 6 期。
方明、王颖:《观察社会的视角——社区新论》,知识出版社 1991 年版。
费孝通、张之毅:《云南三村》,社会科学文献出版社 2006 年版。
费孝通:《费孝通文集》第 5 卷,群言出版社 1999 年版。

费孝通:《江村经济——中国农民的生活》,北京大学出版社 2012 年版。
费孝通:《乡土中国 生育制度》,北京大学出版社 1998 年版。
葛兆光:《中国思想史导论:思想史的写法》,复旦大学出版社 2001 年版。
顾骏:《"行政社区"的困境及其突破》,《北京行政学院学报》2001 年第 1 期。
韩玲梅:《阎锡山实用政治理念与村治思想研究》,人民出版社 2006 年版。
胡奇光、方环海:《尔雅译注》,上海古籍出版社 2012 年版。
胡延杰:《社区与社区发展释义》,《林业与社会》2001 年第 1 期。
黄迪编:《清河村镇社区》,燕京大学社会学系 1938 年版。
贾春增主编:《外国社会学史》,中国人民大学出版社 2000 年版。
姜义华等编:《港台及海外学者论中国文化》(上),上海人民出版社 1988 年版。
姜振华、胡鸿保:《社区概念发展的历程》,《中国青年政治学院学报》2002 年第 4 期。
蒋旨昂:《战时的乡村社区政治》,商务印书馆 1944 年版。
冷隽:《地方自治述要》,正中书局 1935 年版。
黎昕主编:《中国社区问题研究》,中国经济出版社 2007 年版。
李德芳:《民国乡村自治问题研究》,人民出版社 2001 年版。
李景汉编著:《定县社会概况调查》,上海人民出版社 2005 年版。
梁启超:《饮冰室合集·专集》(第 32 卷),中华书局 1989 年版。
梁廷:《城市社区突发公共事件应急管理问题研究》,《天津职业院校联合学报》2017 年第 11 期。
梁漱溟:《东西文化及其哲学》,商务印书馆 2018 年版。
梁漱溟:《乡村建设理论》,商务印书馆 2015 年版。
林炳秋主编:《社区发展的理论与实践——上海市社区研究优秀成果汇编》,上海交通大学出版社 1999 年版。
林尚立主编:《社区民主与治理:案例研究》,社会科学文献出版社 2003 年版。
凌耀伦、熊甫主编:《卢作孚文集》,北京大学出版社 1999 年版。
刘重来:《卢作孚与民国乡村建设研究》,人民出版社 2007 年版。
刘君德等编著:《中国社区地理》,科学出版社 2004 年版。
陆学艺、景天魁等主编:《转型中的中国社会》,黑龙江人民出版社 1994 年版。
吕芳:《推进农村社区减灾工作研究报告》,2009 年民政部社区减灾项目。
马西恒、刘中起主编:《都市社区治理:以上海建设国际化城市为背景》,学林出版社 2011 年版。
毛寿龙等:《西方政府的治道变革》,中国人民大学出版社 1998 年版。
孟临、韩狄明主编:《中国城市社区建设与管理概论》,上海教育出版社 1998 年版。
牛铭实:《中国历代乡约》,中国社会出版社 2005 年版。

牛铭实、米有录:《豆选》,中国人民大学出版社2014年版。

钱穆:《现代中国学术论衡》,生活·读书·新知三联书店2001年版。

山西村政处编印:《山西村政汇编》,1928年。

上海市民政局:《上海社区综合保险:为社区撑起一顶安全"保护伞"》,《中国民政》2016年第10期。

苏宏宇:《提高理性认识 加强实践推动——南京大学童星教授谈应急文化建设》,《中国应急管理》2013年第9期。

唐桂娟:《美国应急管理全社区模式:策略、路径与经验》,《学术交流》2015年第4期。

唐桂娟:《美国应急管理全社区模式的实施及对中国的启示》,《中国行政管理》2017年第6期。

唐晓阳:《城市社区管理导论》,广东经济出版社2000年版。

唐忠新:《城市社会整合与社区建设》,中国言实出版社2000年版。

滕五晓:《社区安全治理:理论与实务》,上海三联书店2012年版。

田玉荣主编:《非政府组织与社区发展》,社会科学文献出版社2008年版。

佟瑞鹏等:《社区安全脆弱性评估模型的建构与应用》,《中国安全生产科学技术》2017年第3期。

王宏伟:《突发事件应急管理:预防、处置与恢复重建》,中央广播电视大学出版社2009年版。

王巍:《社区治理结构变迁中的国家与社会:以盐田区为研究个案》,中国社会科学出版社2009年版。

王卫东、薛景华:《社区管理人员的素质要求及培养模式研究》,《河北工程技术职业学院学报》2002年第4期。

王晓燕:《"契约型"社区的生成和发展》,《城市问题》2001年第1期。

王亚飞等:《城市社区公共区域突发事件预警标准化研究》,《标准科学》2015年第12期。

王振海主编:《社区政治论》,山西人民出版社2003年版。

文贵华等:《基于社区安全的人群甄别视频预警研究》,《华南理工大学学报(社会科学版)》2016年第4期。

吴建华:《"民抄"董宦事件与晚明江南社区的大众心态》,《中国社会经济史研究》2000年第1期。

吴晓林、谢伊云:《基于城市公共安全的韧性社区研究》,《天津社会科学》2018年第3期。

吴志华等:《大都市社区治理研究:以上海为例》,复旦大学出版社2008年版。

萧公权:《中国乡村:19世纪的帝国控制》,张皓、张升译,九州出版社2017年版。

谢芳:《美国社区》,中国社会出版社2004年版。

谢菊:《中国政府在社区建设中的责任》,《云南行政学院学报》2000年第4期。

谢振民编著:《中华民国立法史(上、下)》,中国政法大学出版社1999年版。

(汉)许慎:《注音版说文解字》,中华书局 2015 年版。

徐金虎、艾兵有:《城市开放型社区安全治理研究》,《管理观察》2017 年第 29 期。

徐雪梅:《老工业基地改造中的社区建设研究:以辽宁为个案》,中国社会科学出版社 2008 年版。

徐永祥:《社区发展论》,华东理工大学出版社 2001 年版。

阎伯川先生纪念会编:《民国阎伯川先生锡山年谱长编初稿》,商务印书馆 1988 年版。

晏阳初:《平民教育与乡村建设运动》,商务印书馆 2014 年版。

杨开道:《中国乡约制度》,商务印书馆 2015 年版。

叶金生:《社区经济论》,企业管理出版社 1997 年版。

于显洋:《社区中物业管理公司的地位与角色》,《中国民政》2000 年第 11 期。

余新忠等:《瘟疫下的社会拯救——中国近世重大疫情与社会反应研究》,中国书店 2004 年版。

袁秉达、孟临主编:《社区论》,中国纺织大学出版社 2000 年版。

曾邵东:《南京国民政府地方自治研究》,中国社会科学出版社 2012 年版。

张健:《论城市社区文化的功能与发展》,《学术交流》2000 年第 1 期。

张梅颖等编著:《灾害管理与平安社区建设》,群言出版社 2006 年版。

张雄:《论社区研究的三大特点》,《华东理工大学学报(社会科学版)》1999 年第 1 期。

张永理:《中国城市社区突发事件及其应对问题研究:基于网易新闻社区报道的统计分析》,《北京航空航天大学学报(社会科学版)》2018 年第 6 期。

张永理、徐浩:《改革开放以来我国乡村社区风险变化研究》,《马克思主义与现实》2014 年第 6 期。

张玉枝:《转型中的社区发展——政府玉社会分析视角》,上海社会科学院出版社 2003 年版。

张志浩:《关于社区建设若干问题的认识和研究》,《上海社会科学院学术季刊》2000 年第 4 期。

赵小平、陶传进:《社区治理:模式转变中的困境与出路》,社会科学文献出版社 2012 年版。

折晓叶、陈婴婴:《社区的实践:"超级村庄"的发展历程》,浙江人民出版社 2000 年版。

周健、朱国云:《街区制模式下城市社区安全供给路径》,《中国国情国力》2017 年第 8 期。

周运清:《百步亭花园社区:企业经营社区的实践与创新》,《学习与实践》2002 年第 5 期。

朱琦:《社区结构与权力分布》,《社会》2002 年第 8 期。

祝彦:《"救活农村":民国乡村建设运动回眸》,福建人民出版社 2009 年版。

第二版后记

2014年9月《社区治理》出版,我在后面几年的授课中,都会根据最新发展变化每年在课件中增加一些新内容。2019年接到北京大学出版社武岳女士的电话:一是说这几年自发采用这本教材的高校越来越多,已经多次加印;二是希望能够尽快结合最新情况进行修订,在质量上更上一个新台阶,进一步提升这本教材的影响力。由于杂事繁多,拖了三年才最终提交修订后的版本。这次改版的总的指导思想是,进一步强化公共管理的角度,在内容上更加切近时代的最新发展,在学术质量上有较大幅度的提升。这次修订的主要变化如下:

一是在框架结构上,删除了第一版的第十一章"当前我国社区治理中的大学生村官"和第十二章"社区治理环境",把第八章"当代中国社区政策法规(1949—2013)"拆分为第二版中的第八章"城市社区治理政策(1949—2022)"和第九章"乡村社区治理政策(1949—2022)",把第十章"社区突发事件应对与安全社区建设"拆分为第二版中的第十一章"社区风险管理与安全社区建设"和第十二章"社区突发事件应对"。在这新的四章中,除了保留"社区治理政策的界定""安全社区建设""社区突发事件的概念与分类"这几部分内容外,其他内容基本上全部重写。尤其是城乡社区治理政策方面,相关政策都是在系统分类的基础上,以表格的形式按照时间顺序来具体呈现的,逻辑清晰,易读性强。

二是对部分章节的标题进行精简化,在内容上提升了学术性和规范性。主要包括:第一章增加了"社区"概念辨析的历史溯源,完善了社区功能的内容。第三章增加和细化了美国社区研究的历程,在西方学者的社区研究理论中增加了"社会资本理论""现代化理论",增强了理论性。第四章"我国社区研究的起源与发展"中的"1949年以前我国的社区研究"这一部分增加了中国共产党的"豆选"相关内容,从数据和观点方面更新了"1978年以来我国的社区研究"中的部分内容。第六章中调整了部分章节的顺序,增加了我国不同历史时期的基层治理内容,提升了系统性。

三是结合最新发展的情况,更新了本书的大部分引导案例,这些案例在时间上以最近几年发生的新典型案例居多,帮助学生加深对每一章内容的理解。

四是根据最新研究的进展,大幅度更新了《社区治理》课程推荐阅读的具体文献。

五是为了简洁起见,删除了每一章中的"关键术语"和"本章参考文献"这两部分内容。

从内容上看,第二版主要分为三个方面:一是在系统梳理"社区"概念的基础上,从公共管理角度对之进行了重新定义(第一章),进而结合公共管理专业的要求,从理论角度探讨了社区相关概念与社区研究方法(第二章)、西方社区研究的主要历程与理论(第三章),以及社区治理的概念、性质与方法(第五章)等内容;二是从历史角度描述了我国社区研究的起源与发展(第四章)、近现代中国的"类"社区治理(第六章),以及当代我国城乡社区治理政策(1949—2022)(第八、九章)等内容;三是从实践角度分析了改革开放以来我国的社区治理(第七章)、当今我国城乡社区权力结构(第十章)、社区风险管理与安全社区建设(第十一章),以及社区突发事件应对(第十二章)等内容。

从整体上看,本教材逻辑线索清晰,内容全面,资料新颖翔实,引导案例具有典型性和代表性,理论与实践结合度高,并且紧密结合当今时代国内外社区治理的最新发展,融资料性、思想性、系统性、易读性、前沿性和前瞻性六大突出特色于一体。

从创新上看,本教材中的近现代中国的"类"社区治理(第六章)、当代我国城乡社区治理政策(1949—2022)(第八、九章)、改革开放以来我国的社区治理(第七章)、当今我国社区权力结构(第十章)、社区风险管理与安全社区建设(第十一章)、社区突发事件应对(第十二章)等章节的设计都紧密围绕公共管理这条主线,也是当前社区治理教材的全新内容,符合与时俱进的时代要求和建设研究型大学的教学科研要求。

从适用范围上看,本教材适合作为高等院校本科或研究生相关专业(如行政管理、应急管理、公共事业管理、城市管理、治安管理、物业管理、政治学、社会学、社会工作、MPA等)和各级党校(行政学院)的课程教材,同时也适合作为党政机关应急管理工作人员、社区工作者、物业管理人员的培训教材或参考资料。

本教材也是2021年4月中国政法大学立项课题"'社区治理'双一流课程建设"研究的阶段性成果。我校公共管理中的行政管理专业(2020年)和公共事业管理专业(2021年)先后获批国家"双一流"建设专业,这本教材的再版也是为两个"双一流"本科专业的系统化建设添砖加瓦。

　　本教材从整个思路设计、框架结构拟定到具体章节的编写等都是笔者一人完成。本教材的写作和修订始终遵循的基本理念和坚持的基本原则主要有三点：一是围绕公共管理的专业要求，力求寻找出社区治理的共性内容，突出从核心概念、性质、方法、理论基础、历史、现实、体制机制、公共政策、公共安全等方面聚焦社区治理的一般性或普遍性的要素。所以，本教材避免从社区养老、社区卫生、社区教育、社区就业、社区物业管理、社区工作、社区警务、社区建设等方面进行拼盘式的罗列与框架结构安排。二是坚持理性、客观的立场，从现代化的视角进行社区治理分析。三是按照自己设计的思路和框架结构，凸显本教材的鲜明特色与独创性内容，同时把国内外社区治理中出现的新现象、新案例与新问题，以及在此基础上的最新研究成果，及时吸收到本教材与其配套课件中去，力求更新、更全面。

　　在本教材修订过程中，畅河润、付天竹、谯艳芬三位研究生同学负责社区政策大量表格的录入工作；北京大学出版社武岳、韩月明两位编辑提出了一些非常好的修订建议。在此，对他们深表感谢！由于笔者水平有限，教材不免存在缺点和不足，恳请学界同仁和广大读者不吝指正！

张永理

2022 年 6 月 20 日

于北京市五道口华清嘉园